Das bayerische
Kosten- und Stempelgesetz
und die Notariatsgebührenordnung.

Mit den Ausführungsbestimmungen, Verweisungen und einem alphabetischen Register.

2. erweiterte Auflage.

1915
München, Berlin und Leipzig
J. Schweitzer Verlag (Arthur Sellier).

Druck von Dr. F. P. Datterer & Cie. (Arthur Sellier) München-Freising.

Einleitung.

Durch das Gesetz vom 21. August 1914 (GVBl. S. 437) wurde das bayerische Gebührengesetz in eine völlig veränderte Form gebracht. Aus dem Gebührengesetz wurden alle diejenigen Bestimmungen herausgenommen und in einem eigenen Gesetze zusammengefaßt, die sich auf Abgaben bezogen, die nicht die Natur von Gegenleistungen für die Tätigkeit von staatlichen Behörden haben, sondern als Steuern des Rechtsverkehrs aufzufassen sind. Letzteres Gesetz erhielt die Bezeichnung Stempelgesetz. Es zerfällt wiederum in das eigentliche Stempelgesetz, das die allgemeinen Bestimmungen über die Stempelabgaben sowie die Bestimmungen über die Stempelersatzabgaben, seither Besitzveränderungsgebühren und Gebührenäquivalente genannt, enthält und in den Stempeltarif, der die einzelnen Rechtsgeschäfte und deren Besteuerungsweise in alphabetischer Ordnung aufführt. Der nach Ausscheidung dieser Bestimmungen verbliebene Rest des seitherigen Gebührengesetzes erhielt den Namen Kostengesetz. Den beiden Gesetzen wurde ein kurzes Einführungsgesetz, Mantelgesetz, vorausgeschickt, das einige Artikel des seitherigen Gebührengesetzes aufrecht erhält und einige Übergangsvorschriften enthält.

Mit dieser völligen Umgestaltung der Form sollte nach dem Entwurfe des Gesetzes auch eine erhebliche Ausdehnung der Abgabepflicht auf fast sämtliche Akte des Rechtsverkehrs Hand in Hand gehen. Diese Erweiterung der Steuerpflicht fand jedoch, von wenigen Ausnahmen abgesehen, nicht die Genehmigung des Landtags. Von den beabsichtigten Abgaben-Neueinführungen ist eigentlich nur die Tarif-Nr. 11, Automaten und Musikwerke und die Besteuerung der Privatvollmachten, Tarif-Nr. 43, Gesetz geworden. Bringt daher auch das Kosten- und Stempelgesetz im wesentlichen nur das in veränderter Form wieder, was bereits nach dem seitherigen Gebührengesetz Rechtens war, so sind doch die minder wesentlichen Änderungen, die die Bestimmungen dieser Gesetze erfahren haben, so zahlreich, daß es den Rahmen einer kurzen Einleitung weit überschreiten würde, sie einzeln aufzuführen. Es sei daher nur auf die beiden wichtigsten dieser Änderungen, die Einführung einer Erbenermittlungsgebühr in Art. 93 KG. und den Ausbau der Besteuerung der Familienfideikommisse und ähnlicher Vermögens-Komplexe in Tarif-Nr. 20, kurz hingewiesen.

In der allgemeinen Form und zum Teil auch in der Fassung einzelner Bestimmungen schließen sich Stempelgesetz und Stempeltarif dem preußischen Stempelgesetz an.

Das Gesetz ist am 1. Januar 1915 in Kraft getreten.

Zum Kostengesetz und zum Stempelgesetz ist unterm 28. Dezember 1914 (GVBl. S. 677 u. 684) je eine kurze Vollzugsvorschrift erschienen, die eine (nicht sehr erhebliche) Ausdehnung der Stempelmarkenverwendung bringen, sonst aber im wesentlichen nur den Inhalt der Verordnung vom 23. Dezember 1899 (GVBl. S. 1223), vom 15. September 1879 (GVBl. S. 1171) und vom 20. September 1879 (GVBl. S. 1187) in veränderter Fassung wiederholen.

Die weiter ergangene Vollzugsbekanntmachung vom 23. Dezember 1914 enthält Übergangsbestimmungen für Erhebung und Verrechnung der neu eingeführten Stempelabgabe, die jedoch nur als Provisorium gedacht waren. Auch die vorgenannten beiden Verordnungen hatten den Erlaß weiterer Vollzugsvorschriften vorgesehen. Die sind nunmehr in zwei Bekanntmachungen vom 21. August 1914, getrennt in eine zum Vollzuge des Reichsgerichtskostengesetzes und des Kostengesetzes und in eine zum Vollzuge des Stempelgesetzes (GVBl. S. 156 ff. u S. 317 ff.), erschienen.

Ihrem Inhalt nach gehen die beiden Bekanntmachungen über bloße Vollzugsvorschriften erheblich hinaus, da sie außer den Vorschriften über den eigentlichen Vollzug auch noch erläuternde Bemerkungen zu den einzelnen Bestimmungen des Kosten- und Stempelgesetzes enthalten. Ferner sind in die erstere Bekanntmachung auch noch neue Vorschriften über die Behandlung der dem Staate bei Ausübung der Strafrechtspflege erwachsenden Kosten (Ziff. 72—79) aufgenommen worden.

(Von einem Abdruck der den beiden Bekanntmachungen angefügten Formulare wurde mit Rücksicht auf den Zweck gegenwärtiger Ausgabe abgesehen).

Inhaltsverzeichnis.

Anhang.

Abkürzungen.

BVK = Bek. v. 20. Juni 1915 zum Vollzug des Reichsgerichtskosten- und Kostengesetzes.

BVSt = Bek. v. 20. Juni 1915 zum Vollzug des Stempelgesetzes.

K = Kostengesetz.

M = Gesetz über Änderungen im Gebührenwesen vom 21. August 1914 (Mantelgesetz).

N = Notariatsgebührenordnung vom 24. Juni 1915.

St = Stempelgesetz.

T = Tarif des Stempelgesetzes.

VB = Vollzugsbekanntmachung vom 23. Dezember 1914 zum Kosten- und Stempelgesetz.

VK = Vollzugsverordnung vom 28. Dezember 1914 zum Reichs-Gerichtskostengesetz und Kostengesetz.

VSt = Vollzugsverordnung vom 28. Dezember 1914 zum Stempelgesetz.

I. Gesetz über Änderungen im Gebührenwesen

vom 21. August 1914.

(GVBl. S. 437).

Art. 1. I An die Stelle des Gebührengesetzes in der Fassung der Bekanntmachung vom 13. Juli 1910 (GVBl. S. 312) treten das Kostengesetz und das Stempelgesetz (Beil. I und II).

II Soweit in anderen Gesetzen oder Verordnungen auf Bestimmungen des Gebührengesetzes verwiesen ist, finden die entsprechenden Bestimmungen des Kostengesetzes und des Stempelgesetzes Anwendung.

III Im Besitzveränderungsabgabengesetze vom 14. August 1910 treten

im Art. 1 an die Stelle der dort bezeichneten Gebühren die Stempelersatzabgaben der Art. 19 bis 21 und der Stempel der Tarifstelle 23 Abs. I A des Stempelgesetzes,

im Art. 5 an die Stelle der dort bezeichneten Gebühren die Stempelersatzabgaben der Art. 19 und 20 und der Stempel der Tarifstelle 23 Abs. I A des Stempelgesetzes.

Art. 2. In Geltung bleiben die nachstehenden Bestimmungen des Gebührengesetzes in der Fassung vom 13. Juli 1910:[1])

der Art. 240 Abs. 2 hinsichtlich der Gebühren für Hoftitel,

der Art. 241,

---

[1]) BVK 25.

die Art. 289 und 291 Abs. 3 hinsichtlich der nach dem Reichs-Gerichtskostengesetze zu erhebenden Kosten (Gebühren und Auslagen) sowie hinsichtlich der Geldstrafen; die Beitreibung der Geldstrafen kann an Stelle der Rentämter durch K. Verordnung auch anderen Behörden oder Beamten übertragen werden,

die Art. 303 bis 311,

der Art. 314.

Art. 3. I Dieses Gesetz tritt am 1. Januar 1915 in Kraft.[1])

II Für die vor diesem Zeitpunkt eingetretenen Erbfälle bleiben in Nachlaß- und Teilungssachen die Bestimmungen des Gebührengesetzes mit Ausnahme der Art. 94, 95, des Art. 96 Abs. 5, des Art. 99 Abs. 2, des Art. 101 Abs. 2, des Art. 104 Abs. 2, 3 und des Art. 168 maßgebend.[2])

III Die vor dem 1. Januar 1915 ausgestellten Vollmachten werden stempelpflichtig, wenn von ihnen nach diesem Zeitpunkte Gebrauch gemacht wird.[3])

---

1) VB Einl. BVSt 9.
2) BVK 25 II.
3) BVSt 9 I.

II. Kostengesetz.

Beil. I des Gesetzes über Änderungen im Gebührenwesen vom 21. August 1914.

Vom 21. August 1914.

(GVBl. S. 439 ff.)

I. Abteilung.

Einleitende Bestimmungen.

Art. 1. Die in diesem Gesetze bestimmten Kosten (Gebühren und Auslagen) werden für die Staatskasse erhoben,[1]) soweit nicht abweichende Vorschriften gesetzlich getroffen sind.

Art. 2. I Der Mindestbetrag einer Gebühr ist 50 Pfennig, soweit nicht in diesem Gesetz ein anderer Mindestbetrag bestimmt ist.[2])

II Pfennigbeträge, die ohne Bruch nicht durch zehn teilbar sind, werden auf den nächsthöheren, durch zehn teilbaren Betrag abgerundet.

Art. 3. Gebühren werden nicht erhoben:

1. für Amtshandlungen, die unabhängig von dem Verschulden einer Partei im öffentlichen Interesse von Amts wegen gepflogen werden;[3])
2. wenn die Gebühr aus der Reichs- oder Staatskasse bezahlt werden müßte; gleiches gilt von der Zivilliste des Königs;
3. wenn die Tax- und Stempel- oder Gebührenfreiheit durch Gesetze, Verordnungen oder Staatsverträge ausgesprochen ist;)

---

[1]) VB 1. BVK 1, 2. [2]) BVK 2 II. [3]) VK 15. BVK 3 I. [4]) BVK 3 II.

4. in Gegenständen der Dienstaufsicht und Disziplin;
5. in dem Verfahren wegen Verhängung von Ordnungs- und Ungehorsamsstrafen im Sinne des Art. 3 Ziff. 1 des Gesetzes zur Ausführung der Reichsstrafprozeßordnung. In der Beschwerdeinstanz findet diese Bestimmung keine Anwendung.

Art. 4. I Personen, deren Zahlungsunfähigkeit amtsbekannt oder durch obrigkeitliche Zeugnisse bescheinigt ist, haben in Gegenständen der Verwaltung und Verwaltungsrechtspflege auf einstweilige Befreiung von Gebühren Anspruch.[1])

II In den Angelegenheiten, in denen der Notar seine Amtsgeschäfte vorläufig unentgeltlich vorzunehmen hat, werden auch Staatsgebühren vorläufig nicht erhoben. Die über die Verpflichtung des Notars, sein Amt vorläufig unentgeltlich auszuüben, ergehende Entscheidung wirkt auch in Ansehung der Staatsgebühren. Das Recht, auf die Entscheidung des Landgerichts anzutragen, sowie die Beschwerde gegen die Entscheidung des Landgerichts steht auch der Staatskasse zu.

Art. 5. Die Gebühren, die von den Beteiligten außer den für die Staatskasse zu verrechnenden Gebühren wegen der Bemühung einzelner Personen bei der Erledigung der Geschäfte zu entrichten sind, insbesondere Vorlade- und Zustellgebühren, Gebühren der Zeugen und Sachverständigen, Tagegelder und Reisekosten der Kommissäre, Gebühren der Pfarrer, Amtsärzte, Konsuln, Rechtsanwälte, Notare, Hypothekenbewahrer und Gerichtsschreiber, Gebühren der Gerichtsvollzieher und sonstiger Vollstreckungsorgane, werden, soweit diese nicht bereits reichsgesetzlich geregelt sind, durch Königliche Verordnung bestimmt.[2])

Art. 6. Für die Berechnung der Fristen gelten die Vorschriften des Bürgerlichen Gesetzbuchs. Fällt das Ende einer Frist auf einen Sonntag oder einen staatlich anerkannten allgemeinen Feiertag, so endigt die Frist mit dem Ablaufe des nächstfolgenden Werktags.

---

[1]) VK. 15. BVK. 4. [2]) VK 9.

II. Abteilung.

Bürgerliche Rechtsstreitigkeiten.

I. Abschnitt.

Zwangsversteigerung und Zwangsverwaltung.[1])

Art. 7. I Im Verfahren der Zwangsversteigerung und der Zwangsverwaltung von Gegenständen des unbeweglichen Vermögens im Wege der Zwangsvollstreckung finden die Vorschriften des Reichs-Gerichtskostengesetzes und die besonderen Vorschriften der Art. 8 bis 18 Anwendung.

II Die Pauschsätze nach § 80 b des Reichs-Gerichtskostengesetzes werden nur aus den bei Gericht zum Ansatze gelangenden Gebühren berechnet. Wegen der Erhebung von baren Auslagen in dem Verfahren vor dem Notar finden die Vorschriften der Art. 37 bis 41 entsprechende Anwendung.

Art. 8. I Für die Entscheidung einschließlich des vorangegangenen Verfahrens über den Antrag auf Anordnung der Zwangsversteigerung oder der Zwangsverwaltung werden zwei Zehnteile der Sätze des § 8 des Reichs-Gerichtskostengesetzes erhoben.

II Diese Gebühr wird auf die Gebühr nach Art. 9, 10 angerechnet.

Art. 9. I Im Verfahren der Zwangsversteigerung werden erhoben:

1. für das Verfahren bis zur Einleitung des Verteilungsverfahrens fünf Zehnteile und, wenn das Verfahren vor der Erteilung des Zuschlags erledigt wird, drei Zehnteile der Sätze des § 8 des Reichs-Gerichtskostengesetzes;
2. für das Verteilungsverfahren fünf Zehnteile jener Sätze. Findet nach § 144 des Gesetzes über die Zwangsversteigerung und die Zwangsverwaltung ein Verteilungsverfahren nicht statt oder wird nach § 143 des Gesetzes über die Zwangsversteigerung und die Zwangsverwaltung das Ver-

---
1) BVK 51.

teilungsverfahren nach der Bestimmung des Verteilungstermins, aber vor dem Beginne des Verteilungstermins eingestellt, so werden drei Zehnteile der Sätze des § 8 des Reichs-Gerichtskostengesetzes erhoben.

II Die im Abs. 1 bestimmten Gebühren werden im Falle der Erteilung des Zuschlags nach dem Meistgebot, in den übrigen Fällen nach dem Werte des Gegenstandes der Zwangsversteigerung berechnet.

III Mehrere Meistgebote oder Werte von Gegenständen der Zwangsversteigerung sind zusammenzurechnen.

IV Ist der Betrag der Forderungen, die aus dem Meistgebote zu befriedigen sind, geringer als dieses oder ist der Betrag der Forderungen, wegen deren die Zwangsversteigerung angeordnet ist, geringer als der Wert des Gegenstandes der Zwangsversteigerung, so wird die Gebühr aus der Summe der Forderungen berechnet.

V Für die Entscheidung über Anträge auf Änderung einer Entscheidung des Versteigerungsbeamten gilt § 45 Abs. 2 des Reichs-Gerichtskostengesetzes entsprechend. Den Wert des Streitgegenstandes bestimmt das Gericht nach freiem Ermessen.[1])

Art. 10. I Im Verfahren der Zwangsverwaltung werden erhoben:[1])

1. der volle Betrag, wenn aber das Verfahren vor dem zur Aufstellung des Teilungsplans bestimmten Termin erledigt wird, fünf Zehnteile der Sätze des § 8 des Reichs-Gerichtskostengesetzes;
2. wenn das Verfahren länger als ein Jahr dauert, für jedes weitere Verwaltungsjahr fünf Zehnteile jener Sätze; dabei wird das angefangene Kalenderjahr am Anfange des Verfahrens voll gerechnet, das angefangene Kalenderjahr am Schlusse des Verfahrens nicht berücksichtigt.

II Die Berechnung dieser Gebühren erfolgt:

zu 1. aus dem Werte der Forderung, für welche die Beschlagnahme erwirkt worden ist,

---

[1]) BVK 5 II.

zu 2. aus dem Betrage, der in jedem Verwaltungsjahre zur Verteilung an die Gläubiger gelangt.

Art. 11. I Für die Entscheidung über den Antrag auf Bestimmung eines neuen Versteigerungstermins (§ 85 des Gesetzes über die Zwangsversteigerung und die Zwangsverwaltung) werden zwei Zehnteile der Sätze des § 8 des Reichs-Gerichtskostengesetzes besonders erhoben.

II Die Berechnung der Gebühr erfolgt, sofern dem Antrage stattgegeben wird, aus dem bei der früheren Versteigerung erzielten Meistgebot, im Falle der Abweisung aber nach dem Werte der dem Antragsteller zustehenden Forderung oder, wenn dieser nicht festgestellt werden kann, nach Maßgabe der Bestimmung im § 10 des Reichs-Gerichtskostengesetzes.

Art. 12. Für den Termin zur weiteren Ausführung des Teilungsplans (§§ 139, 141, 157 Abs. 2 des Gesetzes über die Zwangsversteigerung und die Zwangsverwaltung) werden nach dem Werte der einem Berechtigten zugeteilten Beträge, über welche im Termine verhandelt werden soll, drei Zehnteile der Sätze des § 8 des Reichs-Gerichtskostengesetzes erhoben.

Art. 13. Die Kosten einer Veröffentlichung, welche der Versteigerungsbeamte nach § 40 des Gesetzes über die Zwangsversteigerung und die Zwangsverwaltung veranlaßt hat, sowie die Gebühren des Ausrufers, dessen sich der Versteigerungsbeamte im Versteigerungstermine bedient hat, gehören zu den Auslagen im Sinne des § 79 des Reichs-Gerichtskostengesetzes.

Art. 14. I Der Gläubiger, auf dessen Antrag die Anordnung der Zwangsversteigerung oder der Zwangsverwaltung erfolgt ist, hat außer dem Gebührenvorschuß (Reichs-Gerichtskostengesetz § 81) auch für die mit dem Verfahren bis zur Einleitung der Verteilung verbundenen Auslagen auf Erfordern einen zu deren Deckung hinreichenden Vorschuß zu erlegen.[1])

---

[1]) BVK 5 III.

II Mehrere Antragsteller haften für die Berichtigung dieses Vorschusses als Gesamtschuldner.

Art. 15. Im Verteilungsverfahren können auf die aus der Masse vorweg zu deckenden Gebühren und Auslagen nach dem Fortgange des Verfahrens Abschlagszahlungen erhoben werden.

Art. 16. I Im Falle des Art. 11 hat der Antragsteller einen Gebührenvorschuß nicht zu entrichten.

II Die Gebühr kann jedoch sofort nach der Entscheidung über den Antrag erhoben werden.

Art. 17. I Soweit die aus der Masse zu deckenden Gebühren und Auslagen aus dem Barbestande der Masse nicht entrichtet werden können, haftet für sie der Gläubiger, auf dessen Antrag die Anordnung der Zwangsversteigerung oder der Zwangsverwaltung erfolgt ist. Das gleiche gilt, wenn das Verfahren ohne Verteilung erledigt wird.

II Die Haftung mehrerer Antragsteller bemißt sich nach dem Verhältnis ihrer Forderungen.

Art. 18. Für die vom Vollstreckungsgericht auf Grund des § 130 des Gesetzes über die Zwangsversteigerung und die Zwangsverwaltung veranlaßte Tätigkeit des Grundbuchamts werden Gebühren nicht erhoben. Auf die Eintragung des Erstehers als Eigentümers findet diese Vorschrift keine Anwendung.

Art. 19. Im Verfahren der Zwangsversteigerung eines im Schiffsregister eingetragenen Schiffes, dann eines ausländischen Schiffes, das, wenn es ein deutsches Schiff wäre, in das Schiffsregister eingetragen werden müßte, finden die Vorschriften der Art. 7 bis 9, 11 bis 18 entsprechende Anwendung.

Art. 20. Die Vorschriften der Art. 7 bis 18 finden entsprechende Anwendung im Verfahren

1. der vom Konkursverwalter beantragten Zwangsversteigerung oder Zwangsverwaltung (§§ 172 bis 174 des Gesetzes über die Zwangsversteigerung und die Zwangsverwaltung),
2. der Zwangsversteigerung des Grundstücks auf Antrag des Erben (§§ 175 bis 179 des Gesetzes

über die Zwangsversteigerung und die Zwangsverwaltung),

3. der Zwangsversteigerung zum Zwecke der Aufhebung einer Gemeinschaft (§§ 180 bis 184 des Gesetzes über die Zwangsversteigerung und die Zwangsverwaltung),
4. der nach den Art. 216, 218 des Berggesetzes in der Fassung vom 1. September 1910 stattfindenden gerichtlichen Versteigerung eines Bergwerkes oder einer Anlage, auf welche die Vorschrift des Art. 281 des erwähnten Gesetzes Anwendung findet,
5. der im Art. 290 Abs. 2 des Berggesetzes in der Fassung vom 1. September 1910 vorgeschriebenen Zwangsversteigerung eines unbeweglichen Kuxes.

II. Abschnitt.

Sonstige Gegenstände.

Art. 21. I In bürgerlichen Rechtsstreitigkeiten findet, auch soweit das Verfahren landesgesetzlich geregelt ist, das Reichs-Gerichtskostengesetz Anwendung, wenn nicht in diesem Gesetz oder in Staatsverträgen ein anderes bestimmt ist.

II Im Verfahren vor den Rheinschiffahrtsgerichten werden Gebühren nicht erhoben. Hinsichtlich der Auslagen finden die Vorschriften der Art. 37 bis 41 entsprechende Anwendung; jedoch bleiben Schreibgebühren für von Amts wegen erteilte Ausfertigungen und Abschriften außer Ansatz.

Art. 22. I Im Verfahren über Streitigkeiten wegen Entschädigung bei Zwangsenteignung wird die Beweisgebühr des § 18 des Reichs-Gerichtskostengesetzes auch für die Anordnung einer neuen Schätzung (Art. 21 des Gesetzes zur Ausführung der Reichs-Zivilprozeßordnung und Konkursordnung in der Fassung der Bekanntmachung vom 26. Juni 1899) erhoben.

II Für die Entscheidung einschließlich des vorangegangenen Verfahrens über Anträge auf Anordnung einer Sicherheitsleistung (Art. 22 des Gesetzes zur Ausführung der Reichs-Zivilprozeßordnung und Konkursordnung) werden zwei Zehnteile der Sätze des § 8 des Reichs-Gerichtskostengesetzes erhoben.

III Im Verteilungsverfahren nach Art. 24, 27 des Gesetzes zur Ausführung der Reichs-Zivilprozeßordnung und Konkursordnung nach Art. 53, 54 des Einführungsgesetzes zum Bürgerlichen Gesetzbuche, nach Art. 189, 190, 206 des Berggesetzes in der Fassung vom 1. September 1910 und nach Art. 13 Abs. 3 des Gesetzes vom 23. Februar 1868, die Ablösbarkeit der auf Grund und Boden haftenden oder mit einer Gewerbsrealität verbundenen Ehehaftsverhältnisse betreffend, finden die Bestimmungen der Art. 9, 12, 15, 17, 18 mit der Maßgabe Anwendung, daß die Gebühr des Art. 9 Ziff. 2 aus der zu verteilenden Entschädigungssumme berechnet wird.

IV Jedes Verfahren über die im Abs. 2 bezeichneten Anträge gilt für die Gebührenerhebung als besonderer Rechtsstreit.

III. Abteilung.

Strafsachen.

I. Abschnitt.

Allgemeine Bestimmungen. [1]

Art. 23. I Gebühren werden nicht erhoben:

1. im Verfahren vor dem Staatsgerichtshofe,
2. im standrechtlichen Verfahren,
3. für die Verhandlungen der bürgerlichen Gerichte, die auf Ersuchen in Militärstrafgerichtssachen gepflogen werden,
4. im Verfahren vor den Rheinschiffahrtsgerichten.

II Hinsichtlich der Auslagen finden die Vorschriften der Art. 37 bis 41 entsprechende Anwendung. Jedoch bleiben Schreibgebühren für von Amts wegen erteilte Ausfertigungen und Abschriften außer Ansatz.

---

[1]) BVK 80 ff.

II. Abschnitt.

Forstrügesachen.[1])

Art. 24. Im Verfahren in Forstrügesachen findet das Reichs-Gerichtskostengesetz vorbehaltlich der folgenden Vorschriften Anwendung.

Art. 25. Wenn jemand wegen mehrerer Forstpolizeiübertretungen oder Forstfrevel bestraft wird, so bestimmt sich die Gebühr durch den Betrag der Gesamtstrafe, wenn auch die Aburteilung in verschiedenen Sitzungen erfolgt ist.

Art. 26. Werden mehrere Personen samtverbindlich in eine Geldstrafe verurteilt, so haften sie in gleicher Weise auch für die Gebühr.

Art. 27. I Der im § 62 Abs. 1 Ziff. 1 des Reichs-Gerichtskostengesetzes bestimmte Gebührensatz findet auch Anwendung, wenn die Geldstrafe weniger als 1 Mark beträgt; jedoch darf die Gebühr vorbehaltlich der Einhaltung des Mindestbetrags nach Art. 2 Abs. 1 den Betrag der Geldstrafe nicht übersteigen.

II Ist auf Grund des revidierten Forststrafgesetzes für die Pfalz auf Niederreißen eines Gebäudes erkannt, so beträgt die Gebühr 10 Mark.

Art. 28. Für das Verfahren vor dem Amtsgerichte können die Sätze des § 62 Abs. 1 des Reichs-Gerichtskostengesetzes vom Gerichte bis auf fünf Zehnteile ermäßigt werden.

III. Abschnitt.

Strafverfahren im Verwaltungswege.

Art. 29. I Für Strafbescheide der Verwaltungsbehörden wegen Zuwiderhandlungen gegen die Vorschriften über die Erhebung öffentlicher Abgaben und Gefälle werden zwei Zehnteile der Sätze des § 62 des Reichs-Gerichtskostengesetzes erhoben, wenn die Strafe im Verwaltungswege rechtskräftig festgesetzt ist.

II Bei Zuwiderhandlungen gegen den gemeindlichen Malzaufschlag und sonstige gemeindliche Gefälle fließt

---

[1]) BVK 94.

die Gebühr in die Kasse der Gemeinde, deren Verwaltung den Strafbescheid erlassen hat.

Art. 30. I Die im Art. 29 Abs. 1 bestimmten Gebühren sind auch im Verfahren bei Beschwerden an die höhere Verwaltungsbehörde zu erheben, wenn die Beschwerde als unbegründet verworfen wird.

II Für die Entscheidung, durch welche die Beschwerde als unzulässig zurückgewiesen wird, wird ein Zehnteil der Sätze des § 62 Abs. 1 des Reichs-Gerichtskostengesetzes erhoben.

Art. 31. Wird die Beschwerde vor der Entscheidung zurückgenommen, so werden drei Zehnteile der Gebühr erhoben, die nach Art. 30 Abs. 2 für eine zurückweisende Entscheidung zu entrichten sein würde.

Art. 32. I Betrifft eine Strafsache mehrere Beschuldigte, so ist die Gebühr von jedem besonders nach Maßgabe der gegen ihn ausgesprochenen Strafe zu erheben.

II Die Bestimmung findet in dem Verfahren bei Beschwerden an die höhere Verwaltungsbehörde entsprechende Anwendung.

Art. 33. Die Gebühren und Auslagen werden fällig, sobald die Strafe rechtskräftig festgesetzt ist.

Art. 34. Wegen der Gebühren für Ausfertigungen und Abschriften sowie wegen der Auslagen sind die Vorschriften der Art. 171, 173, 176, 179 maßgebend.

Art. 35. Die Zuständigkeit und das Verfahren bei Streitfragen über die Verpflichtung zur Entrichtung von Gebühren und Auslagen oder über deren Größe bemißt sich nach den Vorschriften im Art. 183. Die Bestimmung im Art. 184 findet entsprechende Anwendung.

IV. Abteilung.

Angelegenheiten der freiwilligen Gerichtsbarkeit.

I. Abschnitt.

Allgemeine Bestimmungen.

Art. 36. In den Angelegenheiten der freiwilligen Gerichtsbarkeit, welche von den Gerichten wahrgenommen werden, finden die Vorschriften der §§ 5,[1]) 6, 9, 9 a, 10, 10 a, des § 11 Abs. 2, der §§ 12, 13, des § 38 Nr. 3, der §§ 45 bis 47, 81, 84, des § 85 Abs. 5, des § 86 Abs. 1, der §§ 87 bis 93, des § 94 Nr. 2, 3, des § 97 Abs. 2, des § 97 a[2]) und des § 98 Abs. 4 des Reichs-Gerichtskostengesetzes, in den Angelegenheiten der freiwilligen Gerichtsbarkeit, welche von den Notaren wahrgenommen werden, finden die Vorschriften der §§ 45, 46, des § 47 Abs. 1 Nr. 1, 2, 4, Abs. 2, 3 und des § 94 Nr. 2, 3 des Reichs-Gerichtskostengesetzes entsprechende Anwendung.

Art. 37.[3]) In den Angelegenheiten der freiwilligen Gerichtsbarkeit, welche von den Gerichten wahrgenommen werden, werden an baren Auslagen erhoben:

1. die Schreibgebühren,[4])
2. die Post- und Telegraphengebühren sowie die im Fernverkehre zu entrichtenden Fernsprechgebühren,
3. die durch Einrückung einer Bekanntmachung in öffentliche Blätter entstehenden Kosten,
4. die an Zeugen und Sachverständige zu zahlenden Gebühren,
5. die bei Geschäften außerhalb der Gerichtsstelle den Gerichtsbeamten zustehenden Tagegelder und Reisekosten,
6. die an andere Behörden oder Beamte oder an Rechtsanwälte für deren Tätigkeit zu zahlenden Beträge,
7. die Kosten eines Transports von Personen oder Sachen,
8. die Haftkosten nach Maßgabe der für die Strafhaft geltenden Vorschriften.

Art. 38. Die Schreibgebühren werden für Ausfertigungen und Abschriften erhoben. Die Schreibgebühr beträgt für die Seite, die mindestens zwanzig Zeilen enthält, 20 Pfennig und für die Seite, die mindestens dreißig Zeilen enthält, 30 Pfennig, auch wenn die Herstellung auf mechanischem Wege stattgefunden hat. Die Zeile muß durchschnittlich zwölf Silben enthalten. Eine angefangene Seite wird mit 20 Pfennig berechnet.

---

[1]) BVK 6 I. [2]) BVK 24. [3]) BVK 43 ff. [4]) BVK 2 II, III.

Für Schriftstücke, die in fremden Sprachen abgefaßt sind, für Schriftstücke in tabellarischer Form sowie für Verzeichnisse, Listen, Rechnungen, Handzeichnungen kann die Höhe der Schreibgebühr von der Staatsregierung anderweit bestimmt werden.[1])

Art. 39. Für die von Amts wegen bewirkten Zustellungen werden bare Auslagen nicht erhoben. Die Erhebung der Schreibgebühr für die Ausfertigungen und Abschriften des zuzustellenden Schriftstücks sowie die Erhebung der baren Auslagen für die Zustellung durch Bekanntmachung in öffentlichen Blättern oder im Auslande wird hierdurch nicht ausgeschlossen.

Art. 40. Soweit in den Fällen der §§ 6, 45, 47 des Reichs-Gerichtskostengesetzes, dann in den Fällen der Art. 44 bis 46 Staatsgebühren nicht zu entrichten sind, werden auch Schreibgebühren und Postgebühren[2]) nicht erhoben.

Art. 41. Schuldner der Schreibgebühr für Ausfertigungen und Abschriften, die nicht von Amts wegen zu erteilen sind, ist der Antragsteller. Diese Schreibgebühr wird sofort nach Anfertigung der Schriftstücke fällig.

Art. 42. I Die Beteiligten sind verpflichtet, den Wert des Gegenstandes, wenn der Gegenstand nicht in einer bestimmten Geldsumme besteht oder aus früheren Anträgen erhellt, und auf Erfordern auch den Wert eines Teiles des Gegenstandes dem Gericht oder dem Notar anzugeben.

II Die Angabe kann jederzeit berichtigt werden.

Art. 43. Ist der Wert von den Beteiligten in der Absicht, die Gebühr zu hinterziehen, zu gering angegeben worden, so trifft jeden eine Geldstrafe bis zum doppelten Betrage der hinterzogenen Gebühr. Wird jedoch die Wertsangabe noch vor der Einleitung des im Satz 1 vorgesehenen Strafverfahrens von dem Pflichtigen selbst berichtigt, so tritt nur Ordnungsstrafe bis zu 100 Mark ein.[3])

---

[1]) VK 10. BVK 6 III. [2]) BVK 6 IV. [3]) BVK 7 I.

Art. 44. I Die Festsetzung des Wertes erfolgt gebührenfrei durch Beschluß des Gerichts, bei welchem die Gebühr in Ansatz kommt, wenn die Festsetzung von dem Zahlungspflichtigen oder der Staatskasse beantragt oder nach der Natur des Gegenstandes erforderlich wird. Kommt die Gebühr nicht bei einem Gericht in Ansatz, so erfolgt die Festsetzung durch das Amtsgericht.[1])

II Das Gericht kann nach Maßgabe der Vorschriften der Zivilprozeßordnung eine Beweisaufnahme, insbesondere die Einnahme eines Augenscheins oder die Begutachtung durch Sachverständige, auf Antrag oder von Amts wegen anordnen. In dem Beschlusse, durch welchen der Wert festgestellt wird, ist über die Kosten der Beweisaufnahme zu entscheiden. Die Kosten können ganz oder teilweise der Partei zur Last gelegt werden, die durch Unterlassung der ihr obliegenden Wertsangabe oder durch unrichtige Wertsangabe oder unbegründete Beschwerde die Beweisaufnahme veranlaßt hat.

Art. 45. I Über Erinnerungen des Zahlungspflichtigen oder der Staatskasse gegen den Ansatz von Gebühren und Auslagen entscheidet bei Gebühren und Auslagen, welche bei einem Gericht in Ansatz gebracht werden, das Gericht. Die Vorschriften des Art. 44 Abs. 2 finden entsprechende Anwendung.

II Die Entscheidung erfolgt gebührenfrei.[2])

Art. 46. Die Entscheidungen nach den Art. 44, 45 über Wertfestsetzungen oder über Erinnerungen gegen den Kostenansatz können von dem Gerichte, das die Entscheidung getroffen hat, oder von dem Gerichte der höheren Instanz jederzeit, auch nach der Beendigung des Verfahrens, von Amts wegen geändert werden.

Art. 47. Gegen die Entscheidung (Art. 44 bis 46) ist die Beschwerde zulässig. Über die Beschwerde entscheidet das im Instanzenzuge zunächst höhere Gericht. Der § 199 Abs. 2 des Gesetzes über die Angelegenheiten der freiwilligen Gerichtsbarkeit findet entsprechende Anwendung.

---

[1]) BVK 7 II, III. [2]) BVK 9 IV.

Art. 48. I Gegen den Ansatz oder die Nachforderung von Gebühren, die bei einem Notariat anfallen, steht dem Zahlungspflichtigen das Rechtsmittel der Beschwerde an das Landgericht zu, in dessen Bezirke das Notariat seinen Sitz hat.

II Die Beschwerde ist erst zulässig, wenn der Zahlungspflichtige sich an die zur Vertretung der Staatskasse zuständige Finanzstelle um Abhilfe gewendet und entweder eine abschlägige oder innerhalb sechs Wochen keine Entschließung erhalten hat. Die Finanzstelle hat über solche Gesuche den Beteiligten die Empfangsbescheinigung unverzüglich und unentgeltlich auszufertigen.

III Die Vorschriften des zweiten Absatzes finden keine Anwendung, wenn die Nachforderung von der Finanzstelle veranlaßt ist.

Art. 49. I Die Beschwerde kann bei dem Gerichte, dessen Entscheidung angefochten wird, oder bei dem Beschwerdegerichte durch Einreichung einer Beschwerdeschrift oder durch Erklärung zum Protokolle des Gerichtsschreibers eines der bezeichneten Gerichte oder eines Amtsgerichts eingelegt werden.

II Die Beschwerde kann auf neue Tatsachen und Beweise gestützt werden.

III Hat der Zahlungspflichtige Beschwerde eingelegt, so ist die Beschwerde der zur Vertretung der Staatskasse zuständigen Finanzstelle zur Äußerung mitzuteilen.

IV Die Beschwerde hat keine aufschiebende Wirkung.

V Die Entscheidung ist mit Gründen zu versehen.

Art. 50. I Gegen die Entscheidung des Beschwerdegerichts ist das Rechtsmittel der weiteren Beschwerde zulässig. Die weitere Beschwerde kann nur darauf gestützt werden, daß die Entscheidung auf einer Verletzung des Gesetzes beruhe. Die Vorschriften der §§ 550, 551, 559, 561, 563, 574 der Reichs-Zivilprozeßordnung finden entsprechende Anwendung.

II Über die weitere Beschwerde entscheidet das Oberste Landesgericht.

III Die weitere Beschwerde kann bei dem Gericht erster Instanz oder bei dem Beschwerdegericht oder bei dem Obersten Landesgerichte durch Einreichung einer Beschwerdeschrift oder durch Erklärung zum Protokolle des Gerichtsschreibers eines der bezeichneten Gerichte oder eines Amtsgerichts eingelegt werden. Erfolgt die Einlegung durch Einreichung einer Beschwerdeschrift, so muß diese von einem Rechtsanwalt unterzeichnet sein. Der Zuziehung eines Rechtsanwalts bedarf es nicht, wenn die weitere Beschwerde von einer Behörde oder von einem Notar eingelegt wird, der in der Angelegenheit für den Beschwerdeführer einen Antrag bei dem Gericht erster Instanz eingereicht hat.

IV Die weitere Beschwerde ist binnen einer Frist von zwei Wochen einzulegen. Auf die weitere Beschwerde finden die Vorschriften des § 22 des Gesetzes über die Angelegenheiten der freiwilligen Gerichtsbarkeit und der Absätze 3 bis 5 des Art. 49 dieses Gesetzes entsprechende Anwendung.

V Über die weitere Beschwerde ist der Staatsanwalt mit gutachtlicher Äußerung zu hören.

Art. 51. I Die Entscheidung erfolgt beim Landgerichte durch eine Zivilkammer, bei den Oberlandesgerichten und dem Obersten Landesgerichte durch einen Zivilsenat. Die Entscheidung kann ohne vorgängige mündliche Verhandlung erfolgen.

II Die Vorschriften der Reichs-Zivilprozeßordnung über die Ausschließung und Ablehnung der Gerichtspersonen, über die Beweisaufnahme sowie über die Verpflichtung zur Kostentragung finden entsprechende Anwendung.

Art. 52. I Ist eine Entscheidung oder sonstige Amtshandlung, für welche eine Gebühr nicht zu erheben wäre, nach freier richterlicher Überzeugung mutwillig veranlaßt worden, so hat das Gericht von Amts wegen die besondere Erhebung von drei Zehnteilen der Gebühr des § 8 des Reichs-Gerichtskostengesetzes zu beschließen.

II Gegen den Beschluß findet Beschwerde nach Maßgabe der Art. 47 bis 51 statt.

III Das Rechtsmittel der weiteren Beschwerde ist unzulässig.

IV Die Gebühr kann sofort nach der Entscheidung eingehoben werden.

Art. 53. Im Verfahren auf weitere Beschwerde erhöht sich die im § 45 des Reichs-Gerichtskostengesetzes bestimmte Gebühr um die Hälfte.

Art. 54. Die Auslagen der Gerichte werden bei der Entstehung fällig.

II. Abschnitt.

Verhandlungen der Gerichte.

1. Zeugnisse, Beglaubigungen und Ausfertigungen.

Art. 55. I Für Zeugnisse (Atteste, Bescheinigungen), für Beglaubigungen von Privatabschriften oder von Unterschriften in öffentlichen oder Privaturkunden (Legalisationen) sowie für Ausfertigungen, beglaubigte Abschriften oder Auszüge, die nicht von Amts wegen zu erteilen sind, wird bei den Amtsgerichten und den Landgerichten, soweit nicht besondere Vorschriften bestehen, eine Gebühr von 2 Mark erhoben.

II Der Gebührensatz erhöht sich bei den Oberlandesgerichten um die Hälfte, bei dem Obersten Landesgericht auf den doppelten Betrag.

III Die Gebühr für Beglaubigungen sowie für Ausfertigungen, beglaubigte Abschriften oder Auszüge kann, sofern die Verhältnisse des Empfängers oder die Geringfügigkeit des Gegenstandes eine Ausnahme begründen, vom Gericht auf die Hälfte ermäßigt werden.

IV Für die von Amts wegen zu erteilenden Ausfertigungen und beglaubigten Abschriften oder Auszüge werden nur Schreibgebühren erhoben.

2. Registerführung.

Art. 56. Für die Eintragungen in das Handelsregister einschließlich der sie begleitenden gerichtlichen

Handlungen werden, soweit nicht reichsgesetzlich ein anderes bestimmt ist, folgende Gebühren erhoben:[1])

1. bei Einzelkaufleuten:
   a) für die erste Eintragung der Firma 2 Mark, wenn der Kaufmann mit einer Gewerbsteuer überhaupt nicht veranlagt ist oder wenn die von dem Kaufmanne zu entrichtende Jahresgewerbsteuer 10 Mark nicht übersteigt,
   5 Mark, wenn sie mehr als 10 Mark, aber nicht mehr als 30 Mark beträgt,
   10 Mark, wenn sie mehr als 30 Mark, aber nicht mehr als 50 Mark beträgt,
   20 Mark, wenn sie mehr als 50 Mark, aber nicht mehr als 100 Mark beträgt,
   30 Mark, wenn sie mehr als 100 Mark, aber nicht mehr als 200 Mark beträgt,
   50 Mark, wenn sie mehr als 200 Mark, aber nicht mehr als 350 Mark beträgt,
   75 Mark, wenn sie mehr als 350 Mark beträgt;
   b) für jede spätere Eintragung oder Löschung die Hälfte der Sätze zu a;
2. bei offenen Handelsgesellschaften und Kommanditgesellschaften sowie bei solchen juristischen Personen, deren Eintragung in das Handelsregister mit Rücksicht auf den Gegenstand oder auf die Art und den Umfang ihres Gewerbebetriebs zu erfolgen hat:
   a) für die erste Eintragung das Zweifache der Sätze zu 1a,
   b) für jede spätere Eintragung oder Löschung die Sätze zu 1a;[2])
3. bei Aktiengesellschaften, Kommanditgesellschaften auf Aktien und Gesellschaften mit beschränkter Haftung:
   a) für die Eintragung der Gesellschaft
   30 Mark, wenn das Gesellschaftskapital nicht mehr als 50000 Mark beträgt,

---

[1]) BVK 8 und 9. [2]) BVK 9 u. Hilfstafel I.

40 Mark, wenn es mehr als 50000 Mark, aber nicht mehr als 100000 Mark beträgt;
beträgt es mehr als 100000 Mark, so erhöht sich die Gebühr von 40 Mark für je 10000 Mark um je 1 Mark,
mindestens ist jedoch das Zweifache der Sätze zu 1a zu entrichten;

b) für die Eintragung eines Beschlusses über Erhöhung des Gesellschaftskapitals die Sätze zu 3a nach dem Betrag, um den das Kapital erhöht wird, mindestens ist jedoch das Zweifache der Sätze zu 1a in Ansatz zu bringen.

Ist das Kapital nicht voll einbezahlt, so ist der Gesellschaft auf Verlangen zu gestatten, von den Gebühren zu a und b zunächst nur denjenigen Betrag zu bezahlen, welcher dem eingezahlten Kapital entspricht, und den Rest nach Maßgabe der erfolgenden Einzahlungen nachträglich zu entrichten, mindestens ist jedoch das Zweifache der Sätze zu 1a sofort zu bezahlen;

c) für alle sonstigen Eintragungen und Löschungen die Sätze zu 1a;

4. für die Eintragung einer Prokura die Sätze zu 1a, für die Eintragung ihres Erlöschens derselben die Sätze zu 1b.

Art. 57. Muß eine Eintragung sowohl in das Handelsregister der Hauptniederlassung als auch in das Handelsregister einer Zweigniederlassung geschehen, so ist für die Eintragung in ein jedes Register der vorgeschriebene Gebührensatz besonders zu erheben, im Falle der Ziff. 3a und b des Art. 56 jedoch für die Eintragung in das Register der Zweigniederlassung höchstens das Zweifache der Sätze zu 1a.[1])

Art. 58. I Wenn auf Grund derselben Anmeldung nach den Vorschriften des Handelsgesetzbuchs mehrere Eintragungen, die auf dieselbe Firma oder dieselbe Prokura oder dieselbe Gesellschaft sich beziehen, in das

[1]) BVK 10.

Handelsregister desselben Gerichts erfolgen, so kommt nur eine Gebühr und bei Verschiedenheit der Sätze der höchste Betrag zur Erhebung.

II Findet jedoch neben der Löschung des Gesamteintrags über eine Firma eine neue Eintragung derselben Firma in einer anderen Hauptabteilung des nämlichen Handelsregisters oder in dem Handelsregister eines anderen Bezirkes statt, so sind sowohl für die Löschung als auch für die neue Eintragung die im Art. 56 bestimmten Gebühren je besonders zu erheben.

III Die Vorschrift des Abs. 1 gilt nicht, wenn das Registergericht das Handelsregister für die Hauptniederlassung und die Zweigniederlassung führt und die Hauptniederlassung und die Zweigniederlassung sich in verschiedenen Amtsgerichtsbezirken befinden.[1])

Art. 59. Werden von den zur Begründung einer Anmeldung vorgelegten Urkunden wegen deren Zurückforderung beglaubigte Abschriften zurückbehalten, so werden hiefür lediglich die gesetzlichen Schreibgebühren erhoben.

Art. 60. I Für die Zurückweisung einer unvollständigen, unzulässigen oder unbegründeten Anmeldung ist die Hälfte der Gebühr zu erheben, die für die Eintragung in Ansatz zu bringen wäre.

II Wird eine Anmeldung zurückgenommen, bevor ein gebührenpflichtiger Akt stattgefunden hat, so kommen zwei Zehnteile der Gebühr zur Erhebung.

Art. 61. Gebühren werden nicht erhoben:

1. für die Gestattung der Einsicht des Handelsregisters und der zum Handelsregister eingereichten Schriftstücke,
2. für die Eintragung der Konkurseröffnung, der Aufhebung des Eröffnungsbeschlusses sowie der Einstellung und Aufhebung des Konkurses,
3. für eine nach den §§ 142 bis 144 des Gesetzes über die Angelegenheiten der freiwilligen Gerichtsbarkeit von Amts wegen erfolgende Löschung; wird der Widerspruch eines Beteiligten zurückgewiesen, so hat der Beteiligte für die Zurück-

[1]) BVK 10.

weisung die für die Löschung bestimmte Gebühr zu entrichten,

4. für das Löschungsverfahren nach § 141 des Gesetzes über die Angelegenheiten der freiwilligen Gerichtsbarkeit, falls die Löschung infolge erhobenen Widerspruchs unterbleibt.

Art. 62. Wird der Widerspruch eines Beteiligten gegen eine nach § 147 des Gesetzes über die Angelegenheiten der freiwilligen Gerichtsbarkeit erfolgende Löschung einer Eintragung in das Genossenschaftsregister zurückgewiesen, so hat der Beteiligte eine Gebühr von 2 Mark zu entrichten.

Art. 63. Für die Eintragung in das Schiffsregister einschließlich der sie begleitenden gerichtlichen Handlungen werden erhoben:

1. für die erstmalige Eintragung 10 Mark,
2. für die Eintragung von Veränderungen 3 Mark.

Art. 64. Im Falle der Verlegung des Heimatsorts eines Schiffes aus dem Registerbezirke (§ 126 Abs. 4 des Binnenschiffahrtsgesetzes) wird für die Eintragung durch die neue Registerbehörde eine Gebühr von 3 Mark erhoben.

Art. 65. Bei Schiffen, deren Tragfähigkeit 100000 Kilogramm nicht übersteigt, kommen die in den Art. 63, 64 bestimmten Gebühren nur zur Hälfte zur Erhebung.

Art. 66. I Für die Erteilung des Schiffsbriefs werden die für die Erteilung eines Hypothekenbriefs bestimmten Gebühren und für den Vermerk von Veränderungen auf dem Schiffsbriefe die für den Vermerk von Veränderungen auf dem Hypothekenbriefe bestimmten Gebühren erhoben.

II Die Vorschriften des Art. 59 finden entsprechende Anwendung.

Art. 67. Auf die Bestellung und Eintragung eines Pfandrechts an einem im Schiffsregister eingetragenen Schiffe oder eines dieses Pfandrecht belastenden Rechtes, auf die Eintragung von Widersprüchen, Vermerken und Löschungen finden die Bestimmungen dieses Gesetzes über die Gebühren in Grundbuchsachen entsprechende Anwendung.

Art. 68. Gebühren werden nicht erhoben:

1. für die Löschung eines Schiffes im Schiffsregister,
2. für die auf Ersuchen des Vormundschaftsgerichts im Falle des § 54 Abs. 2 des Gesetzes über die Angelegenheiten der freiwilligen Gerichtsbarkeit erfolgte Eintragung eines Pfandrechts an einem im Schiffsregister eingetragenen Schiffe,
3. für die Gestattung der Einsicht in das Schiffsregister.

Art. 69. I Für die Eintragung in das Vereinsregister einschließlich der sie begleitenden gerichtlichen Handlungen werden erhoben:

1. für die erste Eintragung des Vereins 5 bis 20 Mark,
2. für alle sonstigen Eintragungen oder Löschungen 3 bis 10 Mark.

II Verfolgt der Verein nach seinen Satzungen wohltätige oder gemeinnützige Zwecke, so können die Gebühren von dem Gerichte bis auf die Hälfte ermäßigt werden.

Art. 70. Die Vorschriften der Art. 58, 59 finden auf das Vereinsregister entsprechende Anwendung.

Art. 71. I Für die Zurückweisung von Anmeldungen wird eine Gebühr von 5 Mark erhoben. Wird eine Anmeldung zurückgenommen, ehe ein gebührenpflichtiger Akt stattgefunden hat, so wird eine Gebühr von 1 Mark erhoben.

II Für die Entziehung der Rechtsfähigkeit im Falle des § 73 des Bürgerlichen Gesetzbuchs wird eine Gebühr von 2 bis 10 Mark erhoben.

Art. 72. Gebühren werden nicht erhoben:

1. für die Gestattung der Einsicht des Vereinsregisters und der von dem Vereine bei dem Amtsgericht eingereichten Schriftstücke,
2. für die von Amts wegen erfolgenden Eintragungen in den Fällen des § 67 Abs. 2, des § 74 Abs. 3, des § 75 und des § 76 Abs. 3 des Bürgerlichen Gesetzbuchs,

3. für eine nach den §§ 142, 143, 159 des Gesetzes über die Angelegenheiten der freiwilligen Gerichtsbarkeit von Amts wegen erfolgende Löschung; wird der Widerspruch eines Beteiligten zurückgewiesen, so hat er für die Zurückweisung die für die Löschung bestimmte Gebühr zu entrichten.

Art. 73. Für die Eintragung in das Güterrechtsregister einschließlich der dieselbe begleitenden gerichtlichen Handlungen wird eine Gebühr von 2 Mark erhoben.

Art. 74. Die Vorschriften des Art. 59 finden auf das Güterrechtsregister entsprechende Anwendung.

Art. 75. Für die Zurückweisung von Anmeldungen wird eine Gebühr von 1 Mark erhoben.

Art. 76. Gebühren werden nicht erhoben:

1. für die Einsicht des Güterrechtsregisters,
2. für eine nach den §§ 142, 143, 161 des Gesetzes über die Angelegenheiten der freiwilligen Gerichtsbarkeit von Amts wegen erfolgende Löschung; wird der Widerspruch eines Beteiligten zurückgewiesen, so wird eine Gebühr von 1 Mark erhoben.

Art. 77. Der Gebührentarif zu dem Reichsgesetze vom 6. Februar 1875 über die Beurkundung des Personenstandes und die Eheschließung sowie die Vorschriften des § 16 dieses Gesetzes finden auf die vor dem 1. Januar 1876 errichteten pfälzischen Standesregister Anwendung.

3. Familienfideikommisse.

Art. 78. Für die Entscheidung einschließlich des vorangegangenen Verfahrens über Anträge auf gerichtliche Bestätigung eines Fideikommisses oder auf Genehmigung der Auflösung eines solchen werden fünf Zehnteile der Sätze des § 8 des Reichs-Gerichtskostengesetzes erhoben.

Art. 79. Die Bestimmung des Art. 78 findet auch in dem Falle Anwendung, wenn das Verfahren die Einverleibung von Vermögen in ein bereits bestehendes

Fideikommiß auf Grund einer die Mehrung desselben bezielenden neuen Verfügung zum Gegenstande hat.

Art. 80. I Für jede sonstige Entscheidung, welche eine Genehmigung oder Bestätigung enthält oder überhaupt eine vorgängige Prüfung seitens des Fideikommißgerichts erfordert, einschließlich des vorangegangenen Verfahrens, werden drei Zehnteile der Sätze des § 8 des Reichs-Gerichtskostengesetzes bis zum Meistbetrage von 50 Mark erhoben.

II Die Einschreibungen in die Fideikommißmatrikel erfolgen gebührenfrei.

Art. 81. Wenn das zu einem Fideikommisse bestimmte Vermögen gemäß § 10 Abs. 2 der VII. Beilage zur Verfassungsurkunde unter gerichtlicher Aufsicht verwaltet werden muß, so kommen hierfür bei dem zuständigen Gerichte die in den Art. 82, 83 bestimmten Gebühren zur Erhebung. Hinsichtlich der Fälligkeit der Gebühren findet die Bestimmung im Art. 86 entsprechende Anwendung.

4. Vormundschaftssachen.[1])

Art. 82. I Bei Vormundschaften ist von dem Vermögen des Mündels, auf welches sich die Vormundschaft erstreckt, bis zu einem Betrage von 6000 Mark auf je 300 Mark, von da an auf je 400 Mark eine Mark zu erheben.

II Für die Berechnung der Gebühr ist der Stand des reinen Vermögens bei Beendigung der Vormundschaft maßgebend.

III Die Gebühr des Abs. 1 kommt nicht zur Erhebung, wenn das Vermögen des Mündels weniger als 1000 Mark beträgt.

Art. 83. I Außerdem ist von dem Vermögen des Mündels, auf welches sich die Vormundschaft erstreckt, bis zu einem Betrage von 6000 Mark auf je 300 Mark, von da an auf je 400 Mark eine jährliche Gebühr von zehn Pfennig zu erheben. Dabei wird das angefangene Kalenderjahr am Anfange der Vormundschaft

[1]) BVK 11 und Hilfstafel II.

voll gerechnet; das angefangene Kalenderjahr am Schlusse der Vormundschaft wird nicht berücksichtigt.

II Bei der Berechnung des Vermögens werden die Schulden in Abzug gebracht.

III Beträgt das Vermögen des Mündels weniger als 1000 Mark, so wird die Gebühr des Abs. 1 nicht erhoben.

Art. 84. Soweit bei Minderjährigen die im Art. 83 bestimmten Gebühren nach dem Ermessen des Vormundschaftsgerichts nicht aus den nach Bestreitung des Unterhalts und der Erziehung etwa verbleibenden Rentenüberschüssen gedeckt werden können, bleiben die Gebühren bis zur Erreichung der Volljährigkeit oder früheren Beendigung der Vormundschaft gestundet.

Art. 85. Erstreckt sich eine Vormundschaft auf mehrere Mündel, so sind die in den Art. 82, 83 bestimmten Gebühren für jeden besonders zu berechnen.

Art. 86. I Die im Art. 82 bestimmte Gebühr wird bei der Beendigung der Vormundschaft, die im Art. 83 bestimmte Gebühr wird bei der Rechnungslegung und im Falle der §§ 1854, 1855, 1903, 1904 des Bürgerlichen Gesetzbuchs an dem von dem Vormundschaftsgerichte zur Vorlage der Übersicht über den Bestand des Mündelvermögens angeordneten Termine fällig.

II Die Vormundschaft gilt für die Kostenerhebung auch dann als beendigt, wenn sie an ein Gericht eines anderen Staates abgegeben wird. Das Staatsministerium der Finanzen ist ermächtigt, die Kosten in solchen Fällen ganz oder teilweise zu erlassen.[1])

Art. 87. Die Vorschriften der Art. 82 bis 86 finden auf die vorläufige Vormundschaft Anwendung. Endigt die vorläufige Vormundschaft, weil auf Grund der erfolgten Entmündigung ein Vormund bestellt wird, so gelten die vorläufige und die endgültige Vormundschaft als e i n e Vormundschaft.

Art. 88.[2]) I Bei den zur Besorgung einer einzelnen Angelegenheit bestellten Pflegschaften oder Beistandschaften

---

[1]) BVK 11 II. [2]) BVK. 12.

ist nach dem reinen Werte des Gegenstandes ein Zehnteil der Sätze des § 8 des Reichs-Gerichtskostengesetzes zu erheben.

II Die gleiche Gebühr ist im Falle einer sonstigen Fürsorge für ein unter elterlicher Gewalt stehendes Kind, insbesondere für die Entgegennahme und Prüfung des nach § 1640 des Bürgerlichen Gesetzbuchs von dem Vater oder der Mutter einzureichenden Verzeichnisses des Vermögens des Kindes, für die Entscheidung über den Antrag auf Erteilung der Genehmigung zu einem Rechtsgeschäft und im Falle einer Verfügung nach den §§ 112, 1631, 1645, 1665, 1677, 2282, 2290, 2347, 2351 des Bürgerlichen Gesetzbuchs zu erheben.

III Die Vorschriften der Art. 85, 86 finden entsprechende Anwendung.

IV Die in den Abs. 1, 2 bestimmten Gebühren werden nicht erhoben, wenn das Vermögen des einzelnen Pfleglings oder Kindes weniger als 1000 Mark beträgt oder, soweit rücksichtlich der Person, in deren Interesse ein Pfleger oder ein Beistand bestellt oder eine sonstige Fürsorgetätigkeit ausgeübt wird, eine Vormundschaft oder eine Pflegschaft oder Beistandschaft, auf welche die Vorschriften des Art. 89 Anwendung finden, eingeleitet oder einzuleiten ist. Die Gebühr des Abs. 2 wird auch dann nicht erhoben, wenn für die Angelegenheit, auf welche sich die Fürsorge des Gerichts bezieht, eine Pflegschaft eingeleitet ist, auf welche die Vorschrift des Abs. 1 Anwendung findet.

V Wird in den Fällen der Abs. 1, 2 das Vormundschaftsgericht aus verschiedenen Veranlassungen tätig, so darf der Gesamtbetrag der zu erhebenden Gebühren den Betrag nicht übersteigen, der nach dem Art. 82 im Falle einer Vormundschaft zu erheben wäre.

Art. 89.[1]) I Bei anderen als den im Art. 88 bezeichneten Pflegschaften oder Beistandschaften sind von dem Werte des Vermögens, auf das sich die Pflegschaft oder Beistandschaft bezieht, die in den Art. 82, 83 bestimmten Gebühren zu erheben, die Gebühr des Art. 83 bei

---

[1]) BVK 13.

einer Beistandschaft jedoch nur insoweit, als dem Beistande die Vermögensverwaltung übertragen ist. Bezieht sich eine Pflegschaft oder Beistandschaft der im Satz 1 bezeichneten Art ausschließlich auf nicht vermögensrechtliche Angelegenheiten, so ist die Wertsumme, die der Gebührenberechnung zugrunde zu legen ist, in entsprechender Anwendung des § 10 des Reichs-Gerichtskostengesetzes festzusetzen.

II Die Vorschriften der Art. 84 bis 86 finden entsprechende Anwendung. Wird eine Pflegschaft oder eine Beistandschaft der im Abs. 1 bezeichneten Art in eine Vormundschaft übergeleitet, so gelten die Pflegschaft oder die Beistandschaft und die Vormundschaft als eine Vormundschaft.

III Die Gebühren des Abs. 1 werden nicht erhoben, wenn das Vermögen des einzelnen Pfleglings oder Kindes weniger als 1000 Mark beträgt.

Art. 90.[1]) I Für die Ersetzung der elterlichen Einwilligung zur Eingehung der Ehe oder der Einwilligung der Mutter zur Ehelichkeitserklärung, für Entscheidungen über den Unterhalt eines Kindes nach § 1612 des Bürgerlichen Gesetzbuchs, für die Übertragung der elterlichen Gewalt an die Mutter (§ 1685 Abs. 2 des Bürgerlichen Gesetzbuchs), für die Ersetzung der Zustimmung anteilsberechtigter Abkömmlinge zu Rechtsgeschäften des überlebenden Ehegatten im Falle der fortgesetzten Gütergemeinschaft, für Entscheidungen, welche die persönlichen Rechtsbeziehungen der Ehegatten zueinander oder das eheliche Güterrecht betreffen, und für sonstige Verfügungen des Vormundschaftsgerichts, die sich nicht auf Mündel, Pflegebefohlene oder unter elterlicher Gewalt stehende Kinder beziehen, wird eine Gebühr von 2 bis 200 Mark erhoben.

II Die gleiche Gebühr wird für die Tätigkeit des Vormundschaftsgerichts im Falle der Verheiratung des Vaters oder der Mutter sowie für die nach den §§ 1635 bis 1637, nach § 1639 Abs. 1, nach den §§ 1653, 1666 bis 1668, 1670 oder nach § 1760 Abs. 2 des Bürger-

---

[1]) BVK 13.

lichen Gesetzbuchs zu treffenden Anordnungen von dem Vater oder der Mutter erhoben, sofern nicht die Gebühr nach Art. 82 oder nach Art. 89 erhoben wird.

III Die Gebühren des Abs. 1, 2 kommen nicht zur Erhebung, wenn das Vermögen des Gebührenpflichtigen weniger als 1000 Mark beträgt.

Art. 91.[1]) I Für die Bestallung des Vormundes, Gegenvormundes, Beistandes oder Pflegers wird eine Gebühr von 50 Pfennig erhoben, wenn das Vermögen des Mündels, Pfleglings oder Kindes 1000 Mark oder mehr beträgt.

II Für die Aufnahme eines Vermögensverzeichnisses durch den Gerichtsschreiber wird eine Gebühr nicht erhoben.

Art. 92. Für die von Amts wegen zu erteilenden Ausfertigungen und Abschriften in Vormundschafts-, Pflegschafts- oder Beistandssachen kommen Schreibgebühren nicht in Ansatz.

5. Nachlaß- und Teilungssachen.

Art. 93.[2]) Für die Ermittlung des Erben wird eine Gebühr von einem Zehnteile der Sätze des § 8 des Reichs-Gerichtskostengesetzes aus dem Werte des Nachlasses nach Abzug der Schulden erhoben. Ist im Falle des Eintritts der fortgesetzten Gütergemeinschaft ein nicht gemeinschaftlicher Abkömmling des verstorbenen Ehegatten vorhanden, so wird zum Nachlasse des Ehegatten auch der Teil des Gesamtguts gerechnet, der dem nicht gemeinschaftlichen Abkömmlinge nach § 1483 Abs. 2 des Bürgerlichen Gesetzbuchs zufällt.

Art. 94.[3]) I Für die Vermittlung der Auseinandersetzung in Ansehung eines Nachlasses einschließlich des vorangehenden Verfahrens wird ein Zehnteil der Sätze des § 8 des Reichs-Gerichtskostengesetzes erhoben.[4])

II Die Berechnung der Gebühr erfolgt aus dem Werte des Nachlasses nach Abzug der Schulden.

III Wird der Antrag auf Vermittlung zurückgenommen oder endigt das Verfahren, weil ein Beteiligter im

---

[1]) BVK 13. [2]) BVK 14. [3]) BVK 15. [4]) BVK 1 II.

Termine der Vermittlung widerspricht, so wird ein Drittel, wenn aber das Gericht bereits den Verteilungsplan aufgestellt hatte, die Hälfte der im Abs. 1 bestimmten Gebühr erhoben. Das gleiche gilt, wenn das Verfahren für beruhend erklärt wird, weil im Termin kein Beteiligter erschienen und das Verfahren seitdem mehr als sechs Monate lang nicht betrieben worden ist.

IV Endigt das gerichtliche Verfahren mit der Verweisung der Auseinandersetzung an einen Notar, so wird eine Gebühr für das gerichtliche Vermittlungsverfahren nicht erhoben, wenn die Auseinandersetzung innerhalb eines Jahres seit der Verweisung vor dem Notar erfolgt. Anderenfalls wird für das gerichtliche Vermittlungsverfahren ein Zehnteil der Sätze des § 8 des Reichs-Gerichtskostengesetzes aus dem Werte des reinen Nachlasses erhoben. Das Gericht kann die im Satz 1 bezeichnete Frist auf Antrag oder von Amts wegen verlängern.

Art. 95. Auf die Vermittlung der Auseinandersetzung in Ansehung des Gesamtguts einer ehelichen oder einer fortgesetzten Gütergemeinschaft finden die Vorschriften über die Gebühren für die Vermittlung der Auseinandersetzung in Ansehung eines Nachlasses gleichmäßig Anwendung. Wird die Auseinandersetzung mit der Teilung des Nachlasses eines Ehegatten verbunden, so wird der Wert des Gesamtguts nur zu dem Bruchteil in Ansatz gebracht, welcher den Anteil des überlebenden Ehegatten bildet.

Art. 96. I Für die Erteilung eines Erbscheins einschließlich des vorangehenden Verfahrens werden neben der Gebühr des Art. 93 zwei Zehnteile und, wenn der Ehegatte oder ein Abkömmling des Erblassers Erbe ist, ein Zehnteil der Sätze des § 8 des Reichs-Gerichtskostengesetzes erhoben.[1])

II Die Berechnung der Gebühr erfolgt aus dem Werte des Nachlasses nach Abzug der Schulden. Die Gebühr für den einem Vorerben erteilten Erbschein wird aus dem Betrage berechnet, aus welchem ein Vorerbe nach

[1]) BVK I II.

den Vorschriften des Erbschaftssteuergesetzes die Erbschaftssteuer zu entrichten hat.

III Ist der Erbe nur zu einem Teile der Erbschaft berufen und der Erbschein nur über die Größe dieses Erbteils zu erteilen, so erfolgt die Erhebung der Gebühr nur aus dem Werte dieses Teiles. Wird über mehrere Erbfälle ein Erbschein erteilt, so werden die Beträge der Nachlässe zusammengerechnet.

IV Ist der Erbschein nur für bestimmte Nachlaßgegenstände zu erteilen, so erfolgt die Erhebung der Gebühr aus dem Werte dieser Gegenstände ohne Abzug der Schulden; ist jedoch die Gebühr aus dem gesamten Nachlasse nach Abzug der Schulden geringer, so wird diese erhoben.

V Wird die Erteilung eines Erbscheins abgelehnt, so kommt die Hälfte der im Abs. 1 bestimmten Gebühr zur Erhebung.

Art. 97. Für die Einziehung oder Kraftloserklärung eines Erbscheins wird, sofern nicht ein neuer Erbschein erteilt wird, eine Gebühr von 1 bis 10 Mark erhoben. Wird später ein neuer Erbschein erteilt, so wird diese Gebühr auf die Gebühr für die Erteilung des Erbscheins angerechnet. Für die Veranstaltung von Ermittelungen über die Richtigkeit eines Erbscheins wird eine Gebühr nicht erhoben.

Art. 98. Die Art. 96, 97 finden auf die im Art. 16 des Ausführungsgesetzes zu der Grundbuchordnung und zu dem Gesetz über die Zwangsversteigerung und die Zwangsverwaltung bezeichneten Zeugnisse sowie auf das Zeugnis über die Fortsetzung der Gütergemeinschaft oder über die Ernennung eines Testamentsvollstreckers entsprechende Anwendung. Für das Zeugnis über die Ernennung eines Testamentsvollstreckers wird jedoch, wenn ein Erbschein erteilt worden ist, eine Gebühr nicht erhoben; wird der Erbschein nach der Erteilung des Zeugnisses erteilt, so ist er gebührenfrei. Bei der Berechnung der Gebühr für das Zeugnis über die Fortsetzung der Gütergemeinschaft tritt an die Stelle des Nachlasses der halbe Wert des Gesamtguts der fortgesetzten Gütergemeinschaft nach Abzug der Schulden; sofern dem überlebenden Ehegatten von der gütergemeinschaftlichen

Masse ein anderer Bruchteil als die Hälfte zufällt, wird das Gesamtgut zu diesem Bruchteil in Ansatz gebracht. Die Gebühr für die Zeugnisse nach Art. 16 des Ausführungsgesetzes zu der Grundbuchordnung und zu dem Gesetz über die Zwangsversteigerung und die Zwangsverwaltung wird aus dem Werte des Gegenstandes der Nachfolge unter Abzug der Schulden nach Maßgabe der Vorschriften berechnet, nach denen ein Vorerbe die Erbschaftssteuer zu entrichten hat.

Art. 99. I Für die nach den Gesetzen über das Reichsschuldbuch oder das Staatsschuldbuch eines Bundesstaates beizubringende Bescheinigung, daß ein Rechtsnachfolger von Todes wegen, ein die Gütergemeinschaft fortsetzender Ehegatte oder ein Testamentsvollstrecker über die eingetragene Forderung zu verfügen berechtigt ist, sowie für das im Art. 51 des Ausführungsgesetzes zum Bürgerlichen Gesetzbuche bezeichnete Zeugnis wird eine Gebühr von einem Zehnteile der Sätze des § 8 des Reichs-Gerichtskostengesetzes bis zum Meistbetrage von 10 Mark erhoben. Die Gebühr wird nach dem Betrage der Forderung berechnet.

II Die in den §§ 37, 38 der Grundbuchordnung bezeichneten Bescheinigungen sind gebührenfrei.

Art. 100. I Werden in dem Verfahren zur Feststellung des Erbrechts des Fiskus Erbrechte angemeldet und wird ein anderer Erbe als der Fiskus ermittelt, so werden außer der Gebühr des Art. 93 zwei Zehnteile der Sätze des § 8 des Reichs-Gerichtskostengesetzes erhoben. Wird ein Erbschein erteilt, so wird für die Erteilung des Erbscheins die Hälfte der Gebühr des Art. 96 erhoben.

II Die Berechnung der Gebühr erfolgt aus dem Werte des Nachlasses nach Abzug der Schulden.

Art. 101. Findet die Sicherstellung eines Nachlasses durch Siegelung oder in anderer Weise statt, so wird für dieses Verfahren, einschließlich der Anordnungen wegen Aufbewahrung des Nachlasses, der Verzeichnung des Nachlasses und der Ausantwortung des Nachlasses an den Erben, ein Zehnteil der Sätze des § 8 des Reichs-Gerichtskostengesetzes erhoben. Die Berechnung der Gebühr erfolgt aus dem Werte des Nachlasses nach Abzug der Schulden. Wenn nur einzelne Teile des Nachlasses Gegenstand der Sicherung sind, wird der Berechnung der Gebühr der Wert dieser Teile zugrunde gelegt, sofern er geringer ist als der Wert des ganzen Nachlasses nach Abzug der Schulden.

Art. 102. Wird eine Nachlaßpflegschaft oder eine Abwesenheitspflegschaft nach § 88 des Gesetzes über die Angelegenheiten der freiwilligen Gerichtsbarkeit angeordnet, so finden die Vorschriften über die Gebühren in Vormundschaftssachen mit der Maßgabe entsprechende Anwendung, daß an Stelle des Vermögens des Mündels der Wert des Nachlasses oder des Anteils des Abwesenden zur Zeit der Anordnung tritt. Auf die Gebühr für die Nachlaßpflegschaft wird die im Art. 101 bestimmte Gebühr angerechnet, wenn die Nachlaßpflegschaft zur Sicherung des Nachlasses eingeleitet wird.

Art. 103.[1] I Wird eine Nachlaßverwaltung oder eine Gesamtgutsverwaltung angeordnet, so werden von dem Werte, den der Nachlaß oder das Gesamtgut zur Zeit der Anordnung nach Abzug der Schulden hat, sechs Zehnteile der Sätze des § 8 des Reichs-Gerichtskostengesetzes erhoben. Steht die hienach sich berechnende Gebühr außer Verhältnis zur Tätigkeit des Nachlaßgerichts und zur Höhe des Nachlasses ohne Abzug der Schulden, so wird eine Gebühr von 20 bis 300 Mark erhoben. Die Gebühr wird bei Beendigung der Verwaltung fällig.

II Außerdem wird die im Art. 83 bestimmte jährliche Gebühr erhoben. Die Gebühr wird bei der Rechnungslegung fällig. Die Vorschriften des Art. 83 Abs. 1, 2 finden Anwendung.

III Wird der Antrag auf Anordnung einer Nachlaßverwaltung oder einer Gesamtgutsverwaltung abgelehnt, so wird die im Abs. 1 bestimmte Gebühr nur zu drei Zehnteilen erhoben; ist der Antrag von einem Gläubiger gestellt und die Forderung desselben nicht höher als der Wert des reinen Nachlasses oder Gesamtguts, so wird die Gebühr nach dem Betrage dieser Forderung erhoben.

[1]) BVK 161.

Art. 104.[1]) Für die Entgegennahme von Erklärungen, Anmeldungen und Anzeigen, welche nach gesetzlicher Vorschrift dem Nachlaßgerichte gegenüber abgegeben werden müssen, seitens des Nachlaßgerichts, einschließlich der Beurkundung durch das Nachlaßgericht und der Mitteilung an die im Gesetze bestimmten Personen, wird eine Gebühr von 1 bis 10 Mark erhoben. Findet die Entgegennahme in einem in diesem Unterabschnitte bezeichneten Verfahren statt, so wird eine Gebühr nicht erhoben. Die Gebühr für die Ausschlagung einer Erbschaft oder die Ablehnung der Fortsetzung einer Gütergemeinschaft kann von dem Nachlaßgerichte niedergeschlagen werden, wenn dies mit Rücksicht auf die Verhältnisse des Pflichtigen als billig erscheint.

Art. 105. Für die Bestimmung oder Verlängerung der Inventarfrist und für die Entgegennahme des Inventars, einschließlich der Anordnung wegen Aufnahme des Inventars durch einen Notar, wird, sofern der Wert des Nachlasses ohne Abzug der Schulden den Betrag von 2000 Mark übersteigt, eine Gebühr von 1 bis 10 Mark erhoben. Finden diese Handlungen in Verbindung mit einem in diesem Unterabschnitte bezeichneten Verfahren statt, so wird eine Gebühr nicht erhoben. Die Gebühr für die sämtlichen im Satz 1 bezeichneten Angelegenheiten darf den Betrag von 10 Mark nicht übersteigen.

Art. 106. Für die Aufnahme des Nachlaßinventars oder eines Nachlaßverzeichnisses durch den Gerichtsschreiber werden Gebühren nicht erhoben.

Art. 107. Für die Verhandlung in dem zur Abnahme des Offenbarungseids (§ 2006 des Bürgerlichen Gesetzbuchs) bestimmten Termine wird die Gebühr des § 43 des Reichs-Gerichtskostengesetzes erhoben.

Art. 108. Für die Verfügungen, durch die nach den §§ 2151, 2153 bis 2155, 2192, 2193 und dem § 2198 Abs. 2 des Bürgerlichen Gesetzbuchs dem Beschwerten oder einem Dritten eine Frist zur Erklärung bestimmt wird, einschließlich des sich anschließenden Verfahrens, wird eine Gebühr von 1 bis 10 Mark erhoben.

---

[1]) BVK 16 II.

Art. 109. Für die nach den Vorschriften des Bürgerlichen Gesetzbuchs über den Testamentsvollstrecker vom Nachlaßgerichte zu treffenden Anordnungen wird ein Zehnteil der Sätze des § 8 des Reichs-Gerichtskostengesetzes erhoben. Der Berechnung der Gebühr wird im Falle des § 2224 Abs. 1 des Bürgerlichen Gesetzbuchs der Wert des Gegenstandes, bezüglich dessen Meinungsverschiedenheit besteht, im übrigen der Wert des Vermögens, auf welches sich die Testamentsvollstreckung bezieht, zu Grunde gelegt.

Art. 110. I Für die Erteilung einer Ausfertigung des Erbscheins, der im Art. 98 bezeichneten Zeugnisse sowie der gerichtlichen Verfügungen, die sich auf die Ernennung oder die Entlassung des Testamentsvollstreckers beziehen, wird die Gebühr des Art. 55 besonders erhoben.

II Die erstmalige Erteilung der Ausfertigung ist gebührenfrei.

Art. 111.[1] I Für die Eröffnung einer Verfügung von Todes wegen wird eine Gebühr von eins vom Tausend erhoben. Die Gebühr wird nach dem Werte des Gegenstandes berechnet, über den in der Verfügung verfügt ist; die Schulden werden abgezogen.

II Besaß der Erblasser die Reichsangehörigkeit nicht, so wird die Gebühr nur nach dem Wert der Gegenstände berechnet, die sich im Inlande befinden.

III Der Mindestbetrag der Gebühr ist 1 Mark.

Art. 112. Die von Militärpersonen bei der Mobilmachung errichteten oder in amtliche Verwahrung gebrachten Testamente und Erbverträge sind von der Gebühr des Art. 111 befreit.

Art. 113. I Für die Verfügungen, durch die der Besitzer eines Testaments im Falle des § 2259 Abs. 1 des Bürgerlichen Gesetzbuchs zur Ablieferung des Testaments angehalten wird, wird eine Gebühr von 1 bis 10 Mark erhoben.

II Die gleiche Gebühr wird für die Abhaltung des Termins zur Leistung des im § 83 Abs. 2 des Ge-

---

[1]) BVK 16 III.

setzes über die Angelegenheiten der freiwilligen Gerichtsbarkeit bestimmten Offenbarungseids erhoben.

Art. 114. Für die Gestattung der Einsicht der bei dem Nachlaßgerichte niedergelegten Anzeigen, Erklärungen, Inventare und Testamente sowie der im § 78 des Gesetzes über die Angelegenheiten der freiwilligen Gerichtsbarkeit erwähnten Ermittlungen, Verfügungen, Protokolle und Zeugnisse werden Gebühren nicht erhoben.

Art. 115. I Die Gebühren für die Ermittlung des Erben, für die Eröffnung einer Verfügung von Todes wegen, für die Sicherung des Nachlasses, für eine Nachlaßpflegschaft und für die Inventarerrichtung, für die Pflegschaft für einen Nacherben, der noch nicht erzeugt ist oder dessen Persönlichkeit durch ein künftiges Ereignis bestimmt wird, sowie für die Erklärung der Annahme, Ablehnung oder Kündigung des Amtes als Testamentsvollstrecker können aus dem Nachlaß entnommen werden. Für die Zahlung dieser Gebühren haften die Erben nach den Vorschriften über Nachlaßverbindlichkeiten.

II Für die in den Art. 94, 95 bestimmten Gebühren haften die Anteilsberechtigten als Gesamtschuldner.

III Soweit die in diesem Unterabschnitte bestimmten Gebühren sich nach dem Werte des Nachlasses nach Abzug der Schulden berechnen, bleiben die Verbindlichkeiten aus Pflichtteilsrechten, Vermächtnissen und Auflagen unberücksichtigt.

6. Grundbuchsachen.

Art. 116. I Jede Eintragung in das Grundbuch, einschließlich der sie begleitenden Handlungen des Grundbuchamts, unterliegt, soweit in den folgenden Artikeln nicht ein anderes bestimmt ist, einer Gebühr, welche bei einem Gegenstandswerte bis zu 100 Mark einschließlich 20 Pfennig, von mehr als 100 Mark bis zu 200 Mark einschließlich 50 Pfennig, von mehr als 200 Mark aber nicht mehr als 2000 Mark 1 Mark und bei einem Gegenstandswerte von mehr als 2000 Mark 2 Mark beträgt.

II Die Eintragungen in den Teil des Grundbuchblatts, welcher zur Eintragung des Grundstücks bestimmt ist, sind gebührenfrei. Dies gilt jedoch nicht für Eintragungen, die infolge einer Eigentumsänderung erfolgen.

Art. 117. I Hat die nämliche Eintragung gleichzeitig auf verschiedenen Grundbuchblättern desselben Eigentümers zu erfolgen, so wird die Gebühr nur einmal erhoben.

II Ist die nämliche Eintragung gleichzeitig auf den Grundbuchblättern verschiedener Eigentümer zu bewirken, so kommt für jeden Eigentümer die Gebühr besonders zur Erhebung.

III Von verschiedenen Eintragungen unterliegt eine jede der Gebühr für sich, sofern dieselben nicht auf Grund einer Verhandlung gleichzeitig auf dem nämlichen Grundbuchblatt oder auf mehreren Grundbuchblättern eines und desselben Eigentümers zu erfolgen haben. In letzterem Falle kommt nur eine Gebühr und bei Verschiedenheit der Sätze der höchste Betrag zur Erhebung.

IV Bei der Eintragung von Hypotheken für mehrere Versteigerungserlöse, die auf Grund derselben Verhandlung einem Gläubiger gegen die Ersteher der einzelnen gleichzeitig versteigerten Grundstücke zustehen, dürfen die Gebühren des Art. 116 zusammengerechnet den Betrag von 10 Mark nicht übersteigen.

Art. 118.[1] I Bei der Entgegennahme der Auflassung durch das Grundbuchamt wird, wenn der Veräußerungsvertrag nicht in einer von einem bayerischen Gericht oder von einem bayerischen Notar aufgenommenen Urkunde vorliegt, neben der Gebühr des Art. 116 die Gebühr erhoben, die für die Aufnahme des Vertrags durch den Notar an diesen zu entrichten wäre.

II Das gleiche gilt für die Bestellung oder Übertragung eines Rechtes, das den Grundstücken gleichsteht.

Art. 119.[2] I Bei der Eintragung
a) einer Hypothek, Grundschuld oder Rentenschuld,
b) der Übertragung, Belastung oder Aufhebung einer Hypothek, Grundschuld oder Rentenschuld, der

---

[1]) BVK 17 I. [2]) BVK 17 II, III.

Übertragung oder Belastung einer Forderung, für welche ein eingetragenes Recht als Pfand haftet, oder der Ersetzung der Forderung, für welche eine Hypothek besteht, durch eine einem anderen Gläubiger zustehende Forderung,

c) der Bestellung einer Dienstbarkeit, eines Vorkaufsrechts oder einer Reallast

wird, wenn nicht eine von einem bayerischen Notar errichtete Urkunde über das Rechtsgeschäft oder die Eintragungsbewilligung vorliegt, neben der Gebühr des Art. 116 die Gebühr erhoben, die für die Aufnahme der Urkunde durch den Notar an diesen zu entrichten wäre.

II Der Eintragung einer Hypothek, Grundschuld oder Rentenschuld steht gleich die Eintragung einer Vormerkung zur Sicherung des Anspruchs auf Einräumung eines solchen Rechts. Tritt an Stelle der Vormerkung die Eintragung des Rechtes, so werden die bei der Eintragung der Vormerkung entrichteten Gebühren angerechnet. Die Vorschrift des Satz 1 gilt nicht für Vormerkungen nach § 648 des Bürgerlichen Gesetzbuchs.

III Wenn die Eintragung zu erfolgen hat, ohne daß es hierzu der Bewilligung desjenigen bedarf, dessen Recht durch sie betroffen wird, kommt nur die Gebühr des Art. 116 zur Erhebung. Diese Vorschrift findet jedoch keine Anwendung auf die Eintragung einer Eigentümergrundschuld (§ 1196 des Bürgerlichen Gesetzbuchs) sowie auf Eintragungen, die auf Grund einer einstweiligen Verfügung erfolgen.

Art. 120. Auf die nach Art. 119 neben der Gebühr des Art. 116 zu erhebende Gebühr finden die Vorschriften des Art. 117 Abs. 1 bis 3 entsprechende Anwendung.

Art. 121. Wird auf Antrag des Eigentümers eine Sicherungshypothek eingetragen, die die Sicherung von Forderungen des Staates oder staatlicher Anstalten bezweckt, so wird nur die Gebühr des Art. 116 erhoben.

Art. 122. I Für die Erteilung eines Hypothekenbriefs oder Teilhypothekenbriefs beträgt die Gebühr ein Zehnteil der Sätze des § 8 des Reichs-Gerichtskostengesetzes.

II Diese Gebühr kommt für die über eine Gesamthypothek von verschiedenen Grundbuchämtern erteilten mehreren Briefe nur einmal zur Erhebung.

III Die Hälfte der Gebühr des Abs. 1 wird erhoben für jeden bei Verteilung einer Gesamthypothek nach § 64 der Grundbuchordnung oder im Falle des § 67 der Grundbuchordnung zu erteilenden neuen Brief.

IV Bei der Erteilung eines gemeinschaftlichen Briefes (§ 66 der Grundbuchordnung) werden die Beträge der einzelnen Hypotheken zusammengerechnet.

V Für die dem Hypothekenbriefe gemäß §§ 61 bis 63, 65 der Grundbuchordnung beizusetzenden Vermerke sowie für die durch die Änderung des Inhalts des Grundbuchs veranlaßte Ergänzung des dem Briefe angefügten Auszugs aus dem Grundbuche (§ 57 Abs. 3 der Grundbuchordnung) beträgt die Gebühr 50 Pfennig.

VI Die Bestimmungen der Abs. 1 bis 5 finden auf Grundschuldbriefe und Rentenschuldbriefe entsprechende Anwendung.

Art. 123. I Abschriften aus dem Grundbuche, ferner Abschriften von Urkunden, von denen gemäß § 11 der Grundbuchordnung oder einer auf Grund des § 93 der Grundbuchordnung erlassenen Anordnung des Staatsministeriums der Justiz Abschrift erteilt werden kann, sowie Abschriften von den noch nicht erledigten Eintragungsanträgen unterliegen einer Gebühr von 1 Mark.

II Die Gebühr kann, sofern die Verhältnisse des Empfängers oder die Geringfügigkeit des Gegenstandes eine Ausnahme begründen, von dem Grundbuchamt auf die Hälfte ermäßigt werden.

III Erfordert die Anfertigung der im Abs. 1 erwähnten Auszüge, Bescheinigungen oder Bestätigungen einen größeren Zeitaufwand, so beträgt die Gebühr 3 bis 10 Mark.

Art. 124. I Für die Zurückweisung eines Antrags auf Eintragung in das Grundbuch oder für die Bestimmung einer Frist zur Hebung des der Eintragung entgegenstehenden Hindernisses ist eine Gebühr von 1 Mark zu entrichten.

II Ist der Fall weitläufig oder verwickelt, so beträgt die Gebühr 3 bis 10 Mark.

Art. 125. I Wird der Antrag auf eine Eintragung im Grundbuche zurückgenommen, ehe die Eintragung erfolgt ist, so ist die Hälfte der im Art. 116 bestimmten Gebühr zu erheben.

II Die Hälfte der im Art. 122 bestimmten Gebühr ist zu erheben, wenn der Antrag auf Erteilung eines Hypotheken-, Grundschuld- oder Rentenschuldbriefs, die Hälfte der im Art. 123 bestimmten Gebühr ist zu erheben, wenn der Antrag auf Erteilung eines Grundbuchauszugs oder auf eine sonstige nicht in einer Eintragung bestehende Handlung des Grundbuchamts zurückgenommen oder zurückgewiesen wird.

Art. 126. Gebühren werden nicht erhoben:

1. für die Benachrichtigung des Antragstellers und des eingetragenen Eigentümers sowie aller aus dem Grundbuch ersichtlichen Personen, zu deren Gunsten die Eintragung erfolgt ist oder deren Recht durch sie betroffen wird, von der erfolgten Eintragung in das Grundbuch,
2. für die Gestattung der Einsicht des Grundbuchs, dann der im Art. 123 erwähnten Urkunden und Anträge.

7. Sonstige Gegenstände.

Art. 127. I Für die Bestätigung des Vertrags über die Annahme an Kindes Statt oder deren Aufhebung sind zwei Zehnteile der Sätze des § 8 des Reichs-Gerichtskostengesetzes zu erheben.

II Für die Versagung der Bestätigung ist die Hälfte dieser Gebühr zu erheben.

Art. 128. Die Gebühr für die Feststellung des Datums einer Privaturkunde, einschließlich der über die Vorlage auszustellenden Bescheinigung beträgt 3 Mark.

Art. 129. I Die Vornahme von Siegelungen und Entsiegelungen durch den Gerichtsschreiber unterliegt einer Gebühr von 2 Mark, sofern nicht eine Gebühr nach Art. 101 zum Ansatze zu kommen hat.

[II] In den Fällen der §§ 122, 123 der Reichs-Konkursordnung werden für die Vornahme von Siegelungen und Entsiegelungen sowie für die Vornahme der Verrichtungen einer Urkundsperson durch den Gerichtsschreiber Gebühren nicht erhoben.

Art. 130. Für die Bestellung eines Vertreters des Eigentümers des Grundstücks im Falle des § 1141 Abs. 2 des Bürgerlichen Gesetzbuchs wird eine Gebühr von 2 Mark erhoben.

Art. 131. Eine Gebühr von 1 Mark wird erhoben:

1. für die Vernehmung der Sachverständigen zur Ermittlung des Wertes von Grundstücken nach Art. 87 oder Art. 103 des Ausführungsgesetzes zum Bürgerlichen Gesetzbuche,
2. für die Bewilligung der öffentlichen Zustellung einer Willenserklärung nach § 132 Abs. 2 des Bürgerlichen Gesetzbuchs,
3. für die Bewilligung der Veröffentlichung der Kraftloserklärung einer Vollmachtsurkunde nach § 176 Abs. 2 des Bürgerlichen Gesetzbuchs.

Art. 132. Für die Verhandlung in dem zur Abnahme des Offenbarungseids bestimmten Termine nach den §§ 259, 260, 2028, 2057 des Bürgerlichen Gesetzbuchs wird die Gebühr des § 43 des Reichs-Gerichtskostengesetzes erhoben.

Art. 133. Für die Entscheidung über die Art des Pfandverkaufs nach § 1246 Abs. 2 des Bürgerlichen Gesetzbuchs werden zwei Zehnteile der Sätze des § 8 des Reichs-Gerichtskostengesetzes erhoben.

Art. 134. Für die Bestellung eines Verwahrers, einschließlich der Bestimmung seiner Vergütung, nach den §§ 432, 1217, 1281, 2039 des Bürgerlichen Gesetzbuchs werden drei Zehnteile der Sätze des § 8 des Reichs-Gerichtskostengesetzes erhoben.

Art. 135. Für die Bestellung eines Dispacheurs, einschließlich der Bestimmung seiner Vergütung, werden drei Zehnteile der Sätze des § 8 des Reichs-Gerichtskostengesetzes erhoben.

Art. 136. Wird bei dem Gericht eine Verhandlung über die vom Dispacheur aufgemachte Dispache beantragt, so werden für das gesamte Verfahren vier Zehnteile der Sätze des § 8 des Reichs-Gerichtskostengesetzes erhoben. Als Wert des Gegenstandes ist der Betrag des Havereischadens anzusehen, wenn jedoch der Wert des Geretteten an Schiff, Fracht und Ladung geringer ist, dieser geringere Betrag. Wird die Dispache bestätigt, so haften die am Verfahren Beteiligten für die Kosten als Gesamtschuldner.

Art. 137. In den Fällen, in denen nach den Vorschriften des bürgerlichen Rechtes jemand den Zustand oder den Wert einer Sache durch Sachverständige feststellen lassen kann, werden für die Vernehmung der Sachverständigen drei Zehnteile der Sätze des § 8 des Reichs-Gerichtskostengesetzes erhoben.

Art. 138. Soweit nicht reichsgesetzlich oder in diesem Gesetz ein anderes bestimmt ist, werden für die Erledigung der im Handelsgesetzbuch, in dem Genossenschaftsgesetz und in dem Gesetze, betreffend die Gesellschaften mit beschränkter Haftung, den Gerichten zugewiesenen, von der Zivilprozeßordnung oder der Konkursordnung nicht betroffenen Angelegenheiten, welche eine Entscheidung des Gerichts erfordern sowie von den Angelegenheiten ähnlicher Art drei Zehnteile der Sätze des § 8 des Reichs-Gerichtskostengesetzes erhoben.

Art. 139. Auf die gerichtliche Festsetzung der einem Beteiligten zu erstattenden Kosten, auf Zeugnisse über die Rechtskraft sowie auf die nach Art. 130 des Ausführungsgesetzes zum Bürgerlichen Gesetzbuch angeordneten Zwangsmaßregeln finden die Vorschriften des Reichs-Gerichtskostengesetzes entsprechende Anwendung.

Art. 140. Für die Entscheidungen nach dem § 29, § 37 Abs. 2, § 48 Abs. 1 und § 60 des Bürgerlichen Gesetzbuchs, einschließlich des sie begleitenden gerichtlichen Verfahrens, wird eine Gebühr von 2 bis 10 Mark erhoben.

Art. 141. [1] In dem Verfahren nach den §§ 132 bis 139 des Gesetzes über die Angelegenheiten der freiwilligen Gerichtsbarkeit werden in jeder Instanz fünf

Zehnteile der Sätze des § 8 des Reichs-Gerichtskostengesetzes erhoben:

1. für die Festsetzung einer Ordnungsstrafe,
2. für die Verhandlung nach § 134,
3. für die Anordnung einer Beweisaufnahme.

II Die Gebühr für die Anordnung einer Beweisaufnahme wird nur zur Hälfte erhoben, wenn die Beweisaufnahme weder ganz noch teilweise stattgefunden hat.

III Diese Gebühren werden in jedem Verfahren nur einmal erhoben. Jede Wiederholung der Ordnungsstrafe gilt als ein besonderes Verfahren.

IV Als Wert des Streitgegenstandes ist die Höhe der festgesetzten Ordnungsstrafe anzusehen.

V Für die Androhung von Strafen werden Gebühren nicht erhoben.

Art. 142. Die Vorschriften des Art. 141 finden auf andere Fälle der Festsetzung von Ordnungsstrafen, insbesondere nach den §§ 151, 159 des Gesetzes über die Angelegenheiten der freiwilligen Gerichtsbarkeit, entsprechende Anwendung.

III. Abschnitt.

Verhandlungen der Notare.[1])

Art. 143. I Für die durch den Notar erfolgte Vermittlung der Auseinandersetzung in Ansehung eines Nachlasses oder des Gesamtguts einer ehelichen oder einer fortgesetzten Gütergemeinschaft wird eine Gebühr nicht erhoben.[2])

II Auf die Festsetzung der einem Beteiligten zu erstattenden Kosten finden die Vorschriften des Reichs-Gerichtskostengesetzes entsprechende Anwendung.

III Für die von dem Notar erfolgte Erteilung der im Art. 99 bezeichneten Zeugnisse und Bescheinigungen wird eine Gebühr nicht erhoben.

Art. 144. Auf die durch den Notar eröffneten Testamente und Erbverträge findet der Art. 111 Anwendung.[3])

Art. 145. I Für die Übernahme von Testamenten oder Erbverträgen, die nicht vor dem Notar errichtet sind,

---

[1]) VK 16. [2]) BVK 18 I. [3]) BVK 18 III.

zur amtlichen Verwahrung ist eine Gebühr von 3 Mark zu erheben.[1])

II Die Erteilung des Hinterlegungsscheins ist gebührenfrei.

Art. 146. I Die Zurücknahme eines hinterlegten Testaments oder Erbvertrags unterliegt einer Gebühr von 1 Mark.

II Wird bei der Zurücknahme eines hinterlegten Testaments oder Erbvertrags gleichzeitig ein neues Testament dem Notar in amtliche Verwahrung übergeben, so ist nur die Gebühr des Art. 145 Abs. 1 zu erheben. Wird gleichzeitig ein neues Testament oder ein neuer Erbvertrag vor dem Notar errichtet, so wird für die Zurücknahme eine Gebühr nicht erhoben.

Art. 147. Eine Gebühr von 2 Mark wird erhoben:

1. für die Anlegung und für die Abnahme von Siegeln, sofern nicht die Gebühr des Art. 101 zum Anfalle gelangt,
2. für die Abnahme von Versicherungen an Eides Statt, die abgegeben werden, um einer öffentlichen Behörde eine tatsächliche Behauptung oder eine Aussage glaubhaft zu machen,
3. für die eidliche Vernehmung von Zeugen und Sachverständigen, für die Abnahme von Eiden und die Bewirkung von Zustellungen in den Fällen, in denen die eidliche Vernehmung, die Eidesabnahme oder die Zustellung nach dem Rechte eines ausländischen Staates oder nach den Bestimmungen einer ausländischen Behörde von einem Notar vorgenommen werden soll.

Art. 148. Für einen Teilhypothekenbrief, Teilgrundschuldbrief oder Teilrentenschuldbrief beträgt die Gebühr ein Zehnteil der Sätze des § 8 des Reichs-Gerichtskostengesetzes.

Art. 149. Für die Vernehmung von Sachverständigen zur Ermittlung des Wertes von Grundstücken nach nach Art. 87 oder Art. 103 des Ausführungsgesetzes

---

[1]) BVK 18 II.

zum Bürgerlichen Gesetzbuche wird eine Gebühr von 1 Mark erhoben.

Art. 150. Für die Feststellung des Datums einer Privaturkunde einschließlich der über die Vorlage auszustellenden Bescheinigung wird eine Gebühr von 2 Mark erhoben.

Art. 151. Gebühren werden nicht erhoben:

1. für die Korrespondenzen der Notare, insbesondere die von ihnen erstatteten Berichte, für Mitteilungsschreiben mit oder ohne Antragstellung und Zustellungsaufträge sowie für Anzeigen und Bekanntmachungen;
2. für die Übernahme in amtliche Verwahrung, Zurückgabe, Verkündung oder Vorlegung der von Militärpersonen bei der Mobilmachung errichteten Testamente und Erbverträge.

V. Abteilung.

Justiz-, innere und Finanz-Verwaltung, Verwaltungsrechtspflege.

Art. 152. Auf dem Gebiete der Justiz-, inneren und Finanz-Verwaltung sowie der Verwaltungsrechtspflege unterliegen der Gebühr:[1])

Protokolle, Beschlüsse und Verfügungen, Bescheide, Zeugnisse, Beglaubigungen und die außerdem noch in diesem Gesetze besonders bezeichneten Gegenstände und Amtshandlungen.

Art. 153. [1] Bei den Distriktsverwaltungsbehörden und den diesen Behörden nach Art. 155 gleichzuachtenden Behörden [2]) werden, soweit in den folgenden Artikeln nicht ein anderes bestimmt ist, erhoben:

1. für Protokolle 1 Mark für jede angefangene Stunde der Geschäftsdauer,[3])
2. für Zeugnisse (Atteste, Bescheinigungen) 2 bis 50 Mark,
3. für Beschlüsse, Bescheide und Verfügungen 2 bis 200 Mark,[4])

---

[1]) BVK 19. [2]) VK 11. BVK 19 II. [3]) BVK 19 III. [4]) BVK. 1 II.

4. für die Beglaubigung einer Privatabschrift oder der Unterschrift in einer öffentlichen oder Privaturkunde (Legalisation), dann für die Beglaubigung von Ausfertigungen, Abschriften oder Auszügen, die nicht von Amts wegen zu erteilen sind, 2 Mark.

II Wird ein Antrag oder ein Rechtsmittel zurückgenommen, nachdem die Behörde in die Sachbehandlung eingetreten ist, so wird die Hälfte der Gebühr erhoben, welche für die beantragte Amtshandlung zu erheben gewesen wäre. Diese Gebühr kann bis auf 50 Pfennig ermäßigt werden.

Art. 154. Die Gebührensätze des Art. 153 erhöhen sich bei den Mittelstellen[1]) um die Hälfte, bei den Ministerien, dem Obersten Landesgericht und dem Verwaltungsgerichtshof auf den doppelten Betrag.

Art. 155. Die Staatsregierung bestimmt, welche Behörden und Stellen den in Art. 153, 154 angeführten Behörden und Stellen gleichzuachten sind.[1])

Art. 156. I Müssen zur Vornahme des Geschäfts Reisen über Land gemacht werden, so ist der zur Reise erforderliche Zeitaufwand bei der Berechnung der Gebühr nicht mit in Anschlag zu bringen.

II Werden in einem Protokolle mehrere Personen als gleichzeitig anwesend aufgeführt und findet mit allen Aufgeführten nur eine gleichzeitige Verhandlung statt, so ist auch die Protokollgebühr nur einmal zu erheben. Wenn dagegen mit jedem einzelnen eine gesonderte Verhandlung stattfindet, so sind für jede Person die Gebühren nach Maßgabe der auf die Verhandlung verwendeten Zeit besonders zu erheben.

Art. 157. Die Gebühren für Protokolle haben ohne Rücksicht auf die Form der Erledigung auch bei Verhandlungen zur Anwendung zu kommen, für die keine besondere Gebühr bestimmt ist. Dies gilt auch für Aufzeichnungen von Beamten oder Organen einer Behörde über Untersuchungen oder Besichtigungen.[2])

---

[1]) VK 11. BKV 19 II. [2]) BVK 19 III.

Art. 158. Die Gebühren für Beschlüsse, Verfügungen, Bescheide und Zeugnisse werden ohne Rücksicht auf die Zahl der beteiligten Personen immer nur einfach erhoben.

Art. 159. Eine Gebühr von 20 Pfennig wird erhoben:

1. für die schriftliche Erteilung eines Wohnungsaufschlusses,
2. für Dienstbotenbücher und für Arbeitsbücher mit Ausnahme solcher für Arbeiter unter 21 Jahren.

Art. 160. Eine Gebühr von 50 Pfennig wird erhoben:

1. für Duplikate der Dienstbotenbücher und der Arbeitsbücher,
2. für Familienstandszeugnisse und Lebensatteste,
3. für Radfahrkartenduplikate.

Art. 161. Eine Gebühr von 1 Mark wird erhoben:

1. für Jagdkarten- und Fischerkartenduplikate,
2. Heimatsscheine und Staatsangehörigkeitsausweise,
3. einfache Leumundszeugnisse oder Führungsatteste.

Art. 162. I Für die Aufbewahrung der bei den Gerichten, den Notaren oder gemäß Art. 76 Abs. 3 des Gesetzes zur Ausführung des Reichs-Gerichtsverfassungsgesetzes in der Fassung des Art. 167 des Ausführungsgesetzes zum Bürgerlichen Gesetzbuche bei der Königlichen Bank oder bei Kassen des Staates hinterlegten Gelder und Wertpapiere können besondere Gebühren (Hinterlegungsgebühren) erhoben werden.

II Die Gebührensätze werden durch Königliche Verordnung bestimmt.[1])

Art. 163. I Für Reisepässe und Paßkarten beträgt die Gebühr:

1. 1 Mark, wenn sie von einer Gesandtschaft oder von einer Kreisregierung oder einer dieser untergeordneten Paßbehörde,

---

[1]) VK 9.

2. 3 Mark, wenn sie von dem Staatsministerium des Königlichen Hauses und des Äußern ausgestellt werden.

II Für unbemittelte Personen kann die Gebühr bis auf 20 Pfennig ermäßigt werden.

III Die Instruktionsverhandlungen sind gebührenfrei.

Art. 164. Für die das Heimatrecht verleihenden Urkunden (Art. 13 des Heimatgesetzes vom 16. April 1868 in der Fassung vom 30. Juli 1899) wird eine Gebühr von 2 Mark erhoben.

Art. 165. I Für Wandergewerbescheine sowie für Gewerbelegitimationskarten der Handelsreisenden wird eine Gebühr von 5 Mark, für sonstige Gewerbelegitimationsscheine jeder Art wird eine Gebühr von 2 Mark erhoben.

II Für die Ausdehnung der Gültigkeit von Legitimationsscheinen zum Gewerbebetrieb im Umherziehen auf einen anderen Bezirk durch die zuständige Behörde dieses Bezirkes wird eine Gebühr von 2 Mark, wenn aber ein Teil dieses Bezirkes zum Zollgrenzbezirke gehört, eine Gebühr von 4 Mark erhoben.

III Die für den gewerblichen Unterricht bestimmten besonderen Abgaben werden hierdurch nicht berührt; sie dürfen bis zum Betrage von 100 Mark erhoben werden.

Art. 166. Für die Entgegennahme der Anzeige über den Beginn des Kleinhandels mit Bier (§ 35 Abs. 7 der Reichsgewerbeordnung), ferner für die Entgegennahme der Anzeige nach § 115 Abs. 1 des Reichsgesetzes über die privaten Versicherungsunternehmungen wird eine Gebühr von 20 bis 200 Mark erhoben.[1])

Art. 167.[2]) I Die Urkunden über die Entlassung aus der Staatsangehörigkeit in anderen als den im § 21 des Reichs- und Staatsangehörigkeitsgesetzes vom 22. Juli 1913 bezeichneten Fällen unterliegen einer Gebühr von 3 Mark.

II Für die Urkunden über die Einbürgerung oder die Anstellung von Ausländern wird eine Gebühr von 20 bis 50 Mark erhoben, wenn nicht dem Eingebürgerten

---

[1]) BVK 20. [2]) BVK 21.

oder Angestellten ein Rechtsanspruch auf die Einbürgerung zustand. Die Gebühr kann im Falle der Dürftigkeit des Gesuchstellers bis auf 5 Mark ermäßigt werden.

III Die Instruktionsverhandlungen sind gebührenfrei.

Art. 168. I Tanzmusikbewilligungen unterliegen für jeden Tag einer Gebühr zu
- 5 Mark in Gemeinden von mehr als 2000 Einwohnern,
- 3 Mark in allen übrigen Gemeinden.

II Die besondere Abgabe, die außerdem noch zugunsten der gemeindlichen Armenkasse zu entrichten ist, beträgt für jeden Tag
- 2 Mark in Gemeinden von mehr als 2000 Einwohnern,
- 1 Mark in allen übrigen Gemeinden.

III Die Gemeinden können nach Maßgabe der Gemeindeordnungen höhere Sätze für die im Abs. 2 bestimmte Abgabe beschließen.

Art. 169. I Für die Entscheidung einschließlich des vorangegangenen Verfahrens werden erhoben:

1. 20 bis 200 Mark
   a) für die Genehmigung der Änderung eines Familiennamens,
   b) für die Verleihung der Rechtsfähigkeit an Vereine, deren Zweck auf einen wirtschaftlichen Geschäftsbetrieb gerichtet ist,
2. die volle Gebühr des § 8 des Reichs-Gerichtskostengesetzes:
   a) für die Volljährigkeitserklärung; steht jedoch der Minderjährige unter Vormundschaft, so wird für die Volljährigkeitserklärung nur eine Gebühr von einem Zehnteile der Sätze des § 8 des Reichs-Gerichtskostengesetzes erhoben; das gleiche gilt, wenn der Mutter des Minderjährigen ein Beistand bestellt ist und die Gebühr für die Beistandschaft sich nach dem ganzen Vermögen des Minderjährigen berechnet;
   b) für die Bewilligung einer nach den §§ 1303, 1313 des Bürgerlichen Gesetzbuchs zulässigen Befreiung;

c) für die Ehelichkeitserklärung;
d) für die Bewilligung der Befreiung von einem der Erfordernisse des § 1744 des Bürgerlichen Gesetzbuchs;

3. das Zweifache der Gebühr des § 8 des Reichs-Gerichtskostengesetzes für die Bewilligung einer nach § 1312 des Bürgerlichen Gesetzbuchs zulässigen Befreiung.

II In den Fällen der Ziff. 2 und 3 des Abs. 1 wird der Wert, aus dem die Gebühr zu berechnen ist, unter Berücksichtigung der Vermögens- und Erwerbsverhältnisse festgesetzt. Die Gebühr kann beim Vorliegen besonderer Umstände bis auf ein Viertel ermäßigt werden.

III Vorstehende Gebühren werden im Falle der Abweisung des Gesuchs nur zur Hälfte und, wenn dieses noch vor Erlaß der Entscheidung zurückgenommen wird, zu zwei Zehnteilen erhoben.

Art. 170. I Für die Erklärung, daß die geschiedene Frau den Familiennamen wieder annimmt oder daß der Ehemann der geschiedenen Frau die Führung des Namens untersagt (§ 1577 des Bürgerlichen Gesetzbuchs), wird eine Gebühr von 3 bis 50 Mark erhoben.

II Das gleiche gilt für die Erklärung des Mannes der Mutter eines unehelichen Kindes, daß er dem Kinde seinen Namen erteile (§ 1706 des Bürgerlichen Gesetzbuchs).

Art. 171. I Für die von Amts wegen zu erteilenden Ausfertigungen, Abschriften und Auszüge werden auch in Parteisachen keine besonderen Gebühren erhoben.

II Wird jedoch auf Verlangen einer Partei eine weitere Ausfertigung, eine beglaubigte Abschrift oder ein beglaubigter Auszug erteilt, so ist hierfür die Beglaubigungsgebühr (Art. 153 Ziff. 4) und außerdem noch eine Schreibgebühr zu entrichten. Die Schreibgebühr beträgt für die Seite, die mindestens zwanzig Zeilen enthält, 20 Pfennig und für die Seite, die mindestens dreißig Zeilen enthält, 30 Pfennig, auch wenn die Herstellung auf mechanischem Wege stattgefunden hat. Die Zeile muß durchschnittlich zwölf Silben enthalten. Eine angefangene Seite wird mit 20 Pfennig berechnet. Für Schriftstücke, die in fremden Sprachen abgefaßt sind oder deren Fertigung besondere paläographische Kenntnisse erfordert, dann für Schriftstücke in tabellarischer Form sowie für Verzeichnisse, Listen, Rechnungen, Handzeichnungen kann die Höhe der Schreibgebühr von der Staatsregierung anderweit bestimmt werden.[1])

III Einfache Abschriften unterliegen lediglich der im Abs. 2 bestimmten Schreibgebühr.

IV Bei Duplikaten und weiteren Ausfertigungen von rentamtlichen Steuerkatasterextrakten sowie bei Auszügen aus den rentamtlichen Grundbüchern ist für das erste Blatt eine Gebühr von 50 Pfennig und für jede folgende angefangene Seite die einfache Schreibgebühr von 20 Pfennig zu entrichten.

V Hinsichtlich der Schreibgebühren für Duplikate von Militärpapieren und des Bezugs dieser Gebühren bewendet es bei den bestehenden Vorschriften.

VI Die Kosten der Ausfertigung von Diplomen werden besonders erhoben.

Art. 172. I So oft in einem rentamtlichen Steuerkataster oder Grundbuch oder im Verleihungsbuche der Bergbehörde Besitzobjekte ganz oder teilweise an einer Stelle ab- und an einer anderen zugeschrieben werden müssen, ist eine Umschreibgebühr von 20 Pfennig für jedes Besitzobjekt (Plannummer) zu entrichten.

II Die gleiche Gebühr wird für jede einfache Namensumschreibung in den rentamtlichen Steuerkatastern oder Grundbüchern oder im Verleihungsbuche der Bergbehörde erhoben.

III Berechnen sich die vorbezeichneten Gebühren aus ein und demselben Besitzveränderungsakt im ganzen auf mehr als 5 Mark, so ist von dem Mehrbetrage nur die Hälfte zu entrichten.

IV Die Zahlung der Umschreibgebühren obliegt dem neuen Erwerber.

V Für die Anlegung des Gewerkenbuchs wird eine Gebühr von 10 bis 100 Mark erhoben. Für jede

---

[1]) VK 10. BVK 2 II, III.

Umschreibung im Gewerkenbuch ist eine Umschreibgebühr von 20 Pfennig für jeden Kux zu entrichten.

Art. 173. I An Auslagen werden in den Angelegenheiten der Justiz-, inneren und Finanzverwaltung sowie in der Verwaltungsrechtspflege, abgesehen von den Schreibgebühren nach den Art. 171, 172, erhoben:

1. Die Post- und Telegraphengebühren sowie die im Fernverkehre zu entrichtenden Fernsprechgebühren;
2. die durch Einrückung einer Bekanntmachung in öffentliche Blätter oder durch sonstige Veröffentlichung einer Bekanntmachung entstehenden Kosten;
3. die an Zeugen und Sachverständige zu zahlenden Gebühren;
4. die bei Geschäften außerhalb der Amtsstelle den Beamten und Bediensteten zustehenden Tagegelder und Reisekosten;
5. die Vorlade- und Zustellgebühren;
6. die an andere Behörden oder Beamte oder sonstige Personen für deren Tätigkeit zu zahlenden Beträge.

II In den Angelegenheiten der Art. 3, 180 Ziff. 4 bis 27 werden die unter Abs. 1 Ziff. 1 und 5 bezeichneten Auslagen nicht erhoben.

Art. 174. I Bei den Gemeindebehörden, die einem Bezirksamt unterstehen, werden die in den Art. 153, 165 bestimmten Gebühren nur zur Hälfte erhoben.

II Die nähere Bestimmung der Angelegenheiten, in denen bei diesen Gemeindebehörden die Gebühren des Art. 153 erhoben werden, erfolgt durch Königliche Verordnung.[1])

Art. 175. Soweit gebührenpflichtige Amtshandlungen der in dieser Abteilung bezeichneten Art von Gemeindebehörden ausgehen, werden die Gebühren und Auslagen für die Gemeindekasse erhoben. In solchen Fällen haben die Gemeinden die Kosten der Formulare zu tragen.[2])

---

[1]) VK 12. BVK 22. [2]) BVK 20.

Art. 176. I Schuldner der Gebühren und Auslagen ist:

1. in Verwaltungsstreitsachen der Streitsteil, dem durch Entscheidung der Behörde die Kosten auferlegt sind,
2. bei der Erteilung einer Konzession, Genehmigung oder Erlaubnis derjenige, der die Konzession, Genehmigung oder Erlaubnis erhalten hat,
3. in den übrigen Fällen derjenige, der die Amtshandlung, für welche die Gebühren oder Auslagen entstanden sind, veranlaßt oder in dessen Interesse die Behörde die Amtshandlung vorgenommen hat.

II In den Fällen des Abs. 1 können die durch einen Mitbewerber oder durch unbegründete Einwendungen eines widersprechenden Dritten entstandenen besonderen Gebühren oder Auslagen dem Mitbewerber oder dem widersprechenden Dritten auferlegt werden.

III Die Verpflichtung des Antragstellers zur Zahlung der Gebühren und Auslagen besteht auch in den Fällen des Abs. 1 Ziff. 1 und 2, wenn die Gebühren oder Auslagen von demjenigen, dem die Kosten auferlegt sind oder der die Konzession, Genehmigung oder Erlaubnis erhalten hat, nicht beigebracht werden können.

Art. 177. I Die Gebühren werden fällig mit der Vornahme der gebührenpflichtigen Amtshandlung, die Auslagen mit ihrer Entstehung.

II In den Fällen des Art. 176 Abs. 1 Ziff. 1 und 2 bleibt die Erhebung der Gebühren und Auslagen bis zur rechtskräftigen Erledigung der Sache ausgesetzt.

Art. 178. I Bei Anträgen auf Vornahme einer Handlung, mit der bare Auslagen verbunden sind, ist auf Verlangen ein zu ihrer Deckung hinreichender Vorschuß von dem Antragsteller zu zahlen.[1])

II Die Ladung und Vernehmung von Zeugen oder Sachverständigen auf Antrag der Parteien kann von der vorgängigen Zahlung eines zur Deckung der Auslagen hinreichenden Vorschusses abhängig gemacht werden.

---

1) BVK 56.

Art. 179. Die Aushändigung von Zeugnissen sowie der in den Art. 153 Abs. 1 Ziff. 4, Art. 159 bis 161, 163 bis 165, 167 bis 169, 171 Abs. 2, 3 bezeichneten Urkunden und Schriftstücke kann von der vorherigen Zahlung der dafür geschuldeten Gebühren und Auslagen abhängig gemacht werden. An Stelle der Zurückbehaltung kann die Übersendung an den empfangsberechtigten Zahlungspflichtigen unter Nachnahme der Gebühren und Auslagen mittels der Post erfolgen.[1])

Art. 180. [I] Gebühren werden nicht erhoben:

1. für Berichte und Schreiben an andere Behörden;
2. für Verfügungen, die ausschließlich die formelle Handhabung und Kontrolle des inneren Dienstes zum Gegenstande haben oder lediglich die Sachleitung betreffen, einschließlich der Bestimmung oder Änderung von Fristen und Terminen, sofern kein Verschulden einer Partei vorliegt;
3. für bloße Auskunftserteilungen, Ratschläge, Vermittlungen, Anregungen u. dergl.;
4. in dem Verfahren wegen Ablehnung eines Beamten;
5. für die Verhandlung und Entscheidung über die Pflicht zur Abgabe eines Zeugnisses oder Gutachtens;
6. für die Verhandlungen und Entscheidungen des Verwaltungsgerichtshofs nach Art. 7 Abs. 2 des Gesetzes über den Verwaltungsgerichtshof vom 8. August 1878, falls durch die Entscheidung des Verwaltungsgerichtshofs festgestellt wird, daß der Beamte sich einer Überschreitung seiner Amtsbefugnisse oder der Unterlassung einer ihm obliegenden Amtshandlung schuldig gemacht hat;
7. für das Verfahren in der Beschwerdeinstanz, sofern der Beschwerde vollständig stattgegeben wird und die Kosten nicht einem Gegner zur Last fallen;

---

[1]) BVK 84 II, III, IV.

8. in der Zwangsvollstreckung mit Ausnahme des Verfahrens in der Beschwerdeinstanz;
9. bei Gesuchen um Gewährung von Stundungen, Zahlungsfristen oder Nachlässen;
10. für Verhandlungen und Beschlüsse in Innungs-, Handelskammer- und Handwerkskammerangelegenheiten;
11. für die Gestattung der Einsicht der bergamtlichen Bücher und Pläne;
12. bei Gesuchen um Verleihung von Unterstützungen, Stipendien, Freiplätzen, Erziehungsbeiträgen und Präbenden, dann bei Gesuchen um Verleihung des Tischtitels oder um Anweisung des Tischtitelgenusses;
13. in Begnadigungssachen;
14. für Verhandlungen, die im kaufmännischen oder sonstigen gewerblichen Verkehr öffentlicher Behörden und Anstalten mit Privaten gepflogen werden;
15. für Zeugnisse über Armut oder Unterstützungsbedürftigkeit;
16. für Zeugnisse zu Zwecken der Festsetzung von Ruhe-, Witwen- und Waisengeldern, Unterhaltsbeiträgen u. dergl.;
17. für Leumundszeugnisse in Niederlassungssachen, dann für die Legalisation von Leumundszeugnissen oder Führungsattesten, Familienstandszeugnissen und Lebensattesten;
18. für Zeugnisse zur Preisbewerbung bei landwirtschaftlichen Festen;
19. für Zeugnisse zur Aufnahme in die Hebammenschule;
20. für Schul-, Studien-, Abgangs-, Reife-, Prüfungs- und sonstige derartige Zeugnisse der öffentlichen Unterrichtsanstalten;
21. für die Zeugnisse der Vermittlungsämter;
22. für Bescheinigungen über Gewerbebetriebs-Anzeigen;
23. bei Gesuchen um die Erteilung der polizeilichen

Erlaubnis zur Abgabe von Ehrensalven bei Beerdigung von ehemaligen Feldzugssoldaten;

24. bei Gesuchen um Bewilligung zur Annahme von Kostkindern nach Art. 41 des Polizeistrafgesetzbuchs;
25. in dem Verfahren der Behörden der inneren Verwaltung zum Vollzuge des Art. 34 oder des Art. 40 des Forstgesetzes;
26. in dem Verfahren der Behörden der inneren Verwaltung in viehseuchenpolizeilichen Angelegenheiten;
27. für die in den Tarifstellen 7, 15, 21, 26, 40 und 44 des Stempelgesetzes angeführten Zeugnisse, Briefe, Diplome, Scheine und Karten.

II Wird der Beschwerde (Abs. 1 Ziff. 7) nur zum Teil stattgegeben, so kann die entscheidende Behörde teilweise oder auch vollständige Gebührenfreiheit gewähren.

Art. 181. I Die Verwaltungsbehörden sind unbeschadet des Erinnerungs- und Beschwerderechts der Staatskasse befugt, Gebühren, die durch unrichtige Sachbehandlung ohne Schuld der Beteiligten entstanden sind, niederzuschlagen oder außer Ansatz zu lassen. Das gleiche gilt, wenn bei abweisenden Bescheiden oder im Falle der Zurücknahme eines Antrags oder Rechtsmittels die Stellung des Antrags oder die Einlegung des Rechtsmittels auf nicht anzurechnender Unkenntnis der Verhältnisse oder auf Unwissenheit beruht. Wird in diesen Fällen eine Gebühr nicht erhoben, so bleiben auch Schreibgebühren und Postgebühren außer Ansatz.[1])

II Die Distriktsverwaltungsbehörden und die ihnen nach Art. 155 gleichzuachtenden Behörden sind unbeschadet des Erinnerungs- und Beschwerderechts der Staatskasse befugt, in Fällen, in denen die Verhältnisse des Schuldners oder die Geringfügigkeit des Gegenstandes eine Ausnahme begründen, die nach Art. 153 Abs. 1 Ziff. 2 bis 4 geschuldete Gebühr bis auf 1 Mark zu ermäßigen.

---

1) BVK 231.

Art. 182. Ist ein Verfahren, für das nach den bestehenden Landesgesetzen oder Verordnungen eine Gebühr nicht zu erheben wäre, nach freier Überzeugung der Behörde mutwillig veranlaßt worden, so hat die Behörde eine Gebühr von 2 bis 200 Mark von Amts wegen festzusetzen.[1])

Art. 183. I Streitfragen über die Verpflichtung zur Entrichtung von Kosten oder über deren Größe werden, soweit sie bei den im Art. 174 bezeichneten Gemeindebehörden anfallen, von den vorgesetzten Distriktsverwaltungsbehörden in erster und auf erhobene Beschwerde von der Kreisregierung, Kammer des Innern, in zweiter und letzter Instanz entschieden.

II Streitfragen in Bezug auf Kosten, die bei den im Art. 154 bezeichneten Mittelstellen oder den ihnen untergeordneten Behörden anfallen, werden von den genannten Mittelstellen in erster und auf erhobene Beschwerde von dem zuständigen Ministerium in zweiter und letzter Instanz entschieden.[2])

III Wird in einer zur Zuständigkeit des Verwaltungsgerichtshofs gehörigen Angelegenheit in der Hauptsache Beschwerde an den Verwaltungsgerichtshof ergriffen, so entscheidet dieser auch über Beschwerden wegen der Kosten, wenn sie mit der Beschwerde in der Hauptsache verbunden werden.

IV Wegen des Ansatzes der bei den Ministerien, dem Obersten Landesgericht und dem Verwaltungsgerichtshof anfallenden Kosten findet nur Gegenvorstellung statt.

V Das Verfahren in erster Instanz sowie die Bescheidung von Gegenvorstellungen ist gebührenfrei.

VI Die Gegenvorstellungen und Beschwerden haben keine aufschiebende Wirkung.

Art. 184. Die Ansätze von Kosten sowie die Entscheidungen über die Verpflichtung zu deren Entrichtung oder über deren Größe können von der Behörde der Instanz oder den Oberbehörden von Amts wegen geändert werden.

---

[1]) BVK 23 II. [2]) VK 13.

VI. Abteilung.

Allgemeine Bestimmungen.

Art. 185. Wenn dieses Gesetz für den Ansatz einer Gebühr einen Spielraum gewährt, hat die Behörde den von ihr anzusetzenden Betrag unter Berücksichtigung des Umfanges und der Schwierigkeit der Sache, ihrer Bedeutung für das bürgerliche Leben und der Leistungsfähigkeit des Pflichtigen zu bestimmen.[1]

Art. 186. Ist der Kostenpflichtige durch einen Rechtsanwalt vertreten, so haftet dieser für die Kosten nur, wenn er deren Zahlung für die Partei ausdrücklich übernommen hat.

Art. 187. I Für die Erledigung des Ersuchens einer nichtbayerischen Behörde in Angelegenheiten, auf die das Reichs-Gerichtskostengesetz keine unmittelbare Anwendung findet, kommen Gebühren nach Maßgabe dieses Gesetzes zur Erhebung. Die Staatsregierung ist ermächtigt, für solche Fälle andere Gebührensätze zu bestimmen.

II Sieht dieses Gesetz eine Gebühr nicht vor, so können besondere Gebühren erhoben werden, deren Höhe die Staatsregierung bestimmt.

III Die mit der Erledigung des Ersuchens verbundenen Auslagen sind zu erstatten.

IV Die Vornahme der Amtshandlung kann von der vorgängigen Zahlung eines zur Deckung der Kosten hinreichenden Vorschusses abhängig gemacht werden.

V Kosten werden nicht erhoben, soweit die Gegenseitigkeit verbürgt ist. Ob diese Voraussetzung gegeben ist, entscheidet die Staatsregierung.

VI Vereinbarungen mit anderen Staaten über die Kostenpflicht bleiben vorbehalten.

Art. 188. I In Angelegenheiten, auf die das Reichs-Gerichtskostengesetz keine unmittelbare Anwendung findet, kann gegenüber Ausländern, die in Bayern keinen ständigen Wohnsitz haben, dringende Fälle ausgenommen, jede kostenpflichtige amtliche Tätigkeit von der vorgängigen Zahlung eines zur Deckung der Kosten hin-

[1] VK 14. BVK 24.

reichenden Vorschusses abhängig gemacht werden, auch wenn sie von einem bayerischen Rechtsanwalte vertreten sind.

II Die Staatsregierung ist ermächtigt, in solchen Angelegenheiten gegenüber Ausländern besondere Gebührensätze zu bestimmen und für Verhandlungen, die an sich gebührenfrei wären, die Erhebung von Gebühren anzuordnen.

Art. 189. I In Badeorten, klimatischen und anderen Kurorten können für die Herstellung und Unterhaltung der zu Kurzwecken getroffenen Veranstaltungen Kurtaxen erhoben werden. Die Erhebung solcher als örtlicher Abgaben kann auch den Gemeinden gestattet werden.

II Die näheren Bestimmungen erfolgen durch die Staatsregierung.

Art. 190. I Bei der Ausstellung von Lehenbriefen, Adelsdiplomen und Diplomen über die Bewilligung zur Änderung adeliger Namen oder Wappen können Kosten für die Ausfertigung der Briefe und Diplome erhoben werden.

II Bei der Ausstellung der in Art. 180 Ziff. 20 angeführten Zeugnisse der öffentlichen Unterrichtsanstalten können besondere Gebühren für Zwecke dieser Anstalten, bei der Ausfertigung von Prüfungszeugnissen können Prüfungskosten erhoben werden.

III Die näheren Bestimmungen erläßt die Staatsregierung.

Art. 191. Die nach diesem Gesetze zu entrichtenden Kosten unterliegen der Verjährung nach Art. 124 des Ausführungsgesetzes zum Bürgerlichen Gesetzbuche.

Art. 192. I Die Strafverfolgung von Zuwiderhandlungen gegen die Vorschriften dieses Gesetzes und die hierzu erlassenen Vollzugsvorschriften verjährt in drei Jahren.

II Die Vollstreckung der rechtskräftig ausgesprochenen Strafen verjährt in fünf Jahren.

Art. 193. I Die Zuständigkeit und das Verfahren bei strafbaren Zuwiderhandlungen gegen die Bestimmungen dieses Gesetzes und der hierzu erlassenen Vollzugsvorschriften richten sich nach den Vorschriften des Reichs-Gerichtsverfassungsgesetzes und der Reichs-Strafprozeßordnung.

II Hinsichtlich des Verfahrens im Verwaltungswege finden die Bestimmungen der Art. 86, 87 Abs. 1, Art. 88 Abs. 1, Art. 89 Abs. 1 bis 3 und 5, Art. 90, 91, 92 Abs. 2 des Gesetzes zur Ausführung der Reichs-Strafprozeßordnung mit der Maßgabe entsprechende Anwendung, daß an Stelle der Zollbehörden die von der Staatsregierung bestimmten Finanzbehörden und, soweit Pflichtwidrigkeiten öffentlicher Beamten und Bediensteten in Frage stehen, die vorgesetzten Behörden treten.

Art. 194. Der Ansatz, die Erhebung und Beitreibung der nach diesem Gesetze zu erhebenden Kosten erfolgt unter der Aufsicht der Finanzbehörden und unter der Leitung des Staatsministeriums der Finanzen.[1])

Art. 195. Die Staatsregierung bestimmt, wem der Ansatz, die Erhebung und die Beitreibung der nach diesem Gesetze zu erhebenden Kosten obliegt.[2])

Art. 196. Zur Vollstreckung einer auf Grund dieses Gesetzes ausgesprochenen Geld- oder Ordnungsstrafe darf, wenn der Zahlungspflichtige ein Deutscher ist, ohne dessen Zustimmung die Zwangsversteigerung eines Grundstücks nicht betrieben werden. Eine uneinbringliche Geldstrafe wird in Freiheitsstrafe nicht umgewandelt.

Art. 197. Die Vorschriften des Stempelgesetzes werden durch dieses Gesetz nicht berührt.[3])

Art. 198. Die Staatsregierung erläßt die zum Vollzuge dieses Gesetzes erforderlichen Vorschriften.[4])

---

[1]) VK 1, 8. BVK 26 ff. [2]) VK 2—7. BVK 35. [3]) BVK 1 II BVSt 6. [4]) VK u. BVK.

III. Stempelgesetz.

Beilage II des Gesetzes über Änderungen im Gebührenwesen.

Vom 21. August 1914.

(GVBl. S. 488 ff.)

I. Abschnitt.

Der Stempel.[1]

Art. 1. I Die in dem anliegenden Tarif aufgeführten Urkunden unterliegen dem darin bezeichneten Stempel.

II Der Stempel fließt in die Staatskasse.[2]

Art. 2.[3] I Die im Tarif aufgeführten Urkunden unterliegen dem Stempel, wenn sie in Bayern errichtet sind. Eine Urkunde gilt als in Bayern errichtet, wenn sie von einem Beteiligten in Bayern vollzogen ist.

II Urkunden über Rechtsgeschäfte, die in Bayern gelegene Grundstücke oder den Grundstücken gleichstehende Rechte oder Rechte an solchen Grundstücken oder Rechten betreffen, unterliegen dem Stempel auch, wenn sie außerhalb Bayerns errichtet sind.

III Außerhalb Bayerns errichtete Urkunden über Rechtsgeschäfte anderer Art, die in Bayern befindliche Gegenstände betreffen oder in Bayern zu erfüllen sind, unterliegen dem Stempel, wenn wenigstens einer der Beteiligten zur Zeit der Errichtung in Bayern seinen Wohnsitz hat oder wenn von den Urkunden in Bayern Gebrauch gemacht wird. Außerhalb Bayerns ausgestellte

---

[1] BVSt 1. [2] BVSt 2, 10. [3] BVSt 11.

Vollmachten unterliegen dem Stempel, wenn von ihnen in Bayern Gebrauch gemacht wird.

IV Die Staatsregierung ist ermächtigt, auf den Stempel den in einem anderen Staate für die Urkunden entrichteten Stempel anrechnen zu lassen, wenn von dem anderen Staate gegenüber Bayern die gleiche Rücksicht geübt wird.[1])

Art. 3.[2]) I Von der Entrichtung des Stempels sind befreit:

1. Der König und die Königin,
2. das Reich, der bayerische Staat, ferner öffentliche Anstalten und Kassen, die für Rechnung des Reichs oder des bayerischen Staates verwaltet werden oder diesen gleichgestellt sind, mit Ausnahme der gewerblichen Betriebe,
3. die natürlichen oder juristischen Personen, denen in besonderen Gesetzen oder Verordnungen Stempel-, Tax- oder Gebührenbefreiung zugestanden ist.

II Dem Staatsoberhaupt und dem Fiskus anderer Staaten sowie den öffentlichen Anstalten und Kassen, die für Rechnung eines anderen Staates verwaltet werden oder diesen gleichgestellt sind, kann Stempelfreiheit gewährt werden, wenn der andere Staat gegenüber Bayern die gleiche Rücksicht übt.[1]) Dies gilt auch für die beim Könige beglaubigten Vertreter anderer Staaten und die ihnen zugewiesenen Beamten, ferner die in deren Diensten stehenden Personen, sofern diese Personen Ausländer sind.

III Eine Vereinbarung oder Erklärung, durch die eine nach Abs. 1, 2 befreite Person sich zur Bezahlung oder Erstattung des von einem anderen geschuldeten Stempels verpflichtet, begründet für den anderen keine Befreiung. Stempelabgaben, die der bayerische Staat oder eine für seine Rechnung verwaltete oder ihm gleichgestellte öffentliche Anstalt oder Kasse zur Bezahlung oder Erstattung übernommen hat, bleiben außer Ansatz.

IV Bei zweiseitigen Verträgen mit Personen, die von der Entrichtung des Stempels befreit sind, muß für

---

[1]) VSt 10. [2]) BVSt 12.

den Vertrag die Hälfte des Stempels entrichtet werden. Besteht der eine Teil aus mehreren Personen, von denen nur einzelne befreit sind, so bleibt für jede der befreiten Personen der dem Maße ihrer Beteiligung entsprechende Teil oder, wenn sich ein solcher nicht ermitteln läßt, der nach der Kopfzahl auf sie treffende Teil des Stempels außer Ansatz.

Art. 4.[1]) Stempelfrei sind:

1. Urkunden über Gegenstände, für die in besonderen Gesetzen oder Verordnungen Stempel-, Tax- oder Gebührenbefreiung zugestanden ist,
2. Urkunden, die zur Sicherung öffentlicher Abgaben des Reichs oder des bayerischen Staates beigebracht werden müssen, sofern sie allein zu diesem Zwecke dienen,
3. Urkunden über die Abtretung von Grundstücken oder die Abtretung oder Bestellung von grundstücksgleichen Rechten für öffentliche Wege oder zur Beseitigung gesundheitswidriger Zustände, soweit die Abtretung oder Bestellung im öffentlichen Interesse liegt und unentgeltlich erfolgt.

Art. 5. Stempelpflichtig sind Urkunden, die mit dem Namen oder der Firma des Ausstellers unterzeichnet sind, soweit nicht dieses Gesetz oder der Tarif entgegenstehende Bestimmungen enthält. Den unterschriftlich vollzogenen Urkunden stehen Urkunden gleich, unter denen der Name oder die Firma des Ausstellers in seinem Auftrag unterschrieben oder mit seinem Wissen oder Willen durch Stempelaufdruck oder in irgend einer anderen Art mechanisch hergestellt ist.[2])

Art. 6. I Werden bei Rechtsgeschäften, an denen mehrere beteiligt sind, die Erklärungen der Beteiligten in verschiedenen Schriftstücken beurkundet, so gelten die mehreren Urkunden in Ansehung der Erhebung des Geschäftsstempels als eine Urkunde. Das gleiche gilt, wenn bei Rechtsgeschäften, deren Wirksamkeit von der Genehmigung oder dem Beitritt einer Behörde oder eines

---

[1]) BVSt 12 VI—VIII. [2]) BVSt 13.

Dritten abhängt, über die Genehmigungs- oder Beitrittserklärung eine besondere Urkunde errichtet wird.[1])

II Im übrigen ist der Austausch von Briefen oder sonstigen Mitteilungen zum Zwecke der Einigung über ein Rechtsgeschäft nur dann stempelpflichtig, wenn nach der Verkehrssitte über das Geschäft ein förmlicher schriftlicher Vertrag errichtet zu werden pflegt und die Beteiligten beabsichtigt haben, durch den Austausch der Briefe oder sonstigen Mitteilungen die Errichtung der Urkunde zu ersetzen.

Art. 7. I Die Stempelpflicht einer Urkunde tritt, soweit nicht besondere Bestimmungen entgegenstehen, mit der Vollendung der Errichtung ein.[2])

II Hängt jedoch die Wirksamkeit eines Rechtsgeschäfts von der Genehmigung oder dem Beitritt einer Behörde oder eines Dritten ab, so wird die Urkunde nicht vor der Erteilung dieser Genehmigung oder der Erklärung des Beitritts stempelpflichtig.

Art. 8.[3]) I Die Stempelpflicht einer Urkunde bemißt sich nach ihrem Inhalte. Kann ein Rechtsgeschäft nach verschiedenen Tarifbestimmungen beurteilt werden, so ist der Stempel nach jener Tarifstelle zu bemessen, die den höchsten Stempelbetrag ergibt, soweit nicht der Tarif abweichende Bestimmungen enthält.

II Für die Stempelpflicht ist die Hinzufügung von Bedingungen, die Wiederaufhebung und die unterbliebene Ausführung des Geschäfts sowie die Vernichtung der Urkunde ohne Bedeutung. Ist jedoch ein Rechtsgeschäft unter einer aufschiebenden Bedingung abgeschlossen und wird binnen 3 Monaten der Nachweis erbracht, daß die Bedingung nicht eingetreten ist, so wird der Stempel erstattet.[4])

III Bei der Bewertung einer Urkunde bleibt ein Rechtsgeschäft, auf das zur Verdeutlichung oder Erläuterung Bezug genommen ist, außer Betracht, es sei denn, daß die Absicht auch auf dessen Beurkundung gerichtet ist.

---

[1]) BVSt 9, 14. [2]) BVSt 9, 15. [3]) BVSt 15 III, IV. [4]) BVSt 92.

Art. 9.[1] [I] Jedes Rechtsgeschäft ist ohne Rücksicht auf die Zahl der Beteiligten nur einmal zu versteuern.

[II] Enthält eine Urkunde verschiedene stempelpflichtige Geschäfte, die voneinander unabhängig sind und von denen nicht notwendig eines aus dem andern fließt, so ist der Stempel für jedes Geschäft besonders zu berechnen.

[III] Stellen sich jedoch die einzelnen in einer Urkunde enthaltenen Geschäfte als Bestandteile eines einheitlichen Rechtsgeschäfts dar, so ist nur der für dieses bestimmte Stempel zu entrichten.

[IV] Erklärungen, die nur Bedingungen des Rechtsgeschäfts sind oder zur Erfüllung der Leistung oder der Gegenleistung bedungen oder übernommen werden, insbesondere auch Hypothek- und Bürgschaftsbestellungen und andere Erklärungen, die zur Sicherstellung der im Hauptgeschäft übernommenen Verpflichtungen dienen, gelten, sofern sie in der gleichen Urkunde wie das Hauptgeschäft enthalten sind, nicht als selbständige Rechtsgeschäfte. Jedoch findet Art. 8 Abs. 1 Satz 2 Anwendung.

Art. 10. Wenn bei Rechtsgeschäften über mehrere, verschiedenen Stempelsätzen unterliegende Gegenstände der Wert oder das Entgelt unausgeschieden in einer Summe angegeben ist, so ist der höchste Stempelsatz anzuwenden, sofern nicht von den Beteiligten die Werte der einzelnen Gegenstände innerhalb der im Art. 18 bezeichneten Fristen nachträglich ausgeschieden werden.[2]

Art. 11. [I] Werden über denselben Gegenstand mehrere Urkunden gleichen Inhalts ausgestellt, so ist der Stempel nur zu einer Urkunde zu entrichten. Die Entrichtung des Stempels zu dieser Urkunde ist auf den übrigen Urkunden zu vermerken.

[II] Die Doppelschriften, Ausfertigungen oder Abschriften unterliegen dem Stempel nur insoweit, als sie nach den Tarifstellen 1, 10 stempelpflichtig sind.

Art. 12.[3] [I] Zur Zahlung des Stempels ist verpflichtet:

1. bei den von bayerischen Behörden oder Beamten, einschließlich der Notare oder von Schiedsgerichten

---

[1]) BVSt 16. [2]) BVSt 66 III. [3]) BVSt 17, 18 III.

vorgenommenen Beurkundungen und Beglaubigungen, ferner bei den von bayerischen Notaren erteilten Ausfertigungen, Abschriften oder Bescheinigungen derjenige, auf dessen Veranlassung die Urkunden aufgenommen oder beglaubigt oder die Ausfertigungen, Abschriften, Bescheinigungen oder Auszüge erteilt sind,

2. bei einseitigen Verpflichtungen oder Erklärungen derjenige, der die Schriftstücke ausgestellt hat,
3. bei der Errichtung oder Vermehrung eines Fideikommisses oder eines sonstigen nach den Art. 58, 59 des Einführungsgesetzes zum Bürgerlichen Gesetzbuch gebundenen Vermögens sowie bei der Genehmigung der Errichtung oder Vermehrung einer Familienstiftung (Tarifstelle 20 A) der Stifter und das Fideikommiß (Stammgut usw.) oder die Stiftung, für die jährliche Stempelabgabe von Fideikommissen (Stammgütern usw.) nach Tarifstelle 20 B der Besitzer des Fideikommisses (Stammguts usw.),
4. bei nicht von bayerischen Behörden oder Beamten einschließlich der Notare beurkundeten Inventaren oder Vermögensverzeichnissen (Tarifstelle 25) derjenige, der das Inventar oder Vermögensverzeichnis dem Gericht oder Notar zum Zwecke der Beireihung übergeben hat,
5. bei Versteigerungen der in der Tarifstelle 41 C bezeichneten Art derjenige, unter dessen Leitung die Versteigerung ausgeführt ist,
6. bei Zwangsversteigerungen (Tarifstelle 41 A) derjenige, dem der Zuschlag erteilt ist,
7. bei Erlaubniserteilungen (Tarifstelle 19) und besonderen Verleihungen (Tarifstelle 40) derjenige, zu dessen Gunsten die Verfügung ergangen ist,
8. bei sonstigen Verträgen alle Teilnehmer.

II Wird das Rechtsgeschäft durch einen Vertreter vorgenommen, so ist neben dem Vertretenen auch der Vertreter zur Zahlung des Stempels verpflichtet; ist der Vertreter ein Rechtsanwalt, so gilt dies nur für den Vollmachtsstempel. Nur der Vertreter ist zur Zahlung des Stempels verpflichtet, wenn der Vertreter das Rechtsgeschäft ohne Vertretungsmacht vorgenommen und der Vertretene es nicht genehmigt hat. Neben dem Beauftragten, der ein Rechtsgeschäft im eigenen Namen vorgenommen hat, ist auch der Auftraggeber zur Zahlung des Stempels verpflichtet. Steht dem Vertreter die Vertretungsmacht kraft elterlicher Gewalt oder als Vormund, Beistand oder Pfleger zu, so ist nur der Vertretene zur Zahlung des Stempels verpflichtet.

Art. 13.[1] I Mehrere zur Zahlung des Stempels Verpflichtete haften als Gesamtschuldner.

II Vereinbarungen über die Verpflichtung zur Tragung des Stempels sind gegenüber der Staatskasse unwirksam.

Art. 14.[1] Für die Entrichtung des Stempels haften unter Vorbehalt des Rückgriffs gegen die eigentlich Verpflichteten neben den nach dem Art. 12 Verpflichteten:

1. Aktiengesellschaften, Kommanditgesellschaften auf Aktien, eingetragene Genossenschaften, Gewerkschaften und Gesellschaften mit beschränkter Haftung für die Stempel, denen die von ihren Vorständen oder Geschäftsführern in ihrem Auftrag oder Namen errichteten Verhandlungen unterliegen,
2. bei Versteigerungen der in der Tarifstelle 41 C bezeichneten Art derjenige, für dessen Rechnung oder auf dessen Veranlassung die Versteigerung stattgefunden hat,
3. bei der Erteilung einer Konzession zum Betrieb einer erpachteten Gast- oder Schankwirtschaft der Verpächter,
4. wer von stempelpflichtigen Urkunden in Bayern Gebrauch macht.

Art. 15. I Die Stempelpflicht ist zu erfüllen:[2]

1. bei privatschriftlichen Urkunden und Urkunden nichtbayerischer Behörden oder Beamten einschließlich der nichtbayerischen Notare

---

[1]) BVSt 18. [2]) BVSt 19.

a) durch Verwendung von Stempelmarken, soweit diese durch die Staatsregierung zugelassen ist,[1])
b) durch Einreichung der stempelpflichtigen Urkunde oder, wenn diese nicht vorgelegt werden kann, einer gleichlautenden Abschrift bei einer zuständigen Steuerstelle unter Einzahlung des erforderlichen Geldbetrags in den übrigen Fällen;

2. bei Beurkundungen der bayerischen Notare und Gerichtsvollzieher durch Einzahlung des geschuldeten Geldbetrags beim Notar oder Gerichtsvollzieher;
3. bei Beurkundungen sonstiger bayerischer Behörden oder Beamten sowie bei den Zeugnissen der Amtsärzte oder Pfarrämter
   a) durch Einzahlung bei der Behörde oder dem Beamten in den Fällen, in denen der Stempel nach den für die Erhebung der Gerichts- oder Verwaltungskosten bestehenden Vorschriften zu vereinnahmen ist,
   b) durch Verwendung von Stempelmarken in den übrigen Fällen.

II Die Staatsregierung ist ermächtigt, von den Vorschriften des Abs. 1 abweichende Anordnungen zu erlassen.

Art. 16.[2]) I Die Vorschrift des Art. 15 Abs. 1 Ziff. 2 findet entsprechende Anwendung, wenn eine privatschriftlich errichtete stempelpflichtige Urkunde, für die der Stempel nicht oder nicht ausreichend entrichtet ist, einem bayerischen Notar zur Beglaubigung einer Unterschrift oder eines Handzeichens übergeben wird.

II Die Vorschrift in Art. 15 Abs. 1 Ziff. 3a findet entsprechende Anwendung, wenn einem Gerichte

1. zur Vornahme einer Eintragung im Grundbuche nicht von einem bayerischen Notar beurkundete oder beglaubigte stempelpflichtige Eintragungsbewilligungen oder sonstige nicht von einem bayerischen Notar aufgenommene stempelpflichtige Urkunden vorgelegt werden, die nicht oder nicht ausreichend versteuert sind,

---

[1]) VB 15. VSt. 2, 5. [2]) BVSt 19.

2. zum gerichtlichen Gebrauche bestimmte, nicht von einem bayerischen Notar beurkundete oder beglaubigte stempelpflichtige Vollmachten, Inventare, Vermögensverzeichnisse oder sonstige Urkunden ohne den vorgeschriebenen Stempel eingereicht werden,
3. nicht von einem bayerischen Notar beurkundete oder beglaubigte stempelpflichtige Urkunden zur gerichtlichen Genehmigung oder Bestätigung ohne den vorgeschriebenen Stempel vorgelegt werden.

Art. 17.[1]) I Für die Erfüllung der Stempelpflicht haben zu sorgen:
1. die Mitglieder der Schiedsgerichte hinsichtlich der von ihnen beurkundeten Schiedssprüche,
2. Amtsärzte und Pfarrer hinsichtlich der von ihnen ausgestellten Zeugnisse (Tarifstelle 44 Abs. 1 b und c).

II Diese Verpflichtung wird erfüllt:
1. in den Fällen, in denen der Stempel durch Verwendung von Stempelmarken zu entrichten ist, durch Verwendung der erforderlichen Stempelmarken für Rechnung des Zahlungspflichtigen,
2. in den übrigen Fällen durch Vorlage der Urkunde an eine zuständige Steuerstelle.

Art. 18.[2]) I Der Stempel muß entrichtet sein:
1. bei den von bayerischen Behörden oder Beamten einschließlich der Notare, jedoch ausschließlich der Gerichtsvollzieher errichteten oder beglaubigten Urkunden, dann bei den Beurkundungen der Schiedsgerichte, bei den Zeugnissen der Amtsärzte und der Pfarrämter, ferner bei Ausfertigungen, Abschriften oder Bescheinigungen der bayerischen Notare vor der Aushändigung, spätestens binnen zwei Wochen nach der Errichtung oder Beglaubigung,
2. bei außerhalb Bayerns errichteten Urkunden, an deren Errichtung in Bayern wohnhafte Personen beteiligt sind, binnen zwei Wochen nach der

[1]) BVSt 20. [2]) BVSt 21, 74 III.

Rückkehr dieser Personen nach Bayern, bei sonstigen außerhalb Bayerns errichteten Urkunden, von denen in Bayern Gebrauch gemacht werden soll, vor dem Gebrauche,

3. bei außerhalb Bayerns ausgestellten Vollmachten vor dem Gebrauche,
4. bei den Urkunden, zu denen Stempelmarken ohne amtliche Überwachung verwendet werden dürfen, vor der Aushändigung, spätestens binnen zwei Wochen nach der Errichtung,
5. in allen übrigen Fällen spätestens binnen zwei Wochen nach der Errichtung.

II Bei Urkunden über Rechtsgeschäfte, die erst durch die Genehmigung oder den Beitritt einer Behörde oder eines Dritten Rechtswirksamkeit erlangen (Art. 7 Abs. 2), beginnt für den Aussteller die Frist des Abs. 1, Ziff. 1, 4 und 5 erst mit dem Ablaufe des Tages, an dem er von der Genehmigung oder dem Beitritte Kenntnis erhalten hat.

II. Abschnitt.

Die Stempelersatzabgabe.[1])

Art. 19.[2]) I Wenn das Eigentum an einem in Bayern gelegenen Grundstück oder ein in Bayern bestehendes, den Grundstücken gleichstehendes Recht auf nichtrechtsgeschäftlichem Wege auf einen andern übergeht, hat der neue Erwerber die Stempelersatzabgabe zu entrichten.

II Die Stempelersatzabgabe fließt in die Staatskasse.

III Die Stempelersatzabgabe wird aus dem Werte des Gegenstandes ohne Abzug der Schulden berechnet und beträgt:

1. eins vom Hundert
   a) wenn der Wert des Gegenstandes 2000 Mark nicht übersteigt,
   b) beim Erwerbe von Erbschaften, Vermächtnissen oder Schenkungen von Todes wegen,

---

[1]) VB 7. BVSt 7, 78, 85, 86. [2]) BVSt 22 I.

c) bei sonstigen Übergängen auf Verwandte oder Stiefverwandte in gerader Linie oder auf Ehegatten oder Geschwister;

2. zwei vom Hundert
in den übrigen Fällen.

IV Befreit sind:

1. der König und die Königin,
2. das Reich, der bayerische Staat,
3. Ehegatten, Verwandte oder Stiefverwandte in absteigender Linie in den Fällen des Abs. 3 Ziff. 1b,
4. Übergänge, die sich bei einem vertragsmäßigen Güterstande kraft des Gesetzes unter Lebenden vollziehen,
5. Übergänge, für die in besonderen Gesetzen oder Verordnungen Befreiung von der Stempelersatzabgabe gleichzuachtenden Gebühren, Stempeln oder Taxen zugestanden ist.

V Geht das Eigentum an einem Grundstück oder ein den Grundstücken gleichstehendes Recht auf mehrere Personen gemeinschaftlich über, so ist die Stempelersatzabgabe nach den Anteilsrechten der einzelnen Personen gesondert zu berechnen. Die Erbengemeinschaft gilt als eine Gemeinschaft nach Bruchteilen.

VI Bei einer Nacherbfolge oder einem Nachvermächtnisse, dann in den Fällen, in denen die Nutzung und Substanz auf dem Wege der Erbfolge gesondert erworben werden, wird die Stempelersatzabgabe aus dem Betrage berechnet, der für die Berechnung der Erbschaftssteuer maßgebend ist.

VII Ist der Erbe durch Verfügung von Todes wegen verpflichtet, zum Vollzug eines Vermächtnisses oder einer Auflage ein zum Nachlasse gehörendes Grundstück oder ein den Grundstücken gleichstehendes Recht zu übertragen, so wird die von ihm aus dem Werte des Grundstücks oder des Rechtes entrichtete Stempelersatzabgabe erstattet, wenn der Nachweis erbracht ist, daß die Auflassung stattgefunden hat und der Stempel für die Auflassung entrichtet ist.

Art. 20.[1]) [I] Die Stempelersatzabgabe ist auch von den zu einem Nachlasse gehörenden in Bayern gelegenen Grundstücken oder den Grundstücken gleichstehenden Rechten zu entrichten, wenn ein Miterbe oder ein Dritter alle Anteile am Nachlasse erworben hat. Das gleiche gilt, wenn der überlebende Ehegatte infolge Verzichts sämtlicher anteilsberechtigten Abkömmlinge auf ihre Anteile das Gesamtgut einer fortgesetzten Gütergemeinschaft in seiner Hand vereinigt hat. Die Stempelersatzabgabe beträgt in diesen Fällen soviel, wie der Stempel der Tarifstelle 23, den derjenige, der alle Anteile in seiner Hand vereinigt hat, im Falle der Auseinandersetzung mit dem Veräußerer des letzterworbenen Anteils zu entrichten gehabt hätte.

[II] Aktiengesellschaften, Kommanditgesellschaften auf Aktien, Gesellschaften mit beschränkter Haftung, Gewerkschaften, Vereine, Genossenschaften, Kommanditgesellschaften, offene Handelsgesellschaften und Gesellschaften des bürgerlichen Rechtes haben die Stempelersatzabgabe mit eins vom Hundert des Gegenstandswerts ohne Abzug der Schulden von den zum Gesellschafts- oder Vereinsvermögen gehörenden in Bayern gelegenen Grundstücken und diesen gleichstehenden Rechten zu entrichten, wenn alle Anteile auf Grund eines Rechtsgeschäfts unter Lebenden in der Hand eines Teilhabers vereinigt oder, nachdem sie in der Hand eines Teilhabers vereinigt sind, auf einen anderen übertragen werden. Werden die zum Gesellschafts- oder Vereinsvermögen gehörenden Grundstücke oder die diesen gleichstehenden Rechte innerhalb zweier Jahre im Grundbuch auf den Erwerber der sämtlichen Anteile umschrieben oder werden sie binnen Jahresfrist von einem der nach Abs. 3 als eine Person zu erachtenden mehreren Teilhaber zum Alleineigentum übernommen, so wird die Stempelersatzabgabe auf den Stempel der Tarifstelle 23 angerechnet.

[III] Ehegatten sowie Eltern und Kinder gelten im Sinne dieser Vorschriften als eine Person.

[1]) BVSt 22 II.

Art. 21.[1]) I Juristische Personen, Handels- und Versicherungsgesellschaften, Genossenschaften, Vereine sowie andere Gesellschaften und Anstalten haben von ihren in Bayern gelegenen Grundstücken und diesen gleichstehenden Rechten alle zwanzig Jahre, vom Tage des letzten Anfalls eines Stempels nach der Tarifstelle 23 oder einer Stempelersatzabgabe nach den Art. 19, 20 an die Stempelersatzabgabe mit eins vom Hundert des Gegenstandswerts ohne Abzug der Schulden zu entrichten.

II Das gleiche gilt für Gesamtgeschlechter, soweit auf deren Güter nicht die Bestimmung der Tarifstelle 20 B Anwendung findet.

III Die Stempelersatzabgabe des Abs. 1 wird nicht erhoben von Grundstücken oder den Grundstücken gleichstehenden Rechten, die

1. dem Reiche oder dem bayerischen Staate, einer Kreisgemeinde, Distriktsgemeinde, Gemeinde oder Ortschaft, einem Versicherungsträger (§ 3 der Reichsversicherungsordnung), einer landwirtschaftlichen oder Handwerkergenossenschaft oder einer gemeinnützigen rechtsfähigen Bauvereinigung gehören,
2. ausschließlich einem frommen, milden, gemeinnützigen oder Unterrichtszwecke, dem Bergbau oder einem öffentlichen Verkehrszwecke dienen, wie Eisenbahnen, Kanäle und Straßen nebst den dazugehörenden Gebäuden, Brücken und ähnlichen Gegenständen.

IV Die Befreiung erstreckt sich nicht auf Grundstücke oder Rechte der Versicherungsträger, die nicht unmittelbar zur Erfüllung öffentlicher Aufgaben dienen.

V Bauvereinigungen gelten nicht als gemeinnützig, wenn sie satzungsgemäß die Einzahlungen der Mitglieder mit mehr als vier vom Hundert verzinsen oder den Mitgliedern im Falle der Auflösung mehr als die Einzahlungen ausantworten.

Art. 22. I Die in den Art. 19, 20 bezeichneten Erwerber, ferner die Vertreter der im Art. 20 Abs. 2 be-

---

[1]) BVSt 22 III.

zeichneten Gesellschaften und Vereine sind verpflichtet, der Steuerstelle,[1]) in deren Bezirke die Grundstücke oder die den Grundstücken gleichstehenden Rechte liegen, von der die Erhebung der Stempelersatzabgabe begründenden Veränderung innerhalb zwei Monaten nach deren Eintritt oder, falls sie erst später davon Kenntnis erlangen, innerhalb zweier Monate nach erlangter Kenntnis Anzeige zu erstatten.

II In den Fällen des Art. 21 haben die gesetzlichen Vertreter der juristischen Personen, Handels- und Versicherungsgesellschaften, Genossenschaften, Vereine und sonstigen Gesellschaften und Anstalten mindestens zwei Monate vor Ablauf des zwanzigjährigen Zeitraums den bevorstehenden Anfall der Stempelersatzabgabe anzumelden. Die Anmeldung erfolgt bei der Steuerstelle, in deren Bezirk die Grundstücke oder Rechte liegen. Liegen die Grundstücke oder Rechte in den Bezirken verschiedener Steuerstellen, so genügt die Anmeldung bei einer Steuerstelle.

III. Abschnitt.

Allgemeine Bestimmungen.[2])

Art. 23. Der Mindestbetrag des Stempels und der Stempelersatzabgabe ist 50 Pfennig, soweit nicht dieses Gesetz oder der Tarif abweichende Bestimmungen enthalten. Beträge, die nicht durch 10 teilbar sind, werden auf den nächsthöheren durch 10 teilbaren Betrag abgerundet.[3])

Art. 24. Für die Berechnung der Fristen gelten die Vorschriften des Bürgerlichen Gesetzbuchs. Fällt das Ende einer Frist auf einen Sonntag oder allgemeinen Feiertag, so endigt die Frist mit dem Ablaufe des nächstfolgenden Werktags.

Art. 25. I Soweit das Gesetz oder der Tarif einem Verwandtschaftsverhältnis Einfluß auf die Abgabenpflicht einräumen, gelten als Verwandtschaft auch die durch Annahme an Kindes Statt begründete Verwandt-

---

[1]) VSt 6. [2]) BVSt 8. [3]) BVSt 28.

schaft sowie das Verhältnis zwischen einem unehelichen Kinde und dessen Abkömmlingen einerseits und dem Vater und dessen Verwandten anderseits, sofern die Vaterschaft erweislich anerkannt ist.

II Ein die Abgabe minderndes Verhältnis, das zufolge eines richterlichen Erkenntnisses oder eines Vertrags schon vor dem Anfalle der Abgabe zu bestehen aufgehört hat, bleibt außer Betracht. Die Aufhebung der ehelichen Gemeinschaft nach § 1575 des Bürgerlichen Gesetzbuchs steht der Scheidung gleich.

III Die vor dem Inkrafttreten des Bürgerlichen Gesetzbuchs vereinkindschafteten Kinder stehen in Ansehung der Abgabenpflicht den ehelichen Kindern gleich.

Art. 26. Soweit der Tarif für die Bemessung des Stempels bei Erlaubniserteilungen (Tarifstelle 19) und besonderen Verleihungen (Tarifstelle 40) einen Spielraum gewährt, hat die Behörde, welche die Erlaubnis oder die besondere Verleihung erteilt, den von ihr anzusetzenden Betrag unter Berücksichtigung der Bedeutung der Sache und der Leistungsfähigkeit des Pflichtigen zu bestimmen.[1])

Art. 27.[2]) I Ist die Stempelabgabe nach dem Werte des Gegenstandes zu berechnen, so entscheidet der gemeine Wert des Gegenstandes zur Zeit des Eintritts der Abgabenpflicht.

II Die auf dem Gegenstande lastenden Schulden werden, soweit nicht der Tarif abweichende Bestimmungen enthält, nicht abgezogen.

Art. 28.[3]) Ist einem Beteiligten ein Wahlrecht oder die Befugnis eingeräumt, innerhalb bestimmter Grenzen den Umfang der Leistung zu bestimmen, so wird die Stempelabgabe nach dem höchstmöglichen Werte des Gegenstandes berechnet.

Art. 29.[4]) Bei Geldforderungen ist der aus der stempelpflichtigen Urkunde ersichtliche Geldbetrag, bei kurshabenden Wertpapieren der Tageskurs als Wert anzusehen. Die Umrechnung der in anderer als Reichs-

---

[1]) VSt 12. BVSt 29 VII. [2]) BVSt 24. [3]) BVSt 24 III. [4]) BVSt 24 IV.

währung angegebenen Summen erfolgt nach den für die Erhebung der Reichsstempelabgaben für ausländische Wertpapiere vom Bundesrate festgesetzten Mittelwerten und, soweit solche nicht bestimmt sind, nach dem laufenden Kurse.

Art. 30.[1]) Der Wert einer Grunddienstbarkeit wird durch den Wert, den sie für das herrschende Grundstück hat, und wenn der Betrag, um den sich der Wert des dienenden Grundstücks durch die Dienstbarkeit mindert, größer ist, durch diesen Betrag bestimmt ist.

Art. 31.[2]) [I] Der einjährige Wert von Nutzungen wird, wenn nicht aus der Urkunde ein höherer oder geringerer Hundertsatz hervorgeht oder sonst festgestellt werden kann, zu vier vom Hundert des Wertes des Gegenstandes angenommen, der die Nutzung gewährt.

[II] Bei immerwährenden Nutzungen und Leistungen ist das fünfundzwanzigfache ihres einjährigen Betrags, bei Nutzungen und Leistungen von unbestimmter Dauer, sofern nicht Art. 32 Anwendung findet, oder anderweite die längste Dauer begrenzende Umstände in der Urkunde angegeben sind, das zwölfeinhalbfache des einjährigen Betrags als Wert anzusehen.

Art. 32.[2]) [I] Der Wert von Nutzungen oder Leistungen auf Lebenszeit bestimmt sich nach dem zur Zeit ihres Anfanges erreichten Lebensalter der Person, bei deren Tode die Nutzung oder Leistung erlischt, und wird bei einem Lebensalter

1. bis zu 25 Jahren auf das . . . . 20 fache,
2. von mehr als 25 Jahren bis zu 35 Jahren auf das 18 „ ,
3. „ „ „ 35 „ „ „ 45 „ „ „ 16 „ ,
4. „ „ „ 45 „ „ „ 55 „ „ „ 14 „ ,
5. „ „ „ 55 „ „ „ 65 „ „ „ 12 „ ,
6. „ „ „ 65 „ „ „ 70 „ „ „ 10 „ ,
7. „ „ „ 70 „ „ „ 75 „ „ „ 8 „ ,
8. „ „ „ 75 „ „ „ 80 „ „ „ 6 „ ,
9. „ „ „ 80 „ auf das . . . . . . 4 „ ,

des Wertes der einjährigen Nutzung oder Leistung angenommen.

[1]) BVSt 24 V. [2]) BVSt 24 VI.

II Ist die Nutzung oder Leistung
im Falle des Abs. 1 Ziff. 1 schon innerhalb eines Zeitraums von 10 Jahren,
im Falle des Abs. 1 Ziff. 2 schon innerhalb eines Zeitraums von 9 Jahren,
im Falle des Abs. 1 Ziff. 3 schon innerhalb eines Zeitraums von 8 Jahren,
im Falle des Abs. 1 Ziff. 4 schon innerhalb eines Zeitraums von 7 Jahren,
im Falle des Abs. 1 Ziff. 5 schon innerhalb eines Zeitraums von 6 Jahren,
im Falle des Abs. 1 Ziff. 6 schon innerhalb eines Zeitraums von 5 Jahren,
in den Fällen des Abs. 1 Ziff. 7 bis 9 innerhalb eines Zeitraums von 4 Jahren,

nach dem Anfall erloschen, so wird ihr Wert nach Maßgabe der wirklichen Dauer bestimmt und die gezahlte Stempelabgabe bis auf den diesem Werte entsprechenden Betrag erstattet.[1]) In gleicher Weise wird, wenn der Gegenstand eines Rechtsgeschäfts um den nach Abs. 1 berechneten Wert einer Nutzung geringer angenommen war, im Falle des früheren Erlöschens der Nutzung oder Leistung ein entsprechender Abgabebetrag nacherhoben.

III Ist die Dauer der Nutzungen oder Leistungen von der Lebenszeit mehrerer Personen dergestalt abhängig, daß beim Tode der zuerst versterbenden die Nutzung oder Leistung erlischt, so ist für die nach den Bestimmungen im vorigen Absatze vorzunehmende Wertermittlung das Lebensalter der ältesten Person maßgebend. Wenn die Nutzung oder Leistung bis zum Tode der letztversterbenden Person fortdauert, erfolgt die Berechnung nach dem Lebensalter der jüngsten Person.

Art. 33. Der Gesamtwert der auf bestimmte Zeit eingeschränkten Nutzungen oder Leistungen ist unter Zugrundelegung eines Zinsfußes von vier vom Hundert nach der beigefügten Hilfstabelle zu ermitteln. Ist jedoch die Dauer der Nutzung oder Leistung noch außer-

[1]) BVSt 92.

dem durch die Lebenszeit einer oder mehrerer Personen bedingt, so darf der nach den Bestimmungen der beiden vorhergehenden Absätze zu berechnende Wert nicht überschritten werden.

Art. 34.[1]) Ungewisse oder unsichere Rechte oder andere zur sofortigen Wertermittlung nicht geeignete Gegenstände kommen mit ihrem mutmaßlichen Werte in Ansatz, den der Abgabenpflichtige in Vorschlag zu bringen hat. Findet eine Einigung über den Vorschlag nicht statt, so können die Steuerbehörden oder die sonst zur Berechnung und Erhebung berufenen Behörden und Beamten einschließlich der Notare die Abgabe von dem ihnen angemessen erscheinenden Werte erheben und die Berichtigung des Wertansatzes sowie die entsprechende Nachforderung oder Erstattung bis zum Ausgange der Verhandlungen vorbehalten, von denen die Bezahlung der Forderung oder die Wertermittlung abhängt.

Art. 35.[2]) I Der Abgabenpflichtige ist gehalten, den Steuerstellen sowie den sonst zur Berechnung und Erhebung der Abgaben berufenen Behörden und Beamten einschließlich der Notare auf Verlangen über den Wert des Gegenstandes sowie über die sonstigen für die Abgabenpflicht erheblichen Umstände Auskunft zu erteilen, soweit dazu nicht die Kenntnisse eines Sachverständigen oder besondere Ermittlungen erforderlich sind. Der Pflichtige kann seine Angaben jederzeit berichtigen.

II Wird der Aufforderung zur Auskunftserteilung nicht genügt, so können die Säumigen von der Steuerstelle durch Ordnungsstrafen zur Erteilung der Auskunft angehalten werden; auch können die erforderlichen Feststellungen von Amts wegen auf Kosten der Säumigen getroffen werden. Die einzelne Ordnungsstrafe darf den Betrag von 100 Mark nicht übersteigen. Der Festsetzung der Ordnungsstrafe hat deren Androhung durch die Steuerstelle vorherzugehen.

Art. 36.[3]) I Verweigert der Abgabenpflichtige die Angabe des Wertes (Art. 35) oder bestehen gegen dessen

[1]) BVSt 24 VII, 66. [2]) BVSt 25 I, III, IV, VII, 66, 89.
[3]) BVSt 25 II, V, VI, 26, 66, 89.

Angaben Bedenken, so hat ihm die Steuerstelle einen Wertanschlag mit dem Bemerken bekannt zu geben, daß dieser Wertanschlag der Abgabenberechnung zu Grunde gelegt werde, wenn nicht Erinnerungen hiergegen binnen zwei Wochen erhoben werden. Dieser Wertanschlag ist bei landwirtschaftlichen Grundstücken (Äckern, Wiesen, Weinbergen, Hopfengärten, Weiden usw.), sofern nicht besondere Verhältnisse eine Erhöhung rechtfertigen, bis zum zwanzigfachen Betrage der Grundsteuerverhältniszahl zu berechnen.

II Werden Erinnerungen rechtzeitig erhoben und findet über den gemachten Wertanschlag eine Einigung nicht statt, so ist der Wert beim Amtsgerichte durch zwei beeidigte Schätzmänner zu ermitteln, von denen der eine von der Steuerstelle, der andere von dem Abgabenpflichtigen und, wenn dieser binnen zwei Wochen nach gerichtlicher Aufforderung einen geeigneten Schätzmann nicht benennt, vom Gerichte bezeichnet wird. Der Durchschnitt der beiden Schätzungen bildet die der Abgabenberechnung zu Grunde zu legende Wertsumme.[1])

III Die Kosten der Schätzung sind vom Abgabenpflichtigen zu tragen, wenn die Wertangabe verweigert wurde oder wenn das Ergebnis der Schätzung den vom Abgabenpflichtigen angegebenen Wert um 20 vom Hundert übersteigt.

IV Das Amtsgericht hat über Ablehnungsgründe gegen die Schätzmänner und über die Verbindlichkeit zur Kostentragung zu entscheiden sowie das Ergebnis der Schätzung festzustellen. Eine Anfechtung der Entscheidung findet nicht statt.

V Das Verfahren ist gebührenfrei.

VI Zuständig ist das Amtsgericht, in dessen Bezirke die Steuerstelle ihren Sitz hat, soweit jedoch Grundstücke oder grundstücksgleiche Rechte in Betracht kommen, das Amtsgericht, in dessen Bezirke das Grundstück oder Recht liegt.

VII Die Vorschriften der Abs. 1 bis 6 finden auf die Feststellung des Jahresreinertrags und des erziel-

---

[1]) BVK 7III.

baren Jahrespachtertrags in den Fällen der Tarifstellen 19 Abs. 2 und 5 entsprechende Anwendung.

Art. 37.[1]) Die Behörden und Beamten einschließlich der Notare sind verpflichtet, den Steuerbehörden sowie den für die Berechnung und Erhebung der Stempelabgaben sonst zuständigen Behörden und Personen über die amtlich zu ihrer Kenntnis gelangten für die Abgabenpflicht erheblichen Umstände auf Verlangen Aufschluß zu geben.

Art. 38.[2]) Die Behörden und Beamten einschließlich der Notare sind verpflichtet, hinsichtlich der ihnen amtlich zu Handen kommenden privatschriftlichen Urkunden auf die Erfüllung der Abgabenpflicht zu achten und von den amtlich zu ihrer Kenntnis gelangenden Verkürzungen und sonstigen Zuwiderhandlungen gegen dieses Gesetz der Steuerstelle ihres Bezirkes Mitteilung zu machen. Dies gilt auch dann, wenn die Urkunde von einer öffentlichen Behörde oder einem Notar beglaubigt worden ist.

Art. 39.[3]) I Den Notaren ist untersagt, die von ihnen aufgenommenen oder beglaubigten Urkunden vor der Stempelentrichtung auszuhändigen oder Ausfertigungen oder Abschriften davon zu erteilen. Gleiches gilt für die Mitglieder der Schiedsgerichte hinsichtlich des von ihnen gefällten Schiedsspruchs und für Amtsärzte und Pfarrer hinsichtlich der von ihnen ausgestellten Zeugnisse.

II Den Notaren ist auch untersagt, Urschriften, Ausfertigungen und Abschriften der von ihnen errichteten oder beglaubigten Urkunden vor der Entrichtung des Stempels an die Gerichte oder an andere Behörden vorzulegen.

III Bei Zuwiderhandlung gegen die Vorschriften der Abs. 1, 2 haften die dort bezeichneten Personen für die Stempelabgabe, wenn diese von den Abgabenpflichtigen nicht beigebracht werden kann.

Art. 40. I Den mit der Umschreibung im Grundsteuerkataster betrauten Beamten ist untersagt, eine Ein-

---

[1]) BVSt 27. [2]) BVSt 28, 89. [3]) BVSt 28 II.

tragung in das Grundsteuerkataster eher vorzunehmen, als der Nachweis über die Entrichtung oder Hinterlegung der Stempelabgabe vorgelegt ist. Gleiches gilt für die Grundbuchbeamten von der Eintragung in das Grundbuch, sofern es sich nicht um eine Grundbuchberichtigung handelt.

II Des Nachweises über die Entrichtung oder Hinterlegung der Stempelabgabe bedarf es nicht, wenn die Eintragung auf Grund einer von einem bayerischen Notar errichteten oder beglaubigten Urkunde beantragt wird.

III Art. 39 Abs. 3 findet entsprechende Anwendung.

Art. 41.[1]) I Gegen die Anforderung der Stempelabgabe steht dem Abgabenpflichtigen sowie demjenigen, der nach den Vorschriften dieses Gesetzes für die Stempelabgabe haftet, das Rechtsmittel der Beschwerde an das Landgericht zu, in dessen Bezirke die zuständige Steuerstelle ihren Sitz hat.

II Die Beschwerde ist erst zulässig, wenn der Zahlungspflichtige sich an die zur Vertretung der Staatskasse zuständige Finanzstelle um Abhilfe gewendet und entweder eine abschlägige oder innerhalb sechs Wochen keine Entschließung erhalten hat. Die Finanzstelle hat über solche Gesuche den Beteiligten die Empfangsbescheinigung unverzüglich und unentgeltlich auszufertigen.

III Die Vorschriften des zweiten Absatzes finden keine Anwendung, wenn die Anforderung von der Finanzstelle veranlaßt ist.

Art. 42. I Die Beschwerde kann beim Landgerichte durch Einreichung einer Beschwerdeschrift oder durch Erklärung zum Protokolle des Gerichtsschreibers des Landgerichts oder eines Amtsgerichts eingelegt werden.

II Die Beschwerde ist der zur Vertretung der Staatskasse zuständigen Finanzstelle zur Äußerung mitzuteilen.

III Die Beschwerde hat keine aufschiebende Wirkung.

IV Die Entscheidung ist mit Gründen zu versehen.

---

[1]) BVSt 29.

Art. 43. [I] Gegen die Entscheidung des Landgerichts ist das Rechtsmittel der weiteren Beschwerde zulässig. Die weitere Beschwerde kann nur darauf gestützt werden, daß die Entscheidung auf einer Verletzung des Gesetzes beruhe. Die Vorschriften der §§ 550, 551, 559, 561, 563, 574 der Reichs-Zivilprozeßordnung finden entsprechende Anwendung.

[II] Über die weitere Beschwerde entscheidet das Oberste Landesgericht.

[III] Die weitere Beschwerde kann bei dem Beschwerdegericht oder bei dem Obersten Landesgerichte durch Einreichung einer Beschwerdeschrift oder durch Erklärung zum Protokolle des Gerichtsschreibers eines der bezeichneten Gerichte oder eines Amtsgerichts eingelegt werden. Erfolgt die Einlegung durch Einreichung einer Beschwerdeschrift, so muß diese von einem Rechtsanwalt unterzeichnet sein. Der Zuziehung eines Rechtsanwalts bedarf es nicht, wenn die weitere Beschwerde von einer Behörde oder von dem Notar eingelegt wird, der die Urkunde aufgenommen oder beglaubigt hat.

[IV] Die weitere Beschwerde ist binnen einer Frist von zwei Wochen einzulegen. Auf die weitere Beschwerde finden die Vorschriften des § 22 des Gesetzes über die Angelegenheiten der freiwilligen Gerichtsbarkeit und der Absätze 2 bis 4 des Art. 42 dieses Gesetzes entsprechende Anwendung.

[V] Über die weitere Beschwerde ist der Staatsanwalt mit gutachtlicher Äußerung zu hören.

Art. 44. [I] Die Entscheidung erfolgt beim Landgerichte durch eine Zivilkammer, bei dem Obersten Landesgerichte durch einen Zivilsenat. Die Entscheidung kann ohne vorgängige mündliche Verhandlung erfolgen.

[II] Die Vorschriften der Reichs-Zivilprozeßordnung über die Ausschließung und Ablehnung der Gerichtspersonen, über die Beweisaufnahme sowie über die Verpflichtung zur Kostentragung finden entsprechende Anwendung.

Art. 45. Auf die Gebühren und Auslagen im Beschwerdeverfahren und im Verfahren der weiteren Beschwerde finden die Vorschriften entsprechende Anwendung, welche für die Gebühren und Auslagen im Beschwerdeverfahren der Art. 48 und 50 des Kostengesetzes nach diesem gelten.

Art. 46. Für die Gerichte sind im Verfahren nach den Art. 41 bis 43 die Festsetzungen bindend, welche die Verwaltungsbehörden nach dem Art. 26 getroffen haben.[1])

Art. 47. Für verdorbene Stempelmarken kann Ersatz beansprucht werden, wenn von ihnen noch kein Gebrauch gemacht worden ist.[2])

Art. 48.[3]) I Der Stempel ist außer in den im Tarif besonders vorgesehenen Fällen auf Antrag zu erstatten:

1. wenn ein Geschäft nichtig oder infolge einer Anfechtung als von Anfang an nichtig anzusehen ist,
2. wenn der von Behörden, Beamten, Schiedsgerichten, Amtsärzten oder Pfarrämtern für Rechnung des Pflichtigen durch Verwendung von Stempelmarken entrichtete Stempel vom Pflichtigen nicht beizubringen ist,
3. wenn ein Zuschlagsbeschluß aufgehoben ist.

II Die Erstattung des Stempels kann auf Antrag angeordnet werden, wenn die Ausführung eines Rechtsgeschäfts unterblieben oder ein Geschäft auf Grund der Wandlung rückgängig gemacht ist und Billigkeitsgründe vorliegen.[4])

III Die Erstattung muß in den Fällen der Abs. 1, 2 innerhalb zweier Jahre nach der Entrichtung des Stempels beantragt werden. Wird der Antrag auf Tatsachen gestützt, die erst nach der Entrichtung der Abgabe eingetreten sind, so beginnt die zweijährige Frist mit dem Tage, an dem der Antragsteller von diesen Tatsachen Kenntnis erhalten hat.

IV In den Fällen des Abs. 1 Ziff. 1 Abs. 2 steht der Steuerstelle das Recht zu, den Stempel von dem Vertragsschließenden einzuziehen, der bei der Beurkundung des Geschäfts von den die Nichtigkeit bedingenden

---

[1]) BVSt 29 V. [2]) BVSt 30, 92, 93. [3]) BVSt 30 II—V, 92.
[4]) BVSt 30 VI, 92.

Umständen Kenntnis gehabt oder die unterbliebene Ausführung des Geschäfts oder die Wandlung verschuldet hat. Liegen diese Voraussetzungen beim Antragsteller vor, so ist die Erstattung abzulehnen.

Art. 49. Stempelmarken, die Privatpersonen nicht in der vorgeschriebenen Weise verwendet haben, werden als nicht verwendet angesehen.[1])

Art. 50.[2]) I Wer den Vorschriften bezüglich der Verpflichtung zur Entrichtung der Stempelabgabe zuwiderhandelt, insbesondere wer in den Fällen, in denen die Stempelpflicht durch Verwendung von Stempelmarken mit oder ohne amtliche Überwachung zu erfüllen ist, Stempelmarken nicht oder nicht im erforderlichen Betrage verwendet, wird mit einer Geldstrafe bestraft, die bis zum vierfachen Betrage der hinterzogenen Abgabe festzusetzen ist.

II Eine Geldstrafe, die bis zum zehnfachen Betrage der hinterzogenen Abgabe festzusetzen ist, tritt ein

1. wenn der Wert des Gegenstandes in der Absicht, die Stempelabgabe zu hinterziehen, zu gering angegeben wird,
2. wenn in Fällen, in denen für die Bemessung des Stempels der Betrag der bedungenen Gegenleistung maßgebend ist, die Gegenleistung geringer angegeben wird, als sie unter den Beteiligten vereinbart ist,
3. wenn zur Erlangung einer Stempelbefreiung oder einer Stempelermäßigung absichtlich unrichtige Angaben gemacht werden.

III Kann der Betrag des hinterzogenen Stempels nicht festgestellt werden, so tritt eine Geldstrafe bis zu 10000 Mark ein.

IV Der Mindestbetrag der Geldstrafe ist 3 Mark.

V Die Strafe trifft besonders und zum vollen Betrage jeden, der die ihm obliegende Verpflichtung zur Entrichtung der Stempelabgabe nicht rechtzeitig erfüllt.

Art. 51. I Wenn sich in den Fällen des Art. 50 aus den Umständen ergibt, daß eine Hinterziehung nicht

---

1) BVSt 31. 2) BVSt 32, 66.

hat verübt werden können oder nicht beabsichtigt worden ist, so tritt statt der Geldstrafe eine Ordnungsstrafe bis zu 300 Mark ein. Das gleiche gilt, wenn der Pflichtige in den Fällen des Art. 50 Abs. 2 die unrichtigen Angaben noch vor der Einleitung des Wertermittlungsverfahrens (Art. 36) und, wenn ein solches nicht stattfindet, noch vor der Einleitung des Strafverfahrens berichtigt hat.

II Dieselbe Strafe ziehen Zuwiderhandlungen gegen die Vorschriften dieses Gesetzes oder gegen die Vollzugsvorschriften nach sich, die im Gesetze mit keiner besonderen Strafe belegt sind.

Art. 52. I Die auf Grund dieses Gesetzes zu verhängenden Strafen sind bei Genossenschaften und Aktiengesellschaften gegen die Vorstandsmitglieder, bei Kommanditgesellschaften gegen die persönlich haftenden Gesellschafter, bei offenen Handelsgesellschaften gegen die Gesellschafter, bei Gesellschaften mit beschränkter Haftung gegen die Geschäftsführer, bei Gewerkschaften gegen die Repräsentanten oder Grubenvorstände nur im einmaligen Betrage, jedoch unter Haftbarkeit jedes einzelnen als Gesamtschuldner, festzusetzen.

II Ebenso ist zu verfahren, wenn bei einem Geschäfte mehrere Personen als Vertreter desselben Beteiligten oder als Aussteller der Urkunde beteiligt sind.

Art. 53. Zur Vollstreckung einer uneinbringlichen Geld- oder Ordnungsstrafe darf, wenn der Zahlungspflichtige ein Deutscher ist, ohne dessen Zustimmung die Zwangsversteigerung eines Grundstücks nicht betrieben werden. Eine uneinbringliche Geldstrafe wird in Freiheitsstrafe nicht umgewandelt.

Art. 54. I Der unbefugte Handel mit Stempelmarken wird unter Einziehung der Vorräte mit Geldstrafe bis zu 150 Mark bestraft.

II Wer Stempelmarken um einen höheren Preis als ihren Nennwert verkauft oder eine höhere Vergütung hiefür in Ansatz bringt, verfällt, sofern nicht eine strengere Strafe verwirkt ist, in eine Geldstrafe von 20 bis 60 Mark.

Art. 55. [I] Die Zuständigkeit und das Verfahren bei der Verfolgung von strafbaren Zuwiderhandlungen gegen die Vorschriften dieses Gesetzes oder die Vollzugsvorschriften richten sich nach den Vorschriften des Reichs-Gerichtsverfassungsgesetzes und der Reichs-Strafprozeßordnung.

[II] Hinsichtlich des Verfahrens im Verwaltungswege finden die Art. 86, 87 Abs. 1, Art. 88 Abs. 1, Art. 89 Abs. 1 bis 3, 5, Art. 90, 91, 92 Abs. 2 des Gesetzes zur Ausführung der Reichs-Strafprozeßordnung entsprechende Anwendung mit der Maßgabe, daß an Stelle der Zollbehörden die von der Staatsregierung bestimmten Steuerstellen[1]) und, soweit Pflichtwidrigkeiten öffentlicher Beamten und Bediensteten in Frage stehen, die vorgesetzten Behörden zu treten haben.

[III] Die Strafverfolgung von Zuwiderhandlungen gegen die Vorschriften dieses Gesetzes oder die Vollzugsvorschriften verjährt in drei Jahren, die Vollstreckung der rechtskräftig ausgesprochenen Strafen verjährt in fünf Jahren.

Art. 56. Die nach diesem Gesetze zu entrichtenden Stempelabgaben unterliegen der Verjährung nach Maßgabe des Art. 124 des Ausführungsgesetzes zum Bürgerlichen Gesetzbuche.[2])

Art. 57. Das Verfahren in Stempelsachen ist, mit Ausnahme des Beschwerdeverfahrens und des Strafverfahrens sowie vorbehaltlich der Vorschrift des Art. 36 Abs. 3, gebühren- und kostenfrei.

Art. 58. Die Verwaltung der Stempelabgaben obliegt den Finanzbehörden unter der Leitung des Staatsministeriums der Finanzen.[3])

Art. 59. Die Staatsregierung bestimmt die Behörden und Stellen, von denen die den Steuerstellen und den Aufsichtsbehörden zukommenden Befugnisse und Obliegenheiten wahrzunehmen sind.[4])

Art. 60. [I] Soweit nach diesem Gesetze die Stempelpflicht durch Einzahlung der geschuldeten Beträge bei

---

[1]) BVSt 89. [2]) BVK 61. [3]) BVSt 83. [4]) VB 12.

anderen Behörden oder Beamten als den Steuerstellen zu erfüllen ist, obliegt diesen Behörden oder Beamten, einschließlich der Notare, die Berechnung und Festsetzung der Abgabe, die Aufforderung der Schuldner zur Einzahlung, die Entgegennahme der eingezahlten Beträge sowie deren Ablieferung an die Steuerstelle.[1])

II Die zwangsweise Beitreibung erfolgt durch die Steuerstelle. Die Staatsregierung ist berechtigt, in den Fällen, in denen der Ansatz und die Erhebung von Stempelabgaben den Gerichtsschreibern, den Gerichtsvollziehern oder den Gemeindebehörden obliegt (Art. 15, 16), diesen auch die zwangsweise Beitreibung zu übertragen.[2])

Art. 61.[3]) I Behörden und Beamte, einschließlich der Notare, ferner Aktiengesellschaften, Kommanditgesellschaften auf Aktien, Genossenschaften, Gewerkschaften, Gesellschaften mit beschränkter Haftung sowie deren Vorstände, Angestellte, Bevollmächtigte oder Beauftragte, ingleichen alle Personen, die öffentliche Versteigerungen von nicht zu den unbeweglichen Sachen gehörenden Gegenständen auf eigene oder fremde Rechnung gewerbsmäßig vornehmen, sind verpflichtet, den mit der Beaufsichtigung des Stempelwesens betrauten Behörden, den von diesen bestimmten Prüfungsbeamten sowie den Steuerstellen[4]) auf deren Verlangen die stempelpflichtigen Verhandlungen vorzulegen sowie die Einsicht ihrer Akten, Bücher und Schriftstücke zu gestatten.[5])

II Wenn Tatsachen vorliegen, welche den dringenden Verdacht rechtfertigen, daß eine Privatperson eine Vorschrift des Stempelgesetzes verletzt hat, so hat sie sich auf Verlangen der Steuerstelle über die Beobachtung der Vorschriften dieses Gesetzes und der Vollzugsvorschriften auszuweisen und die über bestimmt zu bezeichnende Geschäfte errichteten Urkunden sowie den darauf bezüglichen Schriftenwechsel zur Einsicht vorzulegen.

III Wird den nach Abs. 1, 2 erlassenen Aufforderungen nicht genügt, so können die Säumigen nach vor-

---

[1]) VB 2, 6. VSt 13, 14, 15. [2]) VSt 7. BVSt 33. [3]) BVSt 34. [4]) BVSt 39. [5]) VB 14.

heriger Androhung durch Geldstrafen zur Befolgung der Aufforderungen angehalten werden. Die einzelne Strafe darf 100 Mark nicht übersteigen. Zur Androhung und Verhängung der Strafe ist die Steuerstelle zuständig. Die Vorschriften des Art. 55 finden Anwendung.

Art. 62. I Die zum Vollzuge dieses Gesetzes erforderlichen Vorschriften erläßt die Staatsregierung.[1])

II Die Staatsregierung trifft die erforderlichen Anordnungen wegen der Anfertigung, des Verkaufs und der Verwendung von Stempelmarken.[2]) Sie bestimmt die Fälle, in denen die Stempelpflicht durch Verwendung von Stempelmarken ohne amtliche Überwachung erfüllt werden kann. Sie bestimmt die Behörden und Beamten, denen die Überwachung der Markenverwendung in den Fällen obliegt, in denen die Verwendung von Stempelmarken nur unter amtlicher Überwachung zugelassen wird.

---

[1]) VB, VSt, BVSt bes. 65 ff. [2]) VSt 6—9. BVSt 85, 90, 91, 95, 97.

Tarif.

1 Laufende Nummer	2 Gegenstand der Besteuerung	3 Steuersatz vom Hundert	3 Steuersatz vom Tausend	3 ℳ	3 ₰	4 Berechnung der Stempelabgabe
1	I **Abschriften** (beglaubigte und unbeglaubigte) der Notare[1]	—	—	1	—	
	II Die dem Grundbuchamte gemäß § 9 Abs. 1 der Grundbuchordnung zur Aufbewahrung vorzulegende beglaubigte Abschrift der Urkunde ist stempelfrei.					
2	**Abtretung** von Forderungen und sonstigen Rechten.					
	[2]) A. I Die Erklärung der Abtretung einer **Hypothek**, einer **Grundschuld** oder **Rentenschuld** oder einer Forderung, für die ein eingetragenes Recht als Pfand haftet,					
	a) wenn die Hypothek, Grundschuld oder Rentenschuld oder die Forderung auf einem in Bayern gelegenen Grundstück oder den Grundstücken gleichstehenden Rechte eingetragen ist, und zwar wenn die abgetretene Hypothek, Grundschuld oder Forderung oder die Ablösungssumme der Rentenschuld nicht mehr als 2000 Mark beträgt .	—	2	—	—	des Betrags der Hypothek oder Grundschuld, der Ablösungssumme der Rentenschuld oder der Forderung, für die das eingetragene Recht als Pfand haftet.
	sonst	—	3	—	—	
	b) wenn die Hypothek, Grundschuld oder Rentenschuld oder das Recht auf einem außerhalb Bayerns gelegenen Grundstück oder den Grundstücken gleichstehenden Rechte eingetragen ist[3]) .	—	—	3	—	
	II Der gleiche Stempel wird erhoben für die Bewilligung des bisherigen Gläubigers, daß die Abtretung der Hypothek, Grundschuld oder Rentenschuld oder der Forderung, für die ein eingetragenes Recht als Pfand haftet, in das Grundbuch eingetragen werden soll, sofern nicht über					

[1]) BVSt 36. [2]) BVSt 37, 69, 78. [3]) VB 4.

1	2	3				4
Laufende Nummer	Gegenstand der Besteuerung	Steuersatz vom Hundert	Steuersatz vom Tausend	ℳ	₰	Berechnung der Stempelabgabe
(2)	die Abtretung eine in Bayern versteuerte oder vom Stempel befreite Urkunde vorgelegt wird. Wird die Urkunde über das der Eintragung zugrunde liegende Rechtsgeschäft nach der Zahlung des Stempels für die Eintragungsbewilligung errichtet, so ist auf den zu dieser Urkunde zu entrichtenden Stempel der für die Eintragungsbewilligung gezahlte Stempel anzurechnen.					
	Betrifft die Eintragungsbewilligung eine Hypothek, Grundschuld oder Rentenschuld, für die mehrere Grundstücke oder grundstücksgleiche Rechte haften, so wird die Abgabe nur einmal erhoben.					
	Die Stempelabgabe für die Eintragungsbewilligung wird erstattet,[1]) wenn die Abtretung im Grundbuche nicht eingetragen worden ist.					
	III Diese Vorschriften finden entsprechende Anwendung auf das Anerkenntnis, daß eine Forderung, für die eine Hypothek besteht, kraft Gesetzes übertragen ist, sowie auf die Übertragung des Pfandrechts an einem im Schiffsregister eingetragenen Schiffe.					
	B. I Die Abtretung des **Anteils an einem Nachlasse,** wenn der Wert des Gegenstandes beträgt:[2])					
	nicht mehr als 2000 Mark . . .	—	2	—	—	vom reinem Werte des Anteils nach Abzug der Schulden.
	mehr als 2000 Mark	—	3	—	—	
	II Dem gleichen Stempel unterliegt die Erklärung, durch die ein anteilsberechtigter Abkömmling nach dem Eintritte der fortgesetzten Gütergemeinschaft auf seinen Anteil an dieser verzichtet.					
	C.[3]) I Die notariell beurkundete oder beglaubigte **Abtretung sonstiger Forderungen oder Rechte,** sofern nicht die Vorschriften in den Tarifstellen 23 Abs. II, 41 A Abs. IV, V Anwendung finden, wenn					

[1]) BVSt 92 II. [2]) VB 4. BVSt 38, 66 V, 78. [3]) BVSt 39.

1	2	3				4
Laufende Nummer	Gegenstand der Besteuerung	Steuersatz vom Hundert	Steuersatz vom Tausend	ℳ	₰	Berechnung der Stempelabgabe
(2)	der Wert der abgetretenen Forderungen oder Rechte beträgt[1])					
	nicht mehr als 2000 Mark . . .	—	2	—	—	vom Werte der abgetretenen Forderungen oder Rechte.
	mehr als 2000 Mark	—	3	—	—	
	II Die Überlassung der Ausübung einer persönlichen Dienstbarkeit ist wie eine Forderungsabtretung zu behandeln.					
	III Für die Stempelpflicht begründet es keinen Unterschied, ob die Annahmeerklärung des neuen Gläubigers mitbeurkundet ist oder nicht.					
3	[2]) I **Änderungen** des Inhalts oder Ranges eingetragener Rechte an Grundstücken oder grundstücksgleichen Rechten sowie sonstige Rechtsgeschäfte, die Grundstücke oder Rechte an Grundstücken betreffen, wenn der Wert des Gegenstandes beträgt					
	nicht mehr als 200 Mark	—	—	—	50	
	mehr als 200 Mark, aber nicht mehr als 2000 Mark	—	—	1	—	
	mehr als 2000 Mark	—	—	2	—	
	II Der Stempel ist für die Eintragungsbewilligung zu entrichten, falls nicht über die Änderung oder das Rechtsgeschäft eine in Bayern versteuerte oder von der Steuer befreite Urkunde vorgelegt wird. Wird die Urkunde über die Änderung oder das Rechtsgeschäft nach der Zahlung des Stempels für die Eintragungsbewilligung errichtet, so ist auf den Stempel zu dieser Urkunde der für die Eintragungsbewilligung gezahlte Stempel anzurechnen.[3])					
	III Als Änderung des Inhalts eines Rechtes im Sinne dieser Tarifstelle ist es auch anzusehen, wenn					
	a) an die Stelle der Forderung, für die eine Hypothek besteht, eine andere Forderung desselben Gläubigers gesetzt wird,					

[1]) VB 4. [2]) BVSt 40, 78. [3]) BVSt 69.

1	2	3				4
Laufende Nummer	Gegenstand der Besteuerung	Steuersatz vom Hundert	vom Tausend	ℳ	₰	Berechnung der Stempelabgabe
(3)	b) die Erteilung des Briefes über eine Hypothek, Grundschuld oder Rentenschuld nachträglich ausgeschlossen oder die Ausschließung des Briefes nachträglich aufgehoben wird. IV Steht im Falle der Ersetzung der durch eine Hypothek gesicherten Forderung durch eine andere Forderung die neue Forderung einem anderen Gläubiger zu, so wird der Stempel der Tarifstelle 2 A erhoben. V Der Stempel wird im Falle des Abs. II erstattet, wenn die beantragte Eintragung im Grundbuche nicht stattgefunden hat.[1])					
4	**Anerkennung der Vaterschaft** eines unehelichen Kindes vor einem Notar.[2])	—	—	2	—	
5	Verträge über **Annahme** oder Aufhebung der Annahme **an Kindes Statt**	—	—	3	—	
6	**Anstellung** als Notar	—	—	50	—	
7	**Approbationsscheine** für Ärzte, Zahnärzte, Tierärzte, Apotheker . . .	—	—	10	—	
8	[3]) I **Auflassungen** von in Bayern gelegenen Grundstücken sowie Anträge auf Eintragung der Begründung oder Übertragung von in Bayern gelegenen Rechten, auf welche die Vorschriften für Grundstücke Anwendung finden, unterliegen dem Stempel wie Verträge, durch die sich der eine Teil verpflichtet, das Eigentum an einem in Bayern gelegenen Grundstücke zu übertragen oder ein in Bayern gelegenes, den Grundstücken gleichstehendes Recht zu bestellen oder zu übertragen (s. Tarifstelle 23 Abs. I A).[4]) II Der Auflassungsstempel wird nicht erhoben, wenn über das Veräußerungsgeschäft eine in Bayern versteuerte oder von der Steuer befreite Urkunde vorgelegt wird. III Eine solche Urkunde (Abs. II) gilt als nicht vorhanden, wenn die Urkunde					

[1]) BVSt 92. [2]) BVSt 41. [3]) BVSt 42, 43, 46, 78. [4]) VSt 4.

1	2	3				4
Laufende Nummer	Gegenstand der Besteuerung	Steuersatz vom Hundert	Steuersatz vom Tausend	ℳ	₰	Berechnung der Stempelabgabe
(8)	a) das Veräußerungsgeschäft nicht so enthält, wie es unter den Beteiligten hinsichtlich der Gegenleistung verabredet ist, b) die Veräußerung durch einen Bevollmächtigten enthält, die Veräußerung aber erweislich für Rechnung des Bevollmächtigten vorgenommen ist, c) die Veräußerung durch den Eigentümer enthält, die Veräußerung aber erweislich für Rechnung eines anderen vorgenommen ist, d) die Veräußerung an einen anderen enthält als an den, an welchen die Auflassung erfolgt, sofern nicht der Erwerber das Geschäft erweislich auf Grund eines Auftrags oder einer Geschäftsführung ohne Auftrag für den abgeschlossen hat, an welchen die Auflassung erfolgt. Ist jedoch die Urkunde, durch welche der, an den die Auflassung erfolgt, das Recht auf die Auflassung erworben hat, nach Maßgabe der Vorschrift unter Abs. II der Tarifstelle 23 versteuert, so gilt die Urkunde als vorhanden, e) eine Schenkung unter Lebenden zum Gegenstande hat. IV Wird die Urkunde über das zugrunde liegende Veräußerungsgeschäft nach der Zahlung des Auflassungsstempels errichtet, so ist auf den für diese Urkunde geschuldeten Stempel der gezahlte Auflassungsstempel anzurechnen. V Die Abs. I bis IV finden bei der Übertragung des Eigentums an einem Grundstücke, das im Grundbuche nicht eingetragen ist und nach den Vorschriften der Grundbuchordnung nicht eingetragen zu werden braucht, hinsichtlich der Erklärung des Erwerbers und des Veräußerers entsprechende Anwendung.					

1 Laufende Nummer	2 Gegenstand der Besteuerung	3 Steuersatz vom Hundert	vom Tausend	ℳ	₰	4 Berechnung der Stempelabgabe
9	**Auseinandersetzungen.**[1]					
	I Verträge über die Auseinandersetzung eines Nachlasses oder des Gesamtguts einer ehelichen oder fortgesetzten Gütergemeinschaft.					
	a) soweit sie Grundstücke oder den Grundstücken gleichstehende Rechte oder Rechte der im Abs. II der Tarifstelle 23 bezeichneten Art zum Gegenstande haben, Versteuerung nach Tarifstelle 23,					
	b) soweit sie bewegliche Sachen oder den beweglichen Sachen gleichstehende Rechte zum Gegenstande haben, wenn der Gegenstand beträgt					vom Wert der beweglichen Sachen oder diesen gleichstehenden Rechte.
	nicht mehr als 2000 Mark . .	—	2	—	—	
	mehr als 2000 Mark	—	3	—	—	
	II Bei der Berechnung des Stempels bleibt jener Teil des Gegenstandes außer Ansatz, der dem Anteile des Übernehmers entspricht. Diese Bestimmung findet jedoch insoweit keine Anwendung, als der Übernehmer durch Rechtsgeschäft unter Lebenden Anteile anderer Anteilsberechtigter erworben hat.					
	III Die Vorschriften der Abs. I, II gelten auch für die Vermittelung der Auseinandersetzung nach den §§ 86, 99 des Gesetzes über die Angelegenheiten der freiwilligen Gerichtsbarkeit.					
	IV Der im Abs. I b bezeichnete Stempel wird auch für nicht beurkundete Auseinandersetzungen erhoben, wenn der Entwurf zu der Auseinandersetzung unter der Mitwirkung einer nicht zu den Beteiligten gehörenden Person aufgestellt worden ist. Als stempelpflichtige Urkunde gilt der Entwurf.					
10	I **Ausfertigungen** der Notare[2]) . .	—	—	1	—	
	II Dazu wird für vollstreckbare Ausfertigungen von Urkunden der Notare, falls es sich nicht um Urkunden über					

[1]) VB 4. BVK 1 II. BVSt 47, 69, 78. [2]) BVSt 36.

1	2	3				4
Laufende Nummer	Gegenstand der Besteuerung	Steuersatz vom Hundert	Steuersatz vom Tausend	ℳ	₰	Berechnung der Stempelabgabe
(10)	eine Forderung handelt, für die eine Hypothek, Grundschuld oder Rentenschuld besteht, ein weiterer Stempel erhoben von	—	1	—	—	der Gegenstandssumme
	mindestens jedoch	—	—	1	—	
11	**Automaten und Musikwerke.**[1]					
	I Jahreskarten, auch nicht unterschriebene, für jeden auf Bahnhöfen oder anderen öffentlichen Orten und Plätzen oder in Gast- und Schankwirtschaften oder sonstigen öffentlichen Lokalen zur Aufstellung gelangenden					
	a) Warenautomaten					
	mit einem Warenbehälter . . .	—	—	1	—	
	für jeden weiteren Warenbehälter um mehr.	—	—	—	50	
	Warenautomaten, die auf Bahnhöfen aufgestellt sind, unterliegen dem halben Stempel.					
	b) Stereoskop-, Schau- oder Scherzautomaten	—	—	5	—	
	c) Musikautomaten oder für jedes an den vorbezeichneten Stellen zur Aufstellung gelangende Klavier oder mechanische Musikwerk, einschließlich der Grammophone, Phonographen und ähnlichen Apparate, wenn der Anschaffungspreis oder in Ermangelung eines solchen der Wert des Automaten oder Musikwerkes beträgt:					
	nicht mehr als 100 Mark	—	—	2	—	
	mehr als 100 Mark, aber nicht mehr als 300 Mark	—	—	3	—	
	mehr als 300 Mark, aber nicht mehr als 500 Mark	—	—	5	—	
	mehr als 500 Mark, aber nicht mehr als 1000 Mark	—	—	10	—	
	mehr als 1000 Mark, aber nicht mehr als 2000 Mark	—	—	20	—	

[1]) VB 7, 13. BVSt 48, 78, 79.

1	2	3				4
Laufende Nummer	Gegenstand der Besteuerung	Steuersatz vom Hundert	Steuersatz vom Tausend	ℳ	₰	Berechnung der Stempelabgabe
(11)	mehr als 2000 Mark, aber nicht mehr als 3000 Mark	—	—	30	—	
	mehr als 3000 Mark, aber nicht mehr als 4000 Mark	—	—	40	—	
	mehr als 4000 Mark	—	—	50	—	
	d) Automaten anderer Art als die unter a bis c aufgeführten	—	—	2	—	
	II Entsteht die Stempelpflicht für die unter Abs. I aufgeführten Gegenstände in der Zeit zwischen dem 1. Juli und 31. Dezember, so beträgt für diese Zeit der Stempel die Hälfte der vorstehenden Steuersätze.					
	III Befreit sind Automaten, 1. die zu Betriebszwecken öffentlicher Behörden oder Verkehrsunternehmungen aufgestellt werden, 2. die zur Abgabe von Gas und Elektrizität zu hauswirtschaftlichen oder gewerblichen Zwecken dienen, 3. Sparautomaten der öffentlichen Sparkassen.					
	IV Der Eigentümer eines Automaten oder eines Musikwerkes oder, wenn der Automat oder das Musikwerk einem anderen zur Ausnützung überlassen worden ist, dieser, hat spätestens innerhalb eines Monats nach dem Tage der Inbetriebsetzung des Automaten oder des Musikwerkes und für die Folge spätestens innerhalb des Monats Januar jeden Kalenderjahres bei der zuständigen Steuerstelle gegen Zahlung des Abgabenbetrags die hier bezeichnete Jahreskarte zu lösen.					
12	I **Beglaubigungen** von Unterschriften oder Handzeichen durch die Notare, sofern nicht ein anderes bestimmt ist, mindesten[1])	—	—	2	—	
	wenn aber eine notarielle Urkunde über das Geschäft einen geringeren Stempel erfordern würde, dieser Stempel.					

[1]) VB 9. BVSt 59, 78.

1	2	3				4
Laufende Nummer	Gegenstand der Besteuerung	Steuersatz vom Hundert	Steuersatz vom Tausend	ℳ	₰	Berechnung der Stempelabgabe
(12)	II Befreit sind: 1. Beglaubigungen von Unterschriften oder Handzeichen unter Anträgen, Vollmachten oder Genehmigungserklärungen, die ausschließlich eine im Staats- oder Reichsschuldbuch einzutragende oder eingetragene Forderung betreffen, 2. Beglaubigungen von privatschriftlich errichteten Urkunden über die in den Tarifstellen 2 A, 3, 13, 14 und 24 aufgeführten Rechtsgeschäfte und Erklärungen.					
13	[1]) I **Erklärung der Belastung einer Hypothek, Grundschuld oder Rentenschuld** oder einer Forderung, für die ein eingetragenes Recht als Pfand haftet,					
	a) wenn die Hypothek, Grundschuld, Rentenschuld oder das Recht auf einem in Bayern gelegenen Grundstück oder den Grundstücken gleichstehendem Rechte eingetragen ist, und zwar wenn die für die Berechnung des Stempels maßgebende Gegenstandssumme nicht mehr als 2000 Mark beträgt	—	2			des Betrags der belasteten Hypothek od. Grundschuld od. Forderung od. der Ablösungssumme der belasteten Rentenschuld; ist die Forderung, zu deren Gunsten die Belastung erfolgt, niedriger, so ist nach dieser der Stempel zu berechnen.
	sonst	—	3			
	b) wenn die Hypothek, Grundschuld, Rentenschuld oder das Recht auf einem nicht in Bayern gelegenen Grundstück oder den Grundstücken gleichstehendem Rechte eingetragen ist	—	—	2	—	
	[2]) II Der gleiche Stempel wird erhoben für die Bewilligung, daß die Belastung der Hypothek, Grundschuld oder Rentenschuld oder der Forderung, für die ein eingetragenes Recht als Pfand haftet, in das Grundbuch eingetragen werden soll, sofern nicht über die Belastung eine in Bayern versteuerte oder von der Steuer befreite Urkunde vorgelegt wird. Wird die Urkunde über das der Eintragung zugrunde liegende Rechts-					

[1]) BVSt 37, 78. [2]) BVSt 69.

1	2	3				4
Laufende Nummer	Gegenstand der Besteuerung	Steuersatz vom Hundert	Steuersatz vom Tausend	ℳ	₰	Berechnung der Stempelabgabe
(13)	geschäft nach der Zahlung des Stempels für die Eintragungsbewilligung errichtet, so ist auf den zu dieser Urkunde zu entrichtenden Stempel der für die Eintragungsbewilligung gezahlte Stempel anzurechnen.[1] Betrifft die Eintragungsbewilligung die Belastung einer Hypothek, Grundschuld oder Rentenschuld, für die mehrere Grundstücke oder grundstücksgleiche Rechte haften, so wird die Abgabe nur einmal erhoben. Die Stempelabgabe für die Eintragungsbewilligung wird erstattet, wenn die Eintragung im Grundbuche nicht stattgefunden hat. III Diese Vorschriften finden auf die Belastung des Pfandrechts an einem im Schiffsregister eingetragenen Schiffe entsprechende Anwendung.					
14	[2]) **Dienstbarkeiten, Reallasten, Vorkaufsrechte.** I Urkunden über die Bestellung, wenn der Wert des Gegenstandes beträgt					
	nicht mehr als 2000 Mark . . .		2	—	—	des Wertes des Gegenstandes.
	mehr als 2000 Mark		3	—	—	des Wertes des Gegenstandes.
	Wird eine Dienstbarkeit oder Reallast an einem außerhalb Bayerns gelegenen Grundstücke bestellt		—	2	—	
	II[3]) Der gleiche Stempel wird erhoben für die Bewilligung, daß die Bestellung einer Dienstbarkeit, einer Reallast oder eines Vorkaufsrechts im Grundbuch eingetragen werden soll, wenn nicht über die Bestellung eine in Bayern versteuerte oder von der Steuer befreite Urkunde vorgelegt wird. Wird die Urkunde über die Bestellung erst nach der Zahlung des Stempels für die Eintragungsbewilligung errichtet, so ist auf den zu der Urkunde zu entrichtenden					

[1]) BVSt 92 II. [2]) BVSt 37, 78, 92. [3]) BVSt 69.

1	2	3				4
Laufende Nummer	Gegenstand der Besteuerung	Steuersatz vom Hundert	Steuersatz vom Tausend	ℳ	₰	Berechnung der Stempelabgabe
(14)	Stempel der für die Eintragungsbewilligung gezahlte Stempel anzurechnen. Die Stempelabgabe für die Eintragungsbewilligung wird erstattet, wenn die Eintragung im Grundbuche nicht stattgefunden hat.					
15	**Diplome** der Doktoren und Lizentiaten	—	—	20	—	[1]
16	Antrag des Vaters eines unehelichen Kindes auf Ehelichkeitserklärung . .	—	—	3	—	
17	[2] I **Eheverträge**, wenn die Gegenstandssumme nach Abzug der Schulden beträgt					
	nicht mehr als 20 000 Mark . . .	—	—	3	—	
	mehr als 20 000 Mark, aber nicht mehr als 50 000 Mark	—	—	5	—	
	mehr als 50 000 Mark, aber nicht mehr als 75 000 Mark	—	—	10	—	
	mehr als 75 000 Mark, aber nicht mehr als 100 000 Mark	—	—	20	—	
	mehr als 100 000 Mark, aber nicht mehr als 150 000 Mark	—	—	30	—	
	mehr als 150 000 Mark, aber nicht mehr als 200 000 Mark	—	—	50	—	
	mehr als 200 000 Mark, aber nicht mehr als 300 000 Mark	—	—	75	—	
	mehr als 300 000 Mark	—	—	100	—	
	II Zuwendungen von beweglichem Vermögen, welche in Eheverträgen an eine der den Ehevertrag abschließenden Personen von ihren Eltern oder Stiefeltern gemacht werden, sind nicht als selbständige Rechtsgeschäfte zu besteuern.					
18	I **Erbverzichtsverträge** und Verträge, durch die ein Erbverzicht aufgehoben wird	—	—	3	—	
	II Verzicht eines anteilsberechtigten Abkömmlings vor dem Eintritte der fortgesetzten Gütergemeinschaft auf den Anteil an derselben und Verträge, durch die ein solcher Verzicht aufgehoben wird	—	—	3	—	
19	**Erlaubniserteilungen, Verleihungen.**[3]					
	I Die Verleihung des Bergwerkseigentums, die Bestätigung der Vereinigung					

[1]) VSt 2. BVSt 90. [2]) BVSt 50. [3]) VB 5. BVK 24 VII BVSt 51, 74, 75.

1 Laufende Nummer	2 Gegenstand der Besteuerung	3 Steuersatz vom Hundert	vom Tausend	ℳ	₰	4 Berechnung der Stempelabgabe
(19)	zweier oder mehrerer Bergwerke, der realen Teilung des Feldes eines Bergwerks und des Austausches von Feldesteilen zwischen angrenzenden Bergwerken, die Verleihung der Konzession zum Betrieb eines Eisenbahn-, Schiffahrts-, Straßenbahn- oder ähnlichen Verkehrsunternehmens, die Genehmigung zur Ausgabe von auf eine bestimmte Geldsumme lautenden Schuldverschreibungen auf den Inhaber, die Genehmigung zur Errichtung von Versicherungsunternehmungen sowie zur Ausdehnung des Geschäftsbetriebs auswärtiger derartiger Unternehmungen auf das Königreich, die Erlaubnis zum Geschäftsbetrieb eines Auswanderungsagenten . . .	—	—	50 bis 500	—	
	In den Fällen des § 103 des Reichsgesetzes vom 12. Mai 1901 über die privaten Versicherungsunternehmungen kann die Abgabe bis auf 5 Mark ermäßigt werden.					
	II Apothekenkonzessionen:					
	a) die Erteilung der Konzession zum Fortbetrieb einer Vollapotheke, einer homöopathischen Apotheke oder einer Zweigapotheke, wenn der Jahresreinertrag 3000 Mark nicht übersteigt	—	—	20 bis 100	—	
	wenn der Jahresreinertrag über 3000 Mark beträgt, aber 7000 Mark nicht übersteigt	—	—	100 bis 200	—	
	wenn der Jahresreinertrag über 7000 Mark beträgt, aber 10000 Mark nicht übersteigt	—	—	200 bis 300	—	

1	2	3				4
Laufende Nummer	Gegenstand der Besteuerung	Steuersatz vom Hundert	Steuersatz vom Tausend	ℳ	₰	Berechnung der Stempelabgabe
(19)	wenn der Jahresreinertrag über 10 000 Mark beträgt	—	—	300 bis 800	—	
	b) die Erteilung der Konzession zur Neuerrichtung einer Vollapotheke, einer homöopathischen Apotheke oder Zweigapotheke	—	—	20 bis 500	—	
	wozu noch die nach Buchstabe a sich berechnende Abgabe zur Erhebung gelangt;					
	III die Erteilung der Erlaubnis zum Betrieb einer Privat-Kranken-, Privat-Entbindungs- oder Privat-Irrenanstalt sowie die Genehmigung zur Errichtung oder Leitung von Privatunterrichts- oder Erziehungsanstalten	—	—	10 bis 500	—	
	Anstalten, die zu vorwiegend gemeinnützigen Zwecken dienen, sind befreit;					
	IV die Genehmigung zum Betriebe des Gewerbes als Schauspielunternehmer	—	—	20 bis 500	—	
	V die Erteilung der Erlaubnis zum Betrieb einer Gast- oder Schankwirtschaft, wenn der erzielbare Jahrespachtertrag[1])					
	200 Mark nicht übersteigt . . .	—	—	5	—	
	350 Mark " " . . .	—	—	5 bis 10	—	
	500 Mark " " . . .	—	—	10 bis 20	—	
	1000 Mark " " . .	—	—	20 bis 30	—	
	1500 Mark " " . . .	—	—	30 bis 40	—	

[1]) BVK 1 II.

1	2	3				4
Laufende Nummer	Gegenstand der Besteuerung	Steuersatz vom Hundert	Steuersatz vom Tausend	ℳ	₰	Berechnung der Stempelabgabe
(19)	2 000 Mark nicht übersteigt . . .	—	—	40 bis 50	—	
	3 000 Mark „ „ . . .	—	—	50 bis 100	—	
	5 000 Mark „ „ . . .	—	—	100 bis 200	— —	
	10 000 Mark „ „ . . .	—	—	200 bis 400	— —	
	15 000 Mark „ „ . . .	—	—	400 bis 600	— —	
	20 000 Mark „ „ . . .	—	—	600 bis 1000	— —	
	25 000 Mark „ „ . . .	—	—	1000 bis 1500	—	
	bei einem höheren Jahrespachtertrag erhöht sich die Untergrenze sowie die Obergrenze der Abgabe für je angefangene 5000 Mark um 500 Mark, jedoch nicht über 5000 Mark.					
	Hat der Konzessionar innerhalb eines Jahres von der Erteilung der Erlaubnis zurückgerechnet schon eine Stempelabgabe nach dieser Ziffer entrichtet, so wird diese zur Hälfte angerechnet.					
	Im Falle der Neuerrichtung einer Gast- oder Schankwirtschaft beträgt der Stempel, wenn der erzielbare Jahrespachtertrag					
	1000 Mark nicht übersteigt . . .	—	—	150	—	
	1500 Mark „ „ . . .	—	—	150 bis 225	— —	
	2000 Mark „ „ . . .	—	—	225 bis 300	— —	

1	2	3				4
Laufende Nummer	Gegenstand der Besteuerung	Steuersatz vom Hundert	Steuersatz vom Tausend	ℳ	₰	Berechnung der Stempelabgabe
(19)	3 000 Mark nicht übersteigt . . .	—	—	300 bis 450	— —	
	5 000 Mark „ „ . . .	—	—	450 bis 750	— —	
	10 000 Mark „ „ . . .	—	—	750 bis 1500	— —	
	20 000 Mark „ „ . . .		—	1500 bis 3000	— —	
	25 000 Mark „ „ . . .			3000 bis 3750	— --	
	bei einem höheren Jahrespachtertrag erhöht sich die Untergrenze sowie die Obergrenze der Abgabe für je angefangene 5000 Mark um 750 Mark, jedoch nicht über 10 000 Mark.					
	Die gleichen Sätze kommen zur Anwendung bei der Ausdehnung eines bestehenden Betriebs; in diesem Falle wird jedoch die Abgabe nur abzüglich des auf die frühere Erlaubnis treffenden Betrags erhoben.					
	Wird die Erlaubnis nur zu vorübergehenden Gelegenheiten oder auf nicht länger als zwei Jahre erteilt, so beträgt der Stempel 5 bis 300 Mark; erfolgt der Ausschank von Kaffee, Mineralwassern oder sonstigen nicht geistigen Getränken nur in besonders geringem Umfange, so kann die Abgabe bis auf 5 Mark ermäßigt werden;					
	VI die Erlaubnis zum Kleinhandel mit Branntwein und Spiritus . . .	—	—	10 bis 100	— —	
	und wenn die Erlaubnis nur zu vorübergehenden Gelegenheiten oder auf nicht mehr als 2 Jahre erteilt wird . .	—	—	5 bis 50	— —	

1	2	3				4
Laufende Nummer	Gegenstand der Besteuerung	Steuersatz vom Hundert	Steuersatz vom Tausend	ℳ	₰	Berechnung der Stempelabgabe
(19)	VII die Erlaubnis zum Feilbieten geistiger Getränke auf Grund der §§ 42 a, 67 Abs. 2 der Reichsgewerbeordnung .	—	—	2 bis 300	— —	
	VIII die Erteilung einer Erlaubnis nach § 33 a der Reichsgewerbeordnung	—	—	10 bis 1000	— —	
	IX die Erteilung der Erlaubnis zum Betriebe des Pfandleiher-, Pfandvermittler-, Gesindevermieter- oder Stellenvermittlergeschäfts	—	—	20 bis 500	— —	
	Bei Erteilung der Erlaubnis zum Betriebe des Gesindevermietergeschäfts kann im Falle besonders geringen Geschäftsumfanges die Abgabe bis auf 2 Mark ermäßigt werden;					
	X die Verleihung eines Kaminkehrbezirkes	—	—	20 bis 200	— —	
	XI Das Staatsministerium der Finanzen ist ermächtigt, die nach den Abs. I bis X geschuldeten Stempel ganz oder teilweise zu erlassen, sofern die Ausführung unterblieben und das Gesuch um Erlaß innerhalb zweier Jahre nach der Fälligkeit der Abgabe gestellt ist.					
20	**Familienfideikommisse und Familienstiftungen.**[1] A. I Die Bestätigung der Errichtung oder Vermehrung eines Familienfideikommisses sowie die Genehmigung der Errichtung oder Vermehrung einer Familienstiftung	3	—	—	—	des gestifteten Vermögens, mit Ausnahme der außerhalb Bayerns gelegenen Grundstücke oder den Grundstücken gleichstehenden Rechte, ohne Abzug der Schulden
	II Ist die Bestätigung der Errichtung oder der Vermehrung eines Familienfideikommisses bedingt erfolgt (§§ 18, 28,					

[1]) VB 7, 11. VSt 3. BVSt 52, 72, 78, 80, 81.

1 Laufende Nummer	2 Gegenstand der Besteuerung	3 Steuersatz vom Hundert	vom Tausend	ℳ	₰	4 Berechnung der Stempelabgabe
(20)	29 der VII. Beilage zur Verfassungsurkunde), so wird der Stempel erst nach der Erfüllung der Bedingung aus dem in diesem Zeitpunkte vorhandenen Vermögen erhoben. III Soweit Familienfideikommisse aus Bestandteilen bisheriger adeliger Familiengüter mit gebundener Erbfolge, (Lehen, Majorate, Stammgüter usw.) errichtet werden, wird der Stempel nicht erhoben. IV Die im Abs. I bestimmte Abgabe wird auch erhoben im Falle der Wiederverleihung eines Lehens oder der Einverleibung von in Bayern gelegenen Grundstücken oder den Grundstücken gleichstehenden Rechten in Güter, die auf Grund von Vorschriften der im Art. 58 des Einführungsgesetzes zum Bürgerlichen Gesetzbuche bezeichneten Art gebunden sind. B.[1]) Von Grundstücken oder grundstücksgleichen Rechten, die auf Grund von Vorschriften gebunden sind, die nach den Art. 58 und 59 des Einführungsgesetzes zum Bürgerlichen Gesetzbuch unberührt bleiben, ist eine jährliche Abgabe im Betrage von 1/20 vom Hundert des nach § 95 des Reichsstempelgesetzes vom 3. Juli 1913 ermittelten Wertes zu entrichten. C. Die notarielle Beurkundung der Errichtung oder der Vermehrung eines Familienfideikommisses oder einer Familienstiftung, gleichviel ob es sich um ein Rechtsgeschäft unter Lebenden oder um eine Verfügung von Todes wegen handelt	—	—	50	—	
21	I **Fischerkarten:**[2]) wenn die Fischerkarte nur zum Fischen mit der Handangel vom					

[1]) BVSt 82. [2]) VB 5. BVSt 53, 77.

1	2	3				4
Laufende Nummer	Gegenstand der Besteuerung	Steuersatz vom Hundert	vom Tausend	ℳ	₰	Berechnung der Stempelabgabe
(21)	Ufer eines größeren Sees aus beberechtigt und ihre Gültigkeit auf weniger als 3 Monate beschränkt ist	—	—	2	—	
	sonst	—	—	5	—	
	II Befreit sind: Karten der Gewerbsfischer sowie des Hilfs- und Aufsichtspersonals der Fischereiberechtigten, soweit diese selbst im Besitze der Fischerkarten sind.					
	III Welche Seen als größere im Sinne des Abs. I anzusehen sind, bestimmt die Staatsregierung.[1]					
22	**Gesellschaftsverträge.**[2]					
	I Das Einbringen von in Bayern gelegenen Grundstücken oder den Grundstücken gleichstehenden Rechten oder von Rechten der in der Tarifstelle 23 Abs. II aufgeführten Art in eine Aktiengesellschaft, Kommanditgesellschaft auf Aktien, Gesellschaft mit beschränkter Haftung, offene Handelsgesellschaft, Kommanditgesellschaft, Gesellschaft des bürgerlichen Rechtes, Genossenschaft, Gewerkschaft oder in einen Verein, ferner die Ueberlassung solcher Grundstücke oder Rechte von diesen Gesellschaften usw. an einen Gesellschafter, Genossen, Gewerken oder an ein Vereinsmitglied oder an die Erben solcher Personen Versteuerung nach Tarifstelle 23 A Abs. I.					
	II Beim Einbringen in eine offene Handelsgesellschaft, Kommanditgesellschaft oder Gesellschaft des bürgerlichen Rechtes sowie bei der Überlassung von Grundstücken oder Rechten seitens solcher Gesellschaften an einen Gesellschafter oder an seinen Erben bleibt für die Be-					

[1]) VSt 11. [2]) BVSt 54.

1	2	3				4
Laufende Nummer	Gegenstand der Besteuerung	Steuersatz vom Hundert	Steuersatz vom Tausend	ℳ	₰	Berechnung der Stempelabgabe
(22)	rechnung des Stempels der Teil des Gegenstandes außer Ansatz, der dem Anteile des Einbringenden oder des Übernehmenden am Gesellschaftsvermögen entspricht. Dies gilt im Falle der Überlassung von Grundstücken oder Rechten jedoch nur insoweit, als nicht die Anteilsberechtigung des übernehmenden Gesellschafters oder, wenn die Erben eines Gesellschafters Übernehmer sind, die Anteilsberechtigung dieses Gesellschafters durch den Erwerb von Anteilen anderer Gesellschafter mittels Rechtsgeschäfts unter Lebenden oder durch Änderung des Gesellschaftsvertrags begründet worden ist. III Dem Stempel nach den Abs. I, II unterliegen auch Anträge auf Umschreibung von Gesellschaftsvermögen auf den Namen eines Gesellschafters im Grundbuche, wenn nicht eine in Bayern versteuerte oder vom Stempel befreite Urkunde der im Abs. I bezeichneten Art vorgelegt wird und auch nicht nach den Vorschriften des bürgerlichen Rechtes eine Auflassung erforderlich ist. Erfolgt die Errichtung der Urkunde oder die Auflassung erst nach der Zahlung des Stempels für den Umschreibungsantrag, so wird auf den Stempel für die Urkunde oder die Auflassung der für den Umschreibungsantrag gezahlte Stempel angerechnet.[1]) Der Stempel für den Umschreibungsantrag wird erstattet, wenn die Umschreibung im Grundbuche nicht stattgefunden hat.					
23	**Grundstücksübertragungen.**[2]) I A. Verträge, durch die sich der eine Teil verpflichtet, das Eigentum an einem in Bayern gelegenen Grundstücke zu über-					

[1]) BVSt 92. [2]) BVK 51. BVSt 42, 43, 44, 46, 74.

1	2	3				4
Laufende Nummer	Gegenstand der Besteuerung	Steuersatz vom Hundert	Tausend	ℳ	₰	Berechnung der Stempelabgabe
(23)	tragen oder ein in Bayern gelegenes den Grundstücken gleichstehendes Recht zu bestellen oder zu übertragen[1]	2	—	—	—	des Wertes des Gegenstandes.
	Steht der Leistung eine Gegenleistung gegenüber, so wird der Stempel aus dem höheren Werte der Leistung oder der Gegenleistung berechnet.					
	Der Stempel ermäßigt sich auf die Hälfte a) wenn der Wert des Gegenstandes nicht mehr als 2000 Mark beträgt, b) bei Verträgen zwischen Verwandten oder Stiefverwandten in gerader Linie oder zwischen Ehegatten oder zwischen Geschwistern, c) bei der Auseinandersetzung in Ansehung eines Nachlasses oder des Gesamtguts einer Gütergemeinschaft.					
	Sind bei Verträgen zwischen Verwandten oder Stiefverwandten (b) neben den Verwandten oder Stiefverwandten der absteigenden Linie deren Ehegatten oder Verlobten beteiligt, so findet die Ermäßigung auch auf deren Anteilsrechte Anwendung. Im übrigen ist die Stempelabgabe bei Mitbeteiligung weiterer Personen nach den Anteilsrechten der einzelnen Personen gesondert zu berechnen.					
	B. Verträge, durch die sich der eine Teil verpflichtet, das Eigentum an einem außerhalb Bayerns gelegenen Grundstücke zu übertragen oder ein außerhalb Bayerns gelegenes, den Grundstücken gleichstehendes Recht zu bestellen oder zu übertragen	—	—	3	—	
	[2]) II Die Vorschriften des Abs. I finden auf die Beurkundung der Übertragung der Rechte des Erwerbers aus einem Vertrage der im Abs. I bezeichneten Art sowie auf die Beurkundung der nachträglichen Erklärung des Erwerbers aus					

[1]) VB 4, 5. [2]) BVSt 45.

1 Laufende Nummer	2 Gegenstand der Besteuerung	3 Steuersatz vom Hundert	Tausend	ℳ	₰	4 Berechnung der Stempelabgabe
(23)	einem solchen Vertrage, die Rechte aus dem Vertrage für einen Dritten erworben oder die Pflichten daraus für einen Dritten übernommen zu haben, Anwendung, sofern nicht der erste Erwerber den Vertrag erweislich auf Grund eines Auftrags oder einer Geschäftsführung ohne Auftrag für einen Dritten abgeschlossen hat und die Übertragung der Rechte dieses ersten Erwerbers an den Dritten erfolgt. Das gleiche gilt von der Übertragung der Rechte aus Anträgen zur Schließung eines entgeltlichen Vertrags der im Abs. I bezeichneten Art, sofern der Antrag den Veräußerer bindet, sowie aus Verträgen, durch die nur der Veräußerer zur Schließung eines solchen Vertrags verpflichtet wird. III Hat im Falle des Abs. II der erste Erwerber den Vertrag erweislich auf Grund eines Auftrags oder einer Geschäftsführung ohne Auftrag für einen Dritten abgeschlossen und gehört der Dritte, an den die Übertragung der Rechte des ersten Erwerbers erfolgt, nicht zu den in der Ermäßigungsbestimmung unter Abs. I A Abs. 3 b bezeichneten Verwandten des Veräußerers, so findet diese Ermäßigungsbestimmung auf den Vertrag zwischen dem Veräußerer und dem ersten Erwerber keine Anwendung. IV Die Ermäßigungsbestimmung unter Abs. I A Abs. 3 c findet bei der Auseinandersetzung in Ansehung eines Nachlasses für solche Personen keine Anwendung, die erst durch den Erwerb von Nachlaßanteilen auf Grund eines Rechtsgeschäfts unter Lebenden in die Erbengemeinschaft eingetreten sind. V Wird das Eigentum an einem Grundstücke mehreren Personen gemeinschaftlich übertragen und erklären diese Personen bei der Auflassung, daß sie das					

1	2	3				4
Laufende Nummer	Gegenstand der Besteuerung	Steuersatz vom Hundert	Steuersatz vom Tausend	ℳ	₰	Berechnung der Stempelabgabe
(23)	Grundstück im Wege des Vertrags unter sich teilen wollen, so unterliegen die zum Zwecke der Teilung geschlossenen Verträge nur einem Stempel von . . . wenn sie binnen 6 Monaten abgeschlossen werden.	—	—	2	—	
	VI Diese Tarifstelle findet nur insoweit Anwendung, als in anderen Tarifstellen auf sie verwiesen ist.					
24	[1])**Bestellung von Hypotheken, Grundschulden, Rentenschulden und Schiffspfandrechte.**					
	I Verträge, durch die sich der eine Teil verpflichtet, an einem in Bayern gelegenen Grundstück oder den Grundstücken gleichstehenden Rechte eine Hypothek, Grundschuld oder Rentenschuld zu bestellen, auch wenn nur die Erklärung des die Hypothek, Grundschuld oder Rentenschuld Bestellenden beurkundet ist	—	5	—	—	des Betrags der einzutragenden Hypothek oder Grundschuld, bei Höchstbetragshypotheken des Höchstbetrags, bei Rentenschulden der Ablösungssumme.
	wenn jedoch der Betrag der bestellten Hypothek, Grundschuld oder Rentenschuld, bei Höchstbetragshypotheken der Höchstbetrag 2000 Mark nicht übersteigt[2])	—	$2^1/_2$	—	—	
	II Wird eine Hypothek für ein Darlehen bestellt, das zum Zwecke der gänzlichen oder teilweisen Rückzahlung einer auf dem Grundstücke lastenden Hypothek aufgenommen wird, so werden, falls der Nachweis[3]) der Verwendung des Darlehens zu diesem Zwecke innerhalb eines Monats seit der Eintragung der Hypothek erbracht wird, die Stempel, Gebühren oder Taxen angerechnet, die für die Bestellung der rückbezahlten Hypothek entrichtet worden sind. Die Anrechnung unterbleibt, wenn die rückbezahlte Hypothek und, wenn das Darleben zur Rückzahlung mehrerer Hypotheken bestimmt ist, die Summe dieser Hypotheken den Betrag von 10 000 Mark übersteigt. Soweit die Gebühr oder der Stempel					

[1]) BVSt 37, 78. [2]) VB 4. [3]) BVSt 66 IV.

1 Laufende Nummer	2 Gegenstand der Besteuerung	3 Steuersatz vom Hundert	Tausend	ℳ	₰	4 Berechnung der Stempelabgabe
(24)	für die Bestellung der zurückbezahlten Hypothek durch Anrechnung auf früher bezahlte Stempel, Gebühren oder Taxen entrichtet worden ist, findet eine weitere Anrechnung nicht statt.					
	III Ist über die Forderung eine mit dem Stempel der Tarifstelle 35 versteuerte Urkunde errichtet, so wird der für diese Urkunde entrichtete Stempel angerechnet.					
	IV Verträge, durch die sich der eine Teil verpflichtet, eine Hypothek, Grundschuld oder Rentenschuld an einem außerhalb Bayerns gelegenen Grundstück oder den Grundstücken gleichstehenden Rechte zu bestellen, auch wenn nur die Erklärung des die Hypothek, Grundschuld oder Rentenschuld Bestellenden beurkundet ist	—	—	2	—	
	V Die Vorschriften der Abs. I bis III finden auf die Bestellung eines Schiffspfandrechts an einem im Schiffsregister eingetragenen Schiffe entsprechende Anwendung.					
	VI Die Vorschriften der Abs. I bis III finden ferner entsprechende Anwendung auf die Erklärung des Eigentümers eines Grundstücks oder des Inhabers eines den Grundstücken gleichstehenden Rechtes, daß eine Grundschuld für ihn in das Grundbuch eingetragen werde.					
	VII[1]) Das gleiche gilt für die Bewilligung der Eintragung einer Hypothek, Grundschuld oder Rentenschuld oder eines Schiffspfandrechts, sofern nicht über die Bestellung der Hypothek, Grundschuld oder Rentenschuld oder des Schiffspfandrechts eine in Bayern versteuerte oder vom Stempel befreite Urkunde vorgelegt wird. Wird die Urkunde nach der Zahlung des Stempels für die Eintragungsbewilligung errichtet, so ist auf den für die Urkunde zu entrichtenden					

[1]) BVSt 69, 92.

1	2	3				4
Laufende Nummer	Gegenstand der Besteuerung	Steuersatz vom Hundert	vom Tausend	ℳ	₰	Berechnung der Stempelabgabe
(24)	Stempel der Stempel für die Eintragungsbewilligung anzurechnen. Betrifft die Eintragungsbewilligung eine Hypothek, Grundschuld oder Rentenschuld, die auf mehreren Grundstücken oder grundstücksgleichen Rechten eingetragen werden soll, so wird der Stempel nur einmal erhoben. Die Stempelabgabe für die Eintragungsbewilligung wird erstattet, wenn die Eintragung im Grundbuch oder im Schiffsregister nicht stattgefunden hat. VIII Der Bewilligung der Eintragung einer Hypothek, Grundschuld oder Rentenschuld steht gleich die Bewilligung der Eintragung einer Vormerkung zur Sicherung des Anspruchs auf Einräumung eines solchen Rechtes. Wird nach erfolgter Vormerkung die Eintragung des Rechtes bewilligt, so ist auf den Stempel für die Bewilligung der Eintragung des Rechtes der für die Bewilligung der Eintragung der Vormerkung gezahlte Stempel anzurechnen. Auf Vormerkungen nach § 648 des Bürgerlichen Gesetzbuchs finden diese Vorschriften keine Anwendung.					
25	[1] I **Inventare und Vermögensverzeichnisse**, sofern sie von Behörden oder Beamten, insbesondere von Notaren beurkundet sind	—	2	—	—	des ausgewiesenen Vermögens unter Abzug der Schulden.
	oder wenn sie gerichtlichen oder notariellen Urkunden als Beilagen beigereiht werden, ...	—	1	—	—	
	Im Falle der Beteiligung Minderjähriger ermäßigt sich der Stempel auf die Hälfte. II Befreit sind 1. Inventare und Vermögensverzeichnisse in Vormundschaftssachen und in solchen Nachlaßsachen, in denen					

[1] BVSt 55.

1	2	3				4
Laufende Nummer	Gegenstand der Besteuerung	Steuersatz vom Hundert	Steuersatz vom Tausend	ℳ	₰	Berechnung der Stempelabgabe
(25)	der reine Nachlaß nach Abzug der Schulden nicht mehr als 2000 Mark beträgt, 2. Inventare und Vermögensverzeichnisse, wenn das ausgewiesene Vermögen nach Abzug der Schulden den Betrag von 150 Mark nicht übersteigt.					
26	[1])**Jagdkarten** und Jagdwaffenscheine[2])	—	—	30	—	
27	[3])I **Kauf- und Tauschverträge** und andere entgeltliche Veräußerungsgeschäfte, soweit nicht besondere Tarifstellen zur Anwendung kommen, wenn sie betreffen a) Grundstücke oder den Grundstücken gleichstehende Rechte oder Rechte der im Abs. II der Tarifstelle 23 bezeichneten Art, Versteuerung nach Tarifstelle 23; b) andere Gegenstände,[4]) falls die für die Stempelberechnung maßgebende Gegenstandssumme beträgt nicht mehr als 2000 Mark .	—	2	—	—	
	sonst	—	3	—	—	
	Der Stempel unter b wird nur erhoben, wenn der Vertrag notariell beurkundet oder beglaubigt ist. II Bei Tauschverträgen wird der Stempel nach dem Werte der von einem der Vertragschließenden in Tausch gegebenen Gegenstände berechnet, und zwar jener, die den höheren Wert haben. Bei dem Tausche von in Bayern gelegenen Grundstücken gegen außerhalb Bayerns gelegene wird der Stempel nur nach dem Werte der ersteren berechnet. III Im übrigen berechnet sich der Stempel bei den in Abs. I b bezeichneten Gegenständen a) bei Kauf- und Lieferungsverträgen vom Kauf- oder Lieferungspreis unter Hinzurechnung des Wertes der ausbedungenen Leistungen und vorbehaltenen Nutzungen; bei anderen					

[1]) BVSt 77. [2]) VB 5. [3]) BVSt 56. [4]) VB 4.

1 Laufende Nummer	2 Gegenstand der Besteuerung	3 Steuersatz vom Hundert	 vom Tausend	 ℳ	 ₰	4 Berechnung der Stempelabgabe
(27)	Verträgen vom Gesamtwerte der Gegenleistung unter Hinzurechnung des Wertes der vorbehaltenen Nutzungen oder, wenn der Wert der Gegenleistung aus dem Vertrage nicht hervorgeht, von dem Werte des veräußerten Gegenstandes; b) bei Verträgen über Leistung an Erfüllungs Statt nach dem Werte, zu dem die Gegenstände an Erfüllungs Statt angenommen werden. Wird in einem Kaufvertrage hinsichtlich des Kaufpreises eine Leistung an Erfüllungs Statt vereinbart, so ist der Vertrag wie ein Tauschvertrag zu versteuern. IV Wenn zwei oder mehrere Grundstückseigentümer durch Tausch von in Bayern gelegenen Grundstücken, die der landwirtschaftlichen oder forstwirtschaftlichen Benützung gewidmet sind, ihren ganzen Grundbesitz oder einen Teil zur günstigeren Bewirtschaftung in Zusammenhang bringen, so beträgt der Stempel für die Beurkundung des Tauschvertrags, für die Auflassungserklärung und für die Übertragung von Hypotheken, Grundschulden oder Rentenschulden	—	—	2	—	
	Für Tauschverträge zwischen zwei Grundstückseigentümern, bei denen diese Voraussetzungen nur auf eine Seite gegeben sind	1	—	—	—	
	Eine Geldaufgabe sowie überhaupt jeder Mehrwert des eingetauschten Grundstücks gegenüber dem vertauschten Grundstück unterliegt der Versteuerung nach Abs. I. V Ist bei Verträgen der im Abs. I bezeichneten Art auf der einen Seite eine Erbengemeinschaft oder eine sonstige Gesamthandsgemeinschaft und auf der anderen Seite ein Teilnehmer an dieser Ge-					

1 Laufende Nummer	2 Gegenstand der Besteuerung	3 Steuersatz vom Hundert	vom Tausend	ℳ	₰	4 Berechnung der Stempelabgabe
(27)	meinschaft beteiligt, so finden die Vorschriften der Tarifstelle 9 Abs. II und der Tarifstelle 22 Abs. II entsprechende Anwendung.					
	VI Beurkundungen von Veräußerungen beweglicher Sachen unterliegen dem Stempel dieser Tarifstelle auch dann, wenn sie nur von einem der Vertragschließenden unterzeichnet und dem anderen Vertragschließenden ausgehändigt sind.					
28	[1]) I Notariell beurkundete oder beglaubigte **Leibrentenverträge, Rentenverträge und sonstige Verträge, durch die das Recht auf zu gewissen Zeiten wiederkehrende Leistungen für eine oder mehrere bestimmte Personen während der Lebensdauer der Berechtigten oder auf bestimmte oder unbestimmte Zeit gegen Entgelt erworben wird,** wenn der Kapitalwert der Leistungen beträgt: [2])					vom Kapitalwerte der Leistungen oder dem höheren Werte der Gegenleistung.
	nicht mehr als 2000 Mark . .	—	2	—	·	
	sonst.	—	3	—	—	
	II Diese Tarifstelle findet nur Anwendung, wenn der Erwerb des Rechtes auf die Rente oder die Leistung nach der Absicht der Vertragschließenden den Hauptgegenstand des Vertrags bildet.					
29	**Mietverträge und Pachtverträge.**					
	I Notariell beurkundete oder beglaubigte Miet- oder Pachtverträge, wenn der Wert des Gegenstandes beträgt					
	nicht mehr als 2000 Mark . . .	—	2	—	—	
	mehr als 2000 Mark	—	3	—	—	
	Bei Miet- oder Pachtverträgen, welche auf bestimmte Zeit abgeschlossen werden, bildet der Betrag des einjährigen Zinses vermehrt mit der Zahl der Jahre und, wenn der fünfundzwanzigfache Betrag geringer ist, dieser die Gegenstandssumme.					

[1]) BVSt 57 II. [2]) VB 4.

1 Laufende Nummer	2 Gegenstand der Besteuerung	3 Steuersatz vom Hundert	vom Tausend	ℳ	₰	4 Berechnung der Stempelabgabe
(29)	Wird der Vertrag auf unbestimmte Zeit oder auf Lebensdauer abgeschlossen, so ist der Berechnung der Gebühr der zwölf- und einhalbfache Betrag des einjährigen Zinses zugrunde zu legen.					
	II Betrifft der Miet- oder Pachtvertrag einen außerhalb Bayerns gelegenen Gegenstand	—	—	2	—	
30	[1]) **Notariatsurkunden**, die die Stelle einer nach diesem Tarif besteuerten Verhandlung vertreten, wie diese Verhandlung, sonst und als Mindeststempel in allen Fällen, mit Ausnahme der Tarifnummer 3	—	—	2	—	
31	**Proteste.**[2])					
	I Wechselproteste und Scheckproteste .	—	1	—	-	der Gegenstandssumme.
	mindestens	—	—	1	—	
	II Werden mehrere Wechsel oder Schecks in einer Urkunde protestiert, so berechnet sich der Stempel nach dem Nennwerte jedes einzelnen Wechsels oder Schecks. III Der Stempel ist auch dann zu erheben, wenn nach dem Beginne des Protestakts der Schuldner freiwillig Zahlung leistet oder eine Quittung über die erfolgte Zahlung der Wechsel- oder Schecksumme vorlegt.					
32	**Protokolle der Notare**					
	a) über Verlosungen oder Ziehungen .	—	—	20	—	
	b) über die Generalversammlungen von Aktiengesellschaften oder von Kommanditgesellschaften auf Aktien, wenn das Aktienkapital nicht mehr als 500 000 Mark beträgt . .	—	—	20	—	
	wenn es mehr als 500 000 Mark, aber nicht mehr als 1 Million Mark beträgt	—	—	50	—	

[1]) BVSt 58. [2]) VB 4. BVSt 90. VSt 2. BVSt 59.

1	2	3				4
Laufende Nummer	Gegenstand der Besteuerung	Steuersatz vom Hundert	Steuersatz vom Tausend	M	δ	Berechnung der Stempelabgabe
(32)	wenn es mehr als 1 Million Mark, aber nicht mehr als 10 Millionen Mark beträgt	—	—	100	—	
	sonst	—	—	200	—	
	c) über die Versammlungen der Gesellschafter bei Gesellschaften mit beschränkter Haftung, wenn das Stammkapital nicht mehr als 100 000 Mark beträgt	—	—	10	—	
	wenn es mehr als 100 000 Mark, aber nicht mehr als 500 000 Mark beträgt	—	—	20	—	
	sonst	—	—	30	—	
	d) über die Mitgliederversammlungen der Vereine	—	—	10	—	
	e) sonstige wie Notariatsurkunden.					
33	**Prüfungszeugnisse.**[1]	—	—	4	—	
	Befreit sind: Abgangs-, Reife- und Prüfungszeugnisse der öffentlichen Schulen und Lehranstalten.					
34	[2] I **Schiedssprüche,** und zwar sowohl der ständigen Schiedsgerichte als auch der zur Entscheidung für den einzelnen Fall berufenen Schiedsrichter	1/2	—	—	—	des Wertes des Streitgegenstandes.
	mindestens	—	—	2	—	
	Ist der Wert des Streitgegenstandes unschätzbar	—	—	10	—	
	II Wird der Schiedsspruch durch Anrufung eines höheren Schiedsgerichts angefochten, so ist auch der Spruch dieses Schiedsgerichts stempelpflichtig.					
	III Befreit sind Schiedssprüche in Streitigkeiten zwischen Arbeitern und Arbeitgebern.					
35	I **Schuldverschreibungen.**[3] Notariell[4]) beurkundete oder beglaubigte Erklärungen über die Verpflichtung zur Entrichtung einer Geldschuld oder über das Anerkenntnis des Bestehens einer solchen, sofern der Wert des Gegenstandes beträgt					
	nicht mehr als 2000 Mark . .	—	2	—	—	der Schuldsumme oder des Kapitalwerts der Schuld.
	mehr als 2000 Mark	—	3	—	—	

[1]) VSt 2. BVSt 90. [2]) BVSt 60, 78. [3]) VB 4. [4]) BVSt 57 III.

1	2	3				4
Laufende Nummer	Gegenstand der Besteuerung	Steuersatz vom Hundert	Steuersatz vom Tausend	ℳ	₰	Berechnung der Stempelabgabe
(85)	II Befreit sind: 1. Beurkundungen über die Verlängerung der Rückzahlungsfrist, wenn es sich um Schuldverschreibungen handelt, die nach Abs. I bereits versteuert sind; 2. Beurkundungen von zinsbaren Darlehen, welche gegen spezielle Verpfändung oder Hinterlegung von edlen Metallen, Waren, Wechseln oder Wertpapieren gegeben werden (Lombarddarlehen); 3. Schuldverschreibungen über Kaufschillinge oder sonstige Forderungen aus zweiseitigen Verträgen, falls diese Verträge versteuert sind und alle wesentlichen Bedingungen des Schuldverhältnisses bereits enthalten; 4. Schuldverschreibungen, die über das der Bestellung einer Hypothek, einer Grundschuld oder Rentenschuld oder eines Schiffspfandrechts zugrunde liegende Schuldverhältnis errichtet werden, wenn für die Bestellung der Hypothek, der Grundschuld, Rentenschuld oder des Schiffspfandrechts oder für die Bewilligung der Eintragung ins Grundbuch oder Schiffsregister der Stempel der Tarifstelle 24 entrichtet ist; 5. Schuldverschreibungen, die vom Schuldner für den neuen Gläubiger ausgestellt werden, wenn nach Bestellung einer Hypothek, Grundschuld, Rentenschuld oder eines Schiffspfandrechts ein Wechsel in der Person des Gläubigers eingetreten ist.					
86	Sicherstellung von Forderungen oder Rechten. [1]) A. I Urkunden über zinsbare Darlehen, welche gegen Verpfändung oder Hinterlegung von edlen Metallen, Waren, Wech-					

[1]) BVSt 61, 90, 95 II.

1 Laufende Nummer	2 Gegenstand der Besteuerung	3 Steuersatz vom Hundert	vom Tausend	ℳ	₰	4 Berechnung der Stempelabgabe
(36)	feln oder Wertpapieren gegeben werden (Lombarddarlehen)	—	2/10	—	—	der dargeliehenen Summen
	II Befreit sind: 1. Lombarddarlehen, die vom Deutschen Reiche oder von einem Bundesstaate aufgenommen worden; 2. Beurkundungen über Verlängerungen der Rückzahlungsfrist von Lombarddarlehen, die bereits versteuert sind; 3. Pfanddarlehen öffentlicher Leihhäuser. III Für die Stempelpflicht macht es keinen Unterschied, ob das Lombarddarlehen in Briefform oder in irgend einer anderen Form beurkundet wird und ob die Beurkundung mit Namensunterschrift erfolgt. IV Von mehreren zur Beurkundung eines und desselben Geschäfts ausgestellten Schriftstücken (Pfandschein, Quittung usw.) ist der Stempel nur einmal zu entrichten.					
	B. I Notariell[1]) beurkundete oder beglaubigte Erklärungen über die Sicherstellung von Forderungen oder Rechten, insbesondere Bürgschaftserklärungen und Pfandrechtsbestellungen, soweit nicht andere Tarifstellen Anwendung finden, wenn der Wert der sichergestellten Rechte beträgt[2])					
	nicht mehr als 2000 Mark . . .	—	2	—	—	
	mehr als 2000 Mark	—	3	—	—	
	II Der Stempel darf den für die Beurkundung des sicherzustellenden Rechtes zur Erhebung gelangenden Stempel nicht übersteigen. III Ist der Wert der sichergestellten Rechte nicht schätzbar	—	—	2	—	
	IV Wird eine Forderung oder ein Recht in demselben Schriftstücke durch dieselbe Person oder durch verschiedene					

[1]) BVSt 57 IV. [2]) VB 4.

1 Laufende Nummer	2 Gegenstand der Besteuerung	3 Steuersatz vom Hundert	vom Tausend	ℳ	₰	4 Berechnung der Stempelabgabe
(36)	Personen mehrfach sichergestellt, so ist die Stempelabgabe nur einmal zu entrichten.					
	V Befreit ist: 1. die Bestellung von Pfandrechten an Forderungen, die im Reichs- oder Staatsschuldbuch eingetragen sind; 2. die Bestellung von Dienstkautionen öffentlicher Beamten; 3. die Bestellung einer Sicherheit durch einen Vormund, Pfleger oder Beistand (§ 1844 des Bürgerlichen Gesetzbuchs) oder durch den Inhaber der elterlichen Gewalt (§ 1668 des Bürgerlichen Gesetzbuchs).					
37	I **Unterhaltsverträge** zwischen dem Vater eines unehelichen Kindes und diesem sowie Verträge über eine an Stelle des Unterhalts zu gewährende Abfindung oder über die Ansprüche der unehelichen Mutter	—	—	2	—	
	II Wird der Vertrag vor dem Vormundschaftsgericht oder einem anderen Gerichte geschlossen, so tritt Stempelbefreiung ein.					
38	[1]) I **Verfügungen von Todes wegen**, einschließlich der Erbverträge sowie der im § 2301 Abs. 1 des Bürgerlichen Gesetzbuchs bezeichneten Schenkungsversprechen, Schuldversprechen oder Schuldanerkenntnisse,					
	A. wenn der Wert des Gegenstandes beträgt:					
	nicht mehr als 20 000 Mark . . .	—	—	3	—	
	mehr als 20 000 Mark, aber nicht mehr als 50 000 Mark	—	—	5	—	
	mehr als 50 000 Mark, aber nicht mehr als 75 000 Mark	—	—	10	—	
	mehr als 75 000 Mark, aber nicht mehr als 100 000 Mark	—	—	20	—	
	mehr als 100 000 Mark, aber nicht mehr als 150 000 Mark	—	—	30	—	

[1]) BVSt 62, 90.

1 Laufende Nummer	2 Gegenstand der Besteuerung	3 Steuersatz vom Hundert	vom Tausend	ℳ	₰	4 Berechnung der Stempelabgabe
(38)	mehr als 150 000 Mark, aber nicht mehr als 200 000 Mark	—	—	50	—	
	mehr als 200 000 Mark, aber nicht mehr als 300 000 Mark	—	—	75	—	
	mehr als 300 000 Mark	—	—	100	—	
	B. wenn die Verfügung von Todes wegen lediglich Anordnungen nicht vermögensrechtlicher Art, Nachträge, Ergänzungen und Erläuterungen zu letztwilligen Verfügungen enthält . .	—	—	3	—	
	C. wenn die Verträge und Erklärungen lediglich den Widerruf, die Zurücknahme oder die Aufhebung einer Verfügung von Todes wegen oder einzelner in einer solchen Verfügung enthaltener Anordnungen betreffen . . .	—	—	1	—	
	II Der Hinterlegungsschein ist stempelfrei.					
	III Der Stempel wird nach dem Werte des Vermögens berechnet, über das in der Verfügung verfügt ist. Die auf diesem Vermögen lastenden Schulden werden abgezogen.					
	IV Bei einer gemeinschaftlichen Verfügung werden die Werte der Gegenstände der beiderseitigen Verfügungen zusammengerechnet.					
	V Der Stempel wird bei einem nach § 2231 Nr. 2 des Bürgerlichen Gesetzbuchs errichteten Testament erst nach dem Tode des Erblassers erhoben; er kann jedoch auch bei Lebzeiten des Erblassers von diesem entrichtet werden.[1])					
	VI Für die Wertberechnung maßgebend ist der Zeitpunkt der Errichtung der Verfügung, bei einem nach § 2231 Nr. 2 des Bürgerlichen Gesetzbuchs errichteten Testament der Zeitpunkt des Todes des Erblassers, außer wenn der Stempel bei Lebzeiten des Erblassers entrichtet wird. Soweit die Versteuerung unter amtlicher Überwachung oder durch Behörden oder Beamte einschließlich der Notare statt-					

[1]) VB 10. VSt 5.

1 Laufende Nummer	2 Gegenstand der Besteuerung	3 Steuersatz vom Hundert	vom Tausend	ℳ	₰	4 Berechnung der Stempelabgabe
(38)	findet, sind der Wertberechnung die Angaben des Steuerpflichtigen zugrunde zu legen. Die Vorschriften der Art. 35, 36 des Gesetzes finden vor der Eröffnung der Verfügung keine Anwendung. Finden sich beim Tode des Erblassers mehrere noch nicht versteuerte Verfügungen von Todes wegen vor, so ist der Stempel nur nach der Verfügung zu entrichten, die für die Erbfolge maßgebend ist.[1])					
	VII Befreit sind die im § 2250 des Bürgerlichen Gesetzbuchs und im § 44 des Reichsmilitärgesetzes bezeichneten Testamente.[2])					
	VIII Ist ein Erbvertrag zwischen Ehegatten oder Verlobten mit einem Ehevertrag in derselben Urkunde verbunden, so wird der Stempel für den Ehevertrag auf den Stempel für den Erbvertrag angerechnet.					
	IX Der Widerruf oder die Zurücknahme oder Aufhebung einer Verfügung von Todes wegen ist stempelfrei, wenn gleichzeitig eine neue Verfügung von Todes wegen errichtet wird.					
39	Notariell beurkundete oder beglaubigte Vergleiche wie Verträge.					
40	Besondere **Verleihungen.**[3])					
	A. I **Adelsverleihungen,** und zwar					
	a) Erteilung eines Fürstendiploms .	—	—	20 000	—	
	b) " " Grafendiploms . .	—	—	10 000	—	
	c) " " Freiherrndiploms .	—	—	5 000	—	
	d) " " Ritterdiploms . .	—	—	2 000	—	
	e) Verleihung eines einfachen Adelsdiploms mit dem Prädikat „von"	—	—	1 500	—	
	Bei Verleihungen eines höheren Grades mit Überspringung tieferer ist auch der Stempel der übersprungenen Grade zu entrichten.					
	II Wird die Adelsverleihung mehreren Zweigen einer Familie zugleich zuteil,					

[1]) VB 10. [2]) VSt 5. [3]) RVSt 74, 75.

1	2	3				4
Laufende Nummer	Gegenstand der Besteuerung	Steuersatz vom Hundert	Steuersatz vom Tausend	ℳ	₰	Berechnung der Stempelabgabe
(40)	so ist der Stempel für jeden einzelnen Zweig besonders zu berechnen.					
	III Der im Abs. I bestimmte Stempel wird auch für die Genehmigung zur Führung des von einem auswärtigen Fürsten an einen Bayer verliehenen Adels erhoben.					
	B. I **Eintragung in die bayerische Adelsmatrikel**					
	bei dem Fürstenstande	—	—	600	—	
	„ „ Grafenstande	—	—	400	—	
	„ „ Freiherrnstande	—	—	200	—	
	„ „ Ritterstande	—	—	100	—	
	„ „ einfachen Adel mit dem Prädikat „von“	—	—	60	—	
	II Die Stempel unter A und B sind auch im Falle der gleichzeitigen Verleihung des Adels an mehrere Zweige einer Familie nur in einfachem Betrage zu entrichten.					
	C. Diplome über die Bewilligung zur **Änderung adeliger Namen oder Wappen**	—	—	200	—	
	Wird die Bewilligung zur Änderung eines adeligen Namens und Wappens gleichzeitig erteilt, so kommt der Stempel nur in einfachem Betrage zur Erhebung.					
	D. **Lehenbriefe**					
	a) bei den Kronämtern	—	—	2000	—	
	b) bei Rentenlehen	—	3	—	—	des zehnfachen Jahresbetrags der Rente.
	c) bei den übrigen Lehen	—	—	20	—	
	E. **Ernennung zum Königlichen Kämmerer**	—	—	60	—	
	zum Königlichen Kammerjunker	—	—	20	—	
	F. **Verleihung von Titeln an Privatpersonen**					
	a) Geheimer Kommerzienrat	—	—	3000 bis 5000	—	
	b) Kommerzienrat	—	—	2000 bis 3000	—	

1	2	3				4
Laufende Nummer	Gegenstand der Besteuerung	Steuersatz vom Hundert	Steuersatz vom Tausend	ℳ	₰	Berechnung der Stempelabgabe
(40)	c) sonstige Titel mit Ausnahme der Hoftitel	—	—	300 bis 3000	— —	
	G. Bewilligung zur **Annahme nichtbayerischer Orden, Titel, Ehrenzeichen** oder Würden	—	—	100	—	
41	**Versteigerungen.**[1])					
	A. I **Zwangsversteigerungen**, gerichtliche, von in Bayern gelegenen Grundstücken oder den Grundstücken gleichstehenden Rechten.[2]) Versteuerung nach Tarifstelle 23 Abs. I A. II Der Stempel wird auch im Falle des Zuschlags an den bisherigen Eigentümer oder an einen bisherigen Miteigentümer oder Gesamthandsmitberechtigten vom vollen Werte des Gegenstandes erhoben. Im Falle des Zuschlags an den bisherigen Eigentümer beträgt der Stempel	1	—	—	—	
	III Wird bei einer Versteigerung, die zum Zwecke der Auseinandersetzung unter Miteigentümern erfolgt, der Zuschlag einem Miteigentümer erteilt, so bleibt bei Berechnung des Stempels derjenige Teil des Meistgebots außer Betracht, der auf den dem Ersteher bereits zustehenden Anteil an den versteigerten Gegenständen fällt. Im Falle der Gemeinschaft unter Miterben gilt im Sinne dieser Vorschrift jeder Miterbe als Miteigentümer nach Verhältnis seines Anteils am Nachlasse. Die Vorschriften in den Tarifstellen 9 Abs. II Satz 2 und 22 Abs. II Satz 2 finden Anwendung. IV Dem im Abs. I, II bestimmten Stempel unterliegt auch die Beurkundung der Abtretung der Rechte aus dem Meist-					

[1]) BVK 51. [2]) BVSt 63.

1	2	3				4
Laufende Nummer	Gegenstand der Besteuerung	Steuersatz vom Hundert	Steuersatz vom Tausend	M	Pf	Berechnung der Stempelabgabe
(41)	gebot oder die Erklärung, für einen Dritten geboten zu haben (§ 81 des Gesetzes über die Zwangsversteigerung und die Zwangsverwaltung), sofern nicht der Ansteigerer das Meistgebot erweislich auf Grund eines Auftrags oder einer Geschäftsführung ohne Auftrag für einen Dritten gelegt hat und die Rechte aus dem Meistgebot an diesen Dritten übertragen werden.					
	V Ist die Abtretung oder die Erklärung im Versteigerungstermin erfolgt oder war ein Gläubiger Meistbietender, dem eine durch ein geringeres Gebot nicht vollständig gedeckte Hypothek, Grundschuld oder Rentenschuld zustand, so beträgt der Stempel	—	—	2	—	
	VI Werden bei einer Zwangsversteigerung von in Bayern gelegenen Grundstücken oder den Grundstücken gleichstehenden Rechten bewegliche Sachen oder den beweglichen Sachen gleichstehende Rechte mitversteigert, auf die sich die Beschlagnahme erstreckt, so tritt hinsichtlich dieser Gegenstände Versteuerung nach Tarifstelle 27 Abs. Ib ein, sofern der Wert der beweglichen Sachen oder diesen gleichstehenden Rechte innerhalb einer Frist von zwei Wochen nach der Erteilung des Zuschlags ausgeschieden wird.					
	B. I **Freiwillige Versteigerungen,** soweit sie zum Gegenstande haben:					
	a) Grundstücke oder den Grundstücken gleichstehende Rechte oder Rechte der in der Tarifstelle 23 Abs. II bezeichneten Art Versteuerung nach Tarifstelle 23;					
	b) bewegliche Sachen oder den beweglichen Sachen gleichstehende Rechte, die Zubehör eines Grundstücks sind					

1	2	3				4
Laufende Nummer	Gegenstand der Besteuerung	Steuersatz vom Hundert	Steuersatz vom Tausend	ℳ	₰	Berechnung der Stempelabgabe
(41)	und mit dem Grundstücke versteigert werden Versteuerung nach Tarifstelle 27 Abs. I b. II Der Versteuerung nach Maßgabe der Vorschrift unter b unterliegen auch die von dem Grundstücke getrennten Erzeugnisse und nicht wesentlichen Bestandteile eines Grundstücks, die mit dem Grundstücke versteigert werden. III Die Vorschrift in der Tarifstelle 27 Abs. V findet entsprechende Anwendung. C. I **Sonstige öffentliche Versteigerungen** von beweglichen Sachen oder von Nutzungen, für die nicht die Vorschriften für Grundstücke gelten[1] . .	1	—	—	—	des erzielten Gesamterlöses.
	II Befreit sind: 1. Versteigerungen im Meß- und Marktverkehre, 2. Zwangsversteigerungen, 3. Versteigerungen, die im öffentlichen Auftrag oder die zur Verwertung von Mündelgut von Vormündern vorgenommen werden, 4. Versteigerungen landwirtschaftlicher oder forstwirtschaftlicher Erzeugnisse, sofern es sich um eigene Erzeugnisse handelt und die Versteigerung nicht anläßlich einer gewerbsmäßigen Güterzertrümmerung erfolgt, 5. Häuteversteigerungen der Metzgergenossenschaften. III Privatpersonen, die eine stempelpflichtige Versteigerung vorzunehmen beabsichtigen, haben spätestens zwei Tage vor deren Beginn der Steuerstelle, in deren Bezirk die Versteigerung stattfinden soll, Ort, Tag und Stunde des Beginns der Versteigerung anzuzeigen. IV Wird die Versteigerung im Auftrag eines anderen vorgenommen, so ist gleichzeitig der Auftraggeber zu benennen.					

[1]) VSt 4. BVSt 78, 82.

1	2	3				4
Laufende Nummer	Gegenstand der Besteuerung	Steuersatz vom Hundert	Steuersatz vom Tausend	ℳ	₰	Berechnung der Stempelabgabe
(41)	V Unter welchen Voraussetzungen öffentliche Bedienstete und Gemeindebeamte, die öffentliche Versteigerungen vornehmen, Anzeige zu erstatten haben, wird von der Staatsregierung bestimmt. VI Über jede stempelpflichtige Versteigerung ist eine schriftliche Urkunde aufzunehmen, in der die zum Aufwurfe gebrachten Gegenstände und die hierfür erzielten Preise einzeln vorzutragen sind. VII Wird die Erteilung des Zuschlags versagt oder vorbehalten, so ist dies in der Urkunde zu vermerken. VIII Die Versteigerungsurkunde ist vom Leiter der Versteigerung unmittelbar nach deren Beendigung zur Bestätigung der Richtigkeit des Inhalts, unter Vortrag der Summe der erzielten Preise mit Ziffern und Worten, zu unterzeichnen und binnen längstens einer Woche der Steuerstelle vorzulegen. IX Die Steuerstelle kann zur Versteigerung einen Vertreter abordnen, der die Aufnahme der Versteigerungsurkunde überwacht.					
42	**Verträge,** sonstige. I Notariell beurkundete oder beglaubigte Verträge, die lediglich den Vollzug, die Vervollständigung oder Vollendung eines stempelpflichtigen Vertrags zum Gegenstande haben, wenn sie eine Änderung in Bezug auf die beteiligten Personen, auf den Gegenstand oder die Gegenstandssumme nicht enthalten	—	—	2	—	
	Ist der Stempel für den bereits bewerteten Vertrag niedriger, so ist nur der niedrigere Betrag geschuldet. II Notariell beurkundete oder beglaubigte Verträge über die unbedingte Wiederauflösung eines stempelpflichtigen Vertrags, wenn sie innerhalb einer Frist von drei Monaten nach Abschluß					

1	2	3				4
Laufende Nummer	Gegenstand der Besteuerung	Steuersatz vom Hundert	Steuersatz vom Tausend	ℳ	₰	Berechnung der Stempelabgabe
(42)	des aufzulösenden Vertrags beurkundet werden	—	—	2	—	
	Ist der Stempel für den aufzulösenden Vertrag niedriger, so ist nur der niedrigere Betrag geschuldet.					
	Nach Ablauf der Frist von drei Monaten ist die Vertragsauflösung als neuer Vertrag zu versteuern.					
	Die Frist von drei Monaten beginnt bei Verträgen, die unter die Tarifstelle 23 Abs. I A fallen, mit dem Abschlusse des Vertrags ohne Rücksicht darauf, ob die Auflassungserklärung im Vertrag enthalten oder später abgegeben ist.					
	III Notariell beurkundete oder beglaubigte Verträge über vermögensrechtliche Gegenstände, wenn keine andere Tarifstelle anwendbar ist, sofern der Wertsgegenstand beträgt					
	nicht mehr als 2000 Mark . .	—	2	—	—	
	mehr als 2000 Mark	—	3	—	—	
43	I **Vollmachten,**[1]) Ermächtigungen und Aufträge zur Vornahme von Geschäften rechtlicher Natur bei Gericht oder Behörden					
	a) bei einem Werte des Gegenstandes der Vollmacht von					
	mehr als 150 Mark, aber nicht mehr als 600 Mark	—	—	—	50	
	mehr als 600 Mark, aber nicht mehr als 1000 Mark	—	—	1	—	
	mehr als 1000 Mark, aber nicht mehr als 3000 Mark	—	—	1	50	
	mehr als 3000 Mark, aber nicht mehr als 6000 Mark	—	—	3	—	
	mehr als 6000 Mark, aber nicht mehr als 10 000 Mark	—	—	5	—	
	mehr als 10 000 Mark, aber nicht mehr als 15 000 Mark	—	—	7	50	
	sonst	—	—	10	—	
	b) wenn die Vollmacht zur Vornahme aller Geschäfte oder gewisser Gattungen von Geschäften für den Vollmacht-					

[1]) M 3. VB 4, 14. VSt 2. BVSt 6. BVSt 64, 74, 78, 84, 90 u. Bek. vom 22. Mai 1915 F-MBl. S. 159.

1	2	3				4
Laufende Nummer	Gegenstand der Besteuerung	Steuersatz vom Hundert	Steuersatz vom Tausend	ℳ	₰	Berechnung der Stempelabgabe
(43)	geber ermächtigt (Generalvollmacht), nach den Sätzen unter a, sofern jedoch der Wert des Gegenstandes beträgt mehr als 15 000 Mark, aber nicht mehr als 100 000 Mark . . .	—	—	15	—	
	mehr als 100 000 Mark	—	—	20	—	
	II Wenn die Vollmacht nur zu Geschäften außerhalb Bayerns ermächtigt, wird nur der halbe Stempel erhoben.					
	III Wenn der Bevollmächtigte in einem Dienst-, Anstellungs- oder Gesellschaftsverhältnisse zum Vollmachtgeber steht und die Vollmacht mit Rücksicht auf dieses Verhältnis erteilt wird, oder der Ehegatte des Vollmachtgebers oder mit ihm in gerader Linie verwandt ist oder als Familienangehöriger den Hausstand des Vollmachtgebers teilt, höchstens	—	—	1	50	
	IV Wenn der Wert des Gegenstandes der Vollmacht nicht schätzbar ist sowie bei Vollmachten zur Vertretung in einem Strafverfahren	—	—	2	—	
	V Die erstmalige Anzeige des Bevollmächtigten an das Gericht oder die Behörde, daß er im Namen seines Auftraggebers handle, wird, wenn ihr eine schriftliche Vollmacht nicht zugrunde liegt, einer schriftlichen Vollmacht gleichgeachtet.					
	VI Zu Vollmachten, in denen mehrere nicht in einer Erben- oder sonstigen Rechtsgemeinschaft oder in einem Gesellschaftsverhältnisse stehende Personen einen Bevollmächtigten bestellen, ist der Stempel so oft zu entrichten, als Vollmachtgeber vorhanden sind.					
	VII Befreit sind:					
	1. Vollmachten, die lediglich zur Entgegennahme von Ladungen, Zusendungen oder Schriftstücken für den Vollmachtgeber ermächtigen,					

1	2	3				4
Laufende Nummer	Gegenstand der Besteuerung	Steuersatz vom Hundert	Steuersatz vom Laufend	ℳ	₰	Berechnung der Stempelabgabe
(43)	2. Vollmachten zur Stellung von Anträgen oder Abgabe von Erklärungen, die sich ausschließlich auf Verlautbarungen im Reichs- oder Staatsschuldbuch beziehen, 3. Untervollmachten (Substitutionen), sofern die ursprüngliche Vollmacht versteuert oder steuerfrei ist und ein entsprechender Vermerk hierüber sich auf der Untervollmacht befindet, 4. Vollmachten im Postscheckverkehr, 5. Vollmachten für das Verfahren vor den Gewerbe- und den Kaufmannsgerichten.					
44	I **Zeugnisse.**					
	a) Zeugnisse und andere Bestätigungen der Notare, über die keine förmliche Notariatsurkunde errichtet wird, sofern sie nicht von Amts wegen zu erteilen sind	—	—	2	—	
	b) Zeugnisse der Amtsärzte[1])	—	—	—	50	
	c) Zeugnisse der Pfarrämter, die auf Grund der bis zum 1. Januar 1876 von diesen geführten Standesregister ausgestellt werden[1])	—	—	—	50	
	II Befreit sind Zeugnisse der Amtsärzte und Pfarrämter, die zum Zwecke der Festsetzung von Ruhe-, Witwen- oder Waisengeldern, Unterhaltsbeiträgen, Unterstützungen und dergleichen erteilt werden.					
45	I **Zustellungsurkunden** der Gerichtsvollzieher über Zustellungen von Willenserklärungen außerhalb eines Rechtsstreits (§ 132 des Bürgerlichen Gesetzbuchs)[2])	—	—	1	—	
	Die Stempelabgabe wird auch erhoben, wenn die Zustellung durch die Post erfolgt (§ 194 der Reichszivilprozeßordnung).					
	II Daneben für die Beglaubigung der Abschrift der zuzustellenden Schriftstücke durch den Gerichtsvollzieher	—	—	—	50	

[1]) VSt 2. BVSt 90. [2]) VB 4.

Anhang.

Tabelle

über den gegenwärtigen Kapitalwert einer Rente oder Nutzung im Werte von 1 Mark auf eine bestimmte Anzahl von Jahren.

Anzahl der Jahre	Kapitalwert		Anzahl der Jahre	Kapitalwert		Anzahl der Jahre	Kapitalwert		Anzahl der Jahre	Kapitalwert	
	ℳ	₰		ℳ	₰		ℳ	₰		ℳ	₰
1	1	00,0	22	15	02,9	43	21	18,6	64	23	88,7
2	1	96,2	23	15	45,1	44	21	37,1	65	23	96,9
3	2	88,6	24	15	85,7	45	21	54,9	66	24	04,7
4	3	77,5	25	16	24,7	46	21	72,0	67	24	12,2
5	4	63,0	26	16	62,2	47	21	88,5	68	24	19,4
6	5	45,1	27	16	98,3	48	22	04,3	69	24	26,4
7	6	24,2	28	17	33,0	49	22	19,5	70	24	33,0
8	7	00,2	29	17	66,3	50	22	34,2	71	24	39,5
9	7	73,3	30	17	98,4	51	22	48,2	72	24	45,6
10	8	43,5	31	18	29,0	52	22	61,8	73	24	51,6
11	9	11,1	32	18	58,9	53	22	74,8	74	24	57,3
12	9	76,0	33	18	87,4	54	22	87,3	75	24	62,8
13	10	38,5	34	19	14,8	55	22	99,3	76	24	68,0
14	10	98,6	35	19	41,1	56	23	10,9	77	24	73,1
15	11	56,3	36	19	66,5	57	23	22,0	78	24	78,0
16	12	11,8	37	19	90,8	58	23	32,7	79	24	82,7
17	12	65,2	38	20	14,3	59	23	43,0	80	24	87,2
18	13	16,6	39	20	36,8	60	23	52,8	81	24	91,5
19	13	65,9	40	20	58,5	61	23	62,4	82	24	95,7
20	14	13,4	41	20	79,3	62	23	71,5	83	24	99,7
21	14	59,0	42	20	99,3	63	23	80,3	84 und mehr	25	00,0

IV. Vollzugsvorschriften.

1. Bekanntmachung des K. Staatsministeriums der Finanzen über den Vollzug des Kostengesetzes und des Stempelgesetzes.

Vom 23. Dezember 1914.

(GVBl. S. 663 ff.)

Vom 1. Januar 1915 an treten an die Stelle des Gebührengesetzes das Kostengesetz und das Stempelgesetz (Art. 1 Abs. 1 des Gesetzes vom 21. August 1914 über Änderungen im Gebührenwesen GVBl. S. 437). Die zum Vollzuge dieser beiden Gesetze erforderlichen K. Verordnungen werden demnächst im Gesetz- und Verordnungsblatte zur Veröffentlichung gelangen. Unter Bezugnahme hierauf wird bis zum Erscheinen der weiter erforderlichen Vollzugsvorschriften einstweilen nachstehendes bekanntgegeben:

1. Die nach dem Kostengesetze zu erhebenden Kosten werden in der gleichen Weise, wie seither die nach dem Gebührengesetze angefallenen Gebühren und Auslagen erhoben. Auch hinsichtlich der Erhebung der nach dem Reichs-Gerichtskostengesetze zu erhebenden Gebühren und Auslagen sowie hinsichtlich der Erhebung der Geldstrafen tritt gegen seither eine Änderung nicht ein.

2. Die Stempel, die nach den Vorschriften der K. Verordnung über den Vollzug des Stempelgesetzes durch Einzahlung bei einem Notar, bei einem Gerichte, bei einer Verwaltungsbehörde oder bei einem Rentamte zu entrichten sind, sind in der gleichen Weise anzusetzen, zu Soll zu stellen, einzuheben und beizutreiben, wie die bei dem treffenden Notar, dem Ge-

richte, der Verwaltungsbehörde oder dem Rentamte anfallenden Kosten nach dem Kostengesetze, sohin in der gleichen Weise, wie seither die Gebühren.

3. Im Etat Nr. 15 (Erbschaftssteuern, Gebühren, Stempelabgaben, Strafen u. dgl.) für die Jahre 1914 und 1915 sind besondere Verrechnungstitel für die nach dem Stempelgesetze anfallenden Stempel nicht vorgesehen; die Einnahmen an Stempeln sind daher im Jahre 1915 unausgeschieden von den Gebühren auf die einschlägigen Paragraphen des Kap. 2 des Etats Nr. 15 zu verrechnen. Bei dieser Sachlage sind für das Jahr 1915 sowohl bei den Notaren als auch bei den Gerichten, den Verwaltungsbehörden und den Rentämtern noch die bisherigen Gebührenregister und Einzugsregister zu führen.

4. Bei den Notaren und den Gerichten sind die bisherigen Gebührenregister, bei den Gerichten auch die bisherigen Einzugsregister, unverändert in Benützung zu nehmen. Dabei sind Stempel, die an die Stelle von Gebühren getreten sind, für die in den bisherigen Registern besondere Spalten vorgesehen sind, in diesen Spalten zu Soll zu stellen, so z. B. ist bei den Notaren der Stempel der Tarifstelle 23 Abs. 1 A in die Spalten 6, 7, der Stempel der Tarifstellen 2 B, 2 C, 9, 27 Abs. 1 b, 28, 29, 35 und 36 B I in die Spalte 8, der Stempel der Tarifstelle 24 Abs. 1 in die Spalte 10 des notariellen Gebührenregisters, bei den Grundbuchämtern der Stempel der Tarifstellen 2 A Abs. 1 a, 24 Abs. 1 in die Spalte 9 des grundbuchamtlichen Gebührenregisters einzutragen. Andere Stempel sind wie Gebühren in der treffenden Gebührenspalte zu Soll zu stellen; so z. B. ist der Stempel für einen vom Nachlaßgerichte beurkundeten Auseinandersetzungsvertrag in der Spalte 12, der Stempel für eine Vollmacht in einem amtsgerichtlichen Zivilprozesse in der Spalte 6 des amtsgerichtlichen Gebührenregisters, der Stempel für eine Vollmacht in einer Strafsache in der Gebührenspalte des Einzugsregisters vorzutragen.

Die bei den Gerichtsvollziehern anfallenden Stempel (Tarifstellen 31, 45) sind in gleicher Weise zu behandeln, wie die seither dort angefallenen Gebühren nach Art. 196, 282 a des Gebührengesetzes.

5. In den bezirksamtlichen Gebührenregistern sind die Stempel der Tarifstelle 19 in die für die bisherigen besonderen Abgaben bestimmten Spalten einzutragen; die übrigen Stempel, z. B. der Stempel für eine Vollmacht, der Stempel der Tarifstelle 23 Abs. 1 A für eine Einigung im Zwangsenteignungsverfahren (Art. 26 des Ausführungsgesetzes zur Reichszivilprozeßordnung und Konkursordnung) sind in der Spalte 6 für die Gebühren, einzustellen. Da die Stempel für die Fischerkarten und die Jagdkarten nicht mehr wie die bisherigen Gebühren für diese Karten bei den Rentämtern, sondern bei den Distriktsverwaltungsbehörden (Bezirksämtern, kreisunmittelbaren Stadtmagistraten) einzuzahlen sind, sind im bezirksamtlichen Gebührenregister zwischen den Spalten 5 und 6 zwei neue Spalten 5 a und 5 b für die Fischerkarten und die Jagdkarten einzufügen. Die gleichen Spalten sind auch in dem Überweisungsverzeichnisse der Gemeindebehörden — Muster A zur Ministerialbekanntmachung vom 12. August 1910 — (FMBl. S. 183, Amtsblatt des Staatsministeriums des Königlichen Hauses und des Äußern und des Innern S. 520) einzufügen. In diesem Überweisungsverzeichnisse ist zugleich eine weitere Spalte „sonstige Stempel" vorzusehen, für die ein Teil des Raumes der Bemerkungsspalte benützt werden kann. In diese Spalte sind sonstige Stempel z. B. Vollmachtsstempel einzutragen. Das Überweisungsverzeichnis Muster B der vorerwähnten Bekanntmachung fällt fort.

Auf die Gebührenregister anderer Verwaltungsbehörden finden die vorstehenden Bestimmungen entsprechende Anwendung.

6. Bei den Abrechnungen der Notare, der Gerichtsschreiber, der Beamten der Verwaltungsbehörden mit dem Rentamte findet eine Ausscheidung der Stempel von den Gebühren nicht statt. Die Abrechnungen können in der bisherigen Weise vorgenommen werden.

7. Im rentamtlichen Gebührenregister erhält die Spalte 6 die Überschrift „Stempelersatzabgaben“; in diese Spalte sind sämtliche Stempelersatzabgaben nach den Art. 19 bis 21 des Stempelgesetzes einzutragen. Die Spalte 7 erhält die Überschrift „Stempel von Automaten und Musikwerken (Tarifstelle 11)“. In die Spalten 8 bis 10, dann 12 und 13 sind die Stempel einzustellen, die an die Stelle der Gebühren getreten sind, für welche die Spalten bisher bestimmt waren. Der Stempel der Tarifstelle 20 A von Familienstiftungen und anderen gebundenen Gütern, als der Aufsicht der Oberlandesgerichte unterstehenden Fideikommissen, sowie die jährliche Abgabe der Tarifstelle 20 B von gebundenen Gütern sind in der Spalte 11 unter den Gebühren vorzutragen. In die Spalte 11 des rentamtlichen Gebührenregisters sind auch sonstige Stempel, insbesondere die Stempel für die privatschriftlichen oder von nichtbayerischen Notaren oder Behörden errichteten Urkunden, die dem Rentamt zur Versteuerung vorgelegt werden, Vollmachtstempel usw., einzutragen.

8. Die von Behörden und Beamten einschließlich der Notare angesetzten Stempel sind auf der stempelpflichtigen Urkunde unter Angabe des erhobenen Betrags, der zur Anwendung gebrachten Tarifstelle und der Gebühren- oder Einzugsregisternummer zu vermerken. Dem Vermerk ist das Amtssiegel beizudrücken. Werden von solchen stempelpflichtigen Urkunden Ausfertigungen oder für die Registergerichte bestimmte Abschriften erteilt, so ist der Vermerk des zur Haupturkunde erhobenen Stempels auch auf den Ausfertigungen oder Abschriften anzubringen.

9. Beglaubigt der Notar eine privatschriftliche stempelpflichtige Urkunde, so hat er nicht nur den Beglaubigungsstempel sondern auch den Geschäftsstempel zu erheben.

10. Die Erhebung des Stempels für eigenhändige Testamente, die erst nach dem Tode des Erblassers versteuert werden (Abs. 5, 6 der Tarifstelle 38), obliegt dem Gerichtsschreiber des Nachlaßgerichts. Der

Stempel wird anläßlich der Testamentseröffnung erhoben.

11. Die Erhebung des Stempels der Tarifstelle 20 A von der Aufsicht der Oberlandesgerichte unterstehenden Fideikommissen obliegt dem Gerichtsschreiber des Oberlandesgerichts, die Erhebung der jährlichen Abgabe der Tarifstelle 20 B von solchen Fideikommissen obliegt dem Rentamt, mit dem der Gerichtsschreiber des Oberlandesgerichts über die Gerichtskosten abrechnet.

Die Erhebung des Stempels der Tarifstelle 20 A von Familienstiftungen obliegt dem Rentamt, in dessen Bezirk die Stiftung ihren Sitz hat, in München dem Stadtrentamt I, in Nürnberg dem Rentamt I.

Zur Erhebung des Stempels der Tarifstelle 20 A von anderen gebundenen Gütern, als der Aufsicht der Oberlandesgerichte unterstehenden Fideikommissen sowie zur Erhebung der jährlichen Abgabe der Tarifstelle 20 B von solchen Gütern ist das Rentamt zuständig, in dessen Bezirk die Gutsverwaltung ihren Sitz hat oder wenn der Sitz der Gutsverwaltung sich nicht in Bayern befindet, das Rentamt, in dessen Bezirk die Grundstücke oder grundstücksgleichen Rechte liegen, in München das Stadtrentamt I, in Nürnberg das Rentamt I.

Die jährliche Abgabe der Tarifstelle 20 B wird als Landeszuschlag zur Reichsabgabe des § 95 des Reichsstempelgesetzes, erstmals im Oktober 1915 erhoben (zu vgl. § 187 der Ausführungsbestimmungen des Bundesrats zum Reichsstempelgesetze).

12. Zur Erhebung des Stempels von privatschriftlichen Urkunden oder von Urkunden nichtbayerischer Behörden oder Beamten einschließlich der nichtbayerischen Notare, die einem Rentamte zur Versteuerung vorzulegen sind, sind alle Rentämter zuständig, in München jedoch nur das Stadtrentamt I, in Nürnberg das Rentamt I. Die Rentämter tragen solche Urkunden in das
Muster A. Anmelderegister Muster A ein; eine Abschrift der Urkunde oder, wenn eine solche nicht vorgelegt wird, eine Vormerkung über den wesentlichen Inhalt der

Urkunde ist dem Anmelderegister als Beilage beizureihen. Alsdann wird der Stempel berechnet, im Gebührenregister zu Soll gestellt und die Urkunde, versehen mit dem Abstempelungsvermerk (Ziff. 8) zurückgegeben.

13. Zur Erhebung des Stempels von Automaten usw. (Tarifstelle 11) ist das Rentamt zuständig, in dessen Bezirk der Automat usw. aufgestellt ist, in München das Stadtrentamt I, in Nürnberg das Rentamt I. Die stempelpflichtigen Automaten usw. sind im Laufe des Monats Januar 1915 beim zuständigen Rentamt anzumelden. Zur Anmeldung ist das anruhende Formular Muster B zu benützen. Die Rentämter haben Muster B. den erforderlichen Vorrat an solchen Formularen rechtzeitig zu beschaffen und den Beteiligten die Formulare auf Verlangen kostenlos zu verabfolgen.

Die Vordrucke zu den Jahreskarten wird das Staatsministerium der Finanzen den Regierungsfinanzkammern zur Verteilung an die einzelnen Rentämter übersenden.

14. Der Stempel für eine privatschriftlich errichtete Vollmacht ist durch Markenverwendung zu entrichten. Ist dagegen eine stempelpflichtige Vollmacht von einem Notar, einem Gericht oder einer Behörde, bei der Kosten nach dem Kostengesetze erhoben werden, errichtet, so ist der Stempel in gleicher Weise, wie die bei dem Notare, dem Gericht oder der Behörde anfallenden Kosten nach dem Kostengesetze sohin in gleicher Weise wie eine dort anfallende Gebühr zu entrichten. Das gleiche gilt, wenn eine privatschriftlich errichtete Vollmacht notariell beglaubigt oder unversteuert oder nicht ausreichend versteuert einem Gericht oder einer Behörde, bei der Kosten nach dem Kostengesetze erhoben werden, eingereicht wird.

Dem Vollmachtstempel unterliegen nach der Tarifstelle 43 nur solche Vollmachten, die zur Vornahme von Geschäften rechtlicher Natur bei Gerichten oder Behörden (bayerischen oder nichtbayerischen) ermächtigen. Die Entstehung der Stempelpflicht ist dabei nicht an die Einreichung der Vollmacht bei dem Gericht oder bei der Behörde (Gebrauch), sondern an die Ausstellung (Errichtung) geknüpft. Dies gilt auch von der in Abs. 5 der Tarifstelle erwähnten Anzeige des Bevollmächtigten an das Gericht oder die Behörde, daß er im Namen seines Auftraggebers handle; auch diese Anzeige wird mit der Ausstellung (Errichtung) nicht erst mit der Einreichung stempelpflichtig. Durch den Gebrauch in Bayern (also durch die Einreichung bei einem bayerischen Gericht oder einer bayerischen Behörde) werden Vollmachten ausnahmsweise nur stempelpflichtig, wenn sie außerhalb Bayerns ausgestellt sind (Art. 2 Abs. 3 Satz 2 des Stempelgesetzes), oder wenn sie vor dem 1. Januar 1915 ausgestellt sind, wenn aber nach diesem Zeitpunkte von ihnen Gebrauch gemacht wird (Art. 3 Abs. 3 des Gesetzes vom 21. August 1914 über Änderungen im Gebührenwesen). Der Eintritt der Stempelpflicht einer Vollmacht durch den Gebrauch (Einreichung) ist jedoch durch § 2 Abs. 2 des Reichs-Gerichtskostengesetzes für alle gerichtlichen Angelegenheiten ausgeschlossen, auf die das Reichs-Gerichtskostengesetz unmittelbare Anwendung findet. Hiernach ist eine Vollmacht der in der Tarifstelle 43 bezeichneten Art stempelpflichtig, wenn sie nach dem 31. Dezember 1914 ausgestellt oder wenn sie zwar vor dem 1. Januar 1915 ausgestellt, aber erst nach dem 31. Dezember 1914 beim Gericht oder bei der Behörde eingereicht ist; letzterenfalls ist jedoch Voraussetzung für die Stempelpflicht, daß die Vollmacht nicht eine Angelegenheit der im § 1 des Reichs-Gerichtskostengesetzes bezeichneten Art betrifft. Das gleiche gilt auch von der im Abs. 5 der Tarifstelle 43 erwähnten Anzeige.

Anzeigen der im Abs. 5 der Tarifstelle 43 erwähnten Art unterliegen der Stempelpflicht nur dann, wenn ihnen nicht eine schriftlich ausgestellte Vollmacht zugrunde liegt. Daß ihnen eine schriftlich ausgestellte Vollmacht zugrunde liegt, wird nicht vermutet, sondern ist nachzuweisen. Der Stempel für die Anzeige ist daher zu erheben, wenn nicht die ihr zugrunde liegende schriftliche Vollmacht dem Gericht oder der Behörde bereits vorliegt oder gleichzeitig vorgelegt wird, oder, wenn nicht der Bevollmächtigte auf der Anzeige den Vermerk anbringt, daß sich eine schriftliche mit ..... Mark .... Pfennig versteuerte Vollmacht seines Auftraggebers in seinen Händen befinde. Die Steuerbehörden sind auf Grund des Art. 61 Abs. 2 des Stempelgesetzes berechtigt, die Vollmacht zur Einsicht sich vorlegen zu lassen.

15. Der Verkauf der Stempelmarken findet bei den Postanstalten statt. Der Zeitpunkt, zu dem bei den Postanstalten mit dem Verkaufe der Stempelmarken begonnen wird, wird vom Staatsministerium der Finanzen bekannt gemacht werden.

Im Jahre 1915 sind bis auf weiteres an Stelle der Stempelmarken die bisherigen Gebührenmarken zu verwenden. Die Verwendung der Stempelmarken und bis auf weiteres der Gebührenmarken geschieht durch Aufkleben an einer in die Augen fallenden Stelle, am zweckmäßigsten auf der ersten Seite und wenn diese nicht genügenden Raum gewährt, auf den nächstfolgenden Seiten der stempelpflichtigen Urkunde. Bei eigenhändigen Testamenten (§ 2231 Nr. 2 BGB.) und bei Testamenten nach §§ 2249, 2250 BGB., die in einen Umschlag gebracht werden, können die Marken auch auf dem Umschlage neben der Aufschrift verwendet werden.

Die Stempelmarken müssen bei der Verwendung entwertet werden. Zu diesem Zwecke sind die Marken mit dem Namen (Familiennamen) oder der Firma des Entwertenden und dem Datum der Verwendung dergestalt zu überschreiben, daß der Vermerk zu beiden Seiten der Marke auf das Papier der Urkunde übergreift. Die Überschreibung ist mit Tinte vorzunehmen. Der Name oder die Firma kann auch durch Stempelaufdruck angebracht werden. Bei der Angabe des Datums sind übliche Abkürzungen z. B. 10. III. 1915 zulässig. Im Falle der Verwendung mehrerer Marken ist jede einzelne Marke gesondert zu entwerten; um dies zu ermöglichen, ist zwischen den einzelnen Marken ein Zwischenraum zu lassen, damit die Entwertungsvermerke seitwärts auf das Papier übergreifen können.

2. K. Verordnung zum Vollzuge des Reichs-Gerichtskostengesetzes und des Kostengesetzes vom 21. August 1914.

Vom 28. Dezember 1914.

(GVBl. 1914 S. 677).

---

§ 1. Die Aufsicht über das Kostenwesen (die Erhebung der im Reichs-Gerichtskostengesetz und im Kostengesetze vom 21. August 1914 bestimmten Gebühren und Auslagen einschließlich der Geldstrafen und durchlaufenden Gelder) obliegt den Finanzbehörden unter der Leitung des Staatsministeriums der Finanzen.

§ 2. I Bei den Gerichten wird die Behandlung des Kostenwesens den Gerichtsschreibern übertragen. Im Falle des Bedürfnisses kann das Staatsministerium der Justiz bei einzelnen Gerichten besondere rechnungsführende Gerichtsschreiber bestellen. Die Kostengeschäfte der Staatsanwaltschaft werden von dem Gerichtsschreiber, der die Kostengeschäfte des Gerichts versieht, mitbesorgt.

II Den Gerichtsschreibern obliegt der Ansatz und die Einhebung der Kosten, Geldstrafen und durchlaufenden Gelder, die Wegrechnung der eingegangenen durchlaufenden Gelder und die Ablieferung der für die Staatskasse eingehobenen Beträge an das Rentamt.

III Die Rückstände sind von den Rentämtern zwangsweise beizutreiben. Auf Ersuchen der Staatsanwälte und der Amtsrichter haben die Rentämter auch die zwangsweise Beitreibung der in Strafsachen anfallenden Geldstrafen zu bewirken. Die Rentämter haben sich dabei regelmäßig ihrer eigenen Vollstreckungsorgane zu bedienen, denen bei der Vornahme von Vollstreckungshandlungen die Eigenschaft von Gerichtsvollziehern zukommt.

IV Den Staatsministerien der Justiz und der Finanzen bleibt überlassen, bei einzelnen Gerichten den

Gerichtsschreibern auch die zwangsweise Beitreibung der Kosten, Geldstrafen und durchlaufenden Gelder zu übertragen sowie zu bestimmen, daß die in Strafsachen anfallenden Geldstrafen von den Gerichtsschreibern zwangsweise beizutreiben sind.

§ 3. I Bei den Notariaten besorgt das Kostenwesen der Notar. Ihm obliegt der Ansatz und die Einhebung der Kosten. Die zwangsweise Beitreibung erfolgt durch das Rentamt.

II Die vom Notar für die Staatskasse eingehobenen Beträge sind an das Rentamt abzuliefern.

§ 4. I Bei den Bezirksämtern, den exponierten Bezirksamtsassessoren, den Regierungen, Kammern des Innern, Kammern der Finanzen und Kammern der Forsten, besorgt das Kostenwesen ein Beamter dieser Ämter und Stellen, der nach den Bestimmungen über die Verteilung der Geschäfte hierzu berufen wird.

II Den im Abs. 1 bezeichneten Beamten obliegt der Ansatz und die Einhebung der Kosten, Geldstrafen und durchlaufenden Gelder, die Wegrechnung der eingegangenen durchlaufenden Gelder und die Ablieferung der für die Staatskasse eingehobenen Beträge an das Rentamt. Bei den Bezirksämtern und den exponierten Bezirksamtsassessoren werden die Rückstände zur zwangsweisen Beitreibung dem Rentamt überwiesen; bei den Regierungen besorgt die zwangsweise Beitreibung der im Abs. 1 bezeichnete Beamte.

§ 5. I Den Rentämtern, den Kreiskassen und der Zentralstaatskasse obliegt der Ansatz, die Einhebung und die zwangsweise Beitreibung der bei ihnen anfallenden Kosten, Geldstrafen und durchlaufenden Gelder.

II Den Rentämtern, den Kreiskassen und der Zentralstaatskasse obliegt die Verrechnung der von ihnen eingehobenen oder ihnen abgelieferten Beträge.

§ 6. I Auf die Behandlung des Kostenwesens bei anderen staatlichen Ämtern und Stellen als den in den §§ 4, 5 bezeichneten, finden die Vorschriften im § 4 entsprechende Anwendung. Rückstände werden dem Rentamte zur zwangsweisen Beitreibung überwiesen.

II Das Staatsministerium der Finanzen ist ermächtigt, im Benehmen mit den beteiligten anderen Staatsministerien abweichende Anordnungen zu treffen.

III Über die Behandlung des Kostenwesens bei den Staatsministerien, bei den Gesandtschaften, bei dem Verwaltungsgerichtshofe, ferner bei den Behörden und Stellen der Verwaltung der Zölle und indirekten Steuern, der Verwaltung der staatlichen Berg-, Hütten- und Salzwerke und der Post- und Eisenbahnverwaltung können durch das Staatsministerium der Finanzen im Benehmen mit den beteiligten anderen Staatsministerien besondere Regelungen getroffen werden.

§ 7. I Die Gerichtsschreiber, ferner die nach § 4 Abs. 1 bestellten Beamten mit Ausnahme jener bei den Bezirksämtern und den exponierten Bezirksamtsassessoren besorgen die Geschäfte des Kostenwesens unter eigener Verantwortung. Sie unterstehen jedoch auch in Ansehung der Kostengeschäfte der allgemeinen Dienstaufsicht.

II Die nach § 4 Abs. 1 bei den Bezirksämtern und den exponierten Bezirksamtsassessoren bestellten Beamten besorgen die Geschäfte des Kostenwesens unter der Haftung und der Verantwortlichkeit der Amtsvorstände.

III Die Gerichtsschreiber und die nach § 4 Abs. 1 bestellten Beamten sind, soweit sich nicht aus gesetzlichen Vorschriften etwas anderes ergibt, verpflichtet, den ihnen zugehenden Weisungen der Finanzstellen zu entsprechen.

§ 8. Die Finanzstellen sind berechtigt, bei den Gerichten, den Notaren und den Verwaltungsbehörden jederzeit durch beauftragte Beamte die Behandlung des Kostenwesens insbesondere die Richtigkeit der Kostenansätze prüfen, von den Akten, Urkunden, Büchern und Listen Einsicht nehmen und die in amtlicher Verwahrung befindlichen Gelder sich vorzeigen zu lassen. Die Gerichtsschreiber, die Notare sowie die im § 4 Abs. 1 bezeichneten Beamten sind verpflichtet, den Finanzstellen und deren abgeordneten Beamten dienstliche Aufschlüsse jeder Art zu geben sowie den Finanzstellen zur Verbescheidung der Bedenken die erforderlichen Akten und Urkunden in Vorlage zu bringen oder, falls die Vorlage von Urkunden aus besonderen Gründen nicht tunlich sein sollte, die Anfertigung von Urkundenabschriften zu gestatten.

§ 9. Hinsichtlich der Gebühren, die von den Beteiligten außer den für die Staatskasse zu verrechnenden Gebühren wegen der Bemühung einzelner Personen bei der Erledigung der Geschäfte zu entrichten sind (Art. 5 des Kostengesetzes), dann hinsichtlich der Gebühren für die Aufbewahrung der bei den Gerichten, den Notaren oder gemäß Art. 76 Abs. 3 des Gesetzes zur Ausführung des Reichs-Gerichtsverfassungsgesetzes bei der Königlichen Bank oder bei Kassen des Staates hinterlegten Gelder und Wertpapiere (Art. 162 des Kostengesetzes) bewendet es bei den bestehenden Vorschriften.

§ 10. I Die Schreibgebühr für Schriftstücke, die in fremden Sprachen abgefaßt sind, für Schriftstücke in tabellarischer Form sowie für Verzeichnisse, Listen, Rechnungen, Handzeichnungen (§ 80 Satz 2 des Reichs-Gerichtskostengesetzes, Art. 38 Satz 5, Art. 171 Abs. 2 Satz 5 des Kostengesetzes) beträgt 50 Pfennig bis 2 Mark für jede angefangene Seite. Das gleiche gilt von der Schreibgebühr für Schriftstücke, deren Fertigung besondere paläographische Kenntnisse erfordert (Art. 171 Abs. 2 Satz 5 des Kostengesetzes).

II Der Betrag der Schreibgebühr wird vom Gericht oder von der Behörde festgesetzt.

§ 11. I Den Distriktsverwaltungsbehörden sind im Sinne des Art. 153 des Kostengesetzes gleichzuachten:

die Amtsgerichte, die Landgerichte, die Staatsanwaltschaften bei den Landgerichten, die Kreisarchive, die Bezirksbergämter, die Lokalbaukommission der K. Haupt- und Residenzstadt München, die Hauptzollämter, die Rentämter, die Kreiskassen und die Inspektionen bei der Staatseisenbahnverwaltung.

II Als Mittelstellen im Sinne des Art. 154 des Kostengesetzes gelten:

die Gesandtschaften, die Oberlandesgerichte, die Oberstaatsanwälte bei den Oberlandesgerichten, der Generalstaatsanwalt bei dem Obersten Landesgerichte, die Kreisregierungen, die Konsistorien, das Oberkonsistorium, das Geheime Hausarchiv, das Geheime Staatsarchiv, das Allgemeine Reichsarchiv, das Oberbergamt, die Zentralstaatskasse, die Generaldirektion der Berg-, Hütten- und Salzwerke, die Generaldirektion der Zölle und indirekten Steuern, die Direktion der Staatsschuldenverwaltung, das Katasterbureau, die Ämter der Verkehrsanstalten, die Eisenbahndirektionen und die Oberpostdirektionen.

III Das Staatsministerium der Finanzen ist ermächtigt, im Einvernehmen mit den übrigen beteiligten Staatsministerien, von dem Vorbehalt im Art. 155 des Kostengesetzes noch weiteren Gebrauch zu machen.

§ 12. I Auf Grund des Art. 174 Abs. 2 des Kostengesetzes wird für die Gebührenerhebung bei den Gemeindebehörden, die einem Bezirksamt unterstehen, bestimmt:

1. Die Gebühren des Art. 153 Abs. 1 Ziff. 1 und 4 werden in allen nicht gebührenfreien Angelegenheiten der inneren und Finanzverwaltung sowie der Verwaltungsrechtspflege erhoben. Das gleiche gilt für die Gebühr des Art. 153 Abs. 1 Ziff. 2, soweit das Kostengesetz nicht eine besondere Gebühr ausdrücklich festsetzt.
2. Die Gebühr des Art. 153 Abs. 1 Ziff. 3 gelangt zur Erhebung bei Gesuchen
   a) um Verleihung des Gemeindebürgerrechts ($\frac{\text{Art. 10 bis 17}}{\text{Art. 11 bis 18}}$ der Gemeindeordnungen),
   b) um die Bewilligung zur Unterhaltung des öffentlichen Verkehrs innerhalb der Orte durch Wagen und andere Transportmittel sowie zum gewerbsmäßigen Anbieten von Dienstleistungen auf öffentlichen Straßen und Plätzen (§ 37 der Reichsgewerbeordnung),
   c) um die Erlaubnis zum Feilbieten geistiger Getränke nach § 42a Abs. 3 und § 56 Abs. 2 Ziff. 1 der Reichsgewerbeordnung,
   d) um die Ausstellung von Legitimationsscheinen

der im § 43 der Reichsgewerbeordnung bezeichneten Art,

e) um die Erlaubnis, auf den Straßen oder sonst im Umherziehen öffentlich Musik aufzuführen, Schaustellungen, Vorstellungen oder sonstige Lustbarkeiten öffentlich darzubieten (§§ 33b, 60a der Reichsgewerbeordnung),

f) um die Genehmigung zum Verkaufe geistiger Getränke zum sofortigen Genuß auf Jahrmärkten (§ 67 Abs. 2 der Reichsgewerbeordnung),

g) um die Erlaubnis zum Feilhalten von Waren gemäß § 59 Abs. 1 Ziff. 4 der Reichsgewerbeordnung und § 30 Abs. IV der Verordnung vom 29. März 1892, den Vollzug der Reichsgewerbeordnung betr.,

h) um Änderung der Polizeistunde (§ 2 Abs. 1, 2, § 4 Abs. 2 der Verordnung vom 5. Februar 1908, die Polizeistunde betr.),

i) um Tanzmusikbewilligung (§ 3 Abs. 2 der Verordnung vom 18. Juni 1862, die Abhaltung öffentlicher Tanzmusiken betr.),

k) um die Bewilligung zur Veranstaltung sonstiger öffentlicher Lustbarkeiten, soweit solche nicht unter den § 55 der Gewerbeordnung fallen (Art. 32 Abs. 1 Ziff. 1 des Polizeistrafgesetzbuchs und § 15 der Verordnung vom 4. Januar 1872, die Zuständigkeit der Verwaltungsbehörden in Sachen des Strafgesetzbuchs und Polizeistrafgesetzbuchs betreffend), dann zur Veranstaltung von Nachtmusiken auf öffentlichen Straßen und Plätzen (Art. 36 Ziff. 1 des Polizeistrafgesetzbuchs).

II In den Fällen unter d und i darf jedoch bei Bewilligung des Gesuchs die Beschlußgebühr nicht neben der in Art. 165, Art. 168 des Kostengesetzes bestimmten Gebühr erhoben werden.

§ 13. Die Entscheidungen der Staatsministerien über die Verpflichtung zur Entrichtung von Kosten in den Angelegenheiten der Justiz-, inneren und Finanzverwaltung oder über die Höhe dieser Kosten (Art. 183

Abs. 2 des Kostengesetzes) ergehen, sofern sie nicht vom Staatsministerium der Finanzen in eigener Zuständigkeit zu treffen sind, im Einvernehmen mit dem Staatsministerium der Finanzen.

§ 14. Wo das Gesetz für den Ansatz einer Gebühr einen Spielraum gewährt, hat das Gericht oder die Behörde die Entscheidung über den von ihr nach Maßgabe des Art. 185 des Kostengesetzes zu bestimmenden Betrag in den kostenpflichtigen Beschluß mitaufzunehmen oder dem Beschluß oder der Beurkundung (dem Zeugnis, Auszug, der Abschrift usw.) am Rande beizusetzen.

§ 15. Die Entscheidung darüber, ob ein Gegenstand als Amts- oder Parteisache (Art. 3 Ziff. 1 des Kostengesetzes) oder als Armensache (Art. 4 des Kostengesetzes) zu behandeln ist, kommt vorbehaltlich des Erinnerungs- und Beschwerderechts der Finanzbehörden der in der Hauptsache zuständigen Behörde, bei Amtshandlungen des Notars diesem zu.

§ 16. I Die Notare erhalten für die Besorgung des Kostenwesens und zur Bestreitung der damit verbundenen Auslagen eine Vergütung von zwei vom Hundert der von ihnen eingehobenen und die Staatskasse abgelieferten Einnahme an Gebühren.

II Wird ein vom Notar eingehobener und an die Staatskasse abgelieferter Betrag an den Kostenpflichtigen zurückerstattet, so ist die hierauf treffende Vergütung zurückzuersetzen.

III Die Vergütung fällt dem Pensionsvereine für die bayerischen Notare und dem Pensionsvereine für die Witwen und Waisen der bayerischen Notare zu. Die Vorschriften über die Verteilung auf die beiden Vereine werden von den Staatsministerien der Justiz und der Finanzen erlassen.

§ 17. Die zum Vollzuge des Kostengesetzes und dieser Verordnung erforderlichen weiteren Vollzugsanordnungen erläßt das Staatsministerium der Finanzen im Benehmen mit den übrigen Staatsministerien.

§ 18. Diese Verordnung tritt am 1. Januar 1915 in Kraft.

Vom gleichen Zeitpunkt an werden die Verordnung vom 23. Dezember 1899, die Ausführung des Reichs-Gerichtskostengesetzes und des Gesetzes über das Gebührenwesen betr. (GVBl. S. 1223), die Verordnung vom 15. September 1879, die Verwendung von Gebührenmarken betr. (GVBl. S. 1171), die Verordnung vom 20. September 1879, die gebührenpflichtigen Angelegenheiten der einer Distriktspolizeibehörde untergeordneten Gemeinden betr. (GVBl. S. 1187) aufgehoben.

---

3. K. Verordnung zum Vollzuge des Stempelgesetzes vom 21. August 1914.

Vom 28. Dezember 1914.

(GVBl. 1914 S. 684).

§ 1. I Die Aufsicht über das Stempelwesen obliegt den Finanzbehörden unter der Leitung des Staatsministeriums der Finanzen.

II Die Befugnisse und Obliegenheiten, die das Gesetz oder der Tarif den Steuerstellen zuweist, werden von den Rentämtern, die Befugnisse und Obliegenheiten, die das Gesetz den Aufsichtsbehörden zuweist, werden von den Regierungsfinanzkammern wahrgenommen.

§ 2. I Der Stempel ist vorbehaltlich der besonderen Anordnungen in den §§ 3 bis 5 zu entrichten:

1. durch Verwendung von Stempelmarken

in den Fällen

der Tarifstelle 15 (Diplome der Doktoren und Lizentiaten),

der Tarifstelle 31 (Proteste), wenn der Protest von einem Postbeamten errichtet ist,

der Tarifstelle 33 (Prüfungszeugnisse),

der Tarifstelle 36 A (Urkunden über Lombarddarlehen),

der Tarifstelle 43 (Vollmachten), außer wenn die Vollmacht von einem Notar, einem Gericht oder einer Behörde, bei der Verwaltungskosten erhoben werden, beurkundet ist,

der Tarifstellen 44 b und 44 c (Zeugnisse der Amtsärzte und der Pfarrämter),

2. durch Einzahlung beim Notar oder Gerichtsvollzieher,

wenn die stempelpflichtige Urkunde von einem Notar oder Gerichtsvollzieher errichtet oder von einem Notar beglaubigt oder wenn ein privatschriftliches, noch nicht versteuertes Inventar oder Vermögensverzeichnis einer notariellen Urkunde als Beilage beigereiht ist,

3. durch Einzahlung bei dem Gericht oder der Behörde nach Maßgabe der für die Erhebung der Gerichts- oder Verwaltungskosten bestehenden Vorschriften,

wenn die stempelpflichtige Urkunde von einem Gericht oder einer Behörde, bei der Verwaltungskosten erhoben werden, errichtet ist,

4. durch Vorlage der stempelpflichtigen Urkunde an ein Rentamt und Einzahlung des geschuldeten Betrags in den übrigen Fällen.

II Wird eine stempelpflichtige Urkunde, für die der Stempel nach Abs. 1 Ziff. 1, 4 durch Verwendung von Stempelmarken oder durch Einzahlung an ein Rentamt zu entrichten ist, nicht oder nicht ausreichend versteuert einem Gericht oder einer Behörde, bei der Verwaltungskosten erhoben werden, eingereicht, so ist der Stempel bei dem Gericht oder der Behörde nach der Vorschrift im Abs. 1 Ziff. 3 zu erheben.

§ 8. I Der Stempel der Tarifstelle 20 A ist durch Einzahlung zu entrichten und zwar,

soweit es sich um Familienfideikommisse handelt, die der Aufsicht der Oberlandesgerichte unterstehen, beim rechnungsführenden Gerichtsschreiber des Oberlandesgerichts,

in den übrigen Fällen beim Rentamte.

III Die jährliche Abgabe der Tarifstelle 20 B ist durch Einzahlung beim Rentamte zu entrichten.

§ 4. Der Stempel der Tarifstelle 41 C für nicht notariell beurkundete öffentliche Mobiliarversteigerungen ist durch Einzahlung beim Rentamte zu entrichten. Das gleiche gilt vom Stempel der Tarifstelle 8 im Falle der Übertragung des Eigentums an einem Grundstücke, das im Grundbuche nicht eingetragen ist und nach den Vorschriften der Grundbuchordnung nicht eingetragen zu werden braucht (Tarifstelle 8 Abs. 5), wenn die Erklärungen des Erwerbers und des Veräußerers nicht durch einen Notar beurkundet sind.

§ 5. I Der Stempel der Tarifstelle 38 für ein nach § 2231 Nr. 2 des Bürgerlichen Gesetzbuchs errichtetes Testament, das erst nach dem Tode des Erblassers versteuert wird, ist durch Einzahlung beim rechnungsführenden Gerichtsschreiber des Nachlaßgerichts zu entrichten.

II Der Stempel der Tarifstelle 38 für ein nach § 2231 Nr. 2 des Bürgerlichen Gesetzbuchs errichtetes Testament, das bei Lebzeiten des Erblassers versteuert wird, ist durch Verwendung von Stempelmarken zu entrichten.

III Die im Abs. 2 bezeichnete Art der Stempelentrichtung tritt auch ein bei Verfügungen von Todes wegen, die nach den §§ 2249, 2250 des Bürgerlichen Gesetzbuchs vor dem Gemeindevorsteher oder vor drei Zeugen errichtet sind.

§ 6. Die Stempelersatzabgaben sind durch Einzahlung bei dem nach Art. 22 Abs. 1, 2 des Stempelgesetzes zuständigen Rentamte zu entrichten.

§ 7. In den Fällen, in denen der Stempel bei einem Gerichtsvollzieher oder bei einer Gemeindebehörde einzuzahlen ist, obliegt dem Gerichtsvollzieher oder der Gemeindebehörde auch die zwangsweise Beitreibung.

§ 8. I Die Stempelmarken lauten auf Wertbeträge von 10, 20, 30, 40 und 50 Pfennige sowie von 1, 2, 3, 4, 5, 10 und 20 Mark.

II Der Verkauf der Stempelmarken wird den Postanstalten übertragen.

§ 9. Die Stempelmarken sind bei der Verwendung zu entwerten.

§ 10. Über die Gewährung der in Art. 2 Abs. 4, Art. 3 Abs. 2 des Stempelgesetzes erwähnten Begünstigungen entscheidet das Staatsministerium der Finanzen.

§ 11. Als größere Seen im Sinne der Tarifstelle 21 Abs. 3 des Tarifs zum Stempelgesetze sind anzusehen der Starnbergersee, der Ammersee, der Chiemsee, der Simsee, der Wagingersee, der Kochelsee, der Staffelsee.

§ 12. I Behörden und Beamte einschließlich der Notare haben in den Fällen, in denen ihnen die Erhebung des Stempels obliegt, auf der stempelpflichtigen Urkunde den Betrag des erhobenen Stempels unter Angabe der zur Anwendung gebrachten Tarifstelle zu vermerken. Werden von solchen Urkunden Ausfertigungen erteilt, so ist der Vermerk des für die Haupturkunde erhobenen Stempels auch auf diesen anzubringen.

II In den Fällen, in denen der Tarif für die Bemessung des Stempels einen Spielraum gewährt (Tarifstelle 19, 40), hat die beurkundende Behörde die Entscheidung über den von ihr nach Art. 26 des Stempelgesetzes zu bestimmenden Betrag der Beurkundung beizufügen.

§ 13. I Die Notare erhalten für die Besorgung des Stempelwesens und zur Bestreitung der damit verbundenen Auslagen aus der Staatskasse eine Vergütung.

Die Vergütung beträgt

zwei vom Hundert von den ersten 80 000 ℳ,
eins vom Hundert von dem diese Summe übersteigenden Betrage

der im Laufe des Jahres von ihnen eingehobenen und an die Staatskasse abgelieferten Stempeleinnahmen.

II Wird ein vom Notar eingehobener und an die Staatskasse abgelieferter Betrag an den Stempelpflichtigen zurückerstattet, so ist die hierauf treffende Vergütung zurückzuersetzen.

III Die Vergütung fällt dem Pensionsvereine für die bayerischen Notare und dem Pensionsvereine für die Witwen und Waisen der bayerischen Notare zu. Die Vorschriften über die Verteilung auf die beiden Vereine werden von den Staatsministerien der Justiz und der Finanzen erlassen.

§ 14. I Die Gemeinden erhalten für die Besorgung des Stempelwesens und zur Bestreitung der damit verbundenen Auslagen aus der Staatskasse eine Vergütung von zwei vom Hundert der von ihnen eingehobenen und an die Staatskasse abgelieferten Stempeleinnahmen.

II Wird ein eingehobener und an die Staatskasse abgelieferter Betrag an den Stempelpflichtigen zurückerstattet, so ist die hierauf treffende Vergütung zurückzuersetzen.

§ 15. Der Postverwaltung wird für den Verkauf der Stempelmarken durch die Postanstalten eine Vergütung von zwei vom Hundert der aus dem Markenverkauf erzielten Stempeleinnahmen gewährt.

§ 16. Die zum Vollzuge des Stempelgesetzes und dieser Verordnung erforderlichen weiteren Vollzugsanordnungen erläßt das Staatsministerium der Finanzen im Benehmen mit den beteiligten übrigen Staatsministerien.

§ 17. Diese Verordnung tritt am 1. Januar 1915 in Kraft.

4. Bekanntmachung vom 20. Juni 1915 zum Vollzuge des Reichs-Gerichtskostengesetzes und des Kostengesetzes vom 21. August 1914.

(GVBl. 1915 S. 156).

K. Staatsministerium der Finanzen.

Auf Grund des § 17 der K. Verordnung vom 28. Dezember 1914 (GVBl. S. 677) werden zum Vollzuge des Reichs-Gerichtskostengesetzes und des Kostengesetzes vom 21. August 1914 im Einverständnisse mit den übrigen Staatsministerien die nachstehenden Anordnungen erlassen:

I. Erläuternde Bemerkungen zum Kostengesetze.

A. Einleitende Bemerkungen.

1. [I] Das Kostengesetz regelt die Gebühren und Auslagen in den der Landesbesteuerung unterliegenden gerichtlichen Verfahren (bürgerlichen Rechtsstreitigkeiten, auf die das Reichs-Gerichtskostengesetz keine Anwendung findet, insbesondere Zwangsversteigerung und Zwangsverwaltung von Gegenständen des unbeweglichen Vermögens im Wege der Zwangsvollstreckung, Forstrügesachen, Strafverfahren im Verwaltungswege, Angelegenheiten der freiwilligen Gerichtsbarkeit) und bei den Verhandlungen der Notare sowie die Gebühren und Auslagen im Verwaltungs- und Verwaltungsrechtsverfahren, während das Stempelgesetz alle jenen Abgaben enthält, die nicht den Charakter von Gebühren d. h. von Gegenleistungen

für eine behördliche Tätigkeit tragen, sondern ihrer Natur nach Verkehrssteuern oder Stempel im engeren Sinne sind. Das Kostengesetz schließt sich in seinem Aufbau an das frühere Gebührengesetz an und gibt dessen Bestimmungen, soweit sie sich auf die angeführten Gegenstände beziehen, zum größten Teil ohne sachliche Änderung wieder.

II Nach Art. 197 KG. werden die Vorschriften des Stempelgesetzes durch das Kostengesetz nicht berührt. Demgemäß wird an der Stempelpflicht einer nach dem Stempelgesetz und dem dazu gehörenden Tarife zu versteuernden Urkunde nichts dadurch geändert, daß die Urkunde in einem nach dem Kostengesetze kostenpflichtigen Verfahren errichtet ist. Beurkundet z. B. in einer Nachlaßsache das Nachlaßgericht einen Nachlaßauseinandersetzungsvertrag zwischen den Erben, so unterliegt diese Beurkundung dem Stempel der Tarifstelle 9 StG. ohne Rücksicht darauf, daß für die Vermittlung der Auseinandersetzung durch das Gericht die Gebühr des Art. 94 KG. zum Ansatze kommt. Ebenso wird bei der Erteilung einer Wirtschaftskonzession der Stempel der Tarifstelle 19 StG. ohne Rücksicht darauf erhoben, daß für den Beschluß der Distriktsverwaltungsbehörde die Gebühr des Art. 153 Abs. I Ziff. 3 KG. geschuldet ist. Auch die Anrechnung einer Gebühr auf einen Stempel, z. B. der Erbscheingebühr nach Art. 96 KG. auf den Stempel für die Nachlaßauseinandersetzung nach Tarifstelle 9 StG. (vgl. Art. 96 Abs. 5 GG.) ist ausgeschlossen. Eine Ausnahme von der Regel, daß die Vorschriften des Kostengesetzes und des Stempelgesetzes neben einander angewendet werden, enthält der Art. 180 Abs. I Ziff. 27 KG.

B. Bemerkungen zu einzelnen Vorschriften.

Zu Art. 1, 2.

2. I Nach Art. 1 KG. sind die für die Tätigkeit der Gerichte und Behörden zu entrichtenden Gebühren und die von den Parteien zu ersetzenden Auslagen unter der Bezeichnung „Kosten" zusammengefaßt. Wo das Gesetz von Kosten spricht, sind demgemäß darunter sowohl die Gebühren als auch die Auslagen zu verstehen.

II Der Mindestbetrag einer Gebühr ist 50 Pfennig, soweit nicht im Gesetze, z. B. in den Art. 116, 159, 163 Abs. II ein anderer Mindestbetrag bestimmt ist (Art. 2). Auf die Schreibgebühren, die ihrer Natur nach nicht Gebühren, sondern Auslagen sind, bezieht sich diese Vorschrift nicht (vgl. die Art. 37, 38, 171, 172).

III Welche Auslagen von den Pflichtigen an die Staatskasse zu ersetzen sind, ist im Reichs-Gerichtskostengesetz und im Kostengesetz erschöpfend geregelt. Auslagen anderer Art dürfen daher den Parteien nicht aufgerechnet werden.

Zu Art. 3.

3. I Nach Art. 3 Ziff. 1 sind die sog. Amtssachen gebührenfrei. Die Entscheidung darüber, ob ein Gegenstand als Amtssache oder als Parteisache zu behandeln ist, steht vorbehaltlich des Erinnerungs- und Beschwerderechts der Finanzbehörden der in der Hauptsache zuständigen Behörde, bei Amtshandlungen des Notars diesem zu (§ 15 der Verordnung vom 28. Dezember 1914, GVBl. S. 677). Der Begriff der Amtssache erfordert, daß eine Amtshandlung nicht nur im öffentlichen Interesse sondern auch von Amts wegen und unabhängig von dem Verschulden einer Partei vorgenommen wird. Amtshandlungen dieser Art sind beispielsweise die Verfügungen in Gegenständen der Staatsaufsicht über die Gemeinden, die erstmalige Anweisung einer Pension. Auch die Überweisung einer Pension an eine andere Kasse bei einem Wohnsitzwechsel des Pensionsempfängers ist in der Folge als Amtssache im Sinne des Art. 3 Ziff. 1 zu behandeln.

II Nach Art. 3 Ziff. 3 bleiben die in sonstigen Gesetzen sowie in Verordnungen und Staatsverträgen ausgesprochenen persönlichen und sachlichen Gebührenbefreiungen aufrechterhalten. Als persönliche Befreiungen kommen beispielsweise die Gebührenfreiheit der bayerischen Armenverbände nach Art. 15 Abs. I des Armengesetzes vom 21. August 1914 (GVBl. S. 551), die Gebührenfreiheit der Armenpflegen anderer Bundesstaaten nach der Ministerialbekanntmachung vom 29. Mai 1906 (JMBl. S. 192, MABl. S. 295, FMBl. S. 174), die Gebührenfreiheit der Hagelversicherungsanstalt nach Art. 22 des Gesetzes vom 23. April 1910 (GVBl. S. 180) und die Gebührenfreiheit der K. Bank nach § 27 der VO. vom 13. Dezember 1878 über die Formation und den Wirkungskreis der K. Bank (GVBl. S. 489) in Betracht, während unter die sachlichen Befreiungen z. B. die Gebührenfreiheit der Steuerveranlagungsverhandlungen und des Verfahrens vor den Steuerausſchüſſen infolge von Berufungen und Einſprüchen nach Art. 87 des EStGeſ., die Gebührenfreiheit des Adminiſtrativverfahrens in Zwangsabtretungsſachen nach Art. 23 Abſ. I des AG. zur RZPO. und KO. und die Gebührenfreiheit der Verhandlungen und Urkunden der Verſicherungsbehörden über die Begründung oder Abwicklung der Rechtsverhältniſſe zwiſchen den Verſicherungsträgern und den Arbeitgebern oder Verſicherten nach § 137 der RVO. vom 19. Juli 1911 (RGBl. S. 509) fallen.

Zu Art. 4.

4. Für die Bewilligung des Armenrechts in den Angelegenheiten der freiwilligen Gerichtsbarkeit finden die Vorſchriften des § 14 des FGG. Anwendung, die nicht nur für die durch Reichsgeſetze den Gerichten übertragenen Angelegenheiten (§ 1 a. a. O.) gelten, ſondern nach Art. 129 des AG. z. BGB. auch für diejenigen Angelegenheiten der freiwilligen Gerichtsbarkeit, für welche die landesgeſetzlichen Vorſchriften maßgebend ſind und nach Art. 8 des AG. z GBO. u. z. ZVG. auch für Grundbuchſachen. Die Vorſchriften des § 14 des FGG. gelten aber gemäß § 194 dieſes Geſetzes auch dann, wenn die Vermittlung der Auseinanderſetzung in Anſehung eines Nachlaſſes oder des Geſamtguts einer ehelichen Gütergemeinſchaft oder einer fortgeſetzten Gütergemeinſchaft dem Notar übertragen iſt. Der Art. 4 Abſ. II KG. bezieht ſich daher nur auf die übrigen vom Notare wahrzunehmenden Geſchäfte der freiwilligen Gerichtsbarkeit und beſtimmt, daß die einſtweilige Befreiung von den dem Notare zukommenden Gebühren (Art. 53 des Notariatsgeſetzes) von ſelbſt auch die Befreiung von den Staatsgebühren zur Folge hat. Daraus folgt, daß das Verfahren, worin die Befreiung von den dem Notare zukommenden Gebühren feſtgeſtellt wird, auch zur Feſtſtellung der Gebührenfreiheit gegenüber dem Staate dient, und daß die Entſcheidung, die über die Befreiung von den Gebühren des Notars ergeht, für die Befreiung von den Staatsgebühren gleichfalls wirkſam iſt. Iſt der Fall des Art. 4 Abſ. II KG. gegeben, ſo hat der Notar der Urkunde beizuſetzen: „vorläufig gebührenfrei“. Das Recht, auf die Entſcheidung des Land-

gerichts anzutragen, sowie die Beschwerde gegen die Entscheidung des Landgerichts steht auch der Staatskasse zu. Über die Beschwerde entscheidet das Oberste Landesgericht (Art. 60 des Notariatsgesetzes).

Zu Art. 7 bis 22.

5. I Die Regelung der Kosten im Zwangsversteigerungs- und Zwangsverwaltungsverfahren sowie in den übrigen der Landesbesteuerung unterliegenden bürgerlichen Rechtsstreitigkeiten entspricht im wesentlichen dem früheren Rechte. Nicht in das Kostengesetz übernommen sind die Vorschriften des Gebührengesetzes über die Bewertung des Zwangsversteigerungsprotokolls im Falle des Zuschlags sowie der Abtretung der Rechte aus dem Meistgebot und der Erklärung, für einen Dritten geboten zu haben, ferner die Vorschrift über die Bewertung der von der Distriktsverwaltungsbehörde im Falle einer gütlichen Einigung über die Zwangsabtretung aufgenommenen Urkunde (früher Art. 10, 14, 25 GG.). An die Stelle der hierfür im Gebührengesetze bestimmten Gebühren, die den Charakter von Verkehrssteuern trugen, sind die Stempel der Tarifstellen 41 A und 23 StG. getreten.

II Die Vorschriften des Art. 9 Abs. V und des Art. 10 Abs. I Ziff. 2 zweiter Halbsatz sind neu eingefügt. Die erstere stellt klar, daß die Entscheidung über Anträge auf Änderung einer Entscheidung des Versteigerungsbeamten unter den Voraussetzungen des § 45 Abs. 1 RGKG. selbständig gebührenpflichtig ist, die letztere beseitigt hervorgetretene Zweifel über die Berechnung der jährlichen Gebühr im Zwangsverwaltungsverfahren.

III Bei der Bemessung des nach Art. 14 zu erlegenden Auslagenvorschusses sind auch die Gebühr des Notars (Art. 52 Abs. I NotGebO.) und dessen Auslagen, insbesondere jene für die öffentlichen Bekanntmachungen zu berücksichtigen.

Zu Art. 36, 38, 40.

6. I Nach Art. 36 findet bei den Gerichten in den Angelegenheiten der freiwilligen Gerichtsbarkeit nunmehr auch der § 5 RGKG. entsprechende Anwendung. Infolgedessen kann in diesen Angelegenheiten eine Nachforderung von Kosten wegen irrigen Ansatzes nur mehr stattfinden, wenn der be-

richtigte Ansatz vor Ablauf des nächsten Kalenderjahres nach rechtskräftiger oder endgültiger Erledigung des Verfahrens dem Zahlungspflichtigen eröffnet ist. Diese Vorschrift bezieht sich jedoch nur auf die Kosten. Sie erstreckt sich nicht auf Stempel, die in dem gleichen Verfahren, z. B. für die Beurkundung eines Nachlaßauseinandersetzungsvertrags durch das Nachlaßgericht (Tarifstelle 9 StG.), zum Anfalle kommen. Für diese bewendet es bei der allgemeinen Verjährungsvorschrift des Art. 56 StG.

II Nach Art. 36 in Verbindung mit § 45 RGKG. bestimmt sich auch die Gebühr für die Zurückweisung der sofortigen Beschwerde gegen den die Bestätigung der Annahme an Kindes Statt oder deren Aufhebung versagenden Beschluß (vgl. Art. 127 KG.), da die Sondervorschrift im Art. 128 Abs. 2 Satz 2 GG. weggefallen ist.

III Im Art. 38 ist neu bestimmt, daß die Schreibgebühr für eine Seite, die mindestens dreißig Zeilen enthält, dreißig Pfennig beträgt. Die Schreibgebühr für Schriftstücke, die in fremden Sprachen abgefaßt sind, für Schriftstücke in tabellarischer Form sowie für Verzeichnisse, Listen, Rechnungen, Handzeichnungen (Art. 38 Satz 5) ist im § 10 der Verordnung vom 28. Dezember 1914 (GVBl. S. 677) auf 50 Pfennig bis 2 Mark für jede angefangene Seite festgesetzt. Der geschuldete Betrag wird vom Gericht oder der Behörde nach Maßgabe des Art. 185 bestimmt (§ 10 Abs. II der Verordnung).

IV Der Art. 40 enthält insofern eine Neuerung gegenüber dem früheren Recht (Art. 39 d GG.), als in den dort bezeichneten Fällen nunmehr auch Postgebühren nicht zu erheben sind. Dadurch sind die Angelegenheiten der freiwilligen Gerichtsbarkeit hinsichtlich der Gebührenniederschlagung (§ 6 RGKG.) und der Fälle, in denen nach den §§ 45, 47 RGKG. Gebührenbefreiung einzutreten hat, den bürgerlichen Rechtsstreitigkeiten gleichgestellt.

Zu Art. 43 bis 51.

7. I Nach Art. 43 ist abweichend von dem früheren Rechte (vgl. Art. 40 a GG.) die Berichtigung falscher Wertangaben mit der Folge, daß an Stelle der Hinterziehungsstrafe nur Ordnungsstrafe tritt, noch bis zur Einleitung des Strafverfahrens zulässig.

II Hinsichtlich des Wertermittlungsverfahrens war im Gebührengesetz unterschieden zwischen den Fällen, in denen eine verhältnismäßige Gebühr für ein Rechtsgeschäft, z. B. für einen Grundstückskaufvertrag, zu erheben war, und den übrigen Fällen. In Fällen der ersteren Art erfolgte die Wertermittlung, sofern die Beteiligten sich bei dem ihnen bekanntgegebenen rentamtlichen Wertanschlage nicht beruhigten, beim Amtsgerichte durch zwei beeidigte Schätzmänner (Art. 41, 42), während in den übrigen Fällen der Wert durch Gerichtsbeschluß festgesetzt wurde (Art. 43). Nach dem Kostengesetz ist infolge der Übernahme der gesamten Rechtsgeschäftsbesteuerung in das Stempelgesetz der Wert nur durch Gerichtsbeschluß festzusetzen (Art. 44), während die Vorschriften über die Wertermittlung im Wege des amtlichen Schätzungsverfahrens beim Amtsgericht in das Stempelgesetz übernommen sind (vgl. Art. 36 StG.). Durch die Verweisung auf die Vorschriften der Zivilprozeßordnung im Art. 44 Abs. II ist ferner klargestellt, daß für die Beweisaufnahme im Wertfestsetzungsverfahren, insbesondere für die Verpflichtung, Zeugnis abzulegen, und die Beeidigung der Zeugen und Sachverständigen, die Vorschriften der Zivilprozeßordnung maßgebend sind.

III Bei Verweigerung der Wertangabe durch den Pflichtigen und bei Bedenken gegen die Wertangabe kann der Fall eintreten, daß der Wert eines und desselben Gegenstandes für die Gebührenerhebung im Wertfestsetzungsverfahren nach Art. 44 KG. und für die Stempelerhebung im Wertermittlungsverfahren nach Art. 36 StG. festgestellt werden muß. Für das Gericht, dem die Wertfestsetzung nach Art. 44 KG. obliegt, wird es sich in einem solchen Fall in der Regel empfehlen, den Abschluß des Wertermittlungsverfahrens nach Art. 36 StG. abzuwarten, um dessen Ergebnis bei seiner Entscheidung allenfalls berücksichtigen zu können.

IV Die Vorschriften über das Verfahren bei Erinnerungen gegen den Kostenansatz in der freiwilligen Gerichtsbarkeit sind im wesentlichen unverändert aus dem Gebührengesetz übernommen. Der dem Art. 45 Abs. I neu angefügte Satz 2 beseitigt eine Zweifelsfrage des früheren Rechtes, indem er im Verfahren bei Erinnerungen gegen den Kostenansatz bei einem Gerichte die Vorschriften des Art. 44 Abs. II über die

Beweisaufnahme im Wertfestsetzungsverfahren als entsprechend anwendbar erklärt. Für die Beschwerdeeinlegung sind in den Art. 49, 50 gegenüber dem früheren Rechte erleichternde Vorschriften getroffen. Darnach kann die Beschwerde und die weitere Beschwerde auch durch Erklärung zum Protokoll des Gerichtsschreibers eines Amtsgerichts eingelegt und auch von der Zuziehung eines Rechtsanwalts bei Einlegung der weiteren Beschwerde mittels Beschwerdeschrift abgesehen werden, wenn die weitere Beschwerde von einem Notar eingelegt wird, der in der Angelegenheit für den Beschwerdeführer einen Antrag beim Gericht erster Instanz eingereicht hat.

Zu Art. 56.

8. I Die Gebühren für die Eintragungen in das Handelsregister (Art. 56 ff.) umfassen die gesamte Tätigkeit des Gerichts, die durch eine Eintragung veranlaßt wird; daher sind insbesondere für die Bekanntmachung der Eintragungen nur die erwachsenden Auslagen, nicht aber besondere Gebühren anzusetzen. Die Entgegennahme von Einreichungen ist gebührenfrei, wenn sich an die Einreichung eine Eintragung nicht anschließt. Dies trifft insbesondere zu bei der Einreichung der Beschlüsse der Generalversammlungen oder der Mitteilung eines Wechsels im Aufsichtsrate.

II Unter die im Art. 56 Ziff. 2 aufgeführten juristischen Personen fallen selbstverständlich nicht die Aktiengesellschaften, Kommanditgesellschaften auf Aktien und Gesellschaften mit beschränkter Haftung, für welche die Eintragungsgebühren in der Ziff. 3 besonders geregelt sind. Die Vorschrift betrifft hauptsächlich die Versicherungsvereine auf Gegenseitigkeit, die sonst im Hinblick auf § 16 des Reichsgesetzes über die privaten Versicherungsunternehmungen als Einzelkaufleute zu behandeln wären.

III Für die Eintragung der Herabsetzung des Gesellschaftskapitals einer Aktiengesellschaft, einer Kommanditgesellschaft auf Aktien oder einer Gesellschaft mit beschränkter Haftung ist die Gebühr nach Art. 56 Ziff. 3 c zu berechnen. Wird das Gesellschaftskapital einer Aktiengesellschaft durch Zusammenlegung der Aktien herabgesetzt und gleichzeitig erhöht, so ist neben der Gebühr nach Art. 56 Ziff. 3 c für die Eintragung der Kapitalsherabsetzung auch die Gebühr nach Art. 56 Ziff. 3b für die Eintragung der Kapitalserhöhung zu erheben, wenn die Eintragungen nicht auf Grund derselben Anmeldung (vgl. Art. 58 Abs. I) erfolgen.

IV Für die Eintragung einer Prokura sind nach Art. 56 Ziff. 4 die gleichen Sätze wie für die erste Eintragung der Firma eines Einzelkaufmanns und für die Löschung einer Prokura die gleichen Sätze, wie für die Löschung der Firma eines Einzelkaufmanns zu erheben. Als Eintragung einer Prokura gilt auch die Eintragung einer abgeänderten Prokura (Gesamtprokura statt einer Einzelprokura oder umgekehrt). Beim Eintrag einer Gesamtprokura ist die Gebühr des Art. 56 Ziff. 4 nur einmal und nicht für jeden der bestellten Prokuristen besonders anzusetzen; dagegen ist die Gebühr, wenn für mehrere einzelne Personen Einzelprokura eingetragen wird, für jeden der Prokuristen besonders zu berechnen.

9. I Zur Erleichterung der Gebührenberechnung nach Art. 56 Ziff. 3a, b KG. dient die Hilfstafel I.

II Der Gerichtsschreiber teilt den beteiligten Rentämtern am Schlusse eines jeden Monats die Fälle, in denen während des Monats nach Art. 56 KG. zu bewertende Eintragungen in das Handelsregister stattgefunden haben, mit dem Ersuchen um Aufschluß über die Gewerbesteuerveranlagung mit. Die Mitteilung erfolgt mittels des Verzeichnisses Muster 1, das in zweifacher Ausfertigung zu übersenden ist. Das Rentamt trägt die Gewerbsteuer oder wenn eine solche nicht zu entrichten ist, den Vermerk „steuerfrei" in die Spalten 6, 7 des Verzeichnisses ein und gibt die eine Ausfertigung dem Gerichtsschreiber zurück, der die Gebühr berechnet, zu Soll stellt und in den Spalten 8 und 9 der ihm zurückgegebenen Ausfertigung des Verzeichnisses vormerkt. Die beim Rentamte verbleibende Ausfertigung des Verzeichnisses dient dort zur Festhaltung der Fälle, in denen sich wegen noch nicht eingetretener Rechtskraft der Einsteuerung Änderungen an der Steuerveranlagung ergeben können. Ergeben sich solche Änderungen, so hat der Gerichtsschreiber die nachzuerhebenden Beträge im Kosten- und Stempelregister zu Soll zu stellen; ist eine Rückvergütung veranlaßt, so hat er um deren Vornahme das Rentamt zu ersuchen, mit dem er über den Gebührenanfall abrechnet.

III Ist das Gesellschaftskapital einer Aktiengesellschaft, einer Kommanditgesellschaft auf Aktien oder einer Gesellschaft mit beschränkter Haftung nicht voll eingezahlt, so ist der Gesellschaft nach Art. 56 Ziff. 3 KG. auf Verlangen zu gestatten, von den Gebühren für die Eintragung der Gesellschaft oder für die Eintragung eines Beschlusses über die Erhöhung ees Gesellschaftskapitals zunächst nur den Betrag, der dem bingezahlten Kapital entspricht, jedoch mindestens das Zweifache der Sätze zu Ziff. 1 a, und den Rest nach Maßgabe der erfolgenden Einzahlungen zu entrichten. Die Stundung erfolgt durch das Rentamt, mit dem der Gerichtsschreiber über den Gebührenanfall abrechnet. Der Gerichtsschreiber hat daher in solchen Fällen die aus dem Gesamtbetrage des Gesellschaftskapitals oder der Erhöhung sich berechnende Gebühr unverkürzt zu Soll zu stellen und den Gebührenbetrag, der nach Maßgabe der Einzahlung jedenfalls geschuldet ist, einzufordern. Dieser Betrag ist unter Hervorhebung des Sachverhältnisses und unter Hinweis auf das Stundungsgesuch in der Bemerkungsspalte des Kosten- und Stempelregisters zu vermerken. Der nicht eingezahlte Betrag ist dem Rentamt als Rückstand zu überweisen. Das Rentamt benachrichtigt die Gesellschaft, inwieweit dem Stundungsgesuche stattgegeben wird und trägt die Fälle, in denen Stundung gewährt wurde, zur Überwachung in ein Verzeichnis ein, auf Grund dessen es sich über die weiteren Einzahlungen durch fortlaufende Anfragen bei den Gesellschaften vergewissert. Gestundete Gebührenbeträge, die bis zum Schlusse des Rechnungsjahrs nicht eingezahlt werden, sind als Rückstände zu behandeln. Ist anzunehmen, daß der Rest des Gesellschaftskapitals in absehbarer Zeit nicht eingefordert werden wird, so können sie als Nachlässe abgeschrieben werden. In diesem Falle sind sie in das Verzeichnis Muster 2 einzustellen, das zur Prüfung, ob nicht Wiederzusollstellung im Nachholungsregister geboten ist, alljährlich mit dem Rückstandsregister der Regierungsfinanzkammer vorzulegen ist.

IV Die örtlichen Prüfungsbeamten (Ziff. 64) bei den Registergerichten haben durch Einsicht der bei den Beilagen des Handelsregisters befindlichen Jahresberichte der Gesellschaften festzustellen, ob im Laufe des Berichtsjahrs Kapitalseinforderungen stattgefunden haben, und die betreffenden Fälle in der Niederschrift zu vermerken.

Zu Art. 57, 58.

10. I Wenn eine Eintragung sowohl in das Handelsregister der Hauptniederlassung als auch in das Handelsregister einer Zweigniederlassung geschehen muß, ist nach Art. 57 der vorgeschriebene Gebührensatz für die Eintragung in ein jedes Register besonders zu erheben, im Falle der Ziff. 3a und b des Art. 56 jedoch für die Eintragung in das Handelsregister der Zweigniederlassung höchstens das Zweifache der Sätze zu 1a. Diese Einschränkung gilt aber nur für den Fall, daß die Hauptniederlassung in ein deutsches Handelsregister eingetragen ist.

II Werden auf Grund einer Anmeldung bei demselben Gerichte mehrere Eintragungen nötig, die sich auf dieselbe Firma, dieselbe Prokura oder dieselbe Gesellschaft beziehen, so ist, abgesehen von dem Ausnahmefalle des Art. 58 Abs. II, nur eine Gebühr und bei Verschiedenheit der Sätze die höchste Gebühr zu erheben (Art. 58 Abs. I). Dies gilt auch für Eintragungen, die auf Grund derselben Anmeldung in das Register der Hauptniederlassung und in das Register der Zweigniederlassung bei dem nämlichen Gerichte zu machen sind, vorausgesetzt, daß die Hauptniederlassung und die Zweigniederlassung sich in demselben Amtsgerichtsbezirke befinden (vgl. §§ 2, 6 der Vorschriften über die Führung des Handelsregisters vom 24. Dezember 1899 — JMBl. S. 815 ff. —). Liegen sie in verschiedenen Amtsgerichtsbezirken, so ist nach Art. 58 Abs. III mit 57 die Gebühr für die Eintragung in jedes Register gesondert zu erheben.

Zu Art. 82 bis 86.

11. I Für Vormundschaften wird nach dem Betrage des Mündelvermögens eine einmalige Gebühr bei der Beendigung und außerdem eine jährliche Gebühr erhoben (Art. 82, 83, 86). Zur Erleichterung der Gebührenberechnung dient die anruhende Hilfstafel II. Maßgebend für die Berechnung der einmaligen und der jährlichen Gebühr ist das reine Mündelvermögen nach Abzug der Schulden, ohne Unterschied, ob es sich um freies oder gebundenes Vermögen (z. B. Fideikommißvermögen) handelt. Die jährliche Gebühr wird auch dann erhoben, wenn die Verwaltung und Nutznießung des Vermögens des Mündels einem Dritten zusteht (z. B. wenn

ein Mündel heiratet und an seinem Vermögen der Ehemann die Verwaltung und Nutznießung hat). Dagegen sind die Gebühren der Art. 82, 83 nicht anzusetzen, wenn dem Mündel beim gesetzlichen Güterstande lediglich die Verwaltung und Nutznießung des Vermögens seiner Ehefrau zusteht. Pensionen und ähnliche Bezüge eines Mündels sind bei der Berechnung der Gebühren der Art. 82, 83 außer Betracht zu lassen.

II Die Vorschrift des Art. 86 Abs. II, daß die Vormundschaft für die Kostenerhebung auch dann als beendigt gilt, wenn sie an ein Gericht eines anderen Staates abgegeben wird, bezieht sich auch auf die Abgabe einer Vormundschaft an eine nichtdeutsche Behörde (vgl. § 47 FGG.). Für einen Erlaß nach Satz 2 kommen in der Hauptsache die Fälle in Betracht, in denen die Kosten zu der bis zur Abgabe der Vormundschaft entfalteten Tätigkeit des Gerichts nicht im richtigen Verhältnisse stehen, so namentlich, wenn die Vormundschaft schon alsbald nach ihrer Einleitung wieder abgegeben und bis dahin vom Gericht eine besondere Fürsorgetätigkeit nicht entfaltet wurde.

Zu Art. 88.

12. I Die Gebühr des Art. 88 beträgt $^1/_{10}$ der Sätze des § 8 RGKG. aus dem reinen Werte des Gegenstandes. Sie wird nur erhoben, wenn das Vermögen des Pfleglings oder Kindes 1000 ℳ beträgt oder übersteigt. Ob der Wert des Gegenstandes, wegen dessen die Pflegschaft oder Beistandschaft bestellt ist, weniger als 1000 ℳ beträgt oder nicht, ist für die Erhebung der Gebühr nicht entscheidend. Als bestellt gilt eine Pflegschaft oder Beistandschaft nicht schon dann, wenn sie vom Richter angeordnet, sondern erst dann, wenn der Pfleger oder Beistand bestellt ist.

II Unter den Art. 88 Abs. II fällt auch die Entgegennahme des Vermögensverzeichnisses nach § 1760 Abs. I BGB. Wenn die Einreichung des Vermögensverzeichnisses nach § 1640 BGB. dadurch ersetzt wird, daß zum Protokoll des Nachlaßrichters das Vermögen des Kindes durch Verhandlung mit den Beteiligten festgestellt wird, um sich in den Vormundschaftsakten selbst lediglich der Hinweis auf diese Verhandlungen befindet, so ist auch hierfür die Gebühr nach Art. 88 Abs. II geschuldet. Die im § 1640 Abs. 2 BGB. vorgesehene

Anordnung, daß das vom überlebenden Ehegatten einzureichende Verzeichnis des Vermögens des Kindes amtlich aufgenommen wird (vgl. auch § 1760 Abs. 1 Satz 2 BGB.) ist gebührenfrei. Betrifft die Fürsorgetätigkeit des Vormundschaftsgerichts nichtvermögensrechtliche Gegenstände, so findet bei der Bestimmung des Wertes des Gegenstandes der § 10 RGKG. entsprechende Anwendung (Art. 36 KG.). Bei Anträgen auf Erteilung der Genehmigung zu einem Rechtsgeschäfte sowie bei Anträgen auf Erlassung einer Verfügung nach den im Art. 88 Abs. II angeführten Bestimmungen des BGB. ist auch der ablehnende Bescheid des Vormundschaftsgerichtes nach Art. 88 gebührenpflichtig.

III Art. 88 Abs. V findet auch Anwendung, wenn mehrere bayerische Vormundschaftsgerichte tätig waren. Ob schon früher ein Vormundschaftgericht tätig war, wird nach § 68 der Vormundschaftsordnung (JMBl. 1900 S. 181 ff.) regelmäßig aus den Vormundschaftsakten oder aus dem Register der Angelegenheiten der freiwilligen Gerichtsbarkeit (JMBl. 1900 S. 89) ersichtlich sein. Im übrigen bleibt es der Partei überlassen, die Voraussetzung für die Gebührenbefreiung oder -ermäßigung nachzuweisen.

Zu Art. 89 bis 91.

13. I Bezieht sich eine Pflegschaft oder Beistandschaft der im Art. 89 bezeichneten Art zugleich auf vermögensrechtliche Angelegenheiten und auf die Sorge für die Person, so ist die Gebühr nur aus dem Werte des Vermögens zu erheben. Art. 89 Abs. II Satz 2 stellt klar, daß bei der Überleitung einer allgemeinen Pflegschaft oder Beistandschaft in eine Vormundschaft die Gebühr des Art. 82 nur einmal und zwar bei der Beendigung der Vormundschaft erhoben wird.

II In den Fällen des Art. 90 ist von weitläufigen Erhebungen über das Vermögen des Pflichtigen in der Regel abzusehen. Es genügt, den Pflichtigen zu befragen, ob sein Vermögen 1000 ℳ beträgt oder nicht. Erscheint dem Gericht die Angabe des Pflichtigen, daß sein Vermögen 1000 ℳ nicht erreicht, glaubhaft, so ist die Befreiung zu gewähren, andernfalls die Gebühr anzusetzen und es dem Pflichtigen zu überlassen, unter Erbringung des Nachweises über die Höhe seines Vermögens die Erstattung zu beantragen. Zu beachten ist, daß der Gebühr von 2 bis 200 ℳ nunmehr auch die Anordnungen des Vormundschaftsgerichts nach den §§ 1635 bis 1637 BGB. unterliegen (Art. 90 Abſ. II), für die nach dem Gebührengeſetz (Art. 89 Abſ 2) eine Gebühr von 1/10 der Sätze des § 8 RGKG. zu erheben war.

III Für den Anfall der Gebühr für die Beſtallung des Vormundes, Gegenvormundes uſw. (Art. 91) iſt es ohne Belang, ob die Beſtallung mit einer Anleitung verſehen iſt oder nicht. Die Gebühr iſt auch dann nur einmal geſchuldet, wenn in der Beſtallung der Vormund, Gegenvormund uſw. zugleich für mehrere Mündel uſw. beſtellt wird.

Zu Art. 93.

14. I Die Erbenermittlungsgebühr des Art. 93 wird in allen Nachlaßfällen erhoben, in denen eine Ermittlung des Erben ſtattfindet, wobei es keinen Unterſchied begründet, ob die Tätigkeit des Gerichts verhältnismäßig einfach oder beſonders ſchwierig und weitläufig iſt. Erſtreckt ſich bei der Behandlung des Nachlaſſes von Ausländern die Tätigkeit des Nachlaßgerichts nur auf Teile des Nachlaſſes, z. B. nur auf das im Inlande befindliche Vermögen oder auf den Grundbeſitz im Inlande, ſo iſt die Erbenermittlungsgebühr nur nach dem Werte des Nachlaſſes zu berechnen, auf den ſich das Verfahren bezieht. Die Erbenermittlungsgebühr wird neben den übrigen Gebühren in Nachlaß- und Teilungsſachen ſelbſtändig erhoben. Sie wird weder auf eine der übrigen Gebühren in Nachlaß- und Teilungsſachen angerechnet, noch findet eine Anrechnung dieſer Gebühren auf die Erbenermittlungsgebühr ſtatt.

II Beim Eintritte der fortgeſetzten Gütergemeinſchaft fällt die Erbenermittlungsgebühr nur an, wenn der verſtorbene Ehegatte außer ſeinem Anteil am Geſamtgute noch anderes Vermögen hinterlaſſen hat oder wenn nicht gemeinſchaftliche Abkömmlinge des verſtorbenen Ehegatten vorhanden ſind. Im letzteren Falle zählt zum Nachlaſſe des Ehegatten auch der Teil des Geſamtguts, der den nicht gemeinſchaftlichen Abkömmlingen nach § 1483 Abſ. 2 BGB. zufällt (Art. 93 Satz 2 KG.). Die Erbenermittlungsgebühr iſt nicht geſchuldet, wenn die Ermittlungen ergeben, daß das hinterlaſſene Vermögen des Ehegatten ſeinem ganzen Betrage nach in die fortgesetzte Gütergemeinschaft fällt, und mit Rücksicht hierauf nach § 45 der Nachlaßordnung vom 20. März 1903 eine weitere Ermittlung nach den Erben nicht angestellt wird.

Zu Art. 94.

15. I Die Gebühr für die Vermittlung der Auseinandersetzung eines Nachlasses oder des Gesamtguts einer ehelichen oder fortgesetzten Gütergemeinschaft betrug nach dem Gebührengesetze (Art. 94, 95, 168) 6/10, im Falle der Beteiligung Minderjähriger 8/10 der Sätze des § 8 des RGKG., wenn die Vermittlung durch das Nachlaßgericht erfolgte, und 1/10 der Sätze des § 8, wenn die Vermittlung durch den Notar erfolgte. Nunmehr unterliegt die Vermittlung, gleichviel ob sie durch das Gericht oder den Notar erfolgt, dem Stempel der Tarifstelle 9 StG. Neben diesem Stempel wird im Falle der Vermittlung durch das Nachlaßgericht eine Gebühr von 1/10 der Sätze des § 8 des RGKG. erhoben, während die Vermittlung durch den Notar staatsgebührenfrei ist (Art. 94 Abs. I, 143 Abs. I).

II Die Gebühr für das gerichtliche Vermittlungsverfahren wird nach Art. 94 Abs. IV auch dann nicht erhoben, wenn die Auseinandersetzung innerhalb der Frist nicht in den Formen des Vermittlungsverfahrens (Art. 86 ff. FGG.), sondern durch Beurkundung eines Erbteilungsvertrags erfolgt. Die Gebühr des Art. 94 Abs. IV Satz 2 fällt nur an, wenn vom Nachlaßgericht Verhandlungen gepflogen wurden, die die Vermittlung der Auseinandersetzung des Nachlasses bezielten. Sie ist demnach nicht zu erheben, wenn das Nachlaßgericht lediglich die Erben ermittelt und sodann auf Antrag der Beteiligten die Sache zur Vermittlung der Auseinandersetzung dem Notar überwiesen hat. Hat dagegen das Nachlaßgericht außer der Ermittlung der Erben noch Handlungen vorgenommen, die die Feststellung des Nachlasses bezweckten, und erst hierauf die Sache dem Notar überwiesen, so ist beim Vorhandensein der übrigen Voraussetzungen die Gebühr geschuldet. Hierbei wird jedoch vorausgesetzt, daß das Gericht die auf die Feststellung des Nachlasses abzielenden Handlungen in seiner Eigenschaft als Nachlaßgericht und nicht etwa als Vormundschaftsgericht vorgenommen hat. Sind Minderjährige oder sonst in der Geschäftsfähigkeit beschränkte Personen beteiligt, ſo iſt es in der Regel zweckmäßig, ſchon bei der Erbenermittlung mit den Beteiligten die Grundlagen für die künftige Nachlaßauseinanderſetzung zu beſprechen und die Bedingungen feſtzuſtellen, unter denen die Auseinanderſetzung die Genehmigung des Gerichts finden wird. Auch die Verzeichnung des Vermögens eines vom Erblaſſer hinterlaſſenen ehelichen Kindes (§§ 1640, 1686 BGB.) oder eines bei der Auseinanderſetzung beteiligten Mündels (§ 1802 BGB.) geſchieht in der Regel im unmittelbaren Anſchluß an die Erbenermittlung (vgl. § 48 der Nachlaßordnung vom 20. März 1903) und ſetzt die Feſtſtellung des Nachlaſſes voraus. In Fällen dieſer Art führt der Richter die Verhandlungen nicht als Nachlaßrichter, ſondern als Vormundſchaftsrichter.

III Zur Sicherſtellung der Gerichtsgebühr hat der Gerichtsſchreiber am 1. Januar und 1. Juli jedes Jahres auf Grund des Nachlaßverzeichniſſes die Nachlaßſachen zuſammenzuſtellen, in denen ſeit der Überweiſung an den Notar mehr als ein Jahr oder, ſofern die Friſt verlängert worden iſt, die feſtgeſetzte Friſt verſtrichen iſt, ohne daß die Nachlaßakten vom Notare zurückgelangt ſind. Dieſe Zuſammenſtellung iſt dem Notare zur etwaigen Erinnerung und, ſofern Anlaß beſteht, die Friſt von Amts wegen zu verlängern, zur Antragſtellung mitzuteilen. Nachdem der Richter die in letzterer Hinſicht etwa veranlaßten Verfügungen getroffen hat, iſt die Gebühr durch den Gerichtsſchreiber in den zutreffenden Fällen zu Soll zu ſtellen. Nach Rückkunft der Nachlaßakten vom Notare hat der Gerichtsſchreiber zu prüfen, ob die Gebühr des Art. 94 Abſ. IV geſchuldet iſt, und gegebenenfalls die Gebühr zu Soll zu ſtellen.

Zu Art. 103, 104, 111.

16. I Darüber, ob die Gebühr für eine Nachlaß- oder Geſamtgutsverwaltung nach Art. 103 Abſ. I Satz 2 zu bemeſſen iſt, entſcheidet das Gericht. Dieſes hat auch den anzuſetzenden Betrag zu beſtimmen (Art. 185).

II Die Gebühr für die Entgegennahme der im Art. 104 bezeichneten Erklärungen, Anmeldungen und Anzeigen iſt im Gegenſatz zu dem früheren Rechte nicht mehr zu erheben, wenn die Erklärungen uſw. im Erbenermittlungsverfahren abgegeben werden (Art. 104 Satz 2, Art. 93). An Stelle der

Gebühr nach Art. 104 Abs. 3 GG. für den Verzicht eines Abkömmlings auf seinen Anteil an der fortgesetzten Gütergemeinschaft ist der Stempel nach Tarifstelle 2 B Abs. II StG. zu erheben.

III Art. 111 gibt in den Absätzen I und III den Inhalt des Art. 111 Abs. 1 GG. lediglich in anderer Fassung wieder. Für den Gebührenanfall ist es ohne Belang, ob die Verfügung von Todes wegen in Bayern oder außerhalb Bayerns errichtet ist. Wenn die Verfügung nur einzelne Nachlaßgegenstände betrifft, so werden nur die auf diesen ruhenden Schulden abgezogen.

Zu Art. 118 bis 120.

17. I Nach Art. 118 Abs. 1 mit 3 GG. kam bei der Entgegennahme der Auflassung durch das Grundbuchamt, wenn nicht eine Urkunde vorlag, die mit der Gebühr des Art. 146 GG. zu bewerten war, außer der Eintragungsgebühr des Art. 116 die Gebühr des Art. 146 und neben dieser jene Gebühr zum Ansatze, die für die Aufnahme der Auflassungsurkunde durch einen bayerischen Notar an diesen zu entrichten gewesen wäre. Eine entsprechende Vorschrift war im Art. 119 GG. für die Eintragung von Hypotheken, Grund- und Rentenschulden, für die Eintragung der Übertragung oder Belastung von Hypotheken usw. und der Bestellung von Dienstbarkeiten, Vorkaufsrechten und Reallasten getroffen. Der Inhalt dieser beiden Vorschriften ist teilweise in das Kostengesetz, teilweise in das Stempelgesetz übergegangen. Nach dem Kostengesetz (Art. 118, 119) ist in Fällen der bezeichneten Art außer der allgemeinen Eintragungsgebühr des Art. 116 lediglich jene Gebühr zu erheben, die für die Beurkundung des der Eintragung zugrunde liegenden Rechtsgeschäfts oder der Eintragungsbewilligung durch einen bayerischen Notar an diesen zu entrichten wäre. Daneben sind an Stelle der früheren verhältnismäßigen Auflassungs-, Hypothekbestellungsgebühren usw. die Stempel nach den Tarifstellen 8 Abs. I mit III, 24 Abs. VII, VIII, 2 A Abs. II, 3 Abs. IV, 13 Abs. II und 14 Abs. II StG. zu entrichten. Die den Art. 118 Abs. 4, 5, 118a, 121 und 126 GG. entsprechenden Vorschriften sind in das Stempelgesetz übernommen (vgl. Art. 20 Abs. I, Tarifstelle 22 Abs. III, 24 Abs. II, 43 StG.).

II Art. 119 weicht von dem früheren Rechte weiter inſofern ab, als die Vorſchrift des Abſ. 1b auch auf die Aufhebung einer Hypothek uſw. (§§ 1183, 1192, 1199 BGB.) erſtreckt iſt und nach Abſ. II Satz 3 eine Gebührenerleichterung für die Eintragung von Vormerkungen für Bauunternehmer nach § 648 BGB einzutreten hat.

III Zu beachten iſt, daß auf die Erhebung der Gebühren nach Art. 119 die Vorſchriften des Art. 117 Abſ. I bis III anzuwenden ſind.

Zu Art. 143 bis 146.

18. I Die Vermittlung von Nachlaß- und Geſamtgutsauseinanderſetzungen durch den Notar iſt nach Art. 143 Abſ. I mit Rückſicht auf den nach Tarifſtelle 9 Abſ. III StG. geſchuldeten Stempel gebührenfrei (vgl. Ziff. 14 Abſ. III). Auch bare Auslagen werden in dieſem Verfahren für die Staatskaſſe nicht erhoben, weil die Auslagen der Notar ſelbſt beſtreitet, der ſie von den Parteien erſetzt erhält. Die Erhebung der Auslagen des Notars beſtimmt ſich nach der Notariatsgebührenordnung.

II Nach Art. 145 Abſ. I unterliegt auch die Übernahme nicht vor einem Notar errichteter Erbverträge zur amtlichen Verwahrung der Gebühr von 3 ℳ. Die Zurücknahme einer Verfügung von Todes wegen aus der amtlichen Verwahrung iſt gebührenfrei, wenn gleichzeitig ein neues Teſtament oder ein neuer Erbvertrag vor dem Notar errichtet wird (Art. 146 Abſ. II Satz 2).

III Wenn bei der Eröffnung von Verfügungen von Todes wegen durch den Notar die Beteiligten nicht erſcheinen oder den Wert des Nachlaſſes nicht angeben oder der Notar die Angaben als dem wahren Werte nicht entſprechend erachtet, ſo hat er dem Nachlaßgericht bei der Überſendung der Akten (§ 229 der Geſchäftsordnung für die Notariate) hiervon Mitteilung zu machen. Das Nachlaßgericht hat ſodann für die Feſtſetzung des Wertes Sorge zu tragen (vgl. Art. 44 KG.) und den Gerichtsſchreiber zur Sollſtellung der Gebühr zu veranlaſſen.

Zu Art. 152 bis 157.

19. I Gegen früher iſt eine grundſätzliche Änderung inſofern eingetreten, als die Gebühren für beſtimmte Zeugniſſe

und Scheine, die vorwiegend Stempelcharakter trugen, wie die Gebühren für Zeugnisse der Amtsärzte und Pfarrämter, für Prüfungszeugnisse (Art. 209 Ziff. 2, 3, Art. 214 GG.) und für die in den Art. 216, 217 bezeichneten Diplome und Approbationsscheine sowie für Jagdkarten und Jagdwaffenscheine (Art. 218), ferner die Gebühren für die im Art. 219 bezeichneten Konzessionen und Genehmigungen sowie die besonderen Abgaben nach Art. 220 mit Ausnahme jener unter Abs. 2 Ziff. 5 daselbst in das Stempelgesetz (vgl. die Tarifstellen 44, 33, 15, 7, 26, 19) verwiesen sind. Im übrigen hat der Kreis der gebührenpflichtigen Gegenstände eine wesentliche Änderung nicht erfahren.

II Der Gebührenpflicht unterliegen, wie früher, außer den im Gesetze besonders aufgeführten Gegenständen alle auf dem Gebiete der Verwaltung und der Verwaltungsrechtspflege vorkommenden Protokolle, Beschlüsse, Verfügungen, Bescheide, Zeugnisse und Beglaubigungen, soweit sich nicht aus den Befreiungsvorschriften im Art. 3 und im Art. 180 Ausnahmen ergeben. Voraussetzung der Gebührenpflicht ist jedoch, daß die angeführten Amtshandlungen von einer der in den Art. 153, 154 bezeichneten Behörden oder Stellen oder von einer Behörde oder Stelle ausgehen, die diesen durch Bestimmung der Staatsregierung gemäß Art. 155 gleichgestellt ist. Unter Art. 154 fallen auch die Berufungskommissionen, die als Mittelstellen gelten (§ 94 Abs. I der Vollz.-Bekm. zum EStG. vom 28. Mai 1911), und die beim Staatsministerium der Finanzen gebildete Oberberufungskommission, für deren Bescheide die Gebühren nach den für die Ministerien geltenden Sätzen erhoben werden (§ 11 der Verordnung vom 31. Dez. 1911 — GVBl. 1912 S. 1 —). Bei anderen staatlichen Stellen oder Behörden werden die in den Art. 152 ff. bestimmten Gebühren nicht erhoben. Die Befugnis der einem Bezirksamt unterstehenden Gemeindebehörden zur Gebührenerhebung ist im Art. 174 gesondert geregelt.

III Die Gebühr für Protokolle beträgt 1 ℳ für jede angefangene Stunde der Geschäftsdauer und wird auch für alle Verhandlungen erhoben, für die keine besondere Gebühr bestimmt ist, insbesondere für Aufzeichnungen über amtliche Untersuchungen oder Besichtigungen (Art. 153 Abs. I Ziff. 1,

Art. 157). Um dem bewertenden Beamten den Ansatz der Gebühr zu ermöglichen, ist in dem Protokoll oder in der über die Verhandlung aufgenommenen Aktenvormerkung die Zeitdauer des Geschäfts oder der Verhandlung einschließlich der Zeit für die Niederschrift oder die Vormerkung nach Stunden anzugeben.

Zu Art. 166.

20. Die Gebühr des Art. 166 für die Entgegennahme der Anzeige über den Beginn des Kleinhandels mit Bier ist an die Stelle der früheren besonderen Abgabe nach Art. 220 Abs. 2 Ziff. 5 GG. getreten. Ist die Anzeige bei einem unmittelbaren Stadtmagistrate zu erstatten, so fließt die Gebühr nicht, wie nach Art. 220 Abs. 1 letzter Satz GG., in die Staatskasse, sondern in die Gemeindekasse (Art. 175).

Zu Art. 167.

21. In den Fällen des § 21 des Reichs- und Staatsangehörigkeitsgesetzes vom 22. Juli 1913 sind die Urkunden über die Entlassung aus der Staatsangehörigkeit kostenfrei zu erteilen (§ 38 Abs. 1 Satz 2 a. a. O.). Das gleiche gilt für Urkunden über die Aufnahme nnd die nach § 14 des Reichs- und Staatsangehörigkeitsgesetzes der Aufnahme gleichstehende Anstellung eines Deutschen in einem Bundesstaate sowie für Urkunden über die Einbürgerung oder Anstellung von Ausländern, wenn die Einbürgerung auf Antrag gewährt werden muß (§ 38 Abs. 1 Satz 1 a. a. O.).

Zu Art. 174, 175.

22. I Vgl. § 12 der Verordnung vom 28. Dez. 1914 (GVBl. S. 677). Die den mittelbaren Gemeindebehörden auf Grund sonstiger Bestimmungen des Kostengesetzes (vgl. Art 160, 161) oder auf Grund anderer Gesetze, insbesondere der Gemeindeordnungen und des Reichspersonenstandsgesetzes vom 6. Febr. 1875 zustehenden Gebühren werden durch die Vorschrift des Art. 174 nicht berührt.

II Die Gebühren für gemeindliche Amtshandlungen fließen auch dann in die Gemeindekasse, wenn die Amtshandlungen in einem bei einer staatlichen Verwaltungsbehörde anhängigen Verfahren vorgenommen werden, z. B. im Falle der Vernehmung eines Beteiligten zum Protokolle einer Gemeindebehörde in einer Verwaltungsrechtssache. Werden in einem solchen Falle die Kosten nicht sofort mit der Vornahme der Amtshandlung, sondern gemäß Art. 177 Abs. II erst nach rechtskräftiger Erledigung der Sache fällig, so hat der Beamte, dem der Ansatz der Kosten der ersten Instanz obliegt, die Gemeindebehörde vom Eintritte der Fälligkeit zu verständigen.

Zu Art. 181, 182.

23. I Im Art. 181 Abs. I Satz 2 ist neu bestimmt, daß im Falle der Gebührenniederschlagung und in den sonstigen Fällen, in denen auf Grund des Art. 181 Abs. I Gebühren außer Ansatz gelassen werden, auch Schreibgebühren und Postgebühren nicht zu erheben sind. Hierdurch ist für die Gebührenniederschlagung in Verwaltungssachen die gleiche Regelung getroffen wie im Art. 40 für das Gebiet der freiwilligen Gerichtsbarkeit (vgl. Ziff. 6 Abs. IV).

II Die Gebühr des Art. 182 ist nach der nunmehrigen Fassung der Vorschrift (vgl. Art. 236 GG.) ebenso wie die Gebühr des § 47 Abs. 2 Satz 1 RGKG. und die Gebühr des Art. 52 eine reine Frivolitätsgebühr.

Zu Art. 185.

24. I Der Ansatz der Gebühren obliegt den mit der Behandlung des Kostenwesens betrauten Beamten (vgl. §§ 2 bis 6 der Verordnung vom 28. Dezember 1914 — GVBl S. 677 —). Wenn das Gesetz für den Ansatz der Gebühr einen Spielraum (Gebührenrahmen) läßt (vgl. Art. 69, 71 Abs. II, 90, 97, 103, 105, 108, 113, 123 Abs. III, 124 Abs. II, 140, 153, 163 Abs. II, 166, 167 Abs. II, 169, 170, 172 Abs. V), hat das Gericht oder die Behörde den anzusetzenden Betrag nach Maßgabe des Art. 185 zu bestimmen. Die Entscheidung des Gerichts oder der Behörde ist in den kostenpflichtigen Beschluß mitaufzunehmen oder dem Beschluß oder der Beurkundung (dem Zeugnisse, dem Auszuge, der Abschrift usw.) am Rande beizusetzen (§ 14 der Verordnung vom 28. Dezember 1914 — GVBl. S 677 —). Hat das Gericht oder die Behörde die Festsetzung unterlassen, so hat der Gerichtsschreiber oder der mit der Behandlung des Kostenwesens betraute Beamte die Festsetzung durch das Ge-

richt oder die Behörde herbeizuführen. Das gleiche gilt, wenn nach Lage des Falles die Festsetzung einer höheren als der regelmäßigen Gebühr (Art. 103 Abs. I Satz 2, 123 Abs. III, 124 Abs. II) oder die Gewährung einer Gebührenermäßigung (Art. 69 Abs. II, 123 Abs. II, 153 Abs. II, 163 Abs. II, 167 Abs. II, 169 Abs. II, 181 Abs. II) in Frage kommt.

II Bei Gegenständen von untergeordneter Bedeutung kann, wenn die Sachbehandlung von geringem Umfang ist und keine Schwierigkeiten bietet, von der Mindestgebühr ausgegangen werden. Mit der Steigerung des Umfanges, der Schwierigkeit und der Bedeutung einer Sache ist auch die Gebühr entsprechend höher bis zum Höchstbetrage zu bemessen. Bei dem Ansatz der nach Umfang, Schwierigkeit und Bedeutung der Sache an sich gerechtfertigten Gebühr kann weiter die Leistungsfähigkeit des Pflichtigen billig berücksichtigt werden. Besonders günstige Verhältnisse des Pflichtigen sollen aber zu einem sonst nicht gerechtfertigten höheren Gebührenansatze nicht führen.

III Die Anwendung höherer Gebührensätze wird insbesondere bei Verwaltungsstreitsachen geboten sein. Hier handelt es sich in der Regel um wichtigere und schwierigere Gegenstände, bei denen eine eingehende und umständliche Sachbehandlung erforderlich und auch die Abfassung des Bescheids nicht einfach ist. Da das Kostengesetz schon für die Errichtung eines Protokolls eine Gebühr von mindestens 1 ℳ festsetzt, wird in Verwaltungsstreitsachen der der Behörde erwachsende Arbeitsaufwand allein schon meist einen höheren Gebührenansatz rechtfertigen.

IV Höhere Gebührensätze werden vielfach auch anzuwenden sein bei wichtigeren Genehmigungen und Erlaubniserteilungen, für die nicht ein Stempel nach Tarifstelle 19 StG. zu erheben ist. Hierher gehören insbesondere die Genehmigungen von Anlagen nach § 16 RGO., bei denen meist eine umfangreiche und eingehende Sachbehandlung erforderlich und nicht selten auch der Gegenstand der Genehmigung von hohem Werte und erheblicher Bedeutung ist. Ähnlich wie bei der Genehmigung von Anlagen nach § 16 RGO. liegt die Sache bei der Genehmigung und Festsetzung von Baulinien, sofern diese auf Antrag Privater und vorwiegend in deren Interesse erfolgt. Bei der Genehmigung von Baugesuchen ist für die Höhe der Gebühr neben dem Maße der von der Behörde zu leistenden Arbeit im wesentlichen die Bedeutung des Bauwerkes entscheidend. Für die Beurteilung der Bedeutung eines Bauwerkes wird regelmäßig die Höhe der Baukosten eine geeignete Handhabe bieten. Ähnlich wie bei der Genehmigung von Baugesuchen wird bei der Genehmigung zur Anlage von Dampfkesseln zu verfahren sein.

V Die Gebühren für die Erteilung von Dispensen von den Vorschriften der Bauordnungen oder von sonstigen polizeilichen Vorschriften werden verschieden zu bemessen sein, je nachdem es sich nur um die Ausgleichung von Härten und Unbilligkeiten, die in den bestehenden polizeilichen Vorschriften (der Baulinienfestsetzung u. dgl.) ihren Grund haben, oder um wertvolle Dispensen handelt, durch die die vorteilhaftere Ausnützung eines Grundstücks, die Ersparung bedeutender Kosten u. dgl. bezweckt wird.

VI Die Gebühr für die Entgegennahme der Anzeige des Kleinhandels mit Bier ist im wesentlichen nach der Bedeutung des von dem Anzeigenden betriebenen Geschäfts, die Gebühr für die Entgegennahme der Anzeige nach § 115 Abs. 1 des RG. über die privaten Versicherungsunternehmungen nach dem Umfange des Geschäftsbetriebs zu bemessen, den die Gesellschaft in Bayern entfaltet.

VII Fällt neben der Beschlußgebühr (Art. 153 Abs. I Ziff. 3 KG.) ein Stempel an (vgl. Tarifstelle 19 StG., Art. 197 KG.), so ist die Beschlußgebühr lediglich nach dem Maße der der Behörde erwachsenen Arbeit festzusetzen, während die Bedeutung des Gegenstandes für den Pflichtigen bei der Bemessung des Stempels zu berücksichtigen ist.

C. Übergangsvorschriften.

25. I Das Kostengesetz ist am 1. Januar 1915 in Kraft getreten. Von den Vorschriften des Gebührengesetzes bleiben indessen gemäß Art. 2 des Gesetzes vom 21. August 1914 über Änderungen im Gebührenwesen in Geltung der Art. 240 Abs. 2 hinsichtlich der Gebühren für Hoftitel (vgl. K. Verordnungen vom 23. Februar 1912 — GVBl. S. 59 — und

vom 20. Januar 1915 — GVBl. S. 13 —), der Art. 241, die Art. 289 und 291 Abſ. 3 hinſichtlich der nach dem Reichsgerichtskoſtengeſetze zu erhebenden Koſten und hinſichtlich der Geldſtrafen mit der Maßgabe, daß die Beitreibung der Geldſtrafen durch K. Verordnung an Stelle der Rentämter auch anderen Behörden oder Beamten übertragen werden kann, endlich die Art. 303 bis 311 und 314.

II Für die vor dem 1. Januar 1915 eingetretenen Erbfälle bleiben in Nachlaß- und Teilungsſachen die Beſtimmungen des Gebührengeſetzes mit Ausnahme der Art. 94, 95, des Art. 96 Abſ. 5, des Art. 99 Abſ. 2, des Art. 101 Abſ. 2, des Art. 104 Abſ. 2, 3 und des Art. 168 maßgebend (Art. 3 Abſ. II des Geſetzes vom 21. Auguſt 1914 über Änderungen im Gebührenweſen). Die Vorſchriften des Koſtengeſetzes über die Gebühren in Nachlaß- und Teilungsſachen kommen hiernach in den vor dem 1. Januar 1915 eingetretenen Erbfällen nur bei der Vermittlung von Nachlaß- oder Geſamtgutsauseinanderſetzungen zur Anwendung. Verzichtet in einem ſolchen Erbfalle nach dem 1. Januar 1915 ein anteilsberechtigter Abkömmling gemäß § 1491 Abſ. 1 BGB. auf ſeinen Anteil an der fortgeſetzten Gütergemeinſchaft, ſo wird der Stempel nach Tarifſtelle 2 B und gegebenenfalls die Stempelerſatzabgabe nach Art. 20 Abſ. I StG. erhoben. In allen übrigen Beziehungen bleiben für die erwähnten Erbfälle die Vorſchriften des Gebührengeſetzes mit der Maßgabe in Kraft, daß die Anrechnungen nach Art. 96 Abſ. 5, 99 Abſ. 2, 101 Abſ. 2 und 104 Abſ. 2 dieſes Geſetzes entfallen. Eine Folge der grundſätzlichen Beibehaltung des früheren Rechtes iſt, daß die Erbenermittlungsgebühr in dieſen Fällen nicht erhoben wird.

II. Vorſchriften über die Erhebung und Verrechnung der Koſten und die Prüfung des Koſtenweſens.

A. Das Koſtenweſen bei den Notaren, Gerichten, Bezirksämtern und Rentämtern mit Ausnahme des gerichtlichen Strafkoſtenweſens.

a) Allgemeine Vorſchriften.

26. I Die Fälligkeit der Gebühren und Auslagen in bürgerlichen Rechtsſtreitigkeiten und Konkursſachen und der

Gebühren in der freiwilligen Gerichtsbarkeit tritt regelmäßig erst ein, wenn das Verfahren oder die Instanz durch unbedingte Entscheidung über die Kosten, durch Vergleich oder Zurücknahme oder anderweitige Erledigung beendet ist (§ 93 RGKG., Art. 7, 21, 36 KG.). Der Eintritt der Rechtskraft der Entscheidung ist zur Sollstellung nur dann erforderlich, wenn eine Partei zum Armenrechte zugelassen und der Gegner in Kosten verurteilt ist, von deren Berichtigung er oder die arme Partei gemäß § 115, 120 RZPO. einstweilen befreit war (§ 123 RZPO.). Die Auslagen in der freiwilligen Gerichtsbarkeit werden gemäß Art. 54 KG. mit der Entstehung fällig.

II Im Laufe des Verfahrens sind die Kosten zu Soll zu stellen:

1. In bürgerlichen Rechtsstreitigkeiten nach § 94 Nr. 1 RGKG. von Jahr zu Jahr,
2. im Konkursverfahren nach § 95 RGKE.,
3. in der Zwangsversteigerung und der Zwangsverwaltung nach Art. 15 KG.,
4. in Familienfideikommißsachen, Vormundschaftssachen sowie Nachlaß- und Teilungssachen nach Art. 81, 86, 102, 103 KG.

27. I Schuldner der Gebühren und Auslagen bei den Gerichten ist, wem durch gerichtliche Entscheidung die Kosten des Verfahrens auferlegt sind, oder wer sie durch eine vor dem Gericht abgegebene oder diesem mitgeteilte Erklärung, z. B. in einem gerichtlichen Vergleich übernommen hat. In Ermangelung eines anderen Schuldners, namentlich in den Fällen des § 94 Nr. 1 RGKG., ist Schuldner der Gebühren und Auslagen, wer das Verfahren der Instanz beantragt hat (§§ 86, 89 RGKG.)

II Die Verpflichtung des Antragstellers zur Zahlung der vorzuschießenden Beträge bleibt auch dann bestehen, wenn die Kosten des Verfahrens einem anderen auferlegt oder von einem anderen übernommen sind (§ 90 RGKG.). Ist demnach in einem Rechtsstreite der Kläger mit der Entrichtung des Gebührenvorschusses nach § 81 RGKG. im Rückstande geblieben, so ist er als Schuldner zur Zahlung des vorzuschießenden Betrags auch dann verpflichtet, wenn der Beklagte in sämtliche Kosten des Rechtsstreits verurteilt wird und damit dem Staate für die Bezahlung jenes Betrags als zweiter Schuldner zu gelten hat.

III Sind die entstandenen Kosten von der einen oder anderen Partei durch Übereinkunft beider Parteien (Vergleich) übernommen worden (§ 86 RGKG.), so haftet jede Partei wenigstens für die Hälfte. Die Haftung darf jedoch erst in Anspruch genommen werden, wenn eine Zwangsvollstreckung in das bewegliche Vermögen der Partei, die den Betrag durch die Übereinkunft zur Zahlung übernommen hat, erfolglos geblieben ist (§ 88 RGKG.). Im Kosten- und Stempelregister ist daher in solchen Fällen zunächst die letztere Partei als Schuldner vorzutragen Bei der Überweisung des geschuldeten Betrags an das Rentamt zur Beitreibung ist auf die Haftung der anderen Partei unter Angabe des von dieser zu zahlenden Betrags in der Bemerkungsspalte des Registers hinzuweisen.

28. I In den Angelegenheiten der Verwaltung und der Verwaltungsrechtspflege werden die Gebühren mit der Vornahme der gebührenpflichtigen Amtshandlung, die Auslagen mit ihrer Entstehung fällig, jedoch bleibt in Verwaltungsstreitsachen und bei der Erteilung einer Konzession, Genehmigung oder Erlaubnis die Erhebung der Gebühren und Auslagen bis zur rechtskräftigen Erledigung der Sache ausgesetzt (Art. 177 KG.).

II Schuldner der Gebühren und Auslagen ist in Verwaltungsstreitsachen der Streitsteil, dem durch Entscheidung der Behörde die Kosten auferlegt sind, bei der Erteilung einer Konzession, Genehmigung oder Erlaubnis derjenige, der die Konzession, Genehmigung oder Erlaubnis erhalten hat, in den übrigen Fällen derjenige, der die Amtshandlung veranlaßt oder in dessen Interesse die Behörde die Amtshandlung vorgenommen hat (Art. 176 Abs. I KG.). In Verwaltungsstreitsachen und bei der Erteilung einer Konzession, Genehmigung oder Erlaubnis haftet für die Gebühren und Auslagen der Antragsteller, wenn diese von dem in erster Linie Kostenpflichtigen nicht beigebracht werden können (Art. 176 Abs. III KG.).

29. I Die Erhebung von Vorschüssen bemißt sich nach den einschlägigen gesetzlichen Bestimmungen (vgl. §§ 81 ff. RGKG., Art. 14, 36, 178 KG.). Die Vorschüsse sind ein-

zufordern, sobald die Voraussetzungen für ihre Entrichtung eingetreten sind.

II Der Gebührenvorschuß beträgt soviel, wie die höchste Gebühr, die für einen Akt der Instanz zum Ansatze kommen kann (§ 81 Abs. 1 Satz 2 RGKG.). Die Sollstellung der Gebührenvorschüsse hat sofort nach der Fälligkeit zu erfolgen, ohne daß es einer Anordnung des Gerichts bedarf. In bürgerlichen Rechtsstreitigkeiten, die in erster Instanz bei einem Landgericht oder Amtsgericht anhängig werden, ist der Gebührenvorschuß, wenn nicht die Besorgnis des Verlustes besteht, erst nach der kontradiktorischen Verhandlung oder wenn beide Teile im Termin zur mündlichen Verhandlung nicht erscheinen, zu Soll zu stellen und zu erheben. Bei Anträgen auf Vornahme einzelner Amtshandlungen, mit deren Vollziehung das Verfahren überhaupt oder vorläufig beendigt ist, insbesondere in jenen Fällen, für die in den Gesetzen nur eine Gebühr für die „Entscheidung, einschließlich des vorangegangenen Verfahrens" vorgesehen ist, bedarf es im allgemeinen der Einforderung von Gebührenvorschüssen nicht. Mit dem Gebührenvorschuß ist zugleich der Pauschsatz (§ 80 b RGKG.) zu Soll zu stellen und einzuheben.

III Für die Einforderung von Vorschüssen zur Deckung von Barauslagen nach § 84 RGKG. und Art. 14, 178 KG. ist die Anordnung des Gerichts oder der Behörde maßgebend. Die im § 90 RGKG. begründete Verpflichtung des Antragstellers zur Zahlung der vorzuschießenden Beträge wird hierdurch nicht berührt. Die Gerichtsschreiber und die mit der Behandlung des Kostenwesens bei den Bezirksämtern (exponierten Bezirksamtsassessoren) betrauten Beamten haben die Einforderung der Auslagenvorschüsse bei dem Gericht oder der Behörde rechtzeitig anzuregen.

30. I Bei der Berechnung der Gebühren und Gebührenvorschüsse hat der Gerichtsschreiber, wenn eine gerichtliche Wertsfestsetzung vorliegt (vgl. §§ 15, 16 RGKG., Art. 44 KG.), diese zugrunde zu legen.

II Bei nicht vermögensrechtlichen Gegenständen und bei Gegenständen vermögensrechtlicher Natur, deren Wert sich nicht ohne weiteres ziffermäßig berechnen läßt, hat er, wenn eine gerichtliche Wertsfestsetzung nicht vorliegt, diese herbeizuführen.

31. I Die Gebühren, Geldstrafen, rückzuersetzenden Auslagen und durchlaufenden Gelder einschließlich der Gebührenvorschüsse sind sofort nach ihrer Fälligkeit, im Kosten- und Stempelregister zu Soll zu stellen.

II Die zu Soll gestellten Beträge sind auf den Aktenstücken und Urkunden (Urschriften, Ausfertigungen) und, soweit Kostenverzeichnisse zu führen sind, in diesen unter Beifügung der Nummer des Kosten- und Stempelregisters zu vermerken. In den gerichtlichen Mahn- und Sühneregistern und den grundbuchamtlichen Tagebüchern genügt der Hinweis auf die Nummer des Kosten- und Stempelregisters; diese ist auch den einer notariellen Urkunde beigesetzten grundbuchamtlichen Eintragungsbestätigungen (vgl. § 55 der Dienstanweisung für die Grundbuchämter r. d. Rh., JMBl. 1905 S. 63) beizufügen.

32. I Die Kosten- und Stempelregister sind für jeden Monat, bei den Rentämtern für jedes Vierteljahr neu anzulegen und monatlich abzuschließen. Bei den Rentämtern sind außerdem am Schlusse des Vierteljahres die drei Monatsabschlüsse zusammenzustellen.

II Bei der Führung der Kosten- und Stempelregister sowie der übrigen Register, Verzeichnisse usw. sind die den Formularen vorgedruckten Vorschriften zu beachten.

33. I Die Einhebung der angefallenen Sollbeträge und die Wegrechnung der eingegangenen durchlaufenden Gelder obliegt den Behörden und Beamten, die den Ansatz und die Sollstellung vorzunehmen haben. Die Gerichtsschreiber und die mit der Behandlung des Kostenwesens bei den Bezirksämtern (exponierten Bezirksamtsassessoren) betrauten Beamten haben die zu Soll gestellten Beträge den Zahlungspflichtigen ohne Verzug mit dem Beifügen bekanntzugeben, daß die Kostenschuld, wenn die Zahlung nicht bis zu einem bestimmten Tage vor der Abrechnung mit dem Rentamt erfolgt, diesem zur zwangsweisen Beitreibung überwiesen wird. Das gleiche gilt für die Notare. Diese sind jedoch ermächtigt, für die Beteiligten die Kosten vorzuschießen, wenn diese nicht bis zu dem bestimmten Tage eingezahlt werden. Sie haben die Beteiligten schon bei der Bestimmung des Zahlungstermines hierauf aufmerksam zu machen, von der Vorschießung ihnen Kenntnis zu geben und unverzüglich

nach Art. 50 des Not.-Ges. die Festsetzung und Beitreibung der vorgeschossenen Beträge zu veranlassen. Die Anforderung der Kosten haben die Notare tunlichst mit der Anforderung ihrer Gebühren und Auslagen zu verbinden.

II Die Kosten sind tunlichst gelegentlich der Anwesenheit der Pflichtigen beim Gericht oder bei der Behörde anzufordern und zu erheben. Erfolgt die Zahlungsaufforderung schriftlich, so sind hierzu Kostenrechnungen zu verwenden, worin die Nummer des Kosten- und Stempelregisters, bei Gerichtskosten außerdem das Aktenzeichen zu vermerken und kurz ersichtlich zu machen ist, wofür der angeforderte Betrag geschuldet ist und wie er sich berechnet. Die Pflichtigen sind hierbei gegebenenfalls auf die Möglichkeit und die Form der Einzahlung auf das Postscheckkonto oder das Bankkonto des Gerichts oder der Behörde unter Angabe des im ersteren Falle zu entrichtenden Zuschlags hinzuweisen. Als Vorbild dient das anruhende Muster 3.

III Für die Mitteilung der Kostenrechnungen dürfen bei den Gerichten, den Bezirksämtern (exponierten Bezirksamtsassessoren) und den Rentämtern den Pflichtigen Postgebühren nicht aufgerechnet werden. Die Notare sind berechtigt, die Postgebühren für die Versendung der Kostenrechnungen den Beteiligten aufzurechnen oder die Sendungen als „portopflichtige Dienstsache" abgehen zu lassen. Im Falle der Einsendung der geschuldeten Beträge mittels Briefes oder mittels Postanweisung ist eine Quittung zu erteilen, wenn es ausdrücklich erbeten und das Porto für die Übersendung der Quittung beigefügt oder um deren Übersendung gegen Nachnahme des Portos ersucht ist. Als Ersuchen um die Erteilung einer Quittung ist es anzusehen, wenn mit der Zahlung ein Quittungsformular eingesendet ist.

IV Bezüglich der Mitwirkung der Boten und Diener der Gerichte bei der Einhebung von Gerichtskosten bleiben die Vorschriften der Ministerialbekanntmachungen vom 1. Juli 1884 (FMBl. S. 154) und vom 8. Februar 1911 (FMBl. S. 249) in Geltung.

34. I Gerichtskostenbeträge bis zu 20 ℳ können nach § 97a Abs. 2 RGKG. durch Postnachnahme eingezogen werden, wobei im Falle der Einlösung der Nachnahmesendung die Staatskasse das Postporto für den Nachnahme-

brief und die Vorzeigegebühr trägt. Das gleiche gilt gemäß Art. 36 KG. für die Einziehung von Gerichtskostenbeträgen bis zu 20 ℳ in Angelegenheiten der freiwilligen Gerichtsbarkeit. Von dieser Befugnis zur Kosteneinhebung mittels Postnachnahme ist in geeigneten Fällen in der Weise Gebrauch zu machen, daß der Betrag der im Falle der Einlösung zu entrichtenden Postanweisungsgebühr dem Nachnahmebetrage hinzugerechnet wird. Verweigert der Schuldner die Einlösung, so erhöht sich seine Schuldigkeit um das Postporto für den Nachnahmebrief und um die Vorzeigegebühr.

II Nach Art. 179 KG. können Zeugnisse der Verwaltungsbehörden sowie die in den Art. 153 Abs. I Ziff. 4, 159 bis 161, 163 bis 165, 167 bis 169, 171 Abs. II, III bezeichneten Urkunden und Schriftstücke den Empfangsberechtigten unter Nachnahme der Gebühren und Auslagen durch die Post zugesendet werden. Wird von dieser Ermächtigung Gebrauch gemacht, so fallen die gesamten Kosten der Nachnahme dem Pflichtigen zur Last, dessen Schuldigkeit sich um diese Kosten erhöht.

III Auf dem Briefumschlage der Nachnahmesendung ist der darin befindliche Gegenstand kurz zu bezeichnen (z. B. „inliegend eine Kostenrechnung", „inliegend ein Erbschein", „inliegend ein Reisepaß" usw.).

IV Die Kosteneinziehung mittels Postnachnahme ist zu unterlassen, wenn die Kosten von einer Person zu erheben sind, von der von vornherein anzunehmen ist, daß sie die Einlösung verweigern wird, oder wenn die Nachnahme mit Rücksicht auf die örtlichen Verhältnisse, insbesondere am Sitze von Gerichten und Behörden in kleineren Orten nicht als angezeigt erscheint.

35. Die Mahnung der säumigen Schuldner und die zwangsweise Beitreibung der Rückstände obliegt den Rentämtern. Das Verfahren bemißt sich nach den allgemeinen Vorschriften über die Beitreibung der Staatsgefälle.

36. I Die eingehobenen Kosten, Geldstrafen und durchlaufenden Gelder sind von den mit der Einhebung betrauten Behörden und Beamten an das Rentamt abzuliefern, in dessen Bezirk sie ihren Sitz haben.

II In den Städten, in denen sich mehrere Rentämter befinden, haben die Notare und die Gerichtsschreiber mit dem Rentamte, zu dem der Stadtbezirk gehört, die mit der Behandlung des Kostenwesens bei den Bezirksämtern (exponierten Bezirksamtsassessoren) betrauten Beamten mit dem Rentamte, zu dem der Landbezirk gehört, abzurechnen.

III Bezüglich der Abrechnung mit den Stadtrentämtern in München sowie den Rentämtern in Nürnberg und Augsburg hat es bis auf weiteres bei den Ministerialbekanntmachungen vom 10. April 1911 und 27. Dezember 1910 (FMBl. 1911 S. 282 ff. und S. 12) zu verbleiben.

37. I Die Ablieferungen an das Rentamt müssen schon während des Monats in runden Summen stattfinden, sobald die eingehobenen Staatsgelder bei den Notaren den Betrag von 1000 ℳ, bei den größeren Gerichtsschreibereien und den Bezirksämten (exponierten Bezirksamtsassessoren) den Betrag von 500 ℳ, bei den kleineren Gerichtsschreibereien den Betrag von 200 ℳ erreicht haben. Zur Fernhaltung überflüssiger Kassenbestände sind auch Ablieferungen kleinerer runder Beträge während des Monats gestattet.

II Die Lieferungen können auf die Girokonten der Rentämter bei den K. Bankanstalten eingezahlt werden.

38. I Die Notare, die Gerichtsschreiber und die mit der Behandlung des Kostenwesens bei den Bezirksämtern (exponierten Bezirksamtsassessoren) betrauten Beamten rechnen auf Grund der abgeschlossenen Kosten- und Stempelregister spätestens am 15. jeden Monats mit dem Rentamt über den Anfall des vorhergegangenen Monats ab.

II Die Abrechnung ist unter Durchstreichung der leer gebliebenen Seiten des Kosten- und Stempelregisters auf dessen Rückseite unter Beifügung des Datums von den beteiligten Beamten als richtig anzuerkennen.

III Das Rentamt erteilt über die Abrechnung eine dem Vordruck auf der Rückseite des Kosten- und Stempelregisters entsprechende Bescheinigung.

39. I Mit der Abrechnung sind die Kosten- und Stempelregister an das Rentamt abzugeben, bei dem die Register nach der Prüfung wenigstens fünf Jahre aufbewahrt bleiben.

II Den gebührenverrechnenden Beamten steht die Einsicht

der von ihnen abgegebenen Register jederzeit frei; auch ist ihnen gestattet, von den Registern Abschriften zu nehmen.

40. I Die eingehobenen durchlaufenden Gelder sind längstens bis zur Abrechnung mit dem Rentamt an die Empfangsberechtigten hinauszubezahlen, wobei der Quittungsentwurf sogleich mit einer fortlaufenden Nummer zu versehen ist. Dem Rentamte sind lediglich die Hinausvergütungsnachweise zu übersenden.

II Durchlaufende Gelder, die sich beim Versuche der Hinausvergütung als unbestellbar erweisen, sind an das Rentamt abzuliefern. Über die Verwendung dieser Gelder verfügen die fortgesetzten Finanzstellen, an die hierwegen zu berichten ist. Soweit mit solchen unbestellbaren Geldern nicht Guthaben der Staatskasse oder dritter Personen zu tilgen sind, sind sie für die Staatskasse zu vereinnahmen.

b) Besondere Vorschriften.

1. Für die Notare.

41. I Die Notare stellen die bei ihnen anfallenden Kosten im Kosten- und Stempelregister — Muster 4 — zu Soll.

II Werden nach Art. 112, 113 des Notariatsgesetzes die Geschäfte eines Notariats auf Rechnung des Staates geführt, so ist neben dem Kosten- und Stempelregister für die nach der Notariatsgebührenordnung anfallenden und für die Staatskasse zu erhebenden Gebühren ein Notariatsgebührenregister — Muster 5 — zu führen. Dieses Register ist wie das Kosten- und Stempelregister monatlich anzulegen.

2. Für die Gerichte.

42. I Die bei den Gerichten anfallenden Kosten, Geldstrafen und durchlaufenden Gelder sind im allgemeinen Kosten- und Stempelregister — Muster 6 — zu Soll zu stellen. Neben diesem Register ist bei den Amtsgerichten für die Kosten in Grundbuchsachen ein besonderes Kosten- und Stempelregister — Muster 7 — zu führen.

II Bei Amtsgerichten, denen vom Staatsministerium der Justiz die Führung des Handelsregisters übertragen ist, können für Handelssachen besondere Kosten- und Stempelregister geführt werden. Hierbei ist das Muster 6 unter Abänderung der Aufschrift in „Kosten- und Stempelregister für Handelssachen usw." entsprechend zu verwenden. Wo sich ein Bedürfnis für weitere Sonderregister ergibt, kann die Regierungsfinanzkammer deren Führung genehmigen.

III Die Abschlüsse der besonderen Register können vor der Abrechnung mit dem Rentamt in das allgemeine Kosten- und Stempelregister übertragen werden.

IV Wird von dem Vorbehalt im Abs. II Satz 1 Gebrauch gemacht, so hat dies der Gerichtschreiber der vorgesetzten Regierungsfinanzkammer anzuzeigen und dem zuständigen Rentamte mitzuteilen.

43. I Über die von den Parteien vorzuschießenden Gerichtsauslagen haben die Gerichtsschreiber ein besonderes Register (Vorschußregister — Muster 8 —) zu führen. Das Vorschußregister kann für ein oder mehrere Jahre angelegt werden. Es muß mit fortlaufenden Blattzahlen und mit einem Einbande versehen sein.

II Das Vorschußregister kann gleichzeitig in zwei Bänden geführt werden. Wird die Anlage eines neuen Registers oder eines neuen Bandes erforderlich, so ist das bisherige Register oder der eine der beiden in Gebrauch stehenden Bände abzuschließen, wobei die noch unerledigten Fälle vollständig in das neue Register oder in den neuen Band zu übertragen sind. Die abgeschlossenen Register sind bei dem Gericht aufzubewahren.

III Zu den Vorschußregistern ist ein nach Rechtssachen alphabetisch geordnetes Nachschlageverzeichnis zu führen.

IV Die Prüfung der Register obliegt den örtlichen Prüfungsbeamten (Ziff. 64).

44. I Die Gerichtsauslagen, die ohne vorherige Prüfung nach Anfall bezahlt werden müssen, insbesondere Gebühren der Zeugen und Sachverständigen, Kosten der Bekanntmachungen in öffentlichen Blättern, soweit hierfür Kostenvorschüsse von den Parteien nicht erlegt wurden, haben die Gerichtsschreiber sogleich nach ihrem Anfall oder gegebenenfalls nach Anweisung des Gerichts für Rechnung der Staatskasse vorschußweise an die Empfangsberechtigten gegen Quittung auszubezahlen.

II Die Aufrechnungen über die den Gerichtsbeamten bei auswärtigen Dienstgeschäften zukommenden Tagegelder und Reisekosten, die durch Vorschüsse der Parteien nicht gedeckt sind, hat der Gerichtsschreiber vor der Auszahlung der Regierungsfinanzkammer unmittelbar zur Prüfung vorzulegen, wobei gleichzeitig die aufgerechneten Beträge zu den Akten oder in den bei diesen befindlichen Kostenverzeichnissen vorzumerken sind.

III Nach der Prüfung, deren Vornahme tunlichst zu beschleunigen ist, sind die Aufrechnungen an den Gerichtsschreiber zur Auszahlung unmittelbar zurückzuleiten. Ergeben sich bei der Prüfung Bedenken, so ist nach den Vorschriften der Ziff. 47 zu verfahren.

IV Verlangt ein Zeuge wegen Dürftigkeit einen Vorschuß für seine Auslagen, so ist nach Ziff. 3 der Ministerialbekanntmachung vom 27. Sept. 1879 (GVBl. S. 1285, FMBl. S. 544) zu verfahren.

45. I Zu den Quittungen über Auslagen und über die Hinausvergütung durchlaufender Gelder kann das anliegende Muster 9 verwendet werden. Auf diesen Quittungen können verschiedene Zahlungsbescheinigungen, jedoch unter getrennter Behandlung der in einer Sache bezahlten Gelder, vereinigt werden.

II Die Belege zu den verschiedenen Registern müssen für jedes Register getrennt gehalten und mit besonderen fortlaufenden Nummern versehen werden.

46. I Über die aus der Staatskasse vorgeschossenen Gerichtsauslagen haben die Gerichtsschreiber ein besonderes Register (Auslagenregister — Muster 10 —) zu führen.

II Die Einträge in dieses Register haben nach den einzelnen Rechtssachen, in denen die Auslagen erwachsen sind, jedoch für jede Auslagengattung oder jeden Beleg nur summarisch zu erfolgen.

III Zu diesem Zwecke ist je ein Quittungsverzeichnis (Muster 9) für jede Rechtssache oder für jede Auslagengattung anzulegen und vor dem Übertrag in das Auslagenregister die Summe zu ziehen.

47. I Das Auslagenregister ist nach Vormerkung der Auslagen in den Kostenverzeichnissen (Ziff. 52) monatlich abzuschließen und gleichzeitig mit der Abrechnung auf den Ge-

bührenfall des betreffenden Monats (Ziff. 38) dem Rentamte zu übergeben, das den ausgezahlten Betrag dem Gerichtsschreiber sofort ersetzt.

II Kommt der Gerichtsschreiber in die Lage, aus den bei ihm eingehenden Geldern die anfallenden Gerichtsauslagen nicht bis zum Monatsschlusse vorschießen zu können, so hat er auf die von ihm bezahlten Auslagen unter Übergabe der Quittungen mit dem Rentamte vorläufig abzurechnen und das Rentamt dem Gerichtsschreiber den vorgeschossenen Betrag bar zu ersetzen.

III Nach der Abrechnung ist das Auslagenregister samt Belegen sofort der Regierungsfinanzkammer zur Prüfung und Einweisung vorzulegen. Erstreckt sich die Vorlage auf zwei oder mehrere Register, so ist ihnen eine Zusammenstellung der Abschlüsse beizugeben.

IV Die Prüfung der Auslagenregister ist zu beschleunigen.

V Geben die aufgerechneten Auslagen zu Bedenken Anlaß, so ist, sofern nicht bloß Rechnungsverstöße vorliegen, die Richtigkeit der Ansätze und die Rückerstattung der zuviel bezahlten Beträge bei dem Gerichte der Instanz oder bei dem Obergerichte durch Anregung der Offizialberichtigung herbeizuführen (§ 4 RGKG. und § 17 der Reichsgebührenordnung für Zeugen und Sachverständige).

VI Irrungen geringfügiger Art sind nicht zum Gegenstande richterlicher Entscheidung zu machen.

48. I Bei Ersuchen bayerischer Gerichte um Rechtshilfe obliegt die Einhebung und Verrechnung der Auslagenvorschüsse in allen Fällen dem Gerichtsschreiber des ersuchenden Gerichts.

II Die bei dem ersuchten Gericht erwachsenden Auslagen sind von dem Gerichtsschreiber dieses Gerichts zu bestreiten, im Auslagenregister ausgablich zu verrechnen und sodann nebst den durchlaufenden Geldern unter Vormerkung zu den Akten in das Verzeichnis Muster 11 einzutragen, das dem Gerichtsschreiber des ersuchenden Gerichts zu übersenden ist. Die den Gerichtsbeamten gebührenden Tagegelder und Reisekosten können hierbei vorbehaltlich der Prüfung und Festsetzung sofort ausbezahlt werden (vgl. Ziff. 44).

III Der Gerichtsschreiber des ersuchenden Gerichts hat die ihm bekannt gegebenen Auslagen und durchlaufenden Gelder im Kosten- und Stempelregister zu Soll zu stellen und den etwa erhobenen Vorschuß zur rückeinnahmlichen Verrechnung der Auslagen zu verwenden. Über den Gesamtbetrag der von dem ersuchten Gerichte bestrittenen Auslagen, ausschließlich der nicht im Auslagenregister einzutragenden durchlaufenden Gelder erteilt der Gerichtsschreiber des ersuchenden Gerichts an jenen des ersuchten Gerichts eine Bestätigung (Muster 12), die von dem Gerichtsschreiber des ersuchten Gerichts als Beleg zum Auslagenregister zu nehmen ist.

IV Eine Übersendung des bei dem ersuchenden Gerichte hinterliegenden Vorschusses an das ersuchte Gericht oder eine Rückvergütung der von diesem bestrittenen Auslagen findet nicht statt.

49. I Ersucht eine Justizbehörde eines anderen Bundesstaates ein bayerisches Amtsgericht um Rechtshilfe, so hat der Gerichtsschreiber des bayerischen Gerichts bei der Verrechnung der Auslagen nach Ziff. VI der Ausführungsbestimmungen zu den in der MinBek. vom 29. März 1907 (JMBl. S. 85, FMBl. S. 148) veröffentlichten Grundsätzen über die Erstattung von Kosten der Rechtshilfe oder sonstigen Beistandsleistung in gerichtlichen Angelegenheiten zu verfahren.

II Bei der Erledigung von Ersuchen bayerischer Gerichte um Rechtshilfe durch ein außerbayerisches Amtsgericht teilt das ersuchte Gericht den Betrag der erwachsenen Auslagen dem bayerischen Gerichte mit. Die Sollstellung und die Einhebung der Auslagen von der zahlungspflichtigen Partei obliegt dem Gerichtsschreiber des bayerischen Gerichts (vgl. Ziff. VII der angeführten Ausführungsbestimmungen).

50. Bei den Gerichten, bei denen gemäß Ziff. 42 Abs. II besondere Kosten- und Stempelregister geführt werden, können für die bezüglichen Zweige des Kostenwesens auch besondere Vorschuß- und Auslagenregister benützt werden.

51. I Bei der monatlichen Abrechnung mit dem Rentamte können die für dessen Rechnung bezahlten Gerichtsauslagen, soweit sie nicht schon vorher ersetzt wurden, unter Übergabe der Auszahlungsnachweise auf die Ablieferungsschuldigkeit des Gerichtsschreibers gut gerechnet werden.

II Sollten die Ausgaben für einen Monat die Einnahmen übersteigen, so hat das Rentamt dem Gerichtsschreiber den

Mehrbetrag unter Berücksichtigung der geleisteten Vorschüsse bar zu vergüten.

III In die Abrechnung auf die Anfälle des Kosten- und Stempelregisters sind diese Ausgaben nicht aufzunehmen.

52. I In den Fällen, in denen für eine Rechtssache eigene Akten angelegt werden, ist als erstes Aktenstück ein Kostenverzeichnis — Muster 13 — zu führen. In dem Kostenverzeichnisse sind alle anfallenden Gelder, insbesondere die Gebühren, Pauschsätze, Gebührenvorschüsse und Geldstrafen, die Gerichtsauslagen und die Vorschüsse hierfür, die Schreibgebühren und die durchlaufenden Gelder vollständig vorzumerken.

II In Zivilprozeßsachen kann, wenn nach dem ersten gebührenpflichtigen Akt eine weitere Gebühr als die Kostenfestsetzungsgebühr nicht anfällt, von der Anlegung des Kostenverzeichnisses abgesehen werden.

III In den Fällen des § 94 Nr. 1 RGKG. ist das Kostenverzeichnis zwecks Verrechnung der fälligen Kosten vorläufig abzuschließen. Wird das Verfahren fortgesetzt, so ist das Verzeichnis auf Grund des vorläufigen Abschlusses weiterzuführen.

53. I Die laufenden Nummern des Kosten- und Stempelregisters, unter denen dem Rentamte Rückstände zur zwangsweisen Beitreibung überwiesen wurden, hat der Gerichtsschreiber in einem besonderen Verzeichnisse, nach Jahrgängen geordnet, vorzumerken.

II Ändert sich hinsichtlich solcher Rückstände infolge einer Entscheidung der höheren Instanz nachträglich die Person des Zahlungspflichtigen, so hat der Gerichtsschreiber, wenn der Betrag vom Rentamte noch nicht eingehoben ist, nach Richtigstellung des Kostenverzeichnisses das Rentamt von der Änderung der Zahlungspflicht zwecks Berücksichtigung bei der Einziehung zu verständigen.

54. I Der Gerichtsschreiber hat über die Einnahmen, Auszahlungen und Ablieferungen an Gerichtskosten einschließlich der Stempel und der Reichsstempelabgaben ein Kasse-Tagebuch zu führen. Als Vorbild dient das anruhende Muster 14. Das Tagebuch ist für jedes Jahr — für das Jahr 1915 vom 15. August an — neu anzulegen, in jedem Monat einmal abzuschließen und mit dem Kassebestand abzugleichen. Ergibt sich hierbei ein Überschuß oder ein Fehlbetrag von mehr als

20 ℳ, so ist hierüber an die Regierungsfinanzkammer zu berichtigen.

II Einzahlungen auf das Postscheckkonto des Gerichtsschreibers und Zahlungen zu Lasten dieses Kontos sind im Tagebuche nicht durchzuführen.

III Für Gerichtsschreibereien mit geringem Umfange des Kostenwesens kann die Regierungsfinanzkammer die Führung des Tagebuchs auf Antrag erlassen.

3. Für die Bezirksämter und exponierten Bezirksamtsassessoren.

55. I Die bei den Bezirksämtern und den exponierten Bezirksamtsassessoren anfallenden Kosten, Geldstrafen und durchlaufenden Gelder sind im Kosten- und Stempelregister — Muster 15 — zu Soll zu stellen.

II Die Formblätter für Reisepässe, Paßkarten, Wandergewerbscheine und Gewerbelegitimationskarten werden von den Regierungen, Kammern des Innern, auf Bestellung an die Distriktsverwaltungsbehörden abgegeben. Die Distriktsverwaltungsbehörden führen über die von ihnen verwendeten Formblätter ein Verzeichnis, in dem die angefallenen Gebühren unter Angabe der kostenpflichtigen Empfänger sowie der Nummer des Kosten- und Stempelregisters, unter der die Sollstellung erfolgt ist, vorzutragen sind. Der Übertrag der erhobenen Gebühren in das Kosten- und Stempelregister kann ausgeschieden nach der Gattung der Anfälle summarisch am Schlusse jeden Monats erfolgen. Das Verzeichnis ist am Schlusse des Jahres abzuschließen und mit den unverwendet gebliebenen Vorratsstücken an die Regierung, Kammer des Innern, einzusenden. Diese teilt das Verzeichnis samt Beilagen der Regierungsfinanzkammer zur Prüfung mit. Die unverwendet gebliebenen Stücke werden bei der Regierung, Kammer des Innern, vernichtet.

56. I Bezüglich der Behandlung der Auslagenvorschüsse (Art. 178 KG.), der Führung von Kostenverzeichnissen und der Tagebuchführung finden die Vorschriften der Ziff. 43, 45, 52 Abs. I und 54 entsprechende Anwendung.

II Die baren Auslagen im amtlichen Verfahren in Parteisachen, die durch Vorschüsse nicht gedeckt sind, mit Ausnahme der Post-, Telegramm- und Telegraphengebühren sind aus der Gebührenkasse vorschußweise zu bestreiten und in der Spalte 14 des Kosten- und Stempelregisters zu Soll zu stellen.

III Die bei der Abrechnung mit dem Rentamte bestehenden Rückstände an solchen Auslagen sind in ein besonderes Verzeichnis aufzunehmen, das mit den Ausgabebelegen dem Rentamte zu übergeben ist.

IV Bezüglich der Tagegelder und Reisekosten der Beamten der Bezirksämter gelten die Vorschriften der Ziff. 44 Abs. II, III entsprechend.

57. Die Vorschriften über das Kassen- und Rechnungswesen der Versicherungsämter (vgl. MinBek. vom 4. April 1913, MABl. S. 287, FMBl. S. 263) werden durch diese Bekanntmachung nicht berührt.

4. Für die Rentämter.

58. Die bei den Rentämtern anfallenden Kosten, Geldstrafen und durchlaufenden Gelder sind im Kosten- und Stempelregister — Muster 16 — zu Soll zu stellen.

c) Vorschriften über die Behandlung der Rückstände, die Verrechnungseinweisung, die Prüfungen und Inspektionen sowie die Behandlung der Nachholungen und Rückvergütungen.

59. I Die Rentämter haben die bei der Abrechnung mit den gebührenverrechnenden Behörden und Beamten (Ziff. 38) und die beim Abschlusse des rentamtlichen Kosten- und Stempelregisters (vgl. Ziff. 32) vorhandenen Rückstände zum Zwecke der Beitreibung aus den Kosten- und Stempelregistern in besondere Rückstandsregister zu übertragen.

II Die Rückstandsregister sind für das ganze Jahr und für jede gebührenverrechnende Behörde gesondert anzulegen. Wird im Falle der Führung besonderer Register nach Ziff. 42 Abs. II über die angefallenen Kosten 2c. gesondert abgerechnet, so sind zu diesen Kosten- und Stempelregistern auch eigene Rückstandsregister zu führen.

III Die Einträge in den Rückstandsregistern müssen den bezüglichen Sollverträgen in den Kosten- und Stempelregistern genau entſprechen, weshalb die Spalten der Rückſtandsregiſter denen der Koſten- und Stempelregiſter nachzubilden iſt. Die Regierungsfinanzkammern können die Verwendung beſtimmter Muſter vorſchreiben.

IV Im Falle der Führung der Geſchäfte eines Notariats auf Rechnung des Staates (Art. 112, 113 des Notariatsgeſetzes) ſind bei der Abrechnung mit dem Rentamte die nach der Notariatsgebührenordnung angefallenen Gebühren dem Rentamte nicht zur Zwangsbeitreibung zu überweiſen. Die Beitreibung erfolgt vielmehr auf Grund der Art. 50 ff. des Notariatsgeſetzes durch den Notariatsverweſer. Dieſer hat die Rückſtände in dem an das Rentamt abgelieferten Notariatsgebührenregiſter (Ziff. 41 Abſ. II) erſichtlich zu machen und von den einſchlägigen Vorträgen dieſes Regiſters eine Abſchrift zurückzubehalten, ſodann die Beitreibung ungeſäumt vorzunehmen und die nachträglich eingehobenen Beträge oder die Uneinbringlichkeitsnachweiſe dem Rentamte zu übergeben.

60. I Nach der Anlegung der Rückſtandsregiſter hat das Rentamt ohne Verzug die Beitreibung der Rückſtände vorzunehmen. Bieten die Einträge in den Rückſtandsregiſtern nicht die nötigen Unterlagen zur Beitreibung, ſo hat das Rentamt die gebührenverrechnenden Behörden oder Beamten um die erforderlichen Aufſchlüſſe oder um Überlaſſung der Verhandlungen und Akten zur Einſicht zu erſuchen.

II Die eingehenden Rückſtände ſind in den Einnahmeſpalten des Rückſtandsregiſters vorzutragen. Hierbei ſind die Rückerſätze an Auslagen der Verwaltungsbehörden, die gemäß Ziff. 56 Abſ. II aus der Gebührenkaſſe vorgeſchoſſen wurden, in den rentamtlichen Kaſſabüchern als Gebühreneinnahmen vorzutragen. Die eingehenden durchlaufenden Gelder hat das Rentamt gegen Quittung den Empfangsberechtigten zu übermitteln.

III Für die von den Notariatsverweſern gemäß Ziff. 59 Abſ. IV nachträglich abgelieferten Rückſtände an Notariatsgebühren ſind im Rückſtandsregiſter zu den rentamtlichen Koſten- und Stempelregiſtern unter der Bezeichnung „Notariatsgebühren, die für die Staatskaſſe erhoben werden", beſondere Soll- und Einnahmeſpalten zu eröffnen. Die von den Notariatsverweſern als uneinbringlich nachgewieſenen Rückſtände ſind im rentamtlichen Rückſtandsregiſter als Nachläſſe zu behandeln.

61. I Die abgeschlossenen Rückstandsregister bilden am Schlusse des Rechnungsjahrs die Grundlage für den summarischen Ausweis der Rückstände und Nachlässe an Gebühren, Strafen und rückzuersetzenden Gerichtsauslagen in der einschlägigen Nebenrechnung zur Staatsfondsrechnung. Sie sind mit dieser Nebenrechnung der Regierungsfinanzkammer zur Prüfung vorzulegen (vgl. Ziff. IV der ME. vom 24. Januar 1911, FMBl. S. 37 ff.).

II Rückstände, deren Uneinbringlichkeit am Schlusse des Rechnungsjahrs noch nicht feststeht, sind vor der Vorlage des Rückstandsregisters an die Regierungsfinanzkammer einzeln in das Rückstandsregister für das nächste Jahr zu übertragen. Rückständige Auslagen der Verwaltungsbehörden mit Ausnahme der Rückstände an Post-, Telegramm- und Telephongebühren sind zugleich in den rentamtlichen Kassebüchern als vorschußweise Ausgaben auf den Gebührenanfall des nächsten Jahres zu verbuchen.

III Uneinbringliche Rückstände sind im Rückstandsregister als Nachlässe abzuschreiben (vgl. Ziff. IV der ME. vom 24. Januar 1911, FMBl. S. 37 ff.), wobei die uneinbringlichen Auslagen der Verwaltungsbehörden mit Ausnahme der uneinbringlichen Post-, Telegramm- und Telephongebühren durch das Rückvergütungsregister am Soll der Gebühren des laufenden Jahres zu kürzen sind.

62. In der Zeit vom 15. bis 20. jedes auf den Ablauf eines Kalendervierteljahrs folgenden Monats hat das Rentamt den Sollanfall an Gebühren und Geldstrafen aus den Kosten- und Stempelregistern einschließlich der Notariatsgebührenregister (Ziff. 41 Abs. II) in eine Hauptübersicht — Muster 17 — zu übertragen. Hierbei sind die drei Monatsabschlüsse der einzelnen gebührenverrechnenden Behörden jeweils unmittelbar nacheinander vorzutragen, so daß mit den Monatsabschlüssen einer weiteren Behörde erst zu beginnen ist, wenn bei der vorhergehenden die Hauptsumme der drei Monatsabschlüsse gezogen ist. In einer gesonderten Zusammenstellung auf der Rückseite der Hauptübersicht ist der Sollanfall an rückzuersetzenden Gerichtsauslagen und an Postgebühren bei den Gerichten und den Behörden der inneren und Finanzverwaltung auf Grund der Kosten- und Stempelregister nachzuweisen.

63. I Die Hauptübersicht ist samt den Kosten- und Stempelregistern am 20. des auf das Kalendervierteljahr folgenden Monats der Regierungsfinanzkammer zur Prüfung und Verrechnungseinweisung vorzulegen.

II Die Prüfung hat sich im wesentlichen auf die rechnerische Richtigkeit der aus den Registern in die Hauptübersicht übertragenen Ziffern und auf die Belege zu erstrecken. Die Richtigkeit der Kostenansätze ist insoweit zu prüfen, als dies auf Grund der Einträge in den Registern ohne weiteres geschehen kann. Bedenken, die sich ohne Einsicht der Akten oder Verhandlungen nicht beheben lassen, sind für die örtliche Prüfung (Ziff. 64) vorzumerken. Verstöße von untergeordneter Bedeutung sind nicht zum Gegenstande von Erinnerungen zu machen.

III Über die bei der Prüfung sich ergebenden Erinnerungen sind für jedes beteiligte Gericht und jede beteiligte Behörde gesonderte Niederschriften aufzunehmen, die mit der Entschließung über die Verrechnungseinweisung dem Rentamte zugeleitet werden. Das Rentamt übergibt die Niederschriften den beteiligten Behörden und Beamten zur Beifügung der erforderlichen Beantwortungen und zur Abschriftnahme und legt die beantworteten Niederschriften der Regierungsfinanzkammer vor. Die Regierungsfinanzkammer erläßt hierauf, soweit die Erinnerungen durch die Beantwortung nicht erledigt sind, an das Rentamt einen Prüfungsbescheid, dem die zur Verständigung der beteiligten übrigen Behörden und Beamten erforderliche Anzahl Abdrucke beizugeben sind. Bedürfen einzelne Punkte noch einer weiteren Erläuterung usw., so haben die beteiligten Behörden und Beamten dem Rentamte die erforderlichen Mitteilungen zu machen, worauf dieses an die Regierungsfinanzkammer berichtet.

IV Bei Erinnerungen, die die Gebührenbewertung bei den Bezirksämtern (exponierten Bezirksamtsassessoren) betreffen, hat die Regierungsfinanzkammer vor der Bescheidung veranlaßtenfalls mit der Regierung, Kammer des Innern, ins Benehmen zu treten.

64. I Außer der in der Ziff. 63 bestimmten Prüfung (innere Prüfung) wird die Richtigkeit und Vollständigkeit des Ansatzes und der Sollstellung der Kosten, Geldstrafen und durchlaufenden Gelder bei den gebührenverrechnenden

Behörden und Beamten selbst durch Prüfungsbeamte der Regierungsfinanzkammer geprüft (örtliche Prüfung). Zu diesem Zwecke ist zu jedem Notar, Gerichte, Bezirksamt und Rentamt alljährlich wenigstens einmal ein Prüfungsbeamter abzuordnen.

II Der Prüfungsbeamte hat sich vom Rentamte die Kosten- und Stempelregister sowie die gerichtlichen Auslagenregister aushändigen zu lassen und zu prüfen, ob die angefallenen Gebühren, rückzuersetzenden Auslagen und sonstigen Gelder richtig und vollständig in die Kosten- und Stempelregister übertragen worden sind, ob die Kostenansätze den bestehenden Vorschriften entsprechen und ob die richtige Hinausvergütung der in den Vorschußregistern durchgeführten Beträge stattgefunden hat.

III Die gebührenpflichtigen Verhandlungen der Notare sind ausnahmslos zu prüfen. Bei den Gerichten, Bezirksämtern und Rentämtern sind jene Verhandlungen, bei denen der Anfall verhältnismäßiger Gebühren in Frage kommt, namentlich die Prozeß- und Konkursakten, die Akten im Zwangsversteigerungs-, Zwangsverwaltungs-, Vormundschafts- und Nachlaßsachen usw., einer eingehenden Prüfung zu unterstellen, während die übrigen Verhandlungen, wenn nicht die Prüfung sämtlicher gebührenpflichtigen Verhandlungen veranlaßt ist (vgl. Abs. IV), stichprobenweise zu prüfen sind.

IV Gibt die Behandlung des Kostenwesens bei einer gebührenverrechnenden Behörde zu erheblichen Bedenken Anlaß, so kann die Prüfung sämtlicher gebührenpflichtigen Verhandlungen stattfinden.

V Über die Prüfung der Verhandlungen hat der Prüfungsbeamte eine Niederschrift aufzunehmen, die dem Notar oder dem bewertenden Beamten zur Abschriftnahme und Beantwortung der Erinnerungen zu übergeben ist. Bei längerer Prüfungsdauer hat dies in angemessenen Zeitabschnitten zu geschehen. Die beantwortete Niederschrift ist von dem Notar, dem Gerichtsschreiber oder der Behörde der Regierungsfinanzkammer vorzulegen. Für das weitere Verfahren gelten die Vorschriften der Ziff. 63 Abs. III, IV entsprechend.

65. Neben der örtlichen Prüfung finden bei den gebührenverrechnenden Behörden und Beamten Inspektionen des

Kostenwesens durch den Regierungsreferenten statt. Dieser hat über das Ergebnis der Inspektionen ein Tagebuch zu führen, das der Regierungsfinanzkammer vorzulegen und von dieser mit einer Übersicht der gebührenverrechnenden Behörden und der bei ihnen vorgenommenen Inspektionen und örtlichen Prüfungen — Muster 18 — bis spätestens Ende März des auf das Prüfungsjahr folgenden Kalenderjahrs dem Staatsministerium der Finanzen vorzulegen ist.

66. I Nachholungen und Rückvergütungen, die sich auf Grund der Prüfungen (Ziff. 63, 64) ergeben, sind durch das Rentamt vorzunehmen. Nachholungen an Gerichtskosten sind nur mit Zustimmung des Gerichtsschreibers oder, wenn dieser die Zustimmung verweigert, auf Grund gerichtlicher Entscheidung nach § 4 RGKG., Art. 45 ff. KG. zulässig.

II Das Rentamt hat zu jedem Kosten- und Stempelregister ein Nachholungs- und ein Rückvergütungsregister zu führen. Die Register sind für das ganze Rechnungsjahr anzulegen und den Kosten- und Stempelregistern entsprechend nachzubilden. Die Regierungsfinanzkammern können die Verwendung bestimmter Muster vorschreiben.

III Minderungen an noch nicht eingehobenen Sollbeträgen sind, soweit es sich um Anfälle des laufenden Rechnungsjahrs handelt, wie Rückvergütungen, andernfalls als Nachlässe zu behandeln.

IV Am Schlusse des Jahres sind die Nachholungen und Rückvergütungen in das bezügliche Kosten- und Stempelregister für den Monat Dezember in der Weise zu übertragen, daß die Nachholungen den Registerabschlüssen zugesetzt und von der sich ergebenden Gesamtsumme die Rückvergütungen abgezogen werden. Soweit die Rückvergütungen den Betrag übersteigen, an dem sie abzusetzen sind, hat die Kürzung in der Hauptübersicht (Ziff. 62) zu erfolgen. Die nicht bewirkten Nachholungen sind einzeln in das Rückstandsregister für das nächste Jahr zu übertragen.

V Die Nachholungs- und Rückvergütungsregister sind mit der Hauptübersicht für das vierte Kalendervierteljahr (Ziff. 62) der Regierungsfinanzkammer vorzulegen.

VI Erweist sich bei der Prüfung die Bewertung einzelner Akten als überhaupt unterlassen, so finden nicht die Vorschriften über Nachholungen Anwendung, vielmehr obliegt die nachträgliche Bewertung dem zuständigen Notar oder Beamten. Das gleiche gilt, wenn die von den Prüfungsbeamten angeregten Nachholungen sofort als begründet anerkannt werden.

67. I Minderungen an Sollbeträgen, die sich aus einem anderen als dem in der Ziff. 66 Abs. I angeführten Grunde, z. B. infolge der Zurücknahme einer Klage, eines Rechtsmittels usw. (§ 46 RGKG.), infolge der Niederschlagung von Kostenbeträgen (§ 6 RGKG., Art. 181 KG.) oder aus Anlaß von Erinnerungen und Beschwerden der Pflichtigen ergeben, sind, wenn die Abrechnung mit dem Rentamte noch nicht stattgefunden hat, von dem Notar oder dem bewertenden Beamten im Kosten- und Stempelregister an der Solleinnahme und gegebenenfalls unter Rückzahlung des zuviel erhobenen Betrags an der wirklichen Einnahme des bezüglichen Monats zu kürzen. Das Sachverhältnis ist in der Bemerkungsspalte des Registers unter Beireihung der Hinausvergütungsbelege zu erläutern.

II Hat die Abrechnung mit dem Rentamte schon stattgefunden, so ist von diesem auf Grund der Mitteilung des Notars oder des Beamten die Sollberichtigung und allenfallsige Rückvergütung nach Maßgabe der Vorschriften der Ziff. 66 vorzunehmen.

B. Das Kostenwesen bei den übrigen Behörden und Stellen.

68. I Auf die Behandlung des Kostenwesens bei den übrigen gebührenverrechnenden Behörden und Stellen finden, soweit nachstehend nichts anderes bestimmt ist, die Vorschriften der Ziff. 28, 29, 31, 32 Abs. II, 33, 34 Abs. II bis IV, 39, 40 entsprechende Anwendung. Das Kosten- und Stempelregister ist im allgemeinen nach dem Muster 19 zu führen. Das Register ist vierteljährlich neu anzulegen und am Schlusse des Vierteljahrs monatsweise abzuschließen. Die zuständigen Rechnungsstellen können die Verwendung eines anderen Musters gestatten.

II Die für die Staatskasse eingehobenen Gelder sind an das Rentamt abzuliefern, in dessen Bezirk die Behörde oder Stelle ihren Sitz hat. In den Städten, in denen sich mehrere Rentämter befinden, ist mit dem Rentamte, zu dem der Stadtbezirk gehört, in München mit dem Stadtrentamte München IV, in Nürnberg mit dem Rentamte Nürnberg I, in Augsburg mit dem Rentamt Augsburg II abzurechnen. Die Abrechnung hat spätestens bis zum 15. des auf den Ablauf des Kalendervierteljahrs folgenden Monats zu geschehen.

III Die für die Staatskasse angefallenen Gelder sind in die Vierteljahrsübersicht nach Ziff. 62 einzustellen. Hinsichtlich der Behandlung der Rückstände, der Prüfung und Verrechnungseinweisung sowie der Nachholungen und Rückvergütungen finden die Vorschriften der Ziff. 59 bis 61, 63, 66, 67 entsprechende Anwendung.

IV Den Regierungen, Kammern der Finanzen, bleibt vorbehalten, im Falle des Bedürfnisses bei den gebührenverrechnenden Behörden und Stellen mit Ausnahme der in den Ziffern 69, 70 genannten örtliche Prüfungen und Inspektionen des Kostenwesens nach den Ziffern 64, 65 vornehmen zu lassen.

69. I Bei den Ministerien, den Gesandtschaften, den Behörden und Stellen der Verwaltung der Zölle und indirekten Steuern, der Verwaltung der staatlichen Berg-, Hütten- und Salzwerke und der Post- und Eisenbahnverwaltung verbleibt es bezüglich der Behandlung des Kostenwesens bei dem bisherigen Verfahren.

II Die im Bereiche der Verwaltung der Zölle und indirekten Steuern und der Post- und Eisenbahnverwaltung anfallenden Gebühren und Strafen werden in den Etats dieser Verwaltungen verrechnet. Eine Abrechnung mit dem Rentamte findet nicht statt.

III Über die bei den Ministerien, den Gesandtschaften und der Verwaltung der staatlichen Berg-, Hütten- und Salzwerke anfallenden Gebühren wird mit der Zentralstaatskasse abgerechnet.

70. I Die bei dem Verwaltungsgerichtshof und der Oberberufungskommission anfallenden Kosten sind in einer Nachweisung — Muster 20 — vorzumerken und den Taxämtern der betreffenden Mittelstellen zur Einhebung und Verrechnung zu überweisen.

II Die Überweisung erfolgt, soweit Entschließungen an jene Mittelstellen ergehen, durch Vermerk auf den Ausfertigungen unter Angabe der Nummer der Nachweisung, außerdem durch Übersendung eines Auszugs aus der Nachweisung in Form eines Überweisungsscheins — Muster 21 —.

III Die bei dem Verwaltungsgerichtshof und der Oberberufungskommission erwachsenen Auslagen sind diesen Stellen von den Kassen, an welche die Überweisung erfolgt, zu ersetzen.

IV Am Schlusse jedes Vierteljahrs ist die Nachweisung der zuständigen Rechnungsstelle zu übermitteln.

71. Die bei den Kreiskassen anfallenden Kosten sind im Kostenregister — Muster 22 — zu Soll zu stellen. Das Register ist für jedes Vierteljahr neu anzulegen und monatlich abzuschließen. Am Schlusse eines jeden Vierteljahres sind die drei Monatsabschlüsse zusammenzustellen, worauf das Kostenregister samt Belegen der Regierungsfinanzkammer zur Prüfung und Verrechnungseinweisung vorzulegen ist.

C. Das Kostenwesen in gerichtlichen Strafsachen.

a) Die Auszahlung und Verrechnung der Untersuchungs- und Strafvollzugskosten.

72. I Die Auszahlung und Verrechnung der bei den Gerichten, den Polizeibehörden, den Staats- und Amtsanwälten erwachsenden Untersuchungs- und Strafvollzugskosten obliegt, soweit nachstehend nichts anderes bestimmt ist, dem Rentamt, in dessen Bezirk der Sitz des Gerichts oder der Behörde ist, durch deren Amtshandlungen die Kosten entstanden sind.

II Bezüglich der Stadtrentämter in München und der Rentämter in Nürnberg verbleibt es bis auf weiteres bei der Ministerialbekanntmachung vom 10. April 1911 (FMBl. S. 282). Für den Bezirk des früheren Amtsgerichts München II obliegt die Auszahlung und Verrechnung der Untersuchungs- und Strafvollzugskosten dem Landrentamt München.

III Bei Amtshandlungen, die auf Ersuchen oder im Auftrag eines anderen Gerichts oder einer anderen Behörde vorgenommen werden, bemißt sich die rentamtliche Zuständigkeit nach dem Sitze der ersuchten oder beauftragten Behörde.

73. I Das Rentamt hat über die Koſten, deren Verrechnung ihm obliegt, allmonatlich ein Hauptverzeichnis — Muſter 23 — der Regierungsfinanzkammer vorzulegen, in dem die Koſten auszuſcheiden ſind, wie folgt:

a) Tagegelder und Reiſekoſten des Gerichtsperſonals und der Staatsanwälte,
b) Gebühren der Zeugen und Sachverſtändigen,
c) Gebühren der Verteidiger nach § 150 RStPO.,
d) Koſten der Verpflegung der Gefangenen,
e) übrige Koſten (Einrückungskoſten, Gewährung von Unterſtützungen an mittelloſe Beſchuldigte, Koſten der Bekleidung der Gefangenen, Koſten der Vollſtreckung von Todesurteilen uſw.).

II Das Verzeichnis muß hinſichtlich der Gebühren der Zeugen und Sachverſtändigen mit der die Beträge feſtſetzenden Anweiſung des Gerichtsſchreibers oder dem Beſchluſſe des Gerichts nach § 17 RGO. f. Z. u. S. und den Quittungen der Empfänger, hinſichtlich der übrigen Ausgaben mit den Koſtenaufrechnungen der Empfangsberechtigten belegt ſein.

74. I Die Tagegelder und Reiſekoſten des Gerichtsperſonals und der Staatsanwälte ſind von den Unterſuchungsrichtern und den Beamten, die regelmäßig Dienſtreiſen in Unterſuchungsſachen zu unternehmen haben, mittels Tagebuchauszügen — Muſter 24 —, von den übrigen Beamten nach den Vorſchriften der Miniſterialbekanntmachung vom 2. März 1875 (JMBl. S. 58, FMBl. S. 46) aufzurechnen.

II Die Tagebuchauszüge ſind am Schluſſe jedes Monats dem zuſtändigen Rentamte zu überſenden.

75. I Die Auszahlung der Gebühren der Zeugen und Sachverſtändigen obliegt dem Gerichtsſchreiber. Sie kann in beſonderen Ausnahmefällen mit Genehmigung des Gerichtsvorſtandes unbeſchadet der Haftung und Verantwortlichkeit des Gerichtsſchreibers einem anderen Beamten des Gerichts übertragen werden.

II Bei Vernehmungen außerhalb des Gerichtsſitzes haben die Richter und die Staats- und Amtsanwälte die Gebühren der Zeugen und Sachverſtändigen auf Grund von Vorſchüſſen auszubezahlen, die ſie von dem Gerichtsſchreiber erheben.

III Über die bezahlten Gebühren (Abſ. I, II) führt der Gerichtsſchreiber ein Verzeichnis — Muſter 25 —, das er am

Schlusse des Monats mit den erforderlichen Belegen (Ziff. 73 Abs. II) gegen Erstattung der bezahlten Beträge unter Abrechnung auf etwa erhaltene Vorschüsse dem Rentamt übergibt. Das Rentamt überträgt die Schlußziffern des Verzeichnisses in das Hauptverzeichnis (Ziff. 73).

IV Verlangt ein in einer Untersuchungssache vorgeladener Zeuge wegen Dürftigkeit einen Vorschuß für seine Auslagen, so ist nach Ziff. 3 der Ministerialbekanntmachung vom 27. September 1879 (GVBl. S. 1285, JMBl. S. 544) zu verfahren.

76. Für die Verrechnung und Auszahlung der Verpflegungskosten der Gefangenen bleiben bis auf weiteres die Vorschriften der Ministerialbekanntmachung vom 23. April 1883 (JMBl. S. 179, FMBl. S. 146) und der Ministerialbekanntmachung vom 29. Januar 1913 (JMBl. S. 6, FMBl. S. 150) maßgebend.

77. I Die Gebühren der Verteidiger nach § 150 RStPO. (Ziff. 73 Abs I c) und die übrigen Kosten (Ziff. 73 Abs. I e) werden vom Rentamt in ein Verzeichnis — Muster 26 — eingestellt, dessen Gesamtziffer in das Hauptverzeichnis zu übertragen ist. Die Kostenaufrechnungen der Empfangsberechtigten (Ziff. 73 Abs. II) sind dem die Untersuchung führenden Richter oder Staatsanwalt zur Bestätigung der Leistung oder Verrichtung, für welche die Kosten aufgerechnet werden, vorzulegen. Wurden die Kosten durch die Verhandlung vor dem erkennenden Gericht veranlaßt, so obliegt die Bestätigung dem Vorsitzenden. Die Ortsüblichkeit der aufgerechneten Beträge ist erforderlichenfalls durch die Ortsbehörde oder eine andere Behörde auf den Kostenaufrechnungen bescheinigen zu lassen.

II Die im Laufe eines Monats einkommenden Kostenaufrechnungen werden bei dem Gerichte gesammelt und nach Vormerkung der aufgerechneten Beträge im Kostenverzeichnis (Ziff. 87) am Schlusse des Monats dem Rentamt übergeben.

III Unter die übrigen Kosten (Ziff. 73 Abs. I e) fallen auch die baren Auslagen, die bei den bayerischen Zivilgerichten auf Ersuchen von bayerischen Militärgerichten oder von Militärgerichten anderer Bundesstaaten in Untersuchungen gegen Militärpersonen erwachsen (ME. vom 10. Oktober 1878 GVBl. S. 441).

IV Die von den Amtsrichtern, Untersuchungsrichtern oder Staatsanwälten gewährten Unterstützungen an mittellose Beschuldigte und Angeklagte zur Bestreitung der Kosten der Reise an den Gerichtssitz und des Aufenthalts daselbst (vgl. Entschl. des Staatsministeriums der Justiz vom 28. Januar 1909 Nr. 2130) werden aus den Regiemitteln des Gerichts oder der Staatsanwaltschaft vorgeschossen. Die vorgeschossenen Beträge sind unter Beifügung der Empfangsbestätigungen der Unterstützten am Schlusse jedes Jahres, nach Bedarf auch während des Jahres, bei dem zuständigen Rentamte zum Ersatz anzumelden, das die ausgezahlten Beträge in das Verzeichnis nach Abs. I einstellt.

78. I Das monatliche Hauptverzeichnis (Ziff. 73) ist vom Rentamte samt den besonderen Verzeichnissen und den Belegen spätestens am 11. jedes Monats zur Prüfung und Festsetzung der Regierungsfinanzkammer vorzulegen. Die Festsetzung hat längstens bis zum 20. jedes Monats zu erfolgen, worauf das Hauptverzeichnis nebst den besonderen Verzeichnissen und den Belegen mit der Zahlungseinweisung dem Rentamte wieder zugeleitet wird. Das Rentamt zahlt die festgesetzten Beträge, soweit sie nicht, wie die Zeugen- und Sachverständigengebühren, schon vorher zu bestreiten waren, ohne Verzug an die Empfangsberechtigten aus.

II Das Rentamt ist ermächtigt, den Untersuchungsrichtern und den ihnen beigegebenen Beamten zwei Dritteile der nach der Ziff. 74 aufgerechneten Tagegelder und Reisekosten jeweils am Schlusse des Monats bei Übergabe der Tagebuchauszüge gegen Zwischenquittungen auszuzahlen. Die Auszahlung des Restbetrags erfolgt unter Umtausch der Zwischenquittungen nach der Verrechnungseinweisung.

79. I Bestehen gegen aufgerechnete Auslagen im Sinne des § 79 RGKG. Bedenken, so ist, falls nicht bloß Rechnungsverstöße vorliegen, die Berichtigung der Ansätze gemäß § 4 RGKG., § 17 RGO. f. Z. u. S. beim Gerichte zu beantragen.

II Erfolgt eine Änderung des Ansatzes, so ist der Gerichtsschreiber zwecks Richtigstellung des Kostenverzeichnisses (Ziff. 87) hiervon in Kenntnis zu setzen.

III Irrungen geringfügiger Art sind nicht zum Gegenstande richterlicher Entscheidung zu machen.

b) Die Erhebung und Verrechnung der Geldstrafen, Kosten und durchlaufenden Gelder und die Prüfung des Kostenwesens in Strafsachen.

80. I Die Berechnung und Sollstellung der in Strafsachen anfallenden Geldstrafen, Gebühren, Auslagen und durchlaufenden Gelder obliegt dem Gerichtsschreiber. Die Gebühren**berechnung** hat der Gerichtsschreiber der Instanz vorzunehmen, während die **Sollstellung** der in allen Instanzen angefallenen Beträge durch den Gerichtsschreiber des Gerichts der ersten Instanz erfolgt.

II Dem Gerichtsschreiber obliegt die Vereinnahmung der vor der Abgabe des Einzugsregisters an das Rentamt erlegten Gebührenvorschüsse (Ziff. 84 Abs. I), der Auslagenvorschüsse (Ziff. 84 Abs. II) und der zur Abwendung von Freiheitsstrafen auf der Gerichtsschreiberei erlegten Geldstrafen (Ziff. 95).

III Im übrigen erfolgt vorbehaltlich der Vorschrift der Ziff. 81 die Einforderung und Einhebung der in Strafsachen anfallenden Gelder durch die Rentämter, denen auch die zwangsweise Beitreibung und Verrechnung obliegt. Zuständig ist das Rentamt, in dessen Bezirk das Gericht erster Instanz seinen Sitz hat. In den Städten, in denen sich mehrere Rentämter befinden, obliegt die Erhebung, Beitreibung und Verrechnung der in Forstrügesachen anfallenden Gelder dem Rentamte, zu dem der Landbezirk gehört. Hinsichtlich der Zuständigkeit der Stadtrentämter in München und der Rentämter in Nürnberg, Augsburg und Regensburg verbleibt es bis auf weiteres bei den Ministerialbekanntmachungen vom 10. April 1911, 27. Dezember 1910 und 23. Oktober 1904 (FMBl. 1911 S. 282, 12, 1904 S. 210).

81. I Den mit der Behandlung des Strafkostenwesens bei den Amtsgerichten München, Nürnberg, Augsburg und Würzburg betrauten Gerichtsschreibern obliegt die Einhebung und zwangsweise Beitreibung sämtlicher Geldstrafen, Kosten und durchlaufenden Gelder in Strafsachen mit Ausnahme der Forstrügesachen. Hierbei finden die nachstehenden Vorschriften mit der Maßgabe Anwendung, daß die Einzugsregister für je einen Monat anzulegen und vierteljährlich mit einem summarischen Verzeichnisse (Muster 40) samt Belegen dem zuständigen Rentamte (Ziff. 80 Abs. III) zu übersenden sind. Das Rentamt stellt die Endziffern dieses Ver-

zeichnisses in die der Regierungsfinanzkammer vorzulegende Hauptübersicht (Ziff. 96) ein. Die Abrechnung mit dem Rentamte geschieht vierteljährlich. Die Vorschriften der Ziff. 37 finden entsprechende Anwendung.

II Für den Bezirk des früheren Amtsgerichts München II obliegt die Einhebung, Beitreibung und Verrechnung der Geldstrafen, Kosten und durchlaufenden Gelder in Strafsachen dem Landrentamt München.

82. I Die dem verurteilten Beschuldigten zur Last fallenden Beträge sind nach dem Eintritte der Rechtskraft des Urteils oder des Strafbefehls zu Soll zu stellen (vgl. § 96 RGKG.), jedoch bleibt im Falle der Verurteilung zu einer in einem Amts- oder Landgerichtsgefängnisse zu verbüßenden Freiheitsstrafe von nicht mehr als 6 Wochen die Sollstellung bis zur Anzeige des Gefängniswärters über die Entlassung aus der Strafhaft ausgesetzt. Ist in letzterem Falle neben der Freiheitsstrafe zugleich auf Geldstrafe erkannt, so ist die Sollstellung sofort nach dem Eintritte der Rechtskraft des Urteils vorzunehmen.

II Hinsichtlich der Gebühren und Auslagen, die einem freigesprochenen oder außer Verfolgung gesetzten Angeklagten (§§ 499, 500 RStPO.), einem Privatkläger, Nebenkläger oder Anzeiger zur Last fallen, bemißt sich der Zeitpunkt der Sollstellung nach § 93 RGKG.

III Die Sollstellung der dem Verurteilten zur Last fallenden Haftkosten erfolgt auf Grund der bei der Beendigung der Haft zu erstattenden Anzeige des Gefängniswärters (§ 23 Abs. II der MinBek. vom 23. April 1883 — JMBl. S. 179, FMBl. S. 146).

83. I Zur Sollstellung der angefallenen Beträge ist je ein gesondertes Einzugsregister über die Geldstrafen und Kosten in Strafsachen (Strafkostenregister, Muster 27) und über die Geldstrafen, Kosten, Wert- und Schadenersätze in Forstrügesachen (Forststrafenregister, Muster 28) zu führen. Die Einzugsregister sind fortlaufend zu numerieren und am 1. und 16. jedes Monats an das Rentamt (Ziff. 80 Abs. III, 81 Abs. II) zu übersenden.

II Die Strafkostenregister (Muster 27) sind vor der Abgabe an das Rentamt dem mit der Strafvollstreckung betrauten Beamten, sohin dem Amtsrichter für die bei den Amts- und

Schöffengerichten behandelten Strafsachen, dem Staatsanwalte für die übrigen Strafsachen, zur Beifügung des Ersuchens um Beitreibung der erkannten Geldstrafen vorzulegen.

84. I Die von dem Privatkläger oder dem Nebenkläger gemäß § 83 RGKG. einzufordernden Gebührenvorschüsse sind sogleich nach ihrer Fälligkeit im Einzugsregister zu Soll zu stellen und im Falle der Einzahlung bei der Gerichtsschreiberei vor Abgabe des Einzugsregisters vom Gerichtsschreiber für Rechnung des Rentamts zu erheben und nach Vormerkung der Einzahlung im Einzugsregister mit diesem an das Rentamt abzuliefern.

II Die in Privatklagesachen oder von dem Nebenkläger gemäß § 84 RGKG. eingezahlten Auslagenvorschüsse sind in das Vorschußregister (Muster 8) einzustellen und nach Maßgabe der diesem Register vorgedruckten Vorschriften zu behandeln. Für die Einforderung der Auslagenvorschüsse ist die Anordnung des Gerichts maßgebend, bei dem der Gerichtsschreiber nötigenfalls rechtzeitig die Einforderung anzuregen hat.

85. In das Einzugsregister sind auch die Kosten, die durch eine auf Ersuchen eines anderen Bundesstaats erfolgte Ablieferung oder Untersuchungshaft- oder Strafvollstreckung entstanden und von diesem Staate gemäß § 165 RGVG. zu ersetzen sind, ferner die Kosten der Haft bei Strafvollstreckungen gegen Personen des Beurlaubtenstandes (vgl. MinBek. vom 9. Juni 1882 — JMBl. 134, FMBl. 171) einzustellen. Als pflichtig ist in der Bemerkungsspalte die ersuchende Behörde zu bezeichnen.

86. I Bei amtsbekannter Vermögenslosigkeit des Pflichtigen, insbesondere, wenn die Verurteilung wegen Bettels oder Landstreicherei erfolgt ist, kann der Gerichtsschreiber mit Zustimmung des Amtsrichters oder des Staatsanwalts von der Einstellung der Strafen und Kosten in das Einzugsregister Abstand nehmen.

Jedem Einzugsregister ist ein Verzeichnis derjenigen Personen beizugeben, bezüglich derer von dieser Befugnis Gebrauch gemacht wurde (Muster 29, 30).

II Erachtet das Rentamt die Zahlungsunfähigkeit nicht als gegeben, so ist auf dessen Anregung der Fall im nächsten Einzugsregister zu behandeln.

III Die Vorſchriften der Abſ. I, II gelten nicht in Forſtrügeſachen.

87. I Die Gerichtsſchreiber haben in allen Strafſachen, die nicht durch amtsrichterlichen Strafbefehl erledigt werden, nach dem Inhaltsverzeichnis als erſtes Aktenſtück ein Koſtenverzeichnis — Muſter 31 — zu führen. Die Anfertigung des Koſtenverzeichniſſes kann mit Ausnahme der Fälle der Privatklage und der Fälle, in denen ſich ein Nebenkläger eines Rechtsmittels bedient, bis zur Sollſtellung der angefallenen Beträge im Einzugsregiſter ausgeſetzt werden. Unterbleibt die Sollſtellung, ſei es in Ermangelung einer zahlungspflichtigen Perſon oder wegen deren Mittelloſigkeit (vgl. Ziff. 86), ſo entfällt auch die Führung des Koſtenverzeichniſſes.

II In dem Koſtenverzeichniſſe ſind alle in der Sache erwachſenen Koſten (Tagegelder, Reiſekoſten, Zeugen- und Sachverſtändigengebühren uſw.) einſchließlich der nur für den Fall der Beitreibung der Koſten von dem Verurteilten aufgerechneten Beträge, ferner die eingeforderten Gebühren- und Auslagenvorſchüſſe, die angefallenen Geldſtrafen, Gebühren und ſonſtigen Gelder ſowie die im Laufe des Verfahrens getroffenen Feſtſtellungen über das Vermögen des Verurteilten vorzumerken.

88. I Die Richter und die Staatsanwälte haben die bei der Vornahme von Unterſuchungshandlungen entſtehenden Koſten auf den betreffenden Aktenſtücken oder auf einem in die Akten einzulegenden beſonderen Blatte vorzumerken. Sind die Koſten in der Verhandlung vor dem erkennenden Gericht erwachſen, ſo obliegt die Vormerkung dem Vorſitzenden.

II Die Gebühren mehrerer in einer Sache vernommener Zeugen können in einer Summe vorgemerkt werden.

III Trifft ein Koſtenbetrag, z. B. die Tagegelder und Reiſekoſten einer auswärtigen Dienſtreiſe, zugleich auf mehrere Strafſachen, ſo obliegt die Entſcheidung der Koſten auf die einzelnen Strafſachen dem pflichtgemäßen Ermeſſen des die Unterſuchung vornehmenden Beamten. Die Verteilung iſt in der Regel nach dem Verhältniſſe der für die einzelnen Strafſachen aufgewendeten Zeit vorzunehmen.

89. I Das Rentamt hat nach Empfang der Einzugsregiſter (Ziff. 83) ohne Verzug die Einhebung und nötigenfalls die

Beitreibung der von den Pflichtigen geschuldeten Beträge vorzunehmen. Das Beitreibungsverfahren muß binnen längstens 2 Monaten nach Empfang der Einzugsregister durchgeführt sein.

II Hinsichtlich der Einhebung von Kostenbeträgen bis zu 20 ℳ mittels Postnachnahme finden die Vorschriften der Ziff. 34 entsprechende Anwendung. Das Verfahren bei der Beitreibung bemißt sich, soweit nicht die besonderen Vorschriften der Art. 182 ff. des Forstgesetzes Platz greifen, nach den allgemeinen Vorschriften über die zwangsweise Beitreibung der Staatsgefälle. In Forstrügesachen ist die Beitreibung zu unterlassen, wenn die Möglichkeit besteht, die geschuldeten Beträge den Pflichtigen an ihren Arbeitslöhnen abzuziehen.

III Das Rentamt hat am Schlusse jedes Monats dem Staatsanwalt und dem Amtsrichter (Ziff. 83 Abs. II) eine auf Grund des Strafkostenregisters (Muster 27) gefertigte Zusammenstellung der durch Einzahlung der Geldstrafen erledigten Nummern des Anzeigeverzeichnisses zu übersenden.

90. Werden auf Grund amtsgerichtlicher Strafbefehle von den Pflichtigen Zahlungen beim Rentamte geleistet, bevor das den Sollbetrag der Zahlung ausweisende Einzugsregister an das Rentamt gelangt ist, so sind die gezahlten Beträge in das einschlägige Subjournal (§ 86 der Geschäftsanweisung für die Rentämter, FMBl. 1903 S. 248) einzutragen und die Zahlung nach Empfang des Einzugsregisters in diesem zu vermerken.

91. Die eingegangenen durchlaufenden Gelder sind sofort nach der Einzahlung oder in regelmäßigen Zeitabschnitten, jedoch spätestens allmonatlich, in Forstrügesachen spätestens bis zur Vorlage der vierteljährlichen Haupt-Übersicht (Ziff. 96), gegen Quittung an die Empfangsberechtigten hinauszuvergüten. Die innerhalb eines Monats oder eines Vierteljahrs hinausvergüteten Beträge können in einem Quittungsverzeichnisse — Muster 32 — zusammengestellt werden.

92. I Das Rentamt hat die Verurteilten, von denen die Geldstrafen nicht beigetrieben werden konnten, in besondere Verzeichnisse — Muster 33 bis 36 — einzustellen. Die Verzeichnisse Muster 33 und 34 sind mit einer Zweitschrift dem zuständigen Amtsrichter oder Staatsanwalte zur Vollstreckung der für den Fall der Uneinbringlichkeit der Geldstrafen aus-

gesprochenen Freiheitsstrafen, die Verzeichnisse Muster 35 und 36 dem zuständigen Amtsgerichte mit dem Antrag auf Umwandlung der Geldstrafen in Freiheitsstrafen gemäß Art. 54 ff. des Forstgesetzes zu übersenden. Die Versendung hat spätestens binnen 2 Monaten nach Empfang des Einzugsregisters zu erfolgen.

II Die Zweitschriften der Verzeichnisse Muster 33 und 34 und das Verzeichnis Muster 36 sind an das Rentamt zurückzuleiten und bilden Beilagen zu den vierteljährlichen Haupt-Übersichten (Ziff. 96). Die Verzeichnisse haben in der Regel nur die in einem Monat angefallenen Geldstrafen, jedenfalls aber nur solche aus einem und demselben Vierteljahre zu enthalten.

93. I Über die uneinbringlich gebliebenen Geldstrafen, Kosten und durchlaufenden Gelder mit Ausnahme jener in Forstrügesachen hat das Rentamt ein Verzeichnis — Muster 37 — anzufertigen, das samt den Uneinbringlichkeitsbelegen mit der vierteljährlichen Haupt-Übersicht (Ziff. 96) der Regierungsfinanzkammer vorzulegen ist.

II Die uneinbringlich gebliebenen Forstrügeeinnahmen sind in dem Verzeichnisse Muster 36 nachzuweisen. Zu diesem Zwecke sind in dieses Verzeichnis gegebenenfalls nach der Strafumwandlung (Ziff. 92), auch die uneinbringlichen Kosten, Wert- und Schadenersätze einzustellen. Die Summen der einzelnen Verzeichnisse sind auf dem letzten Verzeichnisse für das Vierteljahr zusammenzustellen und die Endsumme in die Hauptübersicht (Ziff. 96) zu übertragen. Die uneinbringlichen Wert- und Schadenersätze der Gemeinden, Stiftungen und Privaten sind mittels eines doppelt herzustellenden Verzeichnisses — Muster 38 — den Empfangsberechtigten zur eigenen Beitreibung (Art. 185 des Forstgesetzes) zu überweisen. Die Überweisung ist von den Empfangsberechtigten auf der an das Rentamt zurückzuleitenden Zweitschrift des Verzeichnisses zu bescheinigen. Die Überweisungsbescheinigungen bilden Belege zu dem Verzeichnisse Muster 36.

94. In Forstrügesachen kann das Rentamt von einem Beitreibungsversuch Umgang nehmen, wenn die Zahlungsunfähigkeit des Verurteilten und der als zivilverantwortlich erklärten Personen amtsbekannt ist, und eine Möglichkeit, die geschuldeten Beträge den Pflichtigen an ihren Arbeitslöhnen

abzuziehen, nicht besteht. Solche Schuldner sind, wenn auf Geldstrafe erkannt ist, ausgeschieden von den übrigen Schuldnern in das Verzeichnis Muster 35 einzutragen. Sind nur Kosten und Wert- und Schadenersätze geschuldet, so sind diese Beträge unter Bestätigung der amtsbekannten Zahlungsunfähigkeit in das Verzeichnis Muster 36 unter Abteilung A einzustellen.

95. Werden Geldstrafen, die in die Verzeichnisse nach Ziff. 86 und 92 aufgenommen wurden, zur Abwendung der Freiheitsstrafen nachträglich ganz oder teilweise auf der Gerichtsschreiberei erlegt, so sind die eingezahlten Beträge vom Gerichtsschreiber für Rechnung des Rentamts anzunehmen, wie neue Anfälle im Einzugsregister zu behandeln und mit diesem an das Rentamt abzuliefern. Über solche Einnahmen hat der Gerichtsschreiber ein Verzeichnis — Muster 39 — zu führen, in das auch die Gebührenvorschüsse (Ziff. 84 Abs. I) einzustellen sind.

96. I Die Rentämter haben auf Grund der Einzugsregister vierteljährlich Hauptübersichten — Muster 40, 41 — herzustellen und diese mit den Einzugsregistern und den dazu gehörigen Belegen am Schlusse jedes Vierteljahrs der Regierungsfinanzkammer zur Prüfung und Verrechnungseinweisung vorzulegen. Den Übersichten sind jeweils die Einzugsregister des dem abgelaufenen Vierteljahre vorangegangenen Vierteljahrs zugrundezulegen, so daß beispielsweise die am Schlusse des ersten Kalendervierteljahrs vorzulegende Übersicht auf Grund der Einzugsregister für die Zeit vom 1. Oktober bis 31. Dezember des vorangegangenen Jahres herzustellen ist.

II Die bei der Regierungsfinanzkammer vorzunehmende Prüfung hat sich im wesentlichen auf die rechnerische Richtigkeit der aus den Registern in die Übersicht übertragenen Ziffern, auf die richtige Hinausvergütung der den Gemeinden, Armenpflegen usw. zukommenden Strafbeträge sowie auf jene Auslagen zu erstrecken, die nicht schon bei der Vorlage des monatlichen Hauptverzeichnisses (Ziff. 73) geprüft wurden. Die Richtigkeit der Kostenansätze ist insoweit zu prüfen, als dies auf Grund der Einträge in den Registern ohne weiteres geschehen kann. Bedenken, die sich ohne Einsicht der Akten oder Verhandlungen nicht beheben lassen, sind für die örtliche

Prüfung (Ziff. 64) vorzumerken. Verstöße von untergeordneter Bedeutung sind nicht zum Gegenstande von Erinnerungen zu machen. Die Vorschriften der Ziff. 63 Abs. III finden entsprechende Anwendung.

III Zur Verrechnung werden nur die wirklich eingegangenen Beträge eingewiesen.

97. I Die Prüfung der Richtigkeit und Vollständigkeit der Gebührenansätze sowie der Überträge in die Einzugsregister erfolgt auf Grund der Akten probeweise durch die zur örtlichen Prüfung an die Gerichte abgeordneten Prüfungsbeamten (vgl. Ziff. 64). Die Prüfung hat sich auch auf die Verzeichnisse der Pflichtigen, bezüglich derer wegen amtsbekannter Vermögenslosigkeit die Sollstellung unterlassen wurde (Ziff. 86), auf das Vorschußregister (Ziff. 84 Abs. II), auf das Register über hinterlegte Entschädigungen für Reisekosten und Versäumnisse (§ 38 der Dienstvorschriften für die Gerichtsschreiber vom 14. Sept. 1879 — JMBl. S. 743) und auf die Richtigkeit und Vollständigkeit der Übertragung der in den Akten vorgemerkten Auslagen in die Kostenverzeichnisse zu erstrecken.

II Wegen des Verfahrens bei der Erhebung und Bescheidung von Prüfungserinnerungen finden die Vorschriften der Ziff. 64 Abs. V entsprechende Anwendung.

98. I Über die rückständigen Sollbeträge hat das Rentamt ein dem Einzugsregister nachzubildendes Rückstandsregister zu führen. In das Rückstandsregister sind die bei der Vorlage der vierteljährlichen Hauptübersichten an die Regierungsfinanzkammer (Ziff. 96) bestehenden Rückstände, soweit sie sich nicht zur Abschreibung (vgl. Ziff. 93) oder zur Aufnahme in das nach Abs. III zu führende Vormerkungsregister eignen, einzeln einzutragen. Für die Rückstände in Forstrügesachen ist erforderlichenfalls ein eigenes Rückstandsregister anzulegen.

II Das Rückstandsregister wird mit der Hauptübersicht für das vierte Vierteljahr der Regierungsfinanzkammer vorgelegt. Rückstände, die zu dieser Zeit noch bestehen, sind zuvor in das Rückstandsregister für das nächste Jahr zu übertragen. Die Summen der im Rückstandsregister vereinnahmten Beträge sind den Schlußziffern der Hauptübersicht für das vierte Vierteljahr zuzusetzen.

III Rückstände, die von dem Schuldner zunächst nicht beigetrieben werden können, deren Zahlung ihm aber beim Eintritte gewisser Umstände, z. B. bei einem zu gewärtigenden künftigen Vermögensanfalle, möglich ist, sind nicht in das Rückstandsregister, sondern in ein besonderes Vormerkungsregister einzustellen. Das Vormerkungsregister ist dem Rückstandsregister nachzubilden und so anzulegen, daß es für mehrere Jahre gebraucht werden kann. Es ist alljährlich mit dem Rückstandsregister an die Regierungsfinanzkammer einzusenden und mit den Nachweisen zu belegen, daß die Gründe noch fortbestehen, aus denen von der Beitreibung einstweilen abgesehen werden muß. Die Summen der im Vormerkungsregister vereinnahmten Beträge sind in die Hauptübersicht für das vierte Vierteljahr zu übertragen.

99. I Nachholungen und Rückvergütungen sind in besonderen, für je ein Jahr anzulegenden Nachholungs- und Rückvergütungsregistern durchzuführen.

II Minderungen an noch nicht eingehobenen Sollbeträgen sind wie Uneinbringlichkeitsfälle zu behandeln.

III In der Hauptübersicht für das vierte Vierteljahr sind die Nachholungen den wirklichen Einnahmen zuzusetzen und sodann die Rückvergütungen abzuziehen.

IV Im übrigen finden die Vorschriften der Ziff. 66 entsprechende Anwendung.

100. Der Gerichtsschreiber hat die bei der Besorgung des Strafkostenwesens anfallenden Einnahmen und Ausgaben in das Kassa-Tagebuch (Ziff. 54) einzutragen. Ist die Besorgung des Strafkostenwesens einem besonderen rechnungsführenden Gerichtsschreiber übertragen, so hat dieser ein eigenes Kasse-Tagebuch zu führen.

III. Schluß- und Übergangsbestimmungen.

101. I Die Kosten für die Anschaffung der in dieser Bekanntmachung vorgeschriebenen Register und Formblätter fallen vorbehaltlich der Bestimmung des Abs. III der Staatskasse zur Last.

II Den gebührenverrechnenden Beamten werden ihre bezüglichen Auslagen von dem Rentamt oder der Kasse, mit der sie über die Kosten abrechnen, ersetzt.

III Die Koſten für die bei den Notaren verwendeten Regiſter und Formblätter haben die Notare zu tragen.

102. Die in dieſer Bekanntmachung vorgeſchriebenen Koſten- und Stempelregiſter und Einzugsregiſter ſind erſt vom 1. Januar 1916 an in Gebrauch zu nehmen. Für das Rechnungsjahr 1915 ſind die bisherigen Gebühren- und Einzugsregiſter beizubehalten.

103. Die früheren Vollzugsbekanntmachungen über das Gebühren- und Koſtenweſen, insbeſondere

die Bekantmachung vom 25. Dezember 1899 zum Vollzuge des Reichs-Gerichtskoſtengeſetzes und des Geſetzes über das Gebührenweſen (JMBl. 1900 S. 343, FMBl. 1899 S. 300) mit Ausnahme der auf das Koſtenweſen der Gerichtsvollzieher bezüglichen Vorſchriften (§§ 6 Abſ. IV, 9, 14, 16, 59, 61—63, 66, 68 Abſ. IV, 69),

die Bekanntmachung vom 24. September 1879 über das Koſtenweſen in gerichtlichen Strafſachen (JMBl. S. 1425, FMBl. S. 245) und

die revidierten Vorſchriften zum Vollzuge des Forſtgeſetzes vom 10. Oktober 1879 (JMBl. S. 1625, FMBl. S. 321), ſoweit ſie die Regelung des Koſtenweſens in Forſtrügeſachen zum Gegenſtande haben,

treten außer Wirkſamkeit.

München, den 20. Juni 1915.

v. Breunig.

Hilfstafel I

zur Berechnung der Gebühr des Art. 56 Ziff. 3a KG.

Der in dieser Hilfstafel berechnete Gebührenbetrag ist nur dann maßgebend, wenn er höher ist als der doppelte Betrag der Gebühr, welche die Aktiengesellschaft, Kommanditgesellschaft auf Aktien oder Gesellschaft mit beschränkter Haftung, sofern sie Einzelkaufmann wäre, nach ihrer Gewerbsteuer gemäß Art. 56 Ziff. 1a zu bezahlen hätte.

Betrag des Gesellschaftskapitals bis einschließlich	Gebührenbetrag	Betrag des Gesellschaftskapitals bis einschließlich	Gebührenbetrag	Betrag des Gesellschaftskapitals bis einschließlich	Gebührenbetrag
ℳ	ℳ	ℳ	ℳ	ℳ	ℳ
50 000	30	320 000	62	550 000	85
100 000	40	330 000	63	560 000	86
110 000	41	340 000	64	570 000	87
120 000	42	350 000	65	580 000	88
130 000	43	360 000	66	590 000	89
140 000	44	370 000	67	600 000	90
150 000	45	380 000	68	610 000	91
160 000	46	390 000	69	620 000	92
170 000	47	400 000	70	630 000	93
180 000	48	410 000	71	640 000	94
190 000	49	420 000	72	650 000	95
200 000	50	430 000	73	660 000	96
210 000	51	440 000	74	670 000	97
220 000	52	450 000	75	680 000	98
230 000	53	460 000	76	690 000	99
240 000	54	470 000	77	700 000	100
250 000	55	480 000	78	710 000	101
260 000	56	490 000	79	720 000	102
270 000	57	500 000	80	730 000	103
280 000	58	510 000	81	740 000	104
290 000	59	520 000	82	750 000	105
300 000	60	530 000	83	760 000	106
310 000	61	540 000	84	770 000	107

Betrag des Gesellschaftskapitals bis einschließlich	Gebührenbetrag	Betrag des Gesellschaftskapitals bis einschließlich	Gebührenbetrag	Betrag des Gesellschaftskapitals bis einschließlich	Gebührenbetrag
ℳ	ℳ	von jeden weiteren 10 000 ℳ noch 1 ℳ sohin bei:		ℳ	ℳ
		ℳ	ℳ		
780 000	108	1 050 000	135	2 200 000	250
790 000	109	1 100 000	140	2 250 000	255
800 000	110	1 150 000	145	2 300 000	260
810 000	111	1 200 000	150	2 350 000	265
820 000	112	1 250 000	155	2 400 000	270
830 000	113	1 300 000	160	2 450 000	275
840 000	114	1 350 000	165	2 500 000	280
850 000	115	1 400 000	170	2 550 000	285
860 000	116	1 450 000	175	2 600 000	290
870 000	117	1 500 000	180	2 650 000	295
880 000	118	1 550 000	185	2 700 000	300
890 000	119	1 600 000	190	2 750 000	305
900 000	120	1 650 000	195	2 800 000	310
910 000	121	1 700 000	200	2 850 000	315
920 000	122	1 750 000	205	2 900 000	320
930 000	123	1 800 000	210	2 950 000	325
940 000	124	1 850 000	215	3 000 000	330
950 000	125	1 900 000	220	4 000 000	430
960 000	126	1 950 000	225	5 000 000	530
970 000	127	2 000 000	230	6 000 000	630
980 000	128	2 050 000	235	7 000 000	730
990 000	129	2 100 000	240	8 000 000	830
1 000 000	130	2 150 000	245	9 000 000	930
				10 000 000	1 030

Hilfstafel II

zur Berechnung der Gebühren des Art. 82 und 83 des KG.

Mündelvermögen			einmalige Gebühr	jährliche Gebühr
	ℳ		ℳ	ℳ
	1 000— 1 200	einschließlich	4	0.40
mehr als	1 200— 1 500	„	5	0.50
„ „	1 500— 1 800	„	6	0.60
„ „	1 800— 2 100	„	7	0.70
„ „	2 100— 2 400	„	8	0.80
„ „	2 400— 2 700	„	9	0.90
„ „	2 700— 3 000	„	10	1.—
„ „	3 000— 3 300	„	11	1.10
„ „	3 300— 3 600	„	12	1.20
„ „	3 600— 3 900	„	13	1.30
„ „	3 900— 4 200	„	14	1.40
„ „	4 200— 4 500	„	15	1.50
„ „	4 500— 4 800	„	16	1.60
„ „	4 800— 5 100	„	17	1.70
„ „	5 100— 5 400	„	18	1.80
„ „	5 400— 5 700	„	19	1.90
„ „	5 700— 6 000	„	20	2.—
„ „	6 000— 6 400	„	21	2.10
„ „	6 400— 6 800	„	22	2.20
„ „	6 800— 7 200	„	23	2.30
„ „	7 200— 7 600	„	24	2.40
„ „	7 600— 8 000	„	25	2.50
„ „	8 000— 8 400	„	26	2.60
„ „	8 400— 8 800	„	27	2.70
„ „	8 800— 9 200	„	28	2.80
„ „	9 200— 9 600	„	29	2.90
„ „	9 600—10 000	„	30	3.—
„ „	10 000—10 400	„	31	3.10
„ „	10 400—10 800	„	32	3.20
„ „	10 800—11 200	„	33	3.30
„ „	11 200—11 600	„	34	3.40
„ „	11 600—12 000	„	35	3.50

Mündelvermögen				einmalige Gebühr	jährliche Gebühr
		ℳ		ℳ	ℳ
mehr	als	12 000—12 400	einschließlich	36	3.60
„	„	12 400—12 800	„	37	3.70
„	„	12 800—13 200	„	38	3.80
„	„	13 200—13 600	„	39	3.90
„	„	13 600—14 000	„	40	4.—
„	„	14 000—14 400	„	41	4.10
„	„	14 400—14 800	„	42	4.20
„	„	14 800—15 200	„	43	4.30
„	„	15 200—15 600	„	44	4.40
„	„	15 600—16 000	„	45	4.50
„	„	16 000—16 400	„	46	4.60
„	„	16 400—16 800	„	47	4.70
„	„	16 800—17 200	„	48	4.80
„	„	17 200—17 600	„	49	4.90
„	„	17 600—18 000	„	50	5.—
„	„	18 000—18 400	„	51	5.10
„	„	18 400—18 800	„	52	5.20
„	„	18 800—19 200	„	53	5.30
„	„	19 200—19 600	„	54	5.40
„	„	19 600—20 000	„	55	5.50
„	„	20 000—20 400	„	56	5.60
„	„	20 400—20 800	„	57	5.70
„	„	20 800—21 200	„	58	5.80
„	„	21 200—21 600	„	59	5.90
„	„	21 600—22 000	„	60	6.—
„	„	22 000—22 400	„	61	6.10
„	„	22 400—22 800	„	62	6.20
„	„	22 800—23 200	„	63	6.30
„	„	23 200—23 600	„	64	6.40
„	„	23 600—24 000	„	65	6.50
„	„	24 000—24 400	„	66	6.60
„	„	24 400—24 800	„	67	6.70
„	„	24 800—25 200	„	68	6.80
„	„	25 200—25 600	„	69	6.90
„	„	25 600—26 000	„	70	7.—

Mündelvermögen			einmalige Gebühr	jährliche Gebühr
	ℳ		ℳ	ℳ
mehr als	26 000—26 400	einschließlich	71	7.10
„ „	26 400—26 800	„	72	7.20
„ „	26 800—27 200	„	73	7.30
„ „	27 200—27 600	„	74	7.40
„ „	27 600—28 000	„	75	7.50
„ „	28 000—28 400	„	76	7.60
„ „	28 400—28 800	„	77	7.70
„ „	28 800—29 200	„	78	7.80
„ „	29 200—29 600	„	79	7.90
„ „	29 600—30 000	„	80	8.—
„ „	30 000—30 400	„	81	8.10
„ „	30 400—30 800	„	82	8.20
„ „	30 800—31 200	„	83	8.30
„ „	31 200—31 600	„	84	8.40
„ „	31 600—32 000	„	85	8.50
„ „	32 000—32 400	„	86	8.60
„ „	32 400—32 800	„	87	8.70
„ „	32 800—33 200	„	88	8.80
„ „	33 200—33 600	„	89	8.90
„ „	33 600—34 000	„	90	9.—
„ „	34 000—34 400	„	91	9.10
„ „	34 400—34 800	„	92	9.20
„ „	34 800—35 200	„	93	9.30
„ „	35 200—35 600	„	94	9.40
„ „	35 600—36 000	„	95	9.50
„ „	36 000—36 400	„	96	9.60
„ „	36 400—36 800	„	97	9.70
„ „	36 800—37 200	„	98	9.80
„ „	37 200—37 600	„	99	9.90
„ „	37 600—38 000	„	100	10.—
„ „	38 000—38 400	„	101	10.10
„ „	38 400—38 800	„	102	10.20
„ „	38 800—39 200	„	103	10.30
„ „	39 200—39 600	„	104	10.40
„ „	39 600—40 000	„	105	10.50

		Mündelvermögen		einmalige Gebühr	jährliche Gebühr
		ℳ		ℳ	ℳ
mehr	als	40 000—40 400	einschließlich	106	10.60
"	"	40 400—40 800	"	107	10.70
"	"	40 800—41 200	"	108	10.80
"	"	41 200—41 600	"	109	10.90
"	"	41 600—42 000	"	110	11.—
"	"	42 000—42 400	"	111	11.10
"	"	42 400—42 800	"	112	11.20
"	"	42 800—43 200	"	113	11.30
"	"	43 200—43 600	"	114	11.40
"	"	43 600—44 000	"	115	11.50
"	"	44 000—44 400	"	116	11.60
"	"	44 400—44 800	"	117	11.70
"	"	44 800—45 200	"	118	11.80
"	"	45 200—45 600	"	119	11.90
"	"	45 600—46 000	"	120	12.—
"	"	46 000—46 400	"	121	12.10
"	"	46 400—46 800	"	122	12.20
"	"	46 800—47 200	"	123	12.30
"	"	47 200—47 600	"	124	12.40
"	"	47 600—48 000	"	125	12.50
"	"	48 000—48 400	"	126	12.60
"	"	48 400—48 800	"	127	12.70
"	"	48 800—49 200	"	128	12.80
"	"	49 200—49 600	"	129	12.90
"	"	49 600—50 000	"	130	13.—
"	"	50 000—50 400	"	131	13.10
"	"	50 400—50 800	"	132	13.20
"	"	50 800—51 200	"	133	13.30
"	"	51 200—51 600	"	134	13.40
"	"	51 600—52 000	"	135	13.50
"	"	52 000—52 400	"	136	13.60
"	"	52 400—52 800	"	137	13.70
"	"	52 800—53 200	"	138	13.80
"	"	53 200—53 600	"	139	13.90
"	"	53 600—54 000	"	140	14.—

Mündelvermögen				einmalige Gebühr	jährliche Gebühr
		ℳ		ℳ	ℳ
mehr	als	54 000—54 400	einschließlich	141	14.10
"	"	54 400—54 800	"	142	14.20
"	"	54 800—55 200	"	143	14.30
"	"	55 200—55 600	"	144	14.40
"	"	55 600—56 000	"	145	14.50
"	"	56 000—56 400	"	146	14.60
"	"	56 400—56 800	"	147	14.70
"	"	56 800—57 200	"	148	14.80
"	"	57 200—57 600	"	149	14.90
"	"	57 600—58 000	"	150	15.—
"	"	58 000—58 400	"	151	15.10
"	"	58 400—58 800	"	152	15.20
"	"	58 800—59 200	"	153	15.30
"	"	59 200—59 600	"	154	15.40
"	"	59 600—60 000	"	155	15.50
"	"	60 000—60 400	"	156	15.60
"	"	60 400—60 800	"	157	15.70
"	"	60 800—61 200	"	158	15.80
"	"	61 200—61 600	"	159	15.90
"	"	61 600—62 000	"	160	16.—
"	"	62 000—62 400	"	161	16.10
"	"	62 400—62 800	"	162	16.20
"	"	62 800—63 200	"	163	16.30
"	"	63 200—63 600	"	164	16.40
"	"	63 600—64 000	"	165	16.50
"	"	64 000—64 400	"	166	16.60
"	"	64 400—64 800	"	167	16.70
"	"	64 800—65 200	"	168	16.80
"	"	65 200—65 600	"	169	16.90
"	"	65 600—66 000	"	170	17.—
"	"	66 000—66 400	"	171	17.10
"	"	66 400—66 800	"	172	17.20
"	"	66 800—67 200	"	173	17.30
"	"	67 200—67 600	"	174	17.40
"	"	67 600—68 000	"	175	17.50

Mündelvermögen			einmalige Gebühr	jährliche Gebühr
	ℳ		ℳ	ℳ
mehr als	68 000—68 400	einschließlich	176	17.60
„ „	68 400—68 800	„	177	17.70
„ „	68 800—69 200	„	178	17.80
„ „	69 200—69 600	„	179	17.90
„ „	69 600—70 000	„	180	18.—
„ „	70 000—70 400	„	181	18.10
„ „	70 400—70 800	„	182	18.20
„ „	70 800—71 200	„	183	18.30
„ „	71 200—71 600	„	184	18.40
„ „	71 600—72 000	„	185	18.50
„ „	72 000—72 400	„	186	18.60
„ „	72 400—72 800	„	187	18.70
„ „	72 800—73 200	„	188	18.80
„ „	73 200—73 600	„	189	18.90
„ „	73 600—74 000	„	190	19.—
„ „	74 000—74 400	„	191	19.10
„ „	74 400—74 800	„	192	19.20
„ „	74 800—75 200	„	193	19.30
„ „	75 200—75 600	„	194	19.40
„ „	75 600—76 000	„	195	19.50
„ „	76 000—76 400	„	196	19.60
„ „	76 400—76 800	„	197	19.70
„ „	76 800—77 200	„	198	19.80
„ „	77 200—77 600	„	199	19.90
„ „	77 600—78 000	„	200	20.—
„ „	78 000—78 400	„	201	20.10
„ „	78 400—78 800	„	202	20.20
„ „	78 800—79 200	„	203	20.30
„ „	79 200—79 600	„	204	20.40
„ „	79 600—80 000	„	205	20.50
„ „	80 000—80 400	„	206	20.60
„ „	80 400—80 800	„	207	20.70
„ „	80 800—81 200	„	208	20.80
„ „	81 200—81 600	„	209	20.90
„ „	81 600—82 000	„	210	21.—

Mündelvermögen				einmalige Gebühr	jährliche Gebühr
		ℳ		ℳ	ℳ
mehr	als	82 000—82 400	einschließlich	211	21.10
„	„	82 400—82 800	„	212	21.20
„	„	82 800—83 200	„	213	21 30
„	„	83 200—83 600	„	214	21.40
„	„	83 600—84 000	„	215	21.50
„	„	84 000—84 400	„	216	21.60
„	„	84 400—84 800	„	217	21.70
„	„	84 800—85 200	„	218	21.80
„	„	85 200—85 600	„	219	21.90
„	„	85 600—86 000	„	220	22.—
„	„	86 000—86 400	„	221	22.10
„	„	86 400—86 800	„	222	22.20
„	„	86 800—87 200	„	223	22.30
„	„	87 200—87 600	„	224	22.40
„	„	87 600—88 000	„	225	22.50
„	„	88 000—88 400	„	226	22.60
„	„	88 400—88 800	„	227	22.70
„	„	88 800—89 200	„	228	22.80
„	„	89 200—89 600	„	229	22.90
„	„	89 600—90 000	„	230	23.—
„	„	90 000—90 400	„	231	23.10
„	„	90 400—90 800	„	232	23.20
„	„	90 800—91 200	„	233	23.30
„	„	91 200—91 600	„	234	23.40
„	„	91 600—92 000	„	235	23.50
„	„	92 000—92 400	„	236	23.60
„	„	92 400—92 800	„	237	23.70
„	„	92 800—93 200	„	238	23.80
„	„	93 200—93 600	„	239	23.90
„	„	93 600—94 000	„	240	24.—
„	„	94 000—94 400	„	241	24.10
„	„	94 400—94 800	„	242	24.20
„	„	94 800—95 200	„	243	24.30
„	„	95 200—95 600	„	244	24.40
„	„	95 600—96 000	„	245	24.50

Mündelvermögen			einmalige Gebühr	jährliche Gebühr
	ℳ		ℳ	ℳ
mehr als	96 000— 96 400	einschließlich	246	24.60
„ „	96 400— 96 800	„	247	24.70
„ „	96 800— 97 200	„	248	24.80
„ „	97 200— 97 600	„	249	24.90
„ „	97 600— 98 000	„	250	25.—
„ „	98 000— 98 400	„	251	25.10
„ „	98 400— 98 800	„	252	25.20
„ „	98 800— 99 200	„	253	25.30
„ „	99 200— 99 600	„	254	25.40
„ „	99 600—100 000	„	255	25.50
	von jeden weiteren 400 ℳ		noch 1	0.10

Zur Berechnung der Gebühr des Art. 82 aus Mündelvermögen von mehr als 100 000 ℳ ist zunächst das Mündelvermögen auf den nächsthöheren durch 400 ohne Rest teilbaren Betrag aufzurunden. Hiervon sind die ersten 100 000 ℳ abzuziehen; der Rest ist alsdann mit 400 zu dividieren. Der sich hierdurch ergebende Betrag stellt zuzüglich des Betrags von 255 ℳ für die ersten 100 000 ℳ die in Ansatz zu bringende Gebühr dar.

Beträgt z. B. das Mündelvermögen 788 500 ℳ, so ist anzusetzen:

	788 800 ℳ	
hiervon ab:	100 000 „	
bleiben:	688 000 „	= 1 722 ℳ
dividiert mit	400 „	
hierzu Gebühr für die ersten 100 000 ℳ		255 „
ergibt sich als in Ansatz zu bringende Gebühr		1 977 ℳ.

Die Gebühr des Art. 83 beträgt ein Zehnteil der Gebühr des Art. 82.

5. Bekanntmachung vom 20. Juni 1915 zum Vollzuge des Stempelgesetzes vom 21. August 1914.

(GVBl. 1915 S. 317).

K. Staatsministerium der Finanzen.

Auf Grund des § 16 der Königlichen Verordnung vom 28. Dezember 1914 (GVBl. S. 684) werden zum Vollzuge des Stempelgesetzes vom 21. August 1914 im Einverständnisse mit den übrigen Staatsministerien die nachstehenden Anordnungen erlassen:

I. Einleitende Bemerkungen.

1. I Nach Art. 1 Abs. I, Art. 3 Abs. I des Gesetzes vom 21. August 1914 über Änderungen im Gebührenwesen (GVBl. S. 437) sind mit dem 1. Januar 1915 an die Stelle des Gebührengesetzes das Kostengesetz und das Stempelgesetz getreten. Während das Kostengesetz die Gebühren und Auslagen für die der Landesbesteuerung unterliegenden gerichtlichen Verfahren und Verhandlungen der Notare sowie die Gebühren und Auslagen in der Verwaltung und Verwaltungsrechtspflege regelt, sind im Stempelgesetz alle jene Abgaben geregelt, die im wesentlichen nicht den Charakter von Gebühren, d. h. von Gegenleistungen für eine behördliche Tätigkeit tragen, sondern ihrer inneren Natur nach Verkehrssteuern oder Stempel im engeren Sinne sind.

II Das Stempelgesetz behandelt im I. Abschnitte den Stempel und im II. Abschnitte die Stempelersatzabgabe; der III. Abschnitt enthält allgemeine Bestimmungen.

2. I Die Vorschriften des Stempelgesetzes sind auf dem Prinzipe der Urkundenbesteuerung aufgebaut, d. h. die Stempelpflicht ist an das Vorliegen einer Urkunde geknüpft. Welche Urkunden stempelpflichtig sind, ist im Tarife bestimmt.

II Die im Tarif als stempelpflichtig aufgeführten Urkunden zerfallen in drei Gruppen:

eine Gruppe umfaßt die Urkunden des privaten Rechtsgeschäftsverkehrs (Rechtsgeschäftsbesteuerung),

eine weitere Gruppe die Urkunden über Genehmigungen, Erlaubniserteilungen und Verleihungen,

eine dritte Gruppe Abschriften, Ausfertigungen, Zeugnisse, Protokolle, Ausweiskarten und ähnliche Urkunden.

3. I Von den Urkunden des privaten Rechtsgeschäftsverkehrs sind von besonderer Bedeutung die Urkunden über die Geschäfte des Grundstücksverkehrs. Diese sind im Tarife schlechthin, d. h. ohne Rücksicht auf die Art der Beurkundung (ob privatschriftlich oder notariell) für stempelpflichtig erklärt. Vgl. die Tarifstellen 2 A (Abtretung von Hypotheken 2c.), 3 (Änderung des Inhalts eingetragener Rechte), 8 (Auflassung), 13 (Belastung einer Hypothek 2c.), 14 (Bestellung von Dienstbarkeiten 2c.), 23 (Grundstücksübertragungen), 24 (Bestellung von Hypotheken 2c.)

II Soweit solche Akte in Bayern gelegene Grundstücke oder grundstücksgleiche Rechte oder Rechte an solchen Grundstücken oder Rechten betreffen, sind sie in Bayern unter allen Umständen stempelpflichtig, sohin auch dann, wenn sie außerhalb Bayerns beurkundet sind (Art. 2 Abs II StG.). Akte dieser Art führen regelmäßig zu einem Grundbucheintrag in Bayern. Der Stempel ist beim Grundbuchamt zu erheben, wenn das Grundbuchamt die stempelpflichtige Beurkundung vorgenommen hat oder wenn ihm in Bayern nichtversteuerte stempelpflichtige Urkunden zur Vornahme einer Eintragung eingereicht werden (Art. 16 Abs. II StG.). Letzteres gilt namentlich wenn die Geschäfte von außerbayerischen Behörden oder Notaren beurkundet oder beglaubigt sind.

4. I Von den Geschäften des Mobiliarverkehrs ist ein erheblicher Teil im Tarif ausdrücklich nur dann für stempelpflichtig erklärt, wenn sie von einem bayerischen Notar beurkundet oder beglaubigt sind. Vgl. die Tarifstellen 2 C (Abtretung von Forderungen oder Rechten), 4 (Anerkennung der Vaterschaft eines unehelichen Kindes vor dem Notar), 27 Abs. 1 b (Kauf- und Tauschverträge über bewegliche Sachen), 28 (Leibrenten- und Rentenverträge), 29 (Miet- und Pachtverträge), 35 (Schuldverschreibungen), 36 B (Sicherstellung von Forderungen), 42 (sonstige Verträge). Die Urkunden über solche Geschäfte sind daher nicht stempelpflichtig,

wenn sie von einem außerbayerischen Notar errichtet oder beglaubigt oder wenn sie von einer anderen bayerischen Behörde als einem Notar, z. B. von einem Gerichte oder privatschriftlich beurkundet sind.

II Einige Geschäfte des Mobiliarverkehrs sind im Tarife schlechthin, also ohne Rücksicht auf die Art der Beurkundung, dem Stempel unterworfen. Vgl. die Tarifstellen 9 (Auseinandersetzungen in Ansehung eines Nachlasses oder Gesamtguts), 34 (Schiedssprüche), 36 A (Lombarddarlehen), 38 (Verfügungen von Todes wegen), 41 C (öffentliche Mobiliarversteigerungen), 43 (Vollmachten zur Vornahme von Geschäften rechtlicher Natur bei Gerichten oder Behörden). Bei diesen Geschäften ist die Stempelpflicht lediglich an das Vorliegen einer über das Geschäft errichteten Urkunde geknüpft, ohne Unterschied, ob die Urkunde von einem bayerischen oder außerbayerischen Notar, von einer bayerischen oder außerbayerischen Behörde oder nur privatschriftlich errichtet ist. Diese Stempelpflicht erleidet jedoch eine Einschränkung nach Art. 2 StG. Danach sind solche Urkunden in Bayern nur dann stempelpflichtig, wenn sie in Bayern errichtet sind. Sind sie außerhalb Bayerns errichtet, so unterliegen sie dem Stempel nur dann, wenn sie in Bayern befindliche Gegenstände betreffen oder in Bayern zu erfüllen sind, und wenn überdies wenigstens einer der Beteiligten zur Zeit der Errichtung in Bayern seinen Wohnsitz hat oder von den Urkunden in Bayern Gebrauch gemacht wird. Außerhalb Bayerns ausgestellte Vollmachten unterliegen dem Stempel in Bayern, wenn von ihnen in Bayern Gebrauch gemacht wird.

5. Die außer den Urkunden des privaten Rechtsgeschäftsverkehrs dem Stempel unterstellten Urkunden über Genehmigungen, Bestätigungen, Erlaubniserteilungen und Verleihungen — Tarifstellen 19, 20, 40 — werden ebenso wie die weiter noch in den Tarifstellen 1, 6, 7, 10, 11, 12, 15, 21, 26, 31, 32, 33, 44, 45 aufgeführten Abschriften, Ausfertigungen, Beglaubigungen, Zeugnisse, Protokolle, Ausweiskarten (Jahreskarten für Automaten, Fischerkarten, Jagdkarten) und ähnlichen Urkunden von bayerischen Notaren, Behörden, Beamten, Prüfungskommissionen, Amtsärzten, Pfarrämtern ausgestellt. Die Stempelpflicht ist an das Vorliegen solcher amtlichen Urkunden geknüpft.

6. Nach Art. 197 des Kostengesetzes werden die Vorschriften des Stempelgesetzes durch das Kostengesetz nicht berührt. Sofern eine Urkunde nach den Vorschriften des Stempelgesetzes und des dazu gehörenden Tarifs stempelpflichtig ist, wird daher an der Stempelpflicht dadurch nichts geändert, daß die Urkunde in einem nach den Vorschriften des Kostengesetzes kostenpflichtigen Verfahren errichtet ist. Wird z. B. in einer Nachlaßsache vom Nachlaßgericht ein Nachlaßauseinandersetzungsvertrag beurkundet, so unterliegt diese Beurkundung des Nachlaßgerichts dem Stempel der Tarifstelle 9 ohne Rücksicht darauf, daß in der Nachlaßsache Gebühren nach Art. 93 ff. KG. angesetzt werden. Ebenso ist, wenn bei einer Distriktsverwaltungsbehörde in einer dort anhängigen Sache eine Vollmacht zu Protokoll erklärt wird, für die Vollmacht der Stempel der Tarifstelle 43 zu erheben ohne Rücksicht darauf, daß für die Aufnahme des Protokolls die Protokollgebühr des Art. 153 KG. angesetzt wird.

7. Der II. Abschnitt des Stempelgesetzes hat in seinem ersten Teile (Art. 19, 20) die Erhebung einer dem Grundstücksübertragungsstempel (Immobiliarstempel) entsprechenden Verkehrssteuer in solchen Fällen zum Gegenstand, in denen sich der Übergang von in Bayern gelegenen Grundstücken oder den Grundstücken gleichstehenden Rechten auf anderem als rechtsgeschäftlichen Wege vollzieht und infolgedessen für die Erhebung eines Urkundenstempels die erforderliche urkundliche Unterlage fehlt (Stempelersatzabgabe). Im zweiten Teile (Art. 21) ist eine Stempelersatzabgabe geregelt, die alle 20 Jahre von dem in Bayern gelegenen, in Grundstücken oder grundstücksgleichen Rechten bestehenden Vermögen von juristischen Personen, Gesellschaften, Genossenschaften und Vereinen als Ersatz dafür erhoben werden soll, daß an diesem Vermögen ein Eigentumsübergang, wie er sonst unter Privaten in größeren oder kleineren Zwischenräumen einzutreten pflegt, nicht eingetreten und infolgedessen ein Grundstücksübertragungsstempel nicht angefallen ist. Die Stempelersatzabgabe des Art. 19 entspricht der Besitzveränderungsgebühr des Art. 252, die Stempelersatzabgabe des Art. 20 dem Gebührenäquivalent des Art. 258 a, die Stempelersatzabgabe des Art. 21 dem Gebührenäquivalent des Art. 258 GG.

8. Die allgemeinen Bestimmungen des III. Abschnitts des Stempelgesetzes beziehen sich, wie schon ihre Stellung im Gesetz ergibt, sowohl auf den Stempel als auf die Stempelersatzabgabe.

9. [I] Da das Stempelgesetz am 1. Januar 1915 in Kraft getreten ist, sind alle im Tarif als stempelpflichtig aufgeführten Urkunden zu versteuern, die nach dem 31. Dezember 1914 errichtet sind (Art. 7 Abs. I StG.). Auf Urkunden, die vor dem 1. Januar 1915 ausgestellt sind, erstreckt sich die Stempelpflicht nach dem Stempelgesetze nicht. Eine Ausnahme besteht nur für Vollmachten der in der Tarifstelle 43 bezeichneten Art, die vor dem 1. Januar 1915 ausgestellt sind; solche Vollmachten werden stempelpflichtig, wenn von ihnen nach diesem Zeitpunkte Gebrauch gemacht wird (Art. 3 Abs. III des Gesetzes vom 21. August 1914 über Änderungen im Gebührenwesen). Wegen des Begriffes „Gebrauch" vgl. Ziff. 11 Abs. III unten.

[II] Nach dem Stempelgesetze tritt bei zweiseitigen Rechtsgeschäften, soweit der Tarif nicht etwas anderes bestimmt, die Stempelpflicht dann ein, wenn die beiderseitigen Parteierklärungen beurkundet sind; erst in diesem Zeitpunkt ist eine Urkunde im Sinne des Stempelgesetzes über das Rechtsgeschäft errichtet. Auch tritt in Fällen, in denen die Wirksamkeit eines Rechtsgeschäfts von der Genehmigung oder dem Beitritt einer Behörde oder eines Dritten abhängt, die Stempelpflicht nicht vor der Erteilung der Genehmigung oder der Erklärung des Beitritts ein (Art. 7 Abs. II StG.). Sind die Parteierklärungen oder ist das Rechtsgeschäft einerseits und die Erteilung der Genehmigung oder die Erklärung des Beitritts anderseits in verschiedenen Urkunden niedergelegt, so gelten die mehreren Urkunden für die Erhebung des Geschäftsstempels als eine Urkunde (Art. 6 Abs. I StG.). Diese Regelung weicht etwas von dem früheren Rechte ab (Art. 178 Abs. I, Art. 180 GG.). Ist die eine der mehreren zusammengehörenden Urkunden vor dem 1. Januar 1915, die andere erst nach diesem Zeitpunkt errichtet, so hat es hinsichtlich der Besteuerung mit verhältnismäßigen Abgaben bei der Anwendung des Gebührengesetzes zu bewenden, wenn die Urkunde bereits unter der Herrschaft des Gebührengesetzes nach dessen Vorschriften gebührenpflichtig geworden ist. Dies gilt auch hinsichtlich einer allenfallsigen Erstattung (Art. 178 Abs. III, Art 179 Abs. III, 180 GG.).

II. Bemerkungen zu den einzelnen Bestimmungen des Stempelgesetzes.

10. Zu Art. 1.

I Der Kreis der stempelpflichtigen Gegenstände ist durch den Tarif bestimmt. Der Tarif ist damit zu einem wesentlichen Bestandteile des Gesetzes selbst gemacht. Dem Stempel unterliegen die im Tarif aufgeführten Urkunden. Die Stempelpflicht hängt demnach materiell vom Vorhandensein eines im Tarif aufgeführten Gegenstandes und formell von der Ausstellung einer Urkunde ab. Fehlt es an einem dieser beiden Erfordernisse, so besteht keine Stempelpflicht. Die Stempelpflicht tritt daher nicht ein, wenn zwar ein im Tarif aufgeführtes Rechtsgeschäft abgeschlossen, jedoch eine Urkunde über dieses Rechtsgeschäft nicht errichtet wird. Ist dagegen eine Urkunde errichtet, so ist es für die Steuerpflicht ohne Belang, ob zur Rechtswirksamkeit des Geschäfts nach den Vorschriften des bürgerlichen Rechtes schriftliche Beurkundung erforderlich ist oder nicht.

II Die Aufzählung im Tarif ist erschöpfend. Urkunden über Geschäfte, die im Tarife nicht aufgeführt sind, unterliegen daher dem Stempel nicht, z. B. Erklärungen über Annahme oder Ausschlagung einer Erbschaft, Kündigungen, Mahnungen, Quittungen, außer wenn über sie eine Notariatsurkunde errichtet wird.

11. Zu Art. 2.

I Der Art. 2 regelt die räumliche Herrschaft des Gesetzes. Er unterwirft zunächst die in Bayern errichteten Urkunden dem Stempel. Bei den in Bayern errichteten Urkunden ist es daher für die Stempelpflicht an sich — nicht immer für die Höhe des Stempels — gleichgültig, ob der Aussteller Bayer oder Nichtbayer ist und ob das Geschäft in Bayern befindliche Gegenstände betrifft oder nicht, ob es in Bayern oder außerhalb Bayerns zu erfüllen ist.

II Bei den außerhalb Bayerns errichteten Urkunden soll die Territorialität der Geschäfte entscheiden. Hierbei steht der Art. 2 auf dem Standpunkte, daß alle Urkunden über Rechtsgeschäfte, die in Bayern gelegene

Grundstücke oder den Grundstücken gleichstehende Rechte oder Rechte an solchen Grundstücken oder Rechten betreffen, dem Stempel in Bayern unterliegen sollen ohne Rücksicht auf den Ort der Errichtung. Der Art. 2 Abs. II zieht somit für die Besteuerung in Bayern von vornherein und ohne jede Einschränkung die Urkunden über Gegenstände des bayerischen Immobiliarverkehrs heran.

III Die außerhalb Bayerns errichteten Urkunden über Rechtsgeschäfte anderer Art sind dem Stempel nur dann unterworfen, wenn sie in Bayern befindliche Gegenstände betreffen oder in Bayern zu erfüllen sind. Die Stempelpflicht solcher Urkunden tritt aber nicht ohne weiteres ein, sie ist vielmehr noch an die Voraussetzung geknüpft, daß von den Beteiligten wenigstens einer zur Zeit der Errichtung in Bayern seinen Wohnsitz hat oder daß von den Urkunden in Bayern Gebrauch gemacht wird. Eine Sonderbestimmung ist für außerhalb Bayerns ausgestellte Vollmachten getroffen. Diese sind stempelpflichtig, wenn von ihnen in Bayern im Rechtsverkehr Gebrauch gemacht wird. Im Rechtsverkehr wird von einer Vollmacht dadurch Gebrauch gemacht, daß sie zum Zwecke des Nachweises der Vertretungsmacht demjenigen vorgelegt wird, dem gegenüber die Vertretungsmacht ausgeübt werden soll. Bei Vollmachten der in der Tarifstelle 43 bezeichneten Art entscheidet daher die Einreichung beim Gericht oder bei der Behörde. Außerhalb Bayerns ausgestellte Vollmachten werden mithin stempelpflichtig, wenn sie bei einem bayerischen Gericht oder bei einer bayerischen Behörde eingereicht werden. Dies gilt jedoch nicht in Angelegenheiten, auf die das Reichs-Gerichtskostengesetz unmittelbare Anwendung findet; hier steht dem Eintritte der Stempelpflicht als Folge der Einreichung der § 2 Abs. 2 RGKG. entgegen.

IV In Bayern errichtet ist eine Urkunde nach Art. 2 Abs. I Satz 2 StG. schon dann, wenn eine von mehreren zu ihrem Zustandekommen erforderlichen Unterfertigungen (Art. 5 StG.) in Bayern bewirkt worden ist. Das gleiche gilt, wenn in den Fällen des Art. 6 Abs. I S. 1 StG. eine der mehreren Teilurkunden in Bayern unterfertigt wird.

12. Zu Art. 3, 4.

I Der Art. 3 regelt die persönlichen, der Art. 4 die sachlichen Stempelbefreiungen. Weitere Befreiungen als im

Stempelgesetze selbst vorgesehen sind, insbesondere das Armenrecht, können nicht gewährt werden.

II Die persönlichen Befreiungen des Art. 3 Abs. I entsprechen im wesentlichen den Vorschriften des Art. 3 Ziff. 2, 3 GG. Auch die Befreiung des Reichs und des bayerischen Staates (Ziff 2) ist für die Stempel aufrecht erhalten, zugleich ist die Befreiung zum Ausschlusse von Zweifeln auf alle jene Anstalten und Kassen erstreckt, die für Rechnung des Reichs oder des bayerischen Staates verwaltet werden oder die dem Reiche oder dem bayerischen Staate gleichgestellt sind. Für gewerbliche Betriebe (z. B. für die K Bank) gilt jedoch diese Befreiung nicht. Durch die Bestimmung in Ziff. 3 sind die persönlichen Befreiungen aufrecht erhalten, die über die Erhebung von Abgaben der im Stempelgesetze geregelten Art (Gebühren, Taxen oder Stempeln) in Sondergesetzen oder Verordnungen vorgesehen sind. Darunter fallen beispielsweise die persönliche Gebührenbefreiung der Armenverbände nach Art 15 Abs I des Armengesetzes vom 21. August 1914 (GVBl. S. 551) für alle ihre Angelegenheiten, die persönliche Stempelbefreiung, die sich aus der Bewilligung des Armenrechts nach § 115 der RZPO, § 14 des FGG, Art. 129 des AG. z. BGB, Art. 8 des AG. zum GVG. u. z. ZVG. ergibt, die persönliche Gebühren- und Stempelbefreiung der Hagelversicherungsanstalt, der Viehversicherungsanstalt, der Pferdeversicherungsanstalt und der den letzteren beiden Anstalten angehörenden Vereine hinsichtlich der in ihren Geschäftsbetrieb einschlagenden Geschäfte (Art. 22 des Hagelversicherungsgesetzes vom 23. April 1910 — GVBl. S 180 —, Art. 19 des Viehversicherungsgesetzes vom 23. April 1910 — GVBl. S. 187 —, Art. 19 des Pferdeversicherungsgesetzes vom 23 April 1910 — GVBl. S. 193 —).

III Über die Gewährung der Begünstigung nach Art. 3 Abs II entscheidet das Staatsministerium der Finanzen. Die beim Könige beglaubigten Vertreter anderer Staaten und die ihnen zugewiesenen Beamten, ferner die in deren Diensten stehenden Personen, sofern sie Ausländer sind (Exterritorialen), sind nach den geltenden völkerrechtlichen Grundsätzen von Personalsteuern und Steuern auf das bewegliche Vermögen befreit. Entsprechend sind sie auch zur Zahlung von Stempeln für Rechtsgeschäfte des Mobiliarverkehrs (z. B. Tarifstellen 2 B, 2 C, 27 Abs. I b, 29) nicht heranzuziehen. Eine Befreiung von den Stempeln für die Rechtsgeschäfte des Grundstücksverkehrs (z. B. Tarifstellen 2 A, 3, 8, 13, 14, 23, 24) oder eine Befreiung von Stempeln für von Behörden ausgehende Akte oder von sonstigen Stempeln, die nicht den Charakter reiner Mobiliarverkehrssteuern tragen (z. B. Tarifstellen 1, 10, 12, 21, 26, 44) kommt ihnen nicht zu.

IV Die Bestimmung des Art. 3 Abs. III soll ausschließen, daß ein persönlich vom Stempel Befreiter seinem Mitbeteiligten durch Übernahme des Stempels Vorteile aus seiner Befreiung zuwendet.

V Der Abs. IV gesteht zu, daß bei zweiseitigen Verträgen, bei denen auf der einen Seite ein persönlich vom Stempel Befreiter beteiligt ist, nur die Hälfte des Stempels zu entrichten ist.

VI Art. 4 Ziff. 1 erhält alle sachlichen Befreiungen aufrecht, die über die Erhebung von Gebühren, Taxen oder Stempeln von im Stempelgesetze geregelten Gegenständen in Sondergesetzen oder Verordnungen vorgesehen sind. Hierher gehören beispielsweise die Tax- und Stempelbefreiung der in das Brandversicherungswesen einschlagenden Gegenstände und Geschäfte (Art. 92 Abs. I des Gesetzes vom 3. April 1875, die Brandversicherungsanstalt für Gebäude betr. — GVBl. S 269 –), die Gebührenbefreiung für Hypothekbestellungen usw. zu Gunsten der Landeskulturrentenanstalt (Art. 31 des Gesetzes über die Landeskulturrentenanstalt – GVBl. 1908 S. 235 —), die Gebührenbefreiung für Hypothekbestellungen usw. zu Gunsten der Versicherungsanstalten (Art. 64 des AusfGes. vom 2. November 1912 zur Reichsversicherungsordnung — GVBl. S. 1135 —), die Gebührenbefreiung für Verhandlungen in Angelegenheiten der Zwangserziehung (Art. 12 Abs. III des Gesetzes vom 10. Mai 1902 — GVBl. S. 180 —), die Gebühren- und Stempelbefreiung für privatschriftliche Vollmachten, die nach der Reichs-Versicherungsordnung zum Ausweis und zu Nachweisungen erforderlich werden (§ 138 der Reichsversicherungsordnung vom 19. Juli 1911 — RGBl. S. 509 –).

VII Art. 4 Ziff. 2 befreit alle Urkunden, die zur Sicherung öffentlicher Abgaben des Reichs oder des bayerischen Staates beigebracht werden müssen, sofern sie allein zu diesem Zwecke dienen. Dies geht einerseits wesentlich weiter als die Vorschrift des Art. 194 Ziff. 2 GG., insofern die Befreiung nicht bloß auf die Bestellung von Sicherungshypotheken, sondern auf Urkunden jeglicher Art erstreckt ist. Anderseits aber ist die Befreiung auf Urkunden eingeschränkt, die zur Sicherung öffentlicher Abgaben des Reichs oder des bayerischen Staates beigebracht werden müssen.

VIII Art. 4 Ziff. 3 begünstigt Grundabtretungen und ähnliche Geschäfte zu öffentlichen Zwecken. Die Vorschrift hat hauptsächlich Grundabtretungen an Gemeinden zu Straßenherstellungszwecken u. dgl. im Auge und bestimmt, daß diese Geschäfte stempelfrei sein sollen, „soweit" sie im öffentlichen Interesse vorgenommen werden und die Grundabtretungen unentgeltlich erfolgen. Durch diese Fassung kommt zum Ausdrucke, daß, wenn die Voraussetzungen nur teilweise gegeben sind, teilweise Befreiung einzutreten hat. Wird daher zu einer städtischen Straßenanlage ein Grundstück im Werte von 20000 ℳ um den Preis von 5000 ℳ überlassen, so ist der Stempel aus 5000 ℳ und nicht aus 20000 ℳ zu erheben.

13. Zu Art. 5.

Eine Ausnahme von dem im Art. 5 aufgestellten Grundsatze, daß nur solche Urkunden dem Stempel unterliegen, die unterschrieben sind, enthält Tarifstelle 9 Abs. IV.

14. Zu Art. 6.

I Werden bei Rechtsgeschäften, an denen Mehrere beteiligt sind, die Erklärungen einzelner Beteiligter oder bei Rechtsgeschäften, deren Wirksamkeit von der Genehmigung oder dem Beitritt einer Behörde oder eines Dritten abhängt, die Genehmigungs- oder Beitrittserklärungen in gesonderten Urkunden beurkundet, so ist nach Art. 6 Abs. I der Geschäftsstempel für das Rechtsgeschäft nur einmal geschuldet. Hierdurch wird jedoch die Erhebung des fixen Beurkundungsstempels (Tarifstelle 30) für die notarielle Beurkundung der einzelnen Zustimmungs-, Genehmigungs- oder Beitrittserklärungen nicht berührt.

II Weil der Tarif nur wenige privatschriftlich errichtete Verträge (z. B. Tarifstelle 9, 36 A) für stempelpflichtig erklärt, ist das Anwendungsgebiet der Vorschrift des Abs. II sehr beschränkt. Ihre Bedeutung geht dahin, daß die durch

Briefwechsel geschlossenen Verträge stempelfrei sein sollen, wenn der Briefwechsel sich innerhalb des aus der Natur der Sache sich ergebenden Zweckes, nämlich innerhalb der Aufgabe hält, die Bedingungen des Geschäfts und die Einwilligung der Vertragschließenden zu erörtern, daß sie dagegen stempelpflichtig sein sollen, wenn die Schriftform nicht als bloßes Verständigungsmittel zwischen den Vertragschließenden, sondern in der Absicht gewählt ist, durch schriftliche Fixierung des Vertrags eine beweiskräftige Urkunde herzustellen.

15. Zu Art. 7, 8.

I Art. 7 Abs. I regelt die formelle Voraussetzung für den Eintritt der Stempelpflicht. Sie soll eintreten mit der Vollendung der Errichtung, also mit der Unterfertigung einer im übrigen vollständigen Urkunde oder mit der Einstellung des Namens des Bevollmächtigten in eine einstweilen in blanco ausgestellte Vollmachturkunde. In den Fällen, in denen der Tarif eine einseitige Erklärung besteuert (z. B. Tarifstellen 2 A, 2 C, 3, 13, 24), tritt daher die Steuerpflicht schon ein, wenn die Erklärung beurkundet ist, bei zweiseitigen Verträgen dagegen (z. B. Tarifstellen 9, 17, 18, 23 usw.) müssen, wenn die Steuerpflicht eintreten soll, alle Parteierklärungen beurkundet sein.

II Nach Art 7 Abs. II soll ferner, wenn die Wirksamkeit eines Rechtsgeschäfts von der Genehmigung oder dem Beitritt einer Behörde oder eines Dritten abhängig ist, die Urkunde vor der Erteilung dieser Genehmigung oder vor der Erklärung des Beitritts nicht stempelpflichtig sein. Dies gilt jedoch nur für den Fall, daß nach der Rechtslage zur Rechtswirksamkeit des Rechtsgeschäfts die Genehmigung oder der Beitritt der Behörde oder des Dritten notwendig ist, nicht auch für den Fall, daß die Parteien das Rechtsgeschäft unter der Bedingung vereinbaren, daß ein Dritter zustimmt oder beitritt. Im letzteren Falle ist der Art. 8 Abs. II einschlägig. Ist z. B. zu einem Kaufvertrage wegen Minderjährigkeit des Verkäufers die Genehmigung des Vormundschaftsgerichts erforderlich, so wird dieser Vertrag erst stempelpflichtig, wenn die Genehmigung des Vormundschaftsgerichts erteilt ist. Anders, wenn nach den Vertragsbestimmungen ein Anwesen nur dann verkauft sein soll, wenn dem Käufer darauf eine Wirtschafts- oder Apotheken-Konzession erteilt wird. In diesem Falle liegt eine aufschiebende Vertragsbedingung im Sinne des Art. 8 Abs. II vor.

III Die Stempelpflicht einer Urkunde bemißt sich ausschließlich nach ihrem Inhalte (Art. 8), was sich aus der Natur des Stempels als einer Urkundensteuer ohnedies ergibt. Umstände, die sich nicht aus der Urkunde selbst ergeben, dürfen stempelrechtlich nicht berücksichtigt werden. Für die Fälle, in denen auch aus dem Inhalte der Urkunde nicht erkennbare Umstände bei Beurteilung der Stempelpflicht in Betracht zu kommen haben, sind im Gesetz und im Tarife besondere Bestimmungen getroffen (z. B. § 8 Abs. II Satz 2, Abs. III, Tarifstelle 8 Abs. III c, d „erweislich", Tarifstelle 23 Abs. II, III „erweislich"). Für die Ermittelung des rechtsgeschäftlichen Inhalts einer stempelpflichtigen Urkunde gelten die allgemeinen Grundsätze über die Auslegung rechtsgeschäftlicher Erklärungen, namentlich der Grundsatz, daß bei Willenserklärungen der wirkliche Wille zu erforschen und nicht an dem buchstäblichen Sinne des Ausdrucks zu haften ist (§ 133 BGB.). Der Grundsatz, daß die Steuerpflicht der Urkunde sich nur nach dem Inhalte bemißt, soll nicht hindern, daß zur Feststellung des Willens der Parteien und des Gehalts ihrer Erklärungen Umstände berücksichtigt werden, die außerhalb der Urkunde liegen.

IV Die Stempelpflicht wird von der Beifügung von Bedingungen nicht beeinflußt. Die Wiederaufhebung oder die unterbliebene Ausführung des Geschäfts oder die Vernichtung der Urkunde befreit von der Verpflichtung zur Stempelentrichtung nicht. Etwaige Härten können auf dem Wege der Erstattung ausgeglichen werden (Art. 48). Eine Ausnahme läßt der Satz 2 des Art. 8 Abs. II nur für solche Geschäfte zu, die unter einer aufschiebenden Bedingung abgeschlossen sind. Wenn in einem solchen Falle binnen 3 Monaten von der Errichtung der Urkunde an nachgewiesen wird, daß die Bedingung nicht eingetreten ist, so ist der Stempel zu erstatten. Der Nachweis ist dorthin zu erbringen, wo der Stempel angesetzt wurde. Der Eintritt einer auflösenden Bedingung begründet niemals einen Anspruch auf Erstattung.

16. Zu Art. 9.

I Jedes Rechtsgeschäft ist ohne Rücksicht auf die Zahl der Beteiligten nur einmal zu besteuern. Wenn eine Urkunde mehrere Rechtsgeschäfte enthält, so bemißt sich die Stempelpflicht nach den Vorschriften der Abs. II bis IV. Diese Vorschriften lehnen sich, abgesehen von der Änderung im Abs. IV Satz 2, an das frühere Recht (Art. 186 GG.) an, so daß auch die hierzu ergangene Rechtsprechung Bedeutung behält. Namentlich ist auch die frühere Sondervorschrift (Art. 186 Abs. 2 GG.) beibehalten, nach welcher Erklärungen, die sich nur als Bedingungen des Hauptgeschäfts darstellen oder zur Erfüllung der Leistung oder der Gegenleistung des Hauptgeschäfts bedungen oder übernommen werden, insbesondere auch Bürgschaften und Pfandbestellungen, für die Stempelpflicht nicht als selbständige Rechtsgeschäfte anzusehen sind. Voraussetzung ist dabei, daß sie in der gleichen Urkunde wie das Hauptgeschäft enthalten sind. Wenn jedoch das Hauptgeschäft und die Nebengeschäfte unter verschiedene Tarifstellen fallen, so ist der Steuersatz nach der Tarifstelle bemessen, die den höchsten Stempelbetrag ergibt, da Abs. IV Satz 2 den Art. 8 Abs. I Satz 2 für anwendbar erklärt.

II Für die Anwendung des Abs. III entscheidet nicht die Angabe der Parteien, daß ein in einer Vertragsurkunde mitbeurkundetes Geschäft kein selbständiges Geschäft sein soll, sondern ausschließlich der wirkliche Sachverhalt. Wenn das mit einem Kaufvertrag in einer Urkunde zusammen beurkundete Geschäft ein Bestandteil des Kaufvertrags sein soll, so wird erforderlich sein, daß die Bestimmungen des Kaufvertrags über den Betrag, die Verzinslichkeit und Fälligkeit des Kaufpreises durch das mitbeurkundete Geschäft beeinflußt sind oder daß sonst die Eingehung der Verbindlichkeit in diesem Geschäfte für den Kaufvertrag eine Gegenleistung bildet (Entscheidungen des Obersten Landesgerichts in Zivilsachen Bd. 9 S. 175, Entscheidungen des Reichsgerichts in Zivilsachen Bd 64 S. 35). Wird in einem Kaufvertrage bei Ausweisung des Kaufpreises zur Sicherung des nicht bar zu zahlenden Kaufspreisteils Hypothek bestellt, so ist diese Hypothekbestellung gemäß Art. 9 Abs. IV nicht besonders zu versteuern. Auch Vereinbarungen über Konkurrenzverbote, Konventionalstrafen u. dgl. sind in der Regel keine selbständig stempelpflichtigen Rechtsgeschäfte. Die Unterwerfung unter die sofortige Zwangsvollstreckung in dem schuldbegründenden Vertrag ist kein selbständig zu bewertendes Geschäft, sondern lediglich eine Vertragsbedingung. Die in einem Pachtvertrag enthaltene Einräumung eines Vorkaufsrechts für den Pächter ist selbständig zu versteuern.

17. Zu Art. 12.

I Zur Entrichtung des Stempels (subjektive Stempelpflicht) ist bei den von bayerischen Behörden oder Beamten einschließlich der Notare vorgenommenen Beurkundungen verpflichtet, wer die Beurkundung veranlaßt hat (Abs. I Ziff. 1). Bei Privaturkunden aber schulden den Stempel, soweit einseitige Verpflichtungen oder Erklärungen in Frage stehen, die Aussteller der Schriftstücke (Abs. I Ziff. 2), soweit Verträge in Frage stehen, in der Regel alle Teilnehmer (Abs. I Ziff. 8). Für einzelne Arten von Geschäften bemißt sich die Stempelpflicht nach Abs. I Ziff. 3—7. Bei Versteigerungen der in der Tarifstelle 41 B bezeichneten Art — sogenannten freiwilligen Versteigerungen — sind zur Zahlung des Stempels alle Teilnehmer verpflichtet; als Teilnehmer gelten der Versteigerer und der Ansteigerer, dem der Zuschlag erteilt wird.

II Wenn ein Rechtsgeschäft durch einen Stellvertreter oder durch einen im eigenen Namen handelnden Beauftragten vorgenommen wird, so sind zur Zahlung des Stempels grundsätzlich der Vertreter und der Vertretene verpflichtet. Ausgenommen sind Rechtsanwälte und gesetzliche Vertreter. Steht z. B. dem Vertreter die Vertretungsmacht kraft elterlicher Gewalt oder als Vormund oder Beistand oder Pfleger zu, so ist nur der Vertretene zur Zahlung des Stempels verpflichtet. Der Rechtsanwalt haftet jedoch für den Vollmachtsstempel.

18. Zu Art. 13, 14.

I Der Art. 13 stellt die allgemeinen Grundsätze auf, daß mehrere nach Art. 12 zur Zahlung des Stempels Verpflichtete für den Stempel als Gesamtschuldner haften, ferner daß Vereinbarungen der Parteien untereinander über die Verpflichtung zur Tragung des Stempels der Staatskasse gegenüber unwirksam sind und demnach die im Art. 12 begründete subjektive Stempelpflicht nicht berühren.

II Der Art. 14 bestimmt für einzelne Fälle, daß neben den nach Art. 12 zur Zahlung des Stempels Verpflichteten noch andere Personen für den Stempel haftbar sein sollen. Auch in diesen Fällen haften die neben dem eigentlichen Schuldner Verpflichteten mit diesem als Gesamtschuldner.

III In allen Fällen, in denen für die Entrichtung des Stempels mehrere haften, liegt es jedoch in der Absicht des Gesetzes, daß, wenn nicht besondere Gründe bestehen, in erster Linie stets der zunächst Verpflichtete (Art. 12), und wenn nach Art. 12 mehrere zur Zahlung des Stempels verpflichtet sind, der Vertretene vor dem Vertreter und derjenige, der den Stempel zu tragen übernommen hat, vor den anderen in Anspruch genommen werden soll.

19. Zu Art. 15, 16.

Die Art. 15, 16 handeln von der Art der Erfüllung der Stempelpflicht. Nach diesen grundlegenden Vorschriften sowie nach den darauf aufgebauten weiteren Bestimmungen der §§ 2 bis 5 der K. Verordnung vom 28. Dezember 1914 zum Vollzuge des Stempelgesetzes vom 21. August 1914 gestaltet sich die Art der Erfüllung der Stempelpflicht wie folgt:

a) Bei stempelpflichtigen Urkunden, die von einem bayerischen Notar beurkundet sind, wird der Stempel vom Notar berechnet, angesetzt und eingehoben. Dem Notar obliegt auch der Ansatz und die Einhebung des Stempels für die von ihm erteilten Abschriften, Ausfertigungen sowie für alle sonstigen von ihm ausgehenden stempelpflichtigen Akte (Beglaubigungen, Protokolle usw.). Beglaubigt der Notar eine privatschriftliche Urkunde, so hat er hierfür den Beglaubigungsstempel (Tarifstelle 12) anzusetzen, außerdem aber auch zu prüfen, ob die privatschriftliche Urkunde selbst dem Stempel unterliegt. Unterliegt die beglaubigte privatschriftliche Urkunde dem Geschäftsstempel, so hat der Notar außer dem Beglaubigungsstempel auch den Geschäftsstempel anzusetzen und zu erheben, soweit er nicht bereits von den Beteiligten entrichtet ist (Art. 16 Abs. I StG). Ob die Frist des Art. 18 StG. bereits abgelaufen ist oder nicht, begründet keinen Unterschied. Dem Notar obliegt auch die Erhebung des Stempels, wenn ein noch nicht versteuertes privatschriftliches Inventar oder Vermögensverzeichnis einer notariellen Urkunde als Beilage beigereiht wird. Wird dem Notar aus Anlaß eines Amtsgeschäfts eine privatschriftliche stempelpflichtige Urkunde vorgelegt, die nicht oder nicht ausreichend versteuert ist, so kann der Notar den Stempel für die Urkunde ansetzen und erheben, auch wenn er die Urkunde nicht zu beglaubigen hat. In diesem Falle entfällt die Verpflichtung zur Anzeige nach Art. 38 StG.

b) Bei stempelpflichtigen Urkunden der Gerichtsvollzieher obliegt der Ansatz und die Erhebung des Stempels dem Gerichtsschreiber des Amtsgerichts oder, wenn bei einem Amtsgericht oder einer Gerichtsvollzieherei ein besonderer rechnungsführender Gerichtsschreiber aufgestellt ist, diesem. Stempelpflichtige Urkunden der Gerichtsvollzieher sind lediglich die in der Tarifstelle 31 aufgeführten Proteste, sofern sie von einem Gerichtsvollzieher aufgenommen sind, und die in der Tarifstelle 45 aufgeführten Zustellungsurkunden und Beglaubigungsakte Wird dem Gerichtsvollzieher zur Ausführung eines Auftrags eine stempelpflichtige Vollmacht übergeben, die nicht oder nicht ausreichend versteuert ist, so kann der Gerichtsschreiber den Stempel für die Vollmacht ansetzen und erheben. In diesem Falle entfällt die Verpflichtung zur Anzeige nach Art. 38 StG

c) Bei stempelpflichtigen Urkunden, die von einem bayerischen Gerichte beurkundet sind, hat der mit der Rechnungsführung betraute Gerichtsschreiber des Gerichts den Stempel zu berechnen, anzusetzen und einzuheben. Hierher gehören hauptsächlich gerichtlich beurkundete Eintragungsbewilligungen (Tarifstellen 2 A Abs. II, 3 Abs. II, 13 Abs. II, 14 Abs II, 24 Abs. VII). Auflassungen (Tarifstelle 8), Auseinandersetzungsverträge (Tarifstelle 9), Vollmachten (Tarifstelle 43) usw. Diesem Gerichtsschreiber obliegt ferner auch der Ansatz und die Erhebung des Stempels in den Fällen, in denen dem Gerichte sei es zur Vornahme einer Eintragung im Grundbuch oder zum gerichtlichen Gebrauch oder zur Erlangung einer gerichtlichen Genehmigung oder Bestätigung eine nicht von einem bayerischen Notar errichtete oder beglaubigte stempelpflichtige Urkunde vorgelegt wird, die nicht oder nicht ausreichend versteuert ist (Art. 16 Abs. II StG.). Im Falle der Vorlage solcher nicht von einem bayerischen Notar errichteter oder beglaubigter Urkunden, z. B. einer privatschriftlich erteilten Vollmacht, eines privatschriftlichen Inventars oder Vermögensverzeichnisses, das einer gerichtlichen Urkunde als Beilage beigereiht wird, obliegt daher dem Gerichtsschreiber die Prüfung der ordnungsmäßigen Versteuerung. Sind die Urkunden nicht oder nicht ausreichend versteuert, so hat der Gerichtsschreiber den fehlenden Stempel anzusetzen und zu erheben. Ob die Frist des Art. 18 StG. bereits abgelaufen ist oder nicht, begründet keinen Unterschied. Dem rechnungsführenden Gerichtsschreiber obliegt auch die Erhebung des Stempels für die eigenhändigen Testamente, die nicht zu Lebzeiten des Erblassers versteuert worden sind. Dem Gerichtsschreiber des Oberlandesgerichts obliegt ferner die Erhebung des Stempels der Tarifstelle 20 A von den der Aufsicht der Oberlandesgerichte unterstehenden Fideikommissen.

d) Der Stempel für Urkunden der Verwaltungsbehörden oder sonstigen Behörden, bei denen Verwaltungskosten nach dem Kostengesetz erhoben werden, ist bei diesen Behörden nach den für die Erhebung der Verwaltungskosten bestehenden Vorschriften anzusetzen und zu erheben. Hiernach obliegt der Ansatz und die Erhebung des Stempels bei den Bezirksämtern, den exponierten Bezirksamtsassessoren und den Kreisregierungen den hierzu berufenen Beamten, bei sonstigen Behörden, die Kosten nach dem Kostengesetz erheben (Ministerien, kreisunmittelbare Gemeinden, einem Bezirksamt unterstehende Gemeinden usw.), den mit der Erhebung der Kosten betrauten Organen. Als stempelpflichtige Urkunden kommen bei den Verwaltungsbehörden hauptsächlich in Betracht: Beurkundungen der Distriktsverwaltungsbehörden gemäß Art. 26 des Ausführungsgesetzes zur Reichs-Zivilprozeßordnung und Konkursordnung in der Fassung der Bekanntmachung vom

26. Juni 1899 (Tarifstellen 8, 23), Urkunden über Erlaubniserteilungen und Genehmigungen (Tarifstelle 19), Beurkundungen von besonderen Verleihungen (Tarifstelle 40), zu Protokoll der Behörden erklärte Vollmachten sowie privatschriftliche Vollmachten, die unversteuert eingereicht werden (Tarifstelle 43), Urkunden der in den Tarifstellen 6, 7 bezeichneten Art, Fischerkarten (Tarifstelle 21), Jagdkarten und Jagdwaffenscheine (Tarifstelle 26).

e) Durch Verwendung von Stempelmarken ist der Stempel zu entrichten in den Fällen der Tarifstelle 15 (Diplome der Doktoren und Lizentiaten), der Tarifstelle 31 (Proteste), der Tarifstelle 33 (Prüfungszeugnisse), der Tarifstelle 36 A (Urkunden über Lombarddarlehen), der Tarifstelle 38, wenn eigenhändige Testamente zu Lebzeiten des Erblassers versteuert werden oder wenn Verfügungen von Todes wegen zu versteuern sind, die nach § 2249 BGB. vor dem Gemeindevorsteher errichtet sind, ferner in den Fällen der Tarifstelle 43 (Vollmachten) und der Tarifstellen 44 b und 44 c (Zeugnisse der Amtsärzte und der Pfarrämter) Wenn jedoch ein Protest der in der Tarifstelle 31 bezeichneten Art von einem Notar oder einem Gerichtsvollzieher errichtet ist, so tritt an die Stelle der Verwendung von Stempelmarken die Erhebung des Stempels durch den Notar oder Gerichtsvollzieher. In den Fällen ferner, in denen eine Vollmacht (Tarifstelle 43) von einem Notar, einem Gericht oder einer Behörde, bei der Verwaltungskosten nach dem Kostengesetz erhoben werden, beurkundet oder eine privatschriftlich errichtete noch nicht versteuerte Vollmacht von einem Notar beglaubigt wird, ist der Stempel an Stelle der Verwendung von Stempelmarken nach Maßgabe der für die Stempelerhebung bei den Notaren, den Gerichten und den Behörden, bei denen Verwaltungskosten nach dem Kostengesetz erhoben werden, bestehenden Vorschriften zu erheben. Nach den für die Kostenerhebung bei den Gerichten und den Verwaltungsbehörden bestehenden Vorschriften ist der Stempel auch zu entrichten, wenn eine nicht oder nicht genügend versteuerte privatschriftliche Vollmacht einem Gericht oder einer Behörde, bei der Verwaltungskosten erhoben werden, eingereicht wird. Diese Bestimmung findet jedoch auf Vollmachten, die bei Behörden der Verkehrsverwaltung eingereicht werden, keine Anwendung. Für solche Vollmachten ist der Stempel stets durch Verwendung von Stempelmarken zu entrichten.

f) Bei privatschriftlichen Urkunden sowie bei Urkunden außerbayerischer Notare oder Behörden ist der Stempel, soweit es sich nicht um Urkunden handelt, für welche die Stempelpflicht durch Verwendung von Stempelmarken zu erfüllen ist, durch Vorlage der Urkunde und Einzahlung des geschuldeten Betrags an ein Rentamt zu entrichten. Für diese Art der Stempelentrichtung kommen hauptsächlich in Betracht privatschriftlich oder von nichtbayerischen Notaren oder Behörden beurkundete Auseinandersetzungsverträge (Tarifstelle 9) und Schiedssprüche (Tarifstelle 34). Schiedssprüche sind ausnahmslos in allen Fällen dem Rentamte zur Versteuerung vorzulegen. Dagegen kann bei privatschriftlich oder von nichtbayerischen Notaren oder Behörden beurkundeten Auseinandersetzungsverträgen die Vorlage an das Rentamt unterbleiben und die Erhebung des Stempels dem Notar oder dem Gerichtsschreiber überlassen werden, wenn der Vertrag demnächst von einem bayerischen Notar beglaubigt oder bei einem bayerischen Gericht eingereicht wird.

g) Durch Einzahlung beim Rentamte sind zu entrichten der Stempel von Jahreskarten für Automaten und Musikwerke (Tarifstelle 11), der Stempel für nicht notariell beurkundete öffentliche Mobiliarversteigerungen (Tarifstelle 41 C), ferner der Auflassungsstempel im Falle der Übertragung des Eigentums an einem Grundstücke, das im Grundbuche nicht eingetragen ist und nach den Vorschriften der Grundbuchordnung nicht eingetragen zu werden braucht (Tarifstelle 8 Abs. V), wenn die Erklärungen des Erwerbers und des Veräußerers nicht durch einen bayerischen Notar beurkundet sind. Durch Einzahlung beim Rentamte sind auch zu entrichten die jährliche Abgabe der Tarifstelle 20 B sowie der Stempel der Tarifstelle 20 A, soweit dieser von Familienstiftungen oder von anderen gebundenen Gütern als den der Aufsicht der Oberlandesgerichte unterstehenden Familienfideikommissen zu entrichten ist.

20. Zu Art. 17.

Aus Art. 17 ergibt sich für die Mitglieder der Schiedsgerichte die Verpflichtung, ihre Schiedssprüche (Tarifstelle 34) vor der Aushändigung (vgl. auch Art. 39 Abs. I Satz 2 StG.) dem Rentamte zur Versteuerung vorzulegen. Ferner haben die Amtsärzte und die Pfarrer die von ihnen ausgestellten stempelpflichtigen Zeugnisse (Tarifstellen 44 b, 44 c) vor der Aushändigung (vgl. Art. 39 Abs. I Satz 2 StG.) für Rechnung der Pflichtigen mit der erforderlichen Stempelmarke zu versehen.

21. Zu Art. 18.

I Die Vorschriften über die Zeit der Erfüllung der Stempelpflicht beruhen auf dem Grundsatze, daß sowohl Behörden, Beamte und Notare als auch Privatpersonen die Urkunden, bei deren Errichtung sie mitgewirkt haben und hinsichtlich deren ihnen die Sorge für die Erfüllung der Stempelpflicht obliegt, wenn nicht schon vorher, jedenfalls versteuern sollen, bevor sie die Urkunden aus der Hand geben. Soweit hiernach die Versteuerung nicht schon in kürzerer Frist erforderlich wird, ist für die Erfüllung der Stempelpflicht eine Frist von zwei Wochen zugelassen. Die Frist beginnt mit dem Eintritte der Stempelpflicht. Ausnahmen sind jedoch vorgesehen im Abs. I unter Ziff. 2 (Rückkehr der Beteiligten nach Bayern), dann im Abs. II.

II In den Fällen, in denen der Stempel nicht durch Stempelmarkenverwendung, sondern durch Einzahlung bei Notaren, Gerichten oder Behörden zu entrichten ist, darf die zwangsweise Einhebung vor Ablauf der Fristen des Art. 18 nicht beginnen, dagegen wird der Ansatz und die Sollstellung des Stempels nicht dadurch gehindert, daß die Fristen des Art. 18 noch nicht abgelaufen sind.

22. Zu Art. 19 bis 22.

I Der Art. 19 regelt die Stempelersatzabgabe für die Fälle, in denen das Eigentum an einem Grundstück oder den Grundstücken gleichstehenden Rechte anders als auf rechtsgeschäftlichem Wege übergeht. Die Stempelersatzabgabe des Art. 19 entspricht der früheren Besitzveränderungsgebühr (Art. 252 ff. GG.). Der Hauptfall der Anwendung des Art. 19 ist der Übergang im Erbwege. Die Stempelersatzabgabe des Art. 19 gelangt aber insbesondere auch zur Erhebung beim Übergang im Wege der Zwangsenteignung (Art. 16 ff. des Ausf.Ges. zur Reichs-Zivilprozeßordnung und Konkursordnung in der Fassung der Bekanntmachung vom 26. Juni 1899), beim Übergang im Wege der Gesamtrechtsnachfolge im Falle des § 306 HGB., bei der Zuteilung von Verlandungsflächen nach Art. 11 des Wassergesetzes. Die Bestimmungen im Abs. III, IV Ziff. 3, 4, Abs. V bis VII entsprechen sachlich den Bestimmungen der Art. 253 bis 255 GG. mit den Ausnahmen, daß die Abgabe bei Gegenständen mit einem Werte bis zu 2000 ℳ eins vom Hundert beträgt, ferner, daß die Erhebung der Stempelersatzabgabe bei der Nachfolge in Lehen, Familienfideikommisse, Majorate, Stamm- und Erbgüter (Art. 254 GG.) mit Rücksicht auf die in der Tarifstelle 20 B vorgesehene jährliche Abgabe in Wegfall gekommen ist.

II Der Art. 20 regelt im Abs. I die Stempelersatzabgabe für die Fälle, daß ein Miterbe oder ein Dritter alle Anteile an einem Nachlaß erworben, oder, daß bei der fortgesetzten Gütergemeinschaft der überlebende Ehegatte infolge Verzichts sämtlicher anteilsberechtigter Abkömmlinge auf ihre Anteile das Gesamtgut in seiner Hand vereinigt hat. Die Bestimmungen des Abs. II betreffen den Fall, daß alle Anteile an einer Gesellschaft oder an einem Vereine durch Rechtsgeschäfte unter Lebenden in einer Hand vereinigt, oder nachdem sie in dieser Weise in einer Hand vereinigt wurden, auf einen anderen übertragen werden. Ehegatten, dann Eltern und Kinder gelten bei der Anwendung des Art. 20 als eine Person.

III Der Art. 21 behandelt die Stempelersatzabgabe, die juristische Personen, Handels- und Versicherungsgesellschaften (insbesondere auch offene Handelsgesellschaften, Kommanditgesellschaften, Gesellschaften des bürgerlichen Rechtes) usw. periodisch — alle zwanzig Jahre — zu entrichten haben. Sie wird erhoben alle 20 Jahre vom letzten Anfall eines Stempels der Tarifstelle 23 oder einer Stempelersatzabgabe der Art. 19, 20 StG.; einem solchen Anfalle stehen aber selbstverständlich die Immobiliargebühren des früheren Gebührengesetzes gleich. Für die Berechnung der Stempelersatzabgabe des Art. 21 ist der Wert des Grundstücks oder Rechtes zur Zeit des Anfalls der Abgabe zu Grunde zu legen. Hat der Pflichtige das Grundstück vor zwanzig Jahren unbebaut erworben und hat er in der Zwischenzeit darauf ein Gebäude errichtet, das wesentlicher Grundstücksbestandteil ist, so ist bei der Berechnung der Abgabe in den Wert des abgabenpflichtigen Gegenstandes der Wert des Gebäudes mit einzubeziehen. Schwierigkeiten ergeben sich, wenn Grundstücke, die zu verschiedenen Zeiten erworben wurden, zu einem Grundstücke vereinigt und mit einem Gebäude überbaut worden sind. In solchen Fällen müßte die Stempelersatzabgabe alle 20 Jahre von jedem Grundstücksteile gesondert erhoben werden, wobei in den Wert des Grundstücksteiles der Teil des auf ihm stehenden Gebäudes mit einzubeziehen wäre. Zur Vereinfachung empfiehlt sich jedoch, eine Einigung mit dem Abgabenpflichtigen dahin, daß die Stempelersatzabgabe vom Gesamtgrundstück einschließlich des darauf stehenden Gebäudes erhoben und als Zeitpunkt des Erwerbs ein zwischen dem Erwerb des zuerst erworbenen und dem Erwerb des zuletzt erworbenen Grundstücksteiles liegender Zeitpunkt angenommen wird. Bei der Festsetzung dieses Zeitpunktes würde auch auf die Bedeutung der einzelnen Grundstücke (Flächeninhalt, Wert) für die Erreichung des mit der Vereinigung und Überbauung erstrebten Gesamtziels Rücksicht zu nehmen sein. Hat z. B. eine Gesellschaft zwei annähernd gleichwertige Grundstücke vereinigt und überbaut, von denen das eine Anfang Januar 1900, das andere Anfang Januar 1907 erworben wurde, so würde der Beginn des 20jährigen Zeitraums für den Gesamtbesitz auf Anfang Juli 1903 festzusetzen sein. Unter die Befreiung des Abs. III Ziff. 2 fallen nicht bloß Grundstücke oder Gebäude, die unmittelbar frommen, milden, gemeinnützigen Zwecken usw. dienen, sondern alle Grundstücke und Gebäude, die derartige Zwecke ausschließlich verfolgenden Gesellschaften, Anstalten usw. gehören, so z. B. auch die zu einer Bergwerksunternehmung, zu einem Kloster usw. gehörenden Ökonomiegebäude.

IV Die Stempelersatzabgaben sind durch Einzahlung beim Rentamt zu entrichten. Zuständig ist das Rentamt, in dessen Bezirk die Grundstücke oder grundstücksgleichen Rechte sich befinden.

23. Zu Art. 23 bis 26.

I Der Mindestbetrag des Stempels zu 50 ₰ gilt für alle Fälle, in denen nicht gesetzlich ein anderer d. h. höherer Mindestbetrag festgesetzt ist (z. B. Tarifstellen 1, 2 A Abs. I b, 4, 5, 6, 7, 10, 12, 13 Abs. I b usw.). Nach Tarifstelle 43 Abs. II ist in den dort bezeichneten Fällen nur der halbe Vollmachtsstempel zu erheben; dieser würde in der untersten Stufe 25 Pfennig betragen. Mit Rücksicht auf Art. 23 beträgt jedoch auch in diesen Fällen der zu erhebende Mindestbetrag 50 Pfennig. Das gleiche gilt für die Fälle des Art. 3 Abs. IV StG. Enthält eine Urkunde mehrere stempelpflichtige Rechtsgeschäfte (Art. 9 Abs. II), so finden die Vorschriften des Art. 23 bei der Berechnung des Stempels für jedes der mehreren Rechtsgeschäfte besonders Anwendung.

II Einen Spielraum für die Bemessung des Stempels enthält der Tarif nur bei Erlaubniserteilungen (Tarifstelle 19) und bei besonderen Verleihungen (Tarifstelle 40). Diese Verfügungen gehen ausschließlich von Behörden aus, die auch den Stempel festsetzen.

24. Zu Art. 27 bis 34.

I Die Art. 27 bis 34 betreffen die sachlichen Vorschriften für die Wertermittlung.

II Der Art. 27 stellt an die Spitze den Satz, daß, wenn die Stempelabgabe nach dem Werte des Gegenstandes zu berechnen ist, der gemeine Wert, d. h. der Verkaufswert des Gegenstandes zur Zeit des Eintritts der Abgabenpflicht maßgebend sein soll. Dies entspricht sowohl der früheren bayerischen Praxis als der Regelung im Reichsstempelgesetze (§ 93 Abs. 1). Daß hierbei die auf dem Gegenstande haftenden Schulden nicht abgezogen werden dürfen, ist zwar selbstverständlich, das Gesetz spricht dies aber nach dem Vorgange des Gebührengesetzes (Art. 191, 253 usw.) zur Vermeidung von Zweifeln noch ausdrücklich aus. Unberührt sollen jedoch die im Tarife vorgesehenen Sondervorschriften bleiben, die für bestimmte Gegenstände die Bewertung nach dem reinen

Werte (nach Abzug der Schulden) vorschreiben (Tarifstellen 2 B, 17, 25, 38 Abs. 1 A, Abs. III).

III Die Bestimmung des Art. 28 entspricht der früheren bayerischen Praxis und dem Reichsstempelgesetze (§ 93 Abs. 3).

IV Nach Art. 29 ist bei kurshabenden Wertpapieren der Kurswert, bei Geldforderungen der aus der stempelpflichtigen Urkunde ersichtliche Geldbetrag als Wert anzusehen. Die Umrechnung der in fremden Währungen angegebenen Summen soll nach den für die Erhebung der Reichsstempelabgaben für ausländische Wertpapiere vom Bundesrate festgesetzten Mittelwerten (§ 22 Abs. 2 der Ausführungsbestimmungen des Bundesrats zum Reichsstempelgesetze vom 3. Juli 1913 — GVBl. 1913 S. 523 —) und, soweit solche nicht bestimmt sind, nach dem laufenden Kurse erfolgen. Bei Geldforderungen sind Zinsen, Kosten und sonstige Nebenleistungen außer Ansatz zu lassen.

V Der Art. 30 bestimmt den Wert einer Grunddienstbarkeit in gleicher Weise wie früher der Art. 190 GG.

VI Die Art. 31 bis 33 behandeln die Wertermittlung für wiederkehrende Nutzungen und Leistungen. Sie übernehmen nach dem Vorgang anderer Bundesstaaten sowie des Reichsstempelgesetzes (§ 93 Abs. 2) die Vorschriften der §§ 17 bis 20 des Reichserbschaftssteuergesetzes. Eine wesentliche Neuerung gegenüber dem früheren Rechte ist, daß Erstattung beansprucht werden kann, wenn der Stempel aus einem nach dem Lebensalter des Berechtigten kapitalisierten Nutzungs- oder Leistungswerte berechnet und die Nutzung oder Leistung vor Ablauf des der Kapitalisierung zu Grunde gelegten Zeitraums erlischt (Art. 32 Abs. II). Dies ist besonders von Bedeutung für Abnährungs-, Austragsverträge (Tarifstelle 28). Wegen des Verfahrens bei solchen Gesuchen vgl. unter Abschnitt E Erstattungen (Ziff. 92).

VII Der Art. 34 entspricht dem § 24 des Reichserbschaftssteuergesetzes.

25. Zu Art. 35 bis 37.

I Der Art. 35 verpflichtet im Abs. I die Abgabenpflichtigen, den beurkundenden Behörden und Beamten, veranlaßtenfalls auch den Steuerstellen (Rentämtern) die erforderlichen Angaben über den Wert des Gegenstandes zu machen. Im Abs. II trifft er Vorsorge, daß diese Angaben auch erzwungen werden können.

II Der Art. 36 gibt der Steuerstelle die Mittel an die Hand, um in den Fällen, in denen der Abgabenpflichtige die Angabe des Gegenstandswerts gänzlich verweigert oder in denen von ihm eine einwandfreie Angabe nicht zu erlangen ist, zu einer entsprechenden Unterlage für die Abgabenerhebung zu gelangen. Er bestimmt, daß in solchen Fällen die Steuerstelle dem Pflichtigen einen Wertanschlag bekanntzugeben hat, der, wenn er anerkannt wird, der Abgabenberechnung zugrunde zu legen ist, andernfalls aber den Ausgangspunkt für ein gerichtliches Wertermittlungsverfahren zu bilden hat. Der Art. 36 gibt dabei sachlich ohne Änderung die Bestimmungen des Art. 42 GG. wieder. Nach Art. 36 Abs. VII finden diese Bestimmungen auf die Feststellung des Jahresreinertrags und des erzielbaren Jahrespachtertrags in den Fällen der Tarifstellen 19 Abs. II und V entsprechende Anwendung, um im Falle von Beschwerden (Art. 41 ff.) die erkennenden Gerichte von tatsächlichen Feststellungen wie Werts- oder Ertragsfeststellungen tunlichst zu entlasten.

III Nach den Vorschriften des Stempeltarifs sind die meisten und zwar gerade die wichtigsten Stempel vom Werte des Gegenstandes zu berechnen (z. B. Tarifstelle 2 B, 2 C, 9, 14, 17, 23, 25, 29, 34, 38, 43). Deshalb ist es unerläßlich daß in jenen Fällen, in denen der Gegenstand nicht in einem bestimmten Geldbetrage besteht, der Wert des Gegenstandes von den Beteiligten zum Zwecke der Abgabenberechnung angegeben wird. Beurkundet daher z. B. ein Notar eine Vollmacht, einen Tauschvertrag oder einen Nachlaßauseinandersetzungsvertrag, so hat er die Beteiligten zur Angabe des Wertes zu veranlassen (Art. 35 Abs. I); nötigenfalls ist die Wertangabe auf dem im Art. 35 Abs. II bezeichneten Wege durch das Rentamt zu erzwingen. Besteht dagegen der Gegenstand in einem bestimmten Geldbetrage, so ist der Stempel ohne weiteres aus diesem Geldbetrage zu erheben; es entfällt daher selbstverständlich eine weitere Wertangabe (Art. 29 Satz 1).

IV Wenn Gegenstände um einen bestimmten in Geld ausgedrückten Preis überlassen werden, ist für die Regel davon auszugehen, daß der Wert des Gegenstandes in dessen Preis Ausdruck findet. Der Stempel ist daher in solchen Fällen, trotzdem nach dem Tarif der Wert des Gegenstandes maßgebend ist, regelmäßig auf der Grundlage des vereinbarten Preises zu berechnen. Dagegen ist auch in solchen Fällen auf die Angabe des Wertes durch die Beteiligten zu dringen und sind nötigenfalls Wertermittlungen einzuleiten, wenn Anhaltspunkte dafür bestehen, daß die Preisfestsetzung durch besondere, namentlich im Verhältnisse der Vertragschließenden zu einander liegende Umstände beeinflußt war, oder wenn der Verdacht besteht, daß die Preisangabe nicht der wirklichen Preisvereinbarung, sonach nicht dem wahren Vertragswillen der Parteien entspricht.

V Stempelpflichtige Vorgänge, bei denen die Preisfestsetzung durch besondere Umstände beeinflußt zu sein pflegt, sind zunächst die Erwerbe im Wege der Zwangsversteigerung. Hier wird nicht selten der Zuschlag für ein Meistgebot erteilt, das hinter dem Werte des Gegenstandes erheblich zurückbleibt, z. B. wenn der Einsteigerer einer der ersten Hypothekgläubiger ist. In der Praxis wird der einsteigernde Hypothekgläubiger regelmäßig nur die ihm im Range vorgehenden Forderungen ausbieten; ist er der erste Hypothekgläubiger, so kann ihm der Gegenstand der Beschlagnahme um ein nur geringes Bargebot zugeschlagen werden. Bei einem derartigen geringfügigen oder wenigstens hinter dem gemeinen Werte erheblich zurückgebliebenen Meistgebote muß auf den Gegenstandswert zurückgegriffen werden. Dagegen wird die Bewertung nach dem Meistgebot in der Regel unbedenklich stattfinden können, wenn der Einsteigerer ein Fremder oder einer der letzten Hypothekgläubiger ist, das Meistgebot tatsächlich als das Ergebnis eines freien Wettbewerbs sich darstellt und hinsichtlich seiner Höhe nicht in einem augenscheinlichen Mißverhältnisse zum gemeinen Werte des Gegenstandes der Beschlagnahme steht.

VI Durch besondere Umstände, die in dem Verhältnisse der Vertragschließenden zu einander liegen, ist die Preisfestsetzung häufig auch bei Übergabsverträgen beeinflußt. Beim Übergang eines Anwesens von der älteren auf die jüngere Generation wird nicht selten ein auch den Absichten der Beteiligten entsprechender geringerer Übergabspreis festgesetzt, als bei einem Verkauf an fremde Personen erzielt werden könnte. In Fällen dieser Art ist der Stempel aus dem von den Beteiligten vereinbarten Übergabspreise zu berechnen, wenn dieser dem wahren Vertragswillen der Parteien entspricht und hinter dem gemeinen Werte nicht weiter zurückbleibt, als nach den gegebenen Verhältnissen als angemessen und üblich anzusehen ist. Sind außer dem Übernehmer noch andere Geschwister vorhanden, deren Elterngüter bei der Gutsübergabe mitgeregelt werden, so wird, da meist schon das Interesse der mitbeteiligten Geschwister die Festsetzung eines zu niedrigen Übergabspreises verbietet, dessen Beanstandung in der Regel nicht veranlaßt sein und der Vertrag ohne weiteres nach dem angegebenen Übergabspreise versteuert werden können. Anders liegt dagegen die Sache nicht selten, wenn der Übernehmer der einzige Sohn des Übergebers ist, oder wenn die Geschwister des Übernehmers ihre Elterngüter bereits voraus erhalten haben. In solchen Fällen haben es die Beteiligten, namentlich dann, wenn das Anwesen nur wenig oder gar nicht mit Schulden belastet ist, meist in ihrer Hand, den Übergabspreis nach Belieben zu bemessen. Übergibt z. B. ein Vater sein Anwesen im Werte von 45000 ℳ, auf dem Schulden von nur 15000 ℳ lasten, an seinen einzigen Sohn, so steht nichts im Wege, als Übergabspreis 20000 ℳ zu bestimmen. Die Angabe eines derartigen Übergabspreises kann selbstverständlich nicht die Unterlage für die Stempelberechnung bilden. In Fällen dieser oder ähnlicher Art ist daher der Stempel nicht von dem Preise, sondern von dem Werte des Gegenstandes zu berechnen. Es steht jedoch kein Bedenken entgegen, hierbei den Wert auf den Betrag festzusetzen, um den der Übergeber nach der bestehenden Übung übergeben hätte, wenn außer dem Übernehmer noch andere Geschwister vorhanden gewesen wären oder wenn die Elterngüter der vorhandenen Geschwister bei der Übergabe mitgeregelt worden wären.

VII Bei der Anwendung der Art. 35, 36 ist im Auge zu behalten, daß diese Bestimmungen keineswegs eine Handhabe bieten sollen, um jeden Vertrag ohne weiteres hinsichtlich der Preisfestsetzung zu untersuchen. Die Vorschriften, insbesondere das in Art. 36 geregelte Verfahren, sollen vielmehr im wesentlichen nur dazu dienen, erhebliche Gefährdungen des Stempels, namentlich Stempelhinterziehungen, zu verhüten, die durch Verschweigung wesentlicher Teile des

Preises oder falsche Wertangaben begangen werden. Hiernach nicht gebotene Belästigungen der Stempelpflichtigen sind zu vermeiden. Auch soll von einer Wertsbeanstandung oder von der Einleitung eines Wertermittlungsverfahrens abgesehen werden, wenn nach Lage der Sache nur geringfügige Nachforderungen in Frage kommen können. Läßt sich die Beanstandung einer Wert- oder Preisangabe nicht vermeiden, so ist tunlichst auf die Erzielung einer gütlichen Einigung über den Wert des Gegenstandes hinzuwirken.

26. Das Verfahren nach Art. 36 hat den Zweck, in Streitfällen den Wert des stempelpflichtigen Gegenstandes festzustellen; aus dem festgestellten Werte ist alsdann der Stempel zu berechnen. Die Wertsfestsetzung durch gütliche Einigung oder durch das Gericht ist eine endgültige und wirkt bei Geschäften, an denen mehrere Personen beteiligt sind, gegenüber allen Beteiligten. Hieraus ergibt sich, daß im Verfahren nach Art. 36 bei zweiseitigen Verträgen nicht bloß der Vertragsteil, der den Stempel zur Zahlung übernommen hat, sondern auch der Vertragsteil, der nach Art. 12 des Gesetzes Mitschuldner ist, als beteiligt erscheint. Der Wertanschlag des Art. 36 Abs. I ist daher bei zweiseitigen Verträgen beiden Vertragsparteien bekanntzugeben. Erhebt nur eine Partei dagegen Einwendungen, so ist die gerichtliche Wertermittlung (Art. 36 Abs. II) einzuleiten. Das Recht, einen Schätzmann zu benennen, kommt in diesem Falle nur der Partei zu, die Erinnerungen erhoben hat, auch können im Falle des Unterliegens die Kosten nur dieser Partei überbürdet werden (Art. 36 Abs. III).

27. Der Art. 37 trifft Vorsorge dagegen, daß etwa Staatsbehörden, Gemeindebehörden oder Beamte es ablehnen, den Ersuchen der Steuerstellen oder der mit der Festsetzung und Erhebung der Stempelabgaben betrauten sonstigen Behörden, Beamten oder Notare um Auskunftserteilung über Verhältnisse, die für die Feststellung der Stempelabgaben von Bedeutung sind, zu entsprechen. Er verpflichtet daher diese Behörden und Beamten einschließlich der Notare zur Aufschlußerteilung auf Verlangen über Umstände, die für die Abgabenpflicht erheblich und amtlich zu ihrer Kenntnis gelangt sind.

28. Zu Art. 38 bis 40.

Der Art. 38 verpflichtet die bayerischen Behörden und Beamten sowie die bayerischen Notare, hinsichtlich der ihnen amtlich zu Handen kommenden Urkunden auf die Erfüllung der Stempelpflicht zu achten und von den hierbei wahrgenommenen Verkürzungen oder sonstigen Zuwiderhandlungen der Steuerstelle d. h. dem Rentamt ihres Bezirkes Mitteilung zu machen. Die Mitteilungspflicht ist jedoch auf privatschriftliche Urkunden beschränkt, hat für diese aber auch dann zu gelten, wenn sie von einer öffentlichen Behörde oder einem Notar beglaubigt sind.

II Der Art. 39 nimmt zur Sicherung des Stempelaufkommens die Mitwirkung der beurkundenden bayerischen Notare, Mitglieder der Schiedsgerichte, Amtsärzte und Pfarrer, abgesehen davon, daß diese Personen bereits nach Maßgabe der Art. 15 Abs. I Ziff. 2, 3, Art. 16, 17 bei der Erfüllung der Stempelpflicht tätig zu sein oder für die Erfüllung der Stempelpflicht zu sorgen haben, insofern noch besonders in Anspruch, als er diesen Personen untersagt, die von ihnen aufgenommenen oder beglaubigten Urkunden vor der Stempelentrichtung auszuhändigen oder Ausfertigungen oder Abschriften davon zu erteilen. Den bayerischen Notaren ist auch verboten (Abs. II), Urschriften, Ausfertigungen oder Abschriften ihrer Urkunden vor der Stempelentrichtung zum grundbuchamtlichen Vollzug oder zu sonstigen Zwecken an die Gerichte oder an andere Behörden vorzulegen. Für den Fall der Nichtbeachtung dieser Verbote haften die im Art 39 bezeichneten Personen für die Stempelabgabe persönlich, wenn sie von den Abgabepflichtigen nicht beigebracht werden kann.

29. Zu Art. 41 bis 46.

I In den Art. 41 bis 46 ist der Rechtsmittelweg für die Stempel und die Stempelersatzabgaben geregelt. Als Rechtsmittelweg ist das vereinfachte gerichtliche Beschwerdeverfahren zugelassen, das im Gebührengesetze wegen des Ansatzes von Gebühren für Notariatsurkunden vorgesehen war. Danach findet gegen die Anforderung eines Stempels oder einer Stempelersatzabgabe B e s c h w e r d e a n d a s L a n d g e r i c h t statt, in dessen Bezirk die zuständige Steuerstelle ihren Sitz hat. Unter der zuständigen Steuerstelle ist das Rentamt zu verstehen, von dem die Anforderung der Abgabe ausgegangen ist, oder wenn die Abgabe von einem Notar, einem Beamten oder einer Behörde angefordert ist, das Rentamt, mit dem der Notar, der Beamte, oder die Behörde über die Stempelabgaben abrechnet.

II Gegen die Entscheidung des Landgerichts ist die weitere Beschwerde an das Oberste Landesgericht zulässig.

III Die Einlegung der Beschwerde ist an eine Frist nicht gebunden. Sie ist daher so lange möglich, als nicht Verjährung eingetreten ist (Art. 125 des AusfGes. zum BGB.). Dagegen ist die weitere Beschwerde nur innerhalb einer Notfrist von zwei Wochen von der Zustellung der Entscheidung des Landgerichts an zulässig.

IV Im übrigen geben die Art. 41 bis 45 lediglich die Bestimmungen in den Art. 47 bis 50, 52 GG. wieder. Neu ist nur, daß die Beschwerde und die weitere Beschwerde auch durch Erklärung zum Protokoll des Gerichtsschreibers eines Amtsgerichts eingelegt werden können und daß es der Zuziehung eines Rechtsanwalts bei Einlegung der weiteren Beschwerde mittels Beschwerdeschrift nicht bedarf, wenn die weitere Beschwerde von dem Notar eingelegt wird, der die Urkunde aufgenommen oder beglaubigt hat, ferner daß auch die Vorschriften der Zivilprozeßordnung über die Kostentragung sowie über die Beweisaufnahme entsprechende Anwendung zu finden haben.

V Nach Art. 46 sind in Fällen, in denen der Tarif Rahmenstempel vorsieht (Tarifstelle 19, Tarifstelle 40 F), die von einer Behörde innerhalb des im Tarife bestimmten Rahmens festzusetzen sind (Art. 26), solche Festsetzungen insoweit, als sie von der zuständigen Behörde innerhalb des ihr vom Gesetz eingeräumten Ermessens, also innerhalb des im Tarife bestimmten Rahmens erfolgen, der Nachprüfung und Abänderung durch die Gerichte im Beschwerdeverfahren entzogen.

IV Durch den in den Art. 41 bis 46 geregelten Rechtsmittelweg wird das Recht der Stempelpflichtigen die Staatsaufsicht anzurufen nicht berührt. Dem Stempelpflichtigen ist es daher unbenommen, wenn er sich durch eine Stempelforderung für beschwert erachtet, die Aufsichtsbeschwerde zur Regierungsfinanzkammer und die Oberaufsichtsbeschwerde zum Staatsministerium der Finanzen zu erheben. Die Einlegung der Aufsichtsbeschwerde und der Oberaufsichtsbeschwerde ist an keine Frist gebunden. Durch die Einlegung der Aufsichtsbeschwerde und der Oberaufsichtsbeschwerde wird die spätere Beschreitung des Rechtsmittelwegs (Art. 41 bis 46) nicht ausgeschlossen.

VII Ist in den Fällen der Tarifstelle 19 (Erlaubniserteilungen) der Stempel von der zuständigen Behörde (Art. 26 StG.) innerhalb des im Tarife bestimmten Rahmens festgesetzt und wird vom Abgabenpflichtigen geltend gemacht, daß innerhalb dieses Rahmens ein geringerer Stempelbetrag anzusetzen sei, so entscheidet hierüber nicht die Regierungsfinanzkammer und das Staatsministerium der Finanzen sondern die der zuständigen Behörde (Art. 26) vorgesetzte Verwaltungsstelle und das dieser vorgesetzte Staatsministerium.

30. Zu Art. 47, 48.

I Der Art. 47 läßt die Erstattung für verdorbene Stempelzeichen zu, wenn von ihnen noch kein Gebrauch zur Erfüllung einer Stempelpflicht gemacht worden ist. Die Erstattung erfolgt nur in der Weise, daß für die verdorbenen Stempelmarken unversehrte Stempelmarken verabfolgt werden; eine bare Herauszahlung findet nicht statt. Wegen des Erstattungsverfahrens vgl. Ziff. 93 unten.

II Die Vorschriften des Art. 48 Abs. I Ziff. 1, Abs. II bis IV stehen mit den Erstattungsvorschriften der §§ 182 bis 185 der Ausführungsbestimmungen des Bundesrats zum Reichsstempelgesetze vom 3. Juli 1913 (ZBBl. 1913 S. 523) in Einklang. Danach ist der Stempel auf Antrag zu erstatten, wenn ein Geschäft nichtig oder infolge einer Anfechtung als von Anfang an nichtig anzusehen ist, ferner kann der Stempel auf Antrag erstattet werden, wenn die Ausführung eines Rechtsgeschäfts unterblieben oder wenn ein Geschäft auf Grund der Wandlung rückgängig gemacht ist und wenn zugleich Billigkeitsgründe vorliegen.

III Daß ein Geschäft nichtig ist, ist ohne weiteres als festgestellt zu erachten, wenn sich die Nichtigkeit aus der Urkunde selbst ergibt oder wenn die Nichtigkeit durch rechtskräftiges auf Grund streitiger Verhandlung ergangenes gerichtliches Urteil ausgesprochen ist. Ist die Nichtigkeit des Geschäfts lediglich in einem gerichtlichen Versäumnis- oder Anerkenntnis-Urteil ausgesprochen oder sind die Parteien freiwillig, z. B. in einer Notariatsurkunde unter sich übereingekommen, daß das Geschäft als nichtig zu gelten habe, so liegt darin noch keine für die Erstattung ausreichende Feststellung der Nichtigkeit des Geschäfts.

IV Die Ausführung des Geschäfts gilt bei einer Grundstücksübertragung als unterblieben, wenn die Umschreibung im Grundbuche nicht stattgefunden hat. Während bei Geschäften, deren Nichtigkeit festgestellt ist, nach gesetzlicher Vorschrift die Erstattung ohne weiteres einzutreten hat, findet bei Geschäften, deren Ausführung unterblieben ist, die Erstattung nur dann statt, wenn besondere Billigkeitsgründe vorliegen. Solche sind jedoch im allgemeinen nur dann anzunehmen, wenn die Geschäftsausführung infolge eines entschuldbaren Versehens des Antragstellers oder infolge eines Umstandes unterblieben ist, der außerhalb seiner Willensbestimmung gelegen war. Die Erstattung ist daher regelmäßig zu versagen, wenn die Beteiligten freiwillig und ohne äußere zwingende Veranlassung etwa geschäftlicher Vorteile wegen, von einem Vertrage wieder zurücktreten oder wenn sie beim Vertragsabschluß arglistig oder mit grober Fahrlässigkeit oder ohne genügende Überlegung zu Werke gegangen sind und die Wiederaufhebung des Geschäfts sich selbst zuzuschreiben haben. Ist z. B. ein Kaufvertrag wegen Zahlungsunfähigkeit des Käufers nicht zum Vollzuge gelangt, so wird die Erstattung nur dann in Betracht kommen, wenn der Verkäufer in der Erkundigung über die Vermögenslage des Käufers die nach seinen Verhältnissen (Bildungsgrad, Beruf) gebotene Sorgfalt angewendet hat.

V Die Vorschrift im Abs. I Ziff. 2 sieht vor, daß Behörden, Beamte, Amtsärzte usw. die verauslagten Beträge erstattet erhalten, wenn sie Stempelmarken für Rechnung eines Pflichtigen verwendet haben, hierfür aber vom Pflichtigen keinen Ersatz erlangen können. Die Vorschrift wird kaum häufig praktisch werden, da die Behörden, Beamten usw. es meist in der Hand haben, die Stempelmarken erst bei der Aushändigung der Urkunden gegen Zahlung des Stempelbetrags zu verwenden. Die Vorschrift in Abs. I Ziff. 3 entspricht dem früheren Art. 10 Abs. III GG.

VI Wegen des Erstattungsverfahrens vgl. Ziff. 92 unten.

31. Zu Art. 49.

Der Art. 49 entspricht dem § 108 des Reichsstempelgesetzes. Die Vorschrift bezweckt, für die Strafverfolgung klar zu stellen, daß die nicht vorschriftsmäßige Verwendung von Stempelmarken der Nichtverwendung (Art. 50) gleichsteht. Abgesehen von der etwa erforderlichen Einleitung des Strafverfahrens wird in der Regel nur die nachträgliche ordnungsgemäße Entwertung der Marken einzutreten haben; die Beibringung neuer Marken an Stelle der verwendeten wäre nur dann zu fordern, wenn es nicht ausgeschlossen ist, daß die unrichtig verwendeten Marken schon früher zu einer anderen Urkunde verwendet worden sind.

32. Zu Art. 50 bis 57.

I Im Art 50 sind die Strafen für die Nichterfüllung der Stempelpflicht (Hinterziehungsstrafen), im Art. 51 die Ordnungsstrafen sowie die Strafen für Zuwiderhandlungen gegen das Gesetz oder die Vollzugsvorschriften, für die nicht besondere Strafen vorgesehen sind, geregelt. Die Art. 52 und 53 entsprechen den Vorschriften im § 112 Abs. 1 und im § 114 des Reichsstempelgesetzes. Der Art. 54 sieht besondere Strafen für den unbefugten Handel mit Stempelzeichen vor. In den Art. 55, 56 sollte hinsichtlich der Zuständigkeit und des Verfahrens bei der Verfolgung von strafbaren Zuwiderhandlungen gegen das Gesetz und die Vollzugsvorschriften, hinsichtlich der Verjährung der Strafverfolgung und der Vollstreckung rechtskräftig ausgesprochener Strafen, sowie hinsichtlich der Verjährung der Stempelabgaben nur das frühere Recht (Art. 298, 299 GG., Art. 124 des Ausf.Ges. zum BGB) beibehalten werden.

II Zu den Kosten, von denen die Beteiligten nach Art. 57 befreit sind, gehören auch die Postgebühren.

33. Zu Art. 58 bis 60.

I Die Art. 58 bis 60 bilden die Grundlage für die Organisation des Stempelwesens. Das Gesetz selbst schreibt im Art. 58 vor, daß die Verwaltung des Stempelwesens den

Finanzbehörden unter der Leitung des Staatsministeriums der Finanzen obliegt.

II Auf Grund des Art. 59 ist durch den § 1 Abs. II der Verordnung vom 28. Dezember 1914 die Wahrnehmung der Befugnisse und Obliegenheiten der Aufsichtsbehörden den Regierungsfinanzkammern, die Wahrnehmung der Befugnisse und Obliegenheiten der Steuerstellen den Rentämtern übertragen.

III Auf Grund des Art. 60 Abs. 2 ist im § 7 der Verordnung von 28. Dezember 1914 bestimmt, daß den Gerichtsvollziehern und den Gemeindebehörden (den kreisunmittelbaren und den unter einem Bezirksamte stehenden) außer dem Ansatz und der Einhebung der bei ihnen anfallenden Stempel auch deren zwangsweise Beitreibung obliegt.

34. Zu Art. 61.

I Der Art. 61 hat den Zweck, den Aufsichtsbehörden, deren Prüfungsbeamten und den Steuerstellen die erforderliche Beaufsichtigung und Überwachung der Beobachtung des Gesetzes zu ermöglichen. Er begründet für die bayerischen Behörden, Beamten und Notare die Verpflichtung, den Aufsichtsbehörden, deren Prüfungsbeamten und den Steuerstellen auf Verlangen die stempelpflichtigen Verhandlungen vorzulegen, sowie die Einsicht ihrer Akten, Bücher und Schriftstücke zu gestatten und dehnt diese Verpflichtung auch auf Aktiengesellschaften, Kommanditgesellschaften auf Aktien, Genossenschaften, Gewerkschaften und Gesellschaften mit beschränkter Haftung sowie auf solche Personen aus, die öffentliche Mobiliarversteigerungen gewerbsmäßig veranstalten.

II Bei Privatpersonen sind regelmäßige Stempelprüfungen und ähnliche Kontrollen grundsätzlich nicht vorzunehmen. Solche Personen sind nur verpflichtet, die über bestimmt zu bezeichnende einzelne Geschäfte errichteten Urkunden samt dem darauf bezüglichen Schriftwechsel zur Einsicht vorzulegen, ferner auf Verlangen über die Beobachtung des Gesetzes und der Vollzugsvorschriften in solchen Fällen sich auszuweisen, in denen der dringende Verdacht einer Verfehlung gegeben ist. Hat eine Steuerstelle oder eine Aufsichtsbehörde Anlaß, sich eine Urkunde zur Einsicht vorlegen zu lassen, so ist, wenn die Urkunde eine Notariatsurkunde ist, zunächst zu versuchen, eine der im Besitze der Beteiligten befindlichen

Ausfertigungen zu erhalten. Von der Befugnis, sich die Urschriften notarieller Urkunden vorlegen zu lassen, ist nicht mehr als unbedingt nötig, Gebrauch zu machen.

35. Zu Art. 62.

Der Verkauf der Stempelmarken ist durch § 8 der Verordnung vom 28. Dezember 1914 den Postanstalten übertragen.

III. Bemerkungen zu den einzelnen Bestimmungen des Tarifs.

36. Zu Tarifstelle 1 und 10.

Soweit Abschriften und Ausfertigungen in den Angelegenheiten der freiwilligen Gerichtsbarkeit oder in sonstigen der Landesbesteuerung vorbehaltenen gerichtlichen Angelegenheiten von den Gerichten oder in Verwaltungssachen von den Verwaltungsbehörden erteilt werden, sind die Gebühren im Kostengesetze geregelt. Im Stempeltarife sind daher nur die Stempel für die von den Notaren erteilten Abschriften und Ausfertigungen vorgesehen. Dem gleichen Stempel, wie die beglaubigten Abschriften sind auch die unbeglaubigten Abschriften der Notare unterworfen.

37. Zu Tarifstelle 2 A, 13, 14, 24.

I In den Tarifstellen 2 A, 13, 14 und 24 ist ein erheblicher Teil der Geschäfte des Grundstücksverkehrs behandelt und zwar die Übertragung (Tarifstelle 2 A), die Belastung (Tarifstelle 13) und die Bestellung einer Hypothek, Grundschuld, Rentenschuld usw. (Tarifstelle 24) sowie die Bestellung einer Dienstbarkeit, einer Reallast oder eines Vorkaufsrechts (Tarifstelle 14). Der Tarif unterscheidet dabei, wie überhaupt bei allen Rechtsgeschäften des Grundstücksverkehrs, ob es sich um Grundstücke oder um grundstücksgleiche Rechte in Bayern oder außerhalb Bayerns handelt. Da das Stempelgesetz (Art. 2) grundsätzlich auf dem Standpunkte steht, daß die Rechtsgeschäfte des bayerischen Immobilienverkehrs unter allen Umständen, also gleichviel, wo die Urkunden errichtet sind, der Besteuerung in Bayern unterliegen, die Rechtsgeschäfte, die außerhalb Bayerns gelegene Grundstücke oder grundstücksgleiche Rechte betreffen, aber dem treffenden anderen Staate zur steuerlichen Ausnützung überlassen werden sollen, ist im Tarif bei den Geschäften des Grundstückverkehrs verhältnismäßige Besteuerung nur für jene Fälle vorgesehen, bei denen die Grundstücke oder Rechte in Bayern liegen, wogegen für die Fälle, in denen es sich um außerhalb Bayerns gelegene Grundstücke oder Rechte handelt, lediglich ein Fixstempel (für die Urkundenerrichtung) zu erheben ist.

II Der Tarif unterwirft zunächst die einseitige Erklärung der Bestellung, Belastung oder Übertragung der Hypothek usw. sowie die einseitige Erklärung der Bestellung der Dienstbarkeit, der Reallast oder des Vorkaufsrechts der Stempelpflicht. Außerdem unterwirft er dem gleichen Stempel aber auch die Eintragsbewilligung. Diese allerdings nur dann, wenn nicht über die Bestellung, Belastung oder Übertragung der Hypothek usw. oder über die Bestellung der Dienstbarkeit usw. eine in Bayern versteuerte oder vom Stempel befreite (z. B. Art. 4 Ziff. 2 StG.) Urkunde vorgelegt wird. Für die Bestellung, Übertragung oder Belastung einer Hypothek usw. wie auch für die Bestellung einer Dienstbarkeit usw. besteht kein Beurkundungszwang. Nach § 873 BGB. ist vielmehr zur Belastung eines Grundstücks mit einem Rechte sowie zur Belastung oder Übertragung eines solchen Rechtes — soweit nicht besondere Vorschriften bestehen wie z. B. in § 1154 Abs. 2, § 1274 Abs. 1 BGB. für Briefhypotheken — nur die Einigung des Berechtigten und des anderen Teiles über den Eintritt der Rechtsänderung und die Eintragung der Rechtsänderung im Grundbuch erforderlich. Die Eintragung der Rechtsänderung im Grundbuch aber kann gemäß § 13 der Grundbuchordnung von dem, dessen Recht von der Eintragung betroffen wird oder zugunsten dessen die Eintragung erfolgen soll, beantragt werden. Wird sie von dem ersteren beantragt, so liegt im Eintragungsantrag zugleich die Eintragungsbewilligung; wird sie aber von dem beantragt, zu dessen Gunsten die Eintragung erfolgen soll, so ist die Eintragsbewilligung desjenigen, dessen Recht durch die Eintragung betroffen wird, noch besonders erforderlich. Die Eintragungsbewilligung ist durch öffentliche (notarielle) oder öffentlich (notariell) beglaubigte Urkunden nachzuweisen oder beim Grundbuchamte zu Protokoll zu erklären (§ 29 GBO.). Hiernach ist es möglich, daß die Bestellung, die Belastung oder die Abtretung einer Hypothek usw. oder die Eintragungsbewilligung von einem bayerischen Notar beurkundet oder beglaubigt ist. Ist dies der Fall, so wird der Stempel beim Notar erhoben. Ist die Bestellung der Hypothek usw. oder die Eintragungsbewilligung von einem nichtbayerischen Notar beurkundet oder beglaubigt, so ist der Stempel beim Grundbuchamte zu erheben, wenn die Urkunde nicht schon vorher einem Rentamte zur Versteuerung vorgelegt und dort versteuert worden ist. Beim Grundbuchamte ist ferner der Stempel für die Eintragungsbewilligung zu entrichten, wenn diese beim Grundbuchamte selbst erklärt wird.

III Ist der Stempel für die Eintragungsbewilligung entrichtet und wird nach der Entrichtung dieses Stempels eine Urkunde über das der Eintragung zugrunde liegende Geschäft errichtet, so ist der Eintragungsstempel auf den Stempel für die Urkunde anzurechnen und für die Urkunde insoweit ein Stempel nicht mehr zu erheben. Die Anrechnung erstreckt sich jedoch nicht auf den Stempel, der für die Beurkundung der Eintragungsbewilligung zu entrichten gewesen sein würde, wenn für die Eintragungsbewilligung ein Geschäftsstempel nicht geschuldet gewesen wäre (also nicht auf den Stempel von 2 Mark nach Tarifstelle 30).

IV Der Stempel für die Eintragungsbewilligung wird erstattet, wenn die Rechtsänderung im Grundbuche nicht eingetragen wird. Die Erstattung erstreckt sich nicht auf den Beurkundungsstempel von 2 Mark nach der Tarifstelle 30, wenn die Eintragungsbewilligung von einem bayerischen Notar beurkundet war. Wegen des Erstattungsverfahrens vgl. Ziff. 92 Abs. II unten.

V Der in der Tarifstelle 24 Abs. II erwähnte Nachweis ist dem beurkundenden Notar oder dem Gerichtsschreiber des Grundbuchamts zu liefern, dem die Erhebung des Stempels für die Bestellung der Hypothek oder die Eintragungsbewilligung obliegt. Ist der Nachweis als erbracht anzusehen, so hat der Notar oder der Gerichtsschreiber, wenn noch nicht mit dem Rentamt abgerechnet ist, die Stempelberechnung richtig zu stellen, anderenfalls hat er beim Rentamte das Erforderliche zu veranlassen.

38. Zu Tarifstelle 2 B.

Die Regelung des Stempels in der Tarifstelle 2 B entspricht, abgesehen von dem ermäßigten Satze von 2 vom

Tausend bei Gegenständen bis zu 2000 ℳ, dem früheren Rechte (Art. 149 Abs. I Satz 1, Abs. II GG.). Werden durch die Anteilsabtretung alle Anteile am Nachlasse oder an der fortgesetzten Gütergemeinschaft in einer Hand vereinigt, so ist neben dem Stempel der Tarifstelle 2 B von den zum Nachlaß oder Gesamtgut gehörenden, in Bayern gelegenen Grundstücken oder grundstücksgleichen Rechten die Stempelersatzabgabe zu erheben (Art. 20 Abs. I, III StG.).

39. Zu Tarifstelle 2 C.

I In der Tarifstelle 2 C ist die Versteuerung der Abtretung aller sonstigen nicht unter die Tarifstellen 2 A oder B oder unter die Tarifstellen 23 Abs. II und 41 A Abs. IV, V fallenden Forderungen und den beweglichen Sachen gleichstehenden Rechte geregelt. Die Stempelpflicht tritt nur ein, wenn die Abtretung von einem bayerischen Notar beurkundet oder beglaubigt ist. Dabei begründet es keinen Unterschied, ob die Annahmeerklärung des neuen Gläubigers mit beurkundet ist oder nicht. Für die Stempelpflicht genügt es, daß die Urkunde lediglich die Erklärung des abtretenden Gläubigers enthält. Der Stempel ist vom Werte der abgetretenen Forderungen oder Rechte zu erheben. Bei Geldforderungen gilt als Wert der in der Urkunde enthaltene Nennbetrag der Geldforderung (Art. 29 StG.).

II Selbstverständlich ist der Abtretungsstempel insoweit nicht zu entrichten, als die Reichsgesetzgebung entgegensteht. Dies trifft z. B. zu für die Abtretung der Rechte am Gesellschaftsvermögen (Abtretung von Gesellschaftsanteilen, Tarifnummer 1 A e Ziff. 1 des Reichsstempelgesetzes), für die Abtretung von Forderungen, die zum Vermögen einer Gesellschaft gehören, an einen Gesellschafter oder dessen Erben (Tarifnummer 1 A e Ziff. 2 des Reichsstempelgesetzes).

40. Zu Tarifstelle 3.

I Die Tarifstelle 3 gibt sachlich die Bestimmungen des Art. 163 GG. wieder. Geändert ist nur, daß bei einem Gegenstandswerte von nicht mehr als 200 ℳ nicht wie früher ein Zehntel der Sätze des § 8 des Reichsgerichtskostengesetzes, sondern der Betrag von 50 Pfennig erhoben werden soll. Der Beurkundung des Rechtsgeschäfts ist die Erklärung der Eintragungsbewilligung gleichgestellt, da die Eintragung im

Grundbuch auch durch Erklärung der Eintragungsbewilligung in öffentlich (notariell) beurkundeter oder beglaubigter Form oder durch Erklärung der Eintragungsbewilligung zum Protokoll des Grundbuchamts herbeigeführt werden kann. Unter die Tarifstelle fallen insbesondere Löschungsbewilligungen, Pfandentlassungen, Rangausweichungen, Vereinbarungen über die Höhe des Zinsfußes für bereits bestehende Hypotheken, Änderungen von Zins- und Zahlungsbestimmungen bei Hypotheken, die Umwandlung einer Sicherungshypothek in eine gewöhnliche Hypothek, einer Hypothek in eine Grundschuld, einer Rentenschuld in eine gewöhnliche Grundschuld oder umgekehrt (§§ 1186, 1198, 1203 BGB.). Unterwirft sich bei der Änderung der Zins- und Zahlungsbestimmungen einer Hypothek der Schuldner erneut der sofortigen Zwangsvollstreckung (persönlich oder dinglich oder in beiden Beziehungen), so ist hierfür ein besonderer Stempel nicht zu erheben. Keine Änderung des Inhalts des eingetragenen Rechtes im Sinne der Tarifstelle 3, sondern der Neubestellung einer Hypothek gleichzuachten und nach Tarifstelle 24 zu versteuern ist die Verlegung einer Hypothek von dem bisher belasteten Grundstück auf ein anderes Grundstück, dagegen fällt unter die Tarifstelle 3 die Ausdehnung einer bestehenden Hypothek auf ein weiteres Grundstück sei es auf Grund der §§ 890 Abs. 2, 1131 BGB. oder durch Errichtung einer Gesamthypothek.

41. Zu den Tarifstellen 4 bis 7.

Die Tarifstellen 4 bis 7 entsprechen im allgemeinen den Art. 92, 171, 173, 217, 239 GG. Der Stempel der Tarifstelle 4 wird nur im Falle der notariellen Beurkundung, nicht auch im Falle der Beurkundung durch den Standesbeamten oder durch das Vormundschaftsgericht erhoben.

42. Zu den Tarifstellen 8 und 23.

I Die Tarifstellen 8 und 23 regeln den Stempel für die Grundstücksübertragungen und zwar besteuert die Tarifstelle 23 den obligatorischen Veräußerungsvertrag, die Tarifstelle 8 den dinglichen Vertrag d. i. die Auflassung. Hierbei ist, wie überhaupt bei allen Rechtsgeschäften des Grundstücksverkehrs, unterschieden, ob es sich um Grundstücke oder grundstücksgleiche Rechte handelt, die in Bayern oder außerhalb Bayerns gelegen sind.

II Der obligatorische Grundstücksübertragungsvertrag bedarf der gerichtlichen oder notariellen Beurkundung (§ 313 BGB.). In Bayern sind zur Beurkundung ausschließlich die Notare zuständig (Art. 15 Abs. II Satz 2 des AG. z. RGVG.). Die Auflassung ist nach § 925 BGB. vor dem Grundbuchamte zu erklären, in Ansehung der in Bayern liegenden Grundstücke kann sie auch vor einem bayerischen Notar erklärt werden (Art. 81 des AG. zum BGB.). Ferner kann, wenn im Zwangsenteignungsverfahren eine gütliche Einigung der Beteiligten über die Abtretung zustande kommt (Art. 26 des AG. z. RZPO. und KO.), vor der Distriktsverwaltungsbehörde die gütliche Einigung und die Auflassung beurkundet werden. Der Stempel ist hiernach, wenn der obligatorische Vertrag oder die Auflassung von einem (bayerischen) Notar beurkundet ist, beim Notar, wenn im Zwangsenteignungsverfahren eine gütliche Einigung über die Abtretung vor der Distriksverwaltungsbehörde erklärt ist, bei der Distriktsverwaltungsbehörde, sonst beim Grundbuchamte zu erheben.

43. I Was als Grundstück oder grundstücksgleiches Recht anzusehen ist, bestimmt sich nach den Vorschriften des bürgerlichen Rechtes. Danach haben außer dem eigentlichen Grund und Boden Grundstückseigenschaft die „wesentlichen Bestandteile eines Grundstücks" (§ 93 BGB.). Zu den wesentlichen Bestandteilen eines Grundstücks gehören nach § 94 Abs. 1 BGB. die mit dem Grund und Boden fest verbundenen Sachen, insbesondere Gebäude sowie die Erzeugnisse des Grundstücks, solange sie mit dem Boden zusammenhängen. Zu den wesentlichen Bestandteilen eines Gebäudes gehören die zur Herstellung eingefügten Sachen (§ 94 Abs. 2 BGB). Hiernach ist, wenn den Gegenstand einer Grundstücksübertragung ein Grundstück bildet, auf dem zur Zeit der Übertragung ein Gebäude errichtet ist, der Wert des Gebäudes in den stempelpflichtigen Gegenstand mit einzubeziehen. Dies darf ausnahmsweise nur dann unterlassen werden, wenn die notarielle Verbriefung einer Grundstücksübertragung durch außerhalb der freien Willensbestimmung der Vertragschließenden liegende Umstände, z. B. durch die erforderliche Erwirkung einer behördlichen Genehmigung oder durch die notwendige Herbei-

führung einer Vermessung sich verzögert und der Erwerber inzwischen auf eigene Kosten auf dem Grundstück ein Gebäude errichtet hat, dessen Errichtung aus besonderen Gründen z. B. wegen zu gewärtigenden Ablaufs der für den Bau günstigen Jahreszeit nicht aufgeschoben werden konnte.

II Maschinen, Werkeinrichtungen und sonstige für einen bestimmten Betrieb aufgestellte Anlagen haben nur dann Grundstückseigenschaft, wenn sie wesentliche Bestandteile eines Grundstücks sind, sofern sie sich in einem Gebäude befinden also nur dann, wenn sie zur Herstellung des Gebäudes eingefügt sind. Ob dies der Fall ist oder nicht, hängt von den tatsächlichen Umständen ab. Der Umstand, daß eine Maschine usw. zum Betrieb einer Fabrik dient und als ein Teil des die Fabrik bildenden wirtschaftlichen Ganzen von wesentlicher Bedeutung für den Betrieb sowie auch mit dem Fabrikgebäude lose verbunden ist, reicht für sich allein noch nicht aus, um die Eigenschaft der Maschine als wesentlichen Bestandteils der Fabrik zu begründen. Die Trennung einer solchen mit der Fabrik nur lose verbundenen und beliebig durch eine andere ersetzbaren Maschine von der Art einer Markt- oder Katalogware kann weder für das Gebäude noch für die Maschine von wesentlichem Nachteile sein, auch wenn die Wegnahme der Maschine nicht ohne Entfernung des sie umgebenden Mörtel- und Mauerwerkes möglich sein sollte. Dagegen wird eine Maschine als zum Zwecke der „Herstellung" eines Gebäudes in dieses eingefügt und damit als wesentlicher Gebäudebestandteil zu erachten sein, wenn sie entweder durch die Art der Verbindung oder im Falle einer losen Verbindung durch ihre besondere Anpassung an die bauliche Beschaffenheit des Gebäudes einen Teil des letzteren bildet und ihre Selbständigkeit derart verloren hat, daß sie mit dem Fabrikgebäude in einem wesentlichen Zusammenhange steht und nach der Verkehrsauffassung ein und dieselbe Sache bildet. Hiernach werden in der Regel Dampfmaschinen, Dynamomaschinen, Akkumulatoren, Elektromotoren, Transmissionen, Webstühle u. dgl. nicht als wesentliche Gebäudebestandteile anzusehen sein.

44. Die Anwendung der Bestimmung, daß der Stempel, wenn der Wert der Gegenleistung höher als der Wert der Leistung ist, aus dem höheren Werte der Gegenleistung zu

berechnen ist, muß eine Einschränkung bei Übergabsverträgen erfahren. Nach Art. 32 StG. richtet sich die Kapitalisierung von Austragsleistungen, die auf Lebenszeit zu leisten sind, nach dem Lebensalter des Berechtigten; meist wird der zehn- oder zwölffache Jahresbetrag anzusetzen sein. Sollte bei einer Anwesensübergabe die Gegenleistung infolge dieser Kapitalisierung höher als der Wert des Anwesens sich berechnen, so ist dieser Mehrbetrag bei der Berechnung des Stempels der Tarifstelle 23 außer Ansatz zu lassen. Als Wert des Anwesens ist dabei, wenn es sich um Übergabe an nahe Verwandte handelt, nicht der Wert, den das Anwesen im Falle des Verkaufs an einen Fremden hat, sondern der Wert, der bei Übergaben an nahe Verwandte zugrunde gelegt wird, in Anschlag zu bringen (vgl. die Bemerkungen oben zu Art. 35, 36 StG.). Wenn z. B. ein Anwesen, das um 25000 ℳ an einen Fremden verkauft, im Falle der Übergabe an einen Angehörigen aber etwa mit 20000 ℳ in Anschlag gebracht werden kann, vom Vater an den Sohn um 18000 ℳ und gegen Bestellung eines Austrags zu jährlich 300 ℳ übergeben wird, so ist, falls der Austrag im 10fachen Betrag zu kapitalisieren ist, der Stempel der Tarifstelle 23 nicht aus 21000 ℳ sondern aus 20000 ℳ zu erheben.

45. I Die Tarifstelle 23 Abs. II entspricht unverändert dem Art. 146a GG.

II Die Abs. III und IV sollen Umgehungen des Grundstücksübertragungsstempels verhindern. Der Abs. III will verhüten, daß ein Erwerber, der mit dem Veräußerer nicht verwandt ist, sich die für Verträge unter Verwandten zugestandene Ermäßigung des Stempels dadurch verschafft, daß er eine mit dem Veräußerer verwandte Person mit dem Erwerbe im eigenen Namen beauftragt und sich von dieser sodann das Recht auf Auflassung abtreten läßt. Der Abs. IV soll ausschließen, daß der Erwerber eines zu einem Nachlasse gehörenden Grundstücks einen beträchtlichen Teil des ordnungsmäßigen Stempels von 2 vom Hundert dadurch erspart, daß er durch Erwerb eines Nachlaßanteils in die Erbengemeinschaft eintritt und sich sodann mit den übrigen Miterben durch Auseinandersetzungsvertrag (Stempel 1 vom Hundert) auseinandersetzt.

III Der Abs. V entspricht dem Art. 182 GG.

46. [I] Die Tarifstelle 8 entspricht dem früheren Rechte (Art. 118 Abs. I bis III, Art. 150 GG.). Auflassungen und Anträge auf Eintragung der Begründung oder Übertragung von grundstücksgleichen Rechten sollen dem Stempel unterliegen, der für den obligatorischen Vertrag festgesetzt ist, durch den sich der eine Teil verpflichtet, das Eigentum an einem Grundstück zu übertragen oder ein den Grundstücken gleichstehendes Recht zu bestellen oder zu übertragen (Tarifstelle 23 Abs. I A). Der Stempel wird aber nicht erhoben, wenn über den obligatorischen Vertrag eine mit dem Stempel der Tarifstelle 23 Abs. I A versteuerte oder von diesem Stempel befreite Urkunde vorgelegt wird. Die Auflassung oder der Eintragungsantrag ist nicht für sich besonders stempelpflichtig, wenn sie in der nach der Tarifstelle 23 Abs. I A zu versteuernden oder von dem Stempel dieser Tarifstelle befreiten Urkunde über den obligatorischen Vertrag mitbeurkundet sind.

[II] Der Abs. III gibt die Vorschriften des Art. 118 Abs III, Art. 150 Abs. II GG. wieder; neu sind jedoch die Bestimmungen unter a und e. Wenn in einer Urkunde der Kaufpreis niedriger, als wirklich vereinbart, angegeben wurde, ist der hinterzogene Stempel nachzuzahlen und Strafe zu gewärtigen; nach Abs. III a ist aber außerdem auch noch der Auflassungsstempel aus dem ganzen Vertragsgegenstande (nicht bloß aus dem verschwiegenen Betrage) zu erheben. Die Bestimmungen unter b bis d sollen Stempelersparungen verhindern, die durch Vermeidung von Zwischenerwerbungen erreicht werden könnten. Zwischenerwerbungen können dadurch vermieden werden, daß der bisherige Besitzer dem Zwischenerwerber eine Verkaufsvollmacht ausstellt (b) oder daß der bisherige Besitzer nicht an den Zwischenerwerber, sondern für dessen Rechnung an einen Dritten verkauft (c) oder daß vom Zwischenerwerber das Recht auf Auflassung an einen anderen abgetreten wird (d). Als für Rechnung des Bevollmächtigten vorgenommen ist eine Veräußerung anzusehen, wenn nach den zwischen dem Eigentümer und dem Bevollmächtigten getroffenen Vereinbarungen wirtschaftliche Änderungen eingetreten sind, die in ihrer Wirkung einer gänzlichen oder teilweisen Veräußerung des Grundstücks an den Bevollmächtigten gleichkommen, so daß der Bevollmächtigte in eine ähnliche wirtschaftliche Lage versetzt ist, wie wenn er das

Grundstück durch einen rechtswirksamen Kauf erworben hätte (Entsch. des Obersten Landesgerichts vom 25. Januar 1915 V 56/1914). Als für Rechnung eines anderen ausgeführt kann eine Veräußerung auch dann zu gelten haben, wenn der andere seinen Gewinn durch Vereinbarung einer Geldzahlung, einer Provision oder einer ähnlichen Leistung sich sicher gestellt hat. Für den obligatorischen Schenkungsvertrag kann nach § 60 des Reichs-Erbschaftssteuergesetzes der Grundstücksübertragungsstempel nicht erhoben werden; die Urkunde über den obligatorischen Schenkungsvertrag ist demnach stempelfrei. Die Bestimmung unter e bezweckt, hier die Erhebung des Auflassungsstempels zu ermöglichen (vgl. Abs. II).

III In Fällen der im Abs. V bezeichneten Art wurde nach Art 252 Abs II GG. die Besitzveränderungsgebühr erhoben. Nunmehr ist der Auflassungsstempel zu entrichten.

47. Zu Tarifstelle 9.

I Gegenüber dem GG. (Art. 147) ist neu, daß nach Abs. II Satz 1 in allen Fällen, in denen ein Nachlaß oder das Gesamtgut einer Gütergemeinschaft durch Vertrag auseinandergesetzt wird, bei der Stempelberechnung der Teil des übernommenen Gegenstandes außer Ansatz bleiben soll, der dem Anteile des Übernehmers entspricht. Der Abs. II Satz 2 will Umgehungen des Auseinandersetzungsstempels verhüten (vgl. die ähnliche Vorschrift in den Tarifstellen 22 Abs. II Satz 2 und 41 A Abs III).

II Die Vermittelung der Auseinandersetzung steht dem Auseinandersetzungsvertrag gleich. Dafür gelangt für die Vermittelung der Auseinandersetzung beim Gerichte nur eine Gebühr von 1/10 der Sätze des § 8 des Reichs-Gerichtskostengesetzes und beim Notar keine Gebühr mehr zur Erhebung (Art. 94, 143 KG).

III Für die Stempelpflicht der in der Tarifstelle 9 aufgeführten Auseinandersetzungsverträge begründet es keinen Unterschied, ob sie gerichtlich oder notariell beurkundet oder notariell beglaubigt oder ob sie lediglich privatschriftlich errichtet sind. Nach Abs. IV sind sogar nicht unterschriebene privatschriftliche Auseinandersetzungsverträge stempelpflichtig, wenn über sie unter Mitwirkung einer nicht zu den Beteiligten gehörenden Person z. B. eines Notars, eines Rechtsanwalts oder eines Rechtsagenten ein schriftlicher Entwurf aufgestellt worden ist.

IV Auseinandersetzungsverträge, die nicht von einem bayerischen Gericht oder Notar beurkundet oder von einem bayerischen Notar beglaubigt sind, sind dem Rentamte zur Versteuerung vorzulegen.

48. Zu Tarifstelle 11.

I Dem Stempel der Tarifstelle 11 unterliegen alle auf Bahnhöfen oder anderen öffentlichen Orten oder Plätzen oder in öffentlichen Lokalen (Gast- und Schankwirtschaften, Lichtspieltheatern u. dgl.) aufgestellten Automaten (Warenautomaten, Schauautomaten, Musikautomaten, sonstige Automaten); außerdem sind diesem Stempel aber auch die an den vorbezeichneten Stellen aufgestellten mechanischen Musikwerke (gleichviel, ob sie Automaten sind oder nicht), ferner die an den erwähnten Orten aufgestellten Klaviere unterworfen. Automaten, Musikwerke oder Klaviere, die an anderen als den vorbezeichneten öffentlichen Orten aufgestellt sind, sind nicht stempelpflichtig. So z. B. unterliegt ein Klavier, das zwar in einer öffentlichen Gastwirtschaft, aber nicht im öffentlichen Gastlokale, sondern in einem von einer Gesellschaft gemieteten besonderen Raume (Nebenzimmer) steht, nicht dem Stempel. Nicht stempelpflichtig sind ferner auch Automaten, Musikwerke oder Klaviere, die unbenützt an einem der vorbezeichneten öffentlichen Orte stehen. Derartige Automaten usw. müssen aber, wenn sie stempelfrei bleiben sollen, in einen solchen Zustand versetzt sein, daß ihre Benützung ausgeschlossen ist (Versperren bei Klavieren und gegen Benützung solcher Automaten sichere Verwahrung des Schlüssels, Verkleben der Einwurföffnungen der Automaten unter gleichzeitiger Entleerung der Warenbehälter bei Warenautomaten oder Entfernung der Walzen oder Platten bei Musikautomaten); außerdem muß an solchen Apparaten durch Aufschrift erkennbar gemacht sein, daß sie außer Betrieb gesetzt sind.

II Die Versteuerung obliegt dem Eigentümer der Automaten usw., wenn er die Apparate selbst ausnützt, indem er die Erträge vereinnahmt. Dies wird nicht dadurch ausgeschlossen, daß der Eigentümer der Automaten usw. denen, in deren Wirtschaften oder Räumen die Apparate aufgestellt sind, als Entgelt für die Duldung der Aufstellung oder die Bedienung gewisse Anteile am Ertrag abgibt. In den übrigen Fällen obliegt die Versteuerungspflicht denjenigen, denen die Automaten usw. leih- oder mietweise oder auf Grund irgendeines anderen Rechtsgeschäfts zur eigenen Ausnützung, also zur Vereinnahmung der Erträge, überlassen sind.

III Die urkundliche Unterlage für die Stempelpflicht bildet die Jahreskarte, die beim Rentamte zu lösen ist Im übrigen aber lastet die Stempelpflicht auf dem Automaten usw., so daß ein Wechsel in der Person des Steuerpflichtigen oder eine Änderung des Standorts innerhalb des Zeitraums, für den die Jahreskarte gelöst ist, die Steuerpflicht nicht von neuem begründet. Auch ist eine nochmalige Versteuerung nicht erforderlich, wenn Automaten im Laufe des Jahres, für das die Karte gelöst ist, zum Zwecke der Ausbesserung oder zu ähnlichen Zwecken vorübergehend von ihren Standorten entfernt und durch andere gleichgroße oder gleichwertige Apparate ersetzt werden oder wenn während des Jahres Automaten usw. gegen neue gleichgroße oder gleichwertige Automaten usw. umgetauscht werden.

IV Für die im Abs. I unter b und d aufgeführten Automaten sind fixe Stempelbeträge festgesetzt. Dagegen bemißt sich der Stempel für Warenautomaten (Abs. I a) nach der Anzahl der Warenbehälter und der Stempel für Musikautomaten, Musikwerke, Klaviere, Grammophone usw. nach dem Anschaffungspreis, in Ermangelung eines solchen nach dem Werte des Instruments. Die Zahl der Warenbehälter wird meist mit der Zahl der Einwurföffnungen übereinstimmen. Wäre dies nicht der Fall, so würde die Zahl der Warenbehälter maßgebend sein. Unter dem Anschaffungspreis ist der Preis zu verstehen, den der Steuerpflichtige für den Erwerb des Instruments wirklich gezahlt hat, gleichviel, ob das Instrument vom Fabrikanten, auf einer Versteigerung oder sonst von einer dritten Person erworben worden ist. Der gezahlte Anschaffungspreis bleibt für die ganze Dauer der von derselben Person zu bewirkenden Versteuerung maßgebend, wobei Abnützung, Veralten oder sonstige wertmindernde Umstände nicht in Betracht kommen. Die Kosten für die

Nachbeschaffung von Zubehörstücken (Platten, Walzen usw.) sind dem stempelpflichtigen Anschaffungspreise hinzuzurechnen, soweit diese Gegenstände nicht den Ersatz für unbrauchbar gewordene Stücke bilden. Eine Nachversteuerung für das zur Zeit der Nachbeschaffung laufende Kalenderjahr hat jedoch nicht stattzufinden. Der Wert (Verkaufswert) kommt nur dann in Betracht, wenn ein Anschaffungspreis nicht vorhanden ist, z. B. im Falle der leih- oder mietweisen Überlassung des Instruments zur Ausnützung.

V Dem Stempel des Abs. I a unterliegen auch die Verkaufsautomaten, die zur Verabreichung von Speisen, Getränken usw. in automatischen Restaurationen, Kaffees und ähnlichen Betrieben dienen.

49. Zu Tarifstelle 12.

Die Tarifstelle 12 setzt den Stempel für die Beglaubigung von Unterschriften oder Handzeichen durch einen bayerischen Notar gleich dem Mindestbetrage des für eine notarielle Urkunde zu entrichtenden Stempels (Tarifstelle 30) auf 2 Mark fest. Während der Stempel der Tarifstelle 30 (Stempel für Beurkundungen der Notare) für eine Urkunde (vgl. Art. 6 StG.) niemals neben dem Geschäftsstempel zu entrichten ist, muß der Stempel für die Beglaubigung der Unterschriften oder Handzeichen unter einer privatschriftlichen Urkunde neben dem Geschäftsstempel erhoben werden. Eine Ausnahme besteht für jene Fälle, in denen die notarielle Beglaubigung zur Herbeiführung eines Eintrags im Grundbuche benötigt wird (Tarifstelle 2 A, 3, 13, 14 und 24), in diesen Fällen ist die Beglaubigung stempelfrei (Tarifstelle 12 Abs. II Ziff. 2). Der Beglaubigungsstempel entfällt auch, wenn aus Anlaß der notariellen Beglaubigung einer privatschriftlichen Urkunde für diese nach dem Tarif der Geschäftsstempel zu erheben ist (Tarifstellen 2 C, 27 Abs. I b, 28, 29, 35, 36 B, 39, 42). Auch für die Beglaubigung einer privatschriftlich errichteten Vollmacht der in der Tarifstelle 43 bezeichneten Art ist der Beglaubigungsstempel nicht zu erheben.

50. Zu Tarifstelle 17.

I Der Begriff des „Ehevertrags" ist der gleiche, wie im § 1432 BGB. Eheverträge sind daher solche Verträge, durch welche die Ehegatten ihre güterrechtlichen Verhältnisse regeln oder nach Eingehung der Ehe den Güterstand aufheben oder abändern. Auch dann liegt ein Ehevertrag vor, wenn Verlobte für den Fall des Zustandekommens der beabsichtigten Ehe die Güterrechtsverhältnisse bestimmen. Dagegen fällt die Regelung anderer vermögensrechtlicher Beziehungen der Ehegatten zu einander nicht darunter. Wird z. B. im Anschluß an einen Ehevertrag, in dem die bisher bestandene allgemeine Gütergemeinschaft aufgehoben und durch den Güterstand der Gütertrennung ersetzt wird, auch das Gesamtgut auseinandergesetzt, so unterliegt diese Auseinandersetzung gesondert dem Stempel. Eine Eigentumsänderung, die durch den Eintritt des in einem Ehevertrage vereinbarten Güterstandes von selbst eintritt, ist durch den Stempel für den Ehevertrag gedeckt und deshalb nicht noch besonders zu versteuern.

II Verträge, die lediglich die religiöse Erziehung der Kinder betreffen, gelten nicht als Eheverträge.

III Der Stempel der Eheverträge ist nach der Gegenstandssumme abgestuft. Gegenstand ist das reine Vermögen (nach Abzug der Schulden), auf das sich der Vertrag erstreckt, z. B. bei einem Vertrag, durch den allgemeine Gütergemeinschaft eingeführt oder aufgehoben wird, das beiderseitige reine Vermögen der Ehegatten, bei einem Vertrag, durch den der gesetzliche Güterstand in den Güterstand der Gütertrennung übergeführt wird, das reine eingebrachte Gut der Frau, bei einem Vertrag, durch den ein einzelner Gegenstand als Vorbehaltsgut erklärt wird, dieser Gegenstand.

51. Zu Tarifstelle 19.

I Die in der Tarifstelle 19 dem Stempel unterworfenen Erlaubniserteilungen usw. gehen ausschließlich von Behörden (staatlichen Behörden, Gemeindebehörden) aus. Die urkundliche Unterlage für die Stempelerhebung bildet der Beschluß der Behörde. Dieser unterliegt nach dem Kostengesetze der Beschlußgebühr (Art. 153 Abs. I Ziff. 3 KG.); die Erhebung dieser Gebühr wird durch den Stempel nicht ausgeschlossen, da nach Art. 197 KG. die Vorschriften des Kostengesetzes durch das Stempelgesetz nicht berührt werden.

II Der Ansatz des Stempels obliegt der genehmigenden Behörde; wo der Tarif für die Bemessung des Stempels einen Spielraum läßt, hat die Behörde den Stempel innerhalb des gegebenen Rahmens unter Berücksichtigung der Bedeutung der Sache und der Leistungsfähigkeit des Pflichtigen festzusetzen (Art. 26 StG.).

III Bei der Verleihung der Konzession zum Betrieb einer Vollapotheke, einer homöopathischen Apotheke oder einer Zweigapotheke ist der Stempel nach der Höhe des jährlichen Reinertrags zu bemessen. Soweit eine Konzession zum Fortbetrieb eines schon bestehenden Geschäfts Gegenstand ist, wird sich der Jahresreinertrag aus den Erhebungen über die voraussichtliche Höhe des Abfindungsbetrags feststellen lassen. Soweit dies nicht der Fall ist, ist auf die bisherige Einsteuerung zurückzugreifen (§ 7 Abs. III der VO. v. 27. Juni 1913, GVBl. S. 343, Ziff. 12 Abs. I, III, Ziff. 20 Abs. V der Vollz Bek. v 28. Juni 1913, GVBl. S. 367). Bei Neukonzessionen werden schon anläßlich der Sachbehandlung über die Höhe des zu erwartenden Reinertrags eingehende Erhebungen gepflogen, auf Grund deren die Stempelfestsetzung in der Regel erfolgen kann.

IV Bei der Erteilung einer Gast- oder Schankwirtschaftskonzession wird die besondere Abgabe nach dem erzielbaren Jahrespachtertrag erhoben; dabei begründet es keinen Unterschied, ob die Gast- oder Schankwirtschaft wirklich verpachtet ist oder ob sie vom Eigentümer des Grundstücks selbst ausgeübt wird. Unter dem erzielbaren Jahrespachtertrag ist jener Betrag zu verstehen, den der Eigentümer des Grundstücks durch Verpachtung der Gast- oder Schankwirtschaft als Pachteinnahme zu erzielen imstande ist. Der „erzielbare“ Jahrespachtertrag ist als Besteuerungsmaßstab gewählt, um Umgehungen der Abgabe zu verhüten, die dadurch herbeigeführt werden könnten, daß zu Beginn der Verpachtung unter Vorbehalt der alsbaldigen späteren Abänderung ein unverhältnismäßig niedriger Pachtzins festgesetzt wird. Sind mit der Gast- oder Schankwirtschaft um einen einheitlichen Pachtzins auch noch andere Betriebe, z. B. ein Metzgerei- oder ein landwirtschaftlicher Betrieb, verpachtet oder ist in dem Pachtzins auch der Betrag für dem Pächter überlassene Wohnräume inbegriffen, so hat der hierauf treffende Teil des Pachtzinses bei der Bemessung der Abgabe außer Betracht zu bleiben. Bei der Konzessionserteilung an einen Pächter wird regelmäßig bereits ein Pachtvertrag vorliegen, aus welchem alsdann das Nähere für die Bemessung der besonderen Abgabe wird entnommen werden können. Wird die Konzession nicht einem Pächter, sondern dem Eigentümer des Grundstücks selbst erteilt oder bietet im Falle der Verpachtung der Pachtvertrag ausnahmsweise geeignete und ausreichende Unterlagen für die Abgabenbemessung nicht, so wird entsprechende Angleichung an ähnliche verpachtete Wirtschaften oder unter Umständen Schätzung nach billigem Ermessen einzutreten haben.

V Die für den Fall der Neuerrichtung einer Gast- oder Schankwirtschaft bestimmten Abgabensätze sind auch anzuwenden, wenn ein bestehender Betrieb durch Vergrößerung der Lokalitäten erweitert oder wenn eine Schankwirtschaft in eine Gastwirtschaft umgewandelt wird. In diesen Fällen wird jedoch der Stempel abzüglich des auf die frühere Erlaubnis treffenden Betrags erhoben. Zu diesem Zwecke ist zunächst der Stempel für den Gesamtbetrieb in seiner neuen erweiterten Gestalt zu berechnen, daran ist alsdann der Stempelbetrag zu kürzen, der für die Genehmigung des bisherigen Betriebs zu entrichten wäre, wenn diese Genehmigung im Zeitpunkte der Betriebserweiterung erteilt würde.

VI Bei Fortbetriebskonzessionen wird, wenn der Konzessionar innerhalb eines Jahres von der Konzessionserteilung an zurückgerechnet schon eine Stempelabgabe für eine Wirtschaftskonzession entrichtet hat, diese zur Hälfte angerechnet (Unterabsatz 2). Die gleiche Anrechnung findet während der Übergangszeit auch statt, wenn die frühere entrichtete Abgabe nicht eine Stempelabgabe, sondern eine besondere Abgabe nach Art. 220 Abs. II Ziff. 4 GG. war.

VII Bei der Bemessung des Stempels für die Verleihung eines Kaminkehrbezirkes ist besonders auf die dem Bewerber mit der Übernahme des Kehrbezirkes zugehenden Verpflichtungen und Lasten (Witwenrenten und ähnliche Leistungen) Rücksicht zu nehmen.

52. Zu Tarifstelle 20.

I Nach der Tarifstelle soll auch für die Genehmigung der Errichtung oder Vermehrung von Familienstiftungen der Stempel erhoben werden. Unter Familienstiftungen im Sinne dieser Tarifstelle sind nicht etwa nur die Familienstiftungen des bürgerlichen Rechtes (vgl. Art. 5, 6 des AusfGes. zum BGB.) zu verstehen, sondern jede Stiftung, die nach der Stiftungsurkunde ganz oder überwiegend dem privaten Interesse der Mitglieder einer oder mehrerer bestimmter Familien dient.

II Gebundene Güter im Sinne der Tarifstelle 20 A Abs. IV sind Fideikommisse, Stammgüter und Familiengüter der standesherrlichen und reichsritterschaftlichen Familien. Der Stempel zu 3 vom Hundert ist bei der Wiederverleihung eines heimgefallenen Lehens vom ganzen zum Lehen gehörenden beweglichen und unbeweglichen Vermögen ohne Abzug der Schulden, bei der Einverleibung von Vermögen in Fideikommisse, Stammgüter oder Familiengüter der standesherrlichen oder reichsritterschaftlichen Familien dagegen nur aus dem Werte der einverleibten in Bayern gelegenen Grundstücke oder grundstücksgleichen Rechte ohne Abzug der Schulden zu berechnen.

III Die Vorschrift unter B erstreckt sich auf die Grundstücke und grundstücksgleichen Rechte, die zu Familienfideikommissen nach der VII. Verfassungsbeilage, zu Fideikommissen, Stammgütern und Familiengütern der standesherrlichen und reichsritterschaftlichen Familien, ferner zu Lehen oder allodifizierten Lehen gehören. Dagegen bezieht sich die Vorschrift nicht auf Grundstücke oder grundstücksgleiche Rechte, die zu Familienstiftungen adeliger Familien oder zu gebundenen Hausgütern der landesherrlichen Familien gehören. Die Abgabe beträgt ein Zwanzigstel vom Hundert des nach § 95 des Reichsstempelgesetzes vom 3. Juli 1913 ermittelten Wertes; sie ist in der Form eines Landeszuschlags zu der nach § 95 des Reichsstempelgesetzes vom 3. Juli 1913 für das Reich zu erhebenden Abgabe von den vorbezeichneten Gütern zu erheben, und zwar gleichzeitig mit dieser (vgl. § 187 der Ausführungsbestimmungen des Bundesrats zum Reichsstempelgesetze vom 3. Juli 1913, GVBl. 1913 S. 523).

53. Zu Tarifstelle 21.

Als Fischen vom Ufer aus ist es auch zu erachten, wenn der mit der Handangel Fischende sich in einem am Ufer angehängten Boote befindet. Als größere Seen gelten nach der

Verordnung vom 18. Dezember 1914 der Würmsee, der Ammersee, der Chiemsee, der Simsee, der Wagingersee, der Kochelsee und der Staffelsee.

II Als Gewerbsfischer sind jene Personen anzusehen, die die Fischerei im eigenen Namen und auf eigene Rechnung zu dem Zwecke ausüben, um ihren regelmäßigen Unterhalt vollständig oder vorwiegend aus dem Erträgnisse des Fischereibetriebs zu bestreiten. Die Rentämter haben den Distriktsverwaltungsbehörden die hienach etwa erforderlichen Aufschlüsse über die Besteuerung der Fischerkartenempfänger zu erteilen.

III Ist der Fischereiberechtigte, d. i. der Eigentümer des Gewässers, wenn nicht etwa auf besonderen Rechtsverhältnissen beruhende Rechte bestehen, im Besitz einer Fischerkarte, so ist dessen Hilfs- und Aufsichtspersonal vom Stempel für die Fischerkarten befreit. Zum Hilfs- und Aufsichtspersonal können auch Angehörige des Berechtigten gehören, wenn sie von ihm zur Mithilfe oder Aufsicht bestellt sind. Das Gleiche gilt für das Hilfs- und Aufsichtspersonal des Pächters oder des Inhabers des Erlaubnisscheins, wenn die Ausübung der Fischerei verpachtet ist oder wenn eine Gemeinde oder Stiftung als Fischereiberechtigte einen Erlaubnisschein ausgestellt hat (Art. 30 des Fischereigesetzes).

54. Zu Tarifstelle 22.

I Die Besteuerung der Gesellschaftsverträge ist durch das Reichsstempelgesetz vom 3. Juli 1913 reichsrechtlich geregelt worden (Tarifnummer 1 A). Daneben unterliegen nach § 7 des Reichsstempelgesetzes die in der Tarifnummer 1 A aufgeführten Rechtsvorgänge und deren Beurkundung in den einzelnen Bundesstaaten einer weiteren Stempelabgabe (Taxe, Sportel usw.) nicht. Ausgenommen sind nur das Einbringen von Grundstücken oder den Grundstücken gleichstehenden Rechten oder Rechten der in der Tarifnummer 11 a Abs. 2 des Reichsstempelgesetzes bezeichneten Art in Aktiengesellschaften, Kommanditgesellschaften auf Aktien und Gesellschaften m. b. H., ferner die Überlassung von Sachen oder Rechten einer Gesellschaft oder Genossenschaft zum Sondereigentum an einen Gesellschafter oder dessen Erben, soweit Grundstücke oder den Grundstücken gleichstehende Rechte überlassen werden. Ausgenommen ist auch das Einbringen von Grundstücken oder den Grundstücken gleichstehenden Rechten als Einlagen in eine offene Handelsgesellschaft, Kommanditgesellschaft, Gesellschaft des bürgerlichen Rechtes oder in eine Genossenschaft. Von der hiernach begrenzten Zulässigkeit, Landesstempel für Gesellschaftsverträge zu erheben, ist im Abs. I der Tarifstelle 22 Gebrauch gemacht.

II Der Abs. II sieht für offene Handelsgesellschaften, Kommanditgesellschaften und Gesellschaften des bürgerlichen Rechtes eine wesentliche Begünstigung gegenüber dem früheren Rechte vor. Solche Gesellschaften wurden vom Gebührengesetze wie juristische Personen, d. h. wie von den einzelnen Teilhabern verschiedene selbständige Rechtssubjekte behandelt. Der Tarif gibt diesen Standpunkt auf und berücksichtigt, daß das Vermögen dieser Gesellschaften, wenn es auch Gesamtgut ist, doch den einzelnen Teilhabern zur gesamten Hand gehört. Er bestimmt daher, daß sowohl beim Einbringen in eine offene Handelsgesellschaft, Kommanditgesellschaft oder Gesellschaft des bürgerlichen Rechtes als auch bei der Überlassung von Gesellschaftsvermögen seitens solcher Gesellschaften an einen Gesellschafter oder dessen Erben für die Berechnung des Stempels der Teil des Gegenstandes außer Ansatz bleiben soll, der dem Anteile des Einbringenden oder des Übernehmers am Gesellschaftsvermögen entspricht. Um jedoch Umgehungen des Grundstücksübertragungsstempels zu verhüten, ist diese Begünstigung bei der Überlassung von Gesellschaftsvermögen insoweit ausgeschlossen, als die Anteilsberechtigung des Übernehmers durch dem Grundstücksübertragungsstempel nicht unterliegende Akte, nämlich durch Erwerb von Gesellschaftsanteilen anderer Gesellschafter mittels Rechtsgeschäfts unter Lebenden oder durch Änderung des Gesellschaftsvertrags begründet worden ist. Eine weitere Folge davon, daß offene Handelsgesellschaften, Kommanditgesellschaften und Gesellschaften des bürgerlichen Rechtes nicht mehr für die Stempelpflicht als juristische Personen angesehen werden sollen, ist, daß bei solchen Verträgen das allenfallsige Verwandtschaftsverhältnis der Gesellschafter zu einander zu berücksichtigen ist (Tarifstelle 23 Abs. I A Unterabsatz 3 b).

III Für die Überlassung der Rechte am Gesellschaftsvermögen (Gesellschaftsanteile) der in der Tarifstelle 22 erwähnten Gesellschaften kann nach dem Reichsstempelgesetz ein Landesstempel nicht erhoben werden. Werden jedoch durch die Überlassung der Rechte am Gesellschaftsvermögen (Tarifnummer 1 A e des Reichsstempelgesetzes) alle Anteile am Gesellschaftsvermögen in einer Hand vereinigt, so ist von den zum Gesellschaftsvermögen gehörenden, in Bayern gelegenen Grundstücken und grundstücksgleichen Rechten die Stempelersatzabgabe zu erheben (Art. 20 StG).

IV Der Abs III der Tarifstelle betrifft beispielsweise den Fall, daß ein Teilhaber einer offenen Handelsgesellschaft durch privatschriftlichen Vertrag die Anteile der übrigen Gesellschafter übernimmt und die Umschreibung des Grundstücksvermögens der Gesellschaft auf seinen Namen herbeiführt. Auf den aus diesem Anlasse geschuldeten Grundstücksübertragungsstempel ist die allenfalls gezahlte Stempelersatzabgabe des Art. 20 Abs. II StG. anzurechnen, wenn die Umschreibung innerhalb zweier Jahre seit der Erwerbung der Anteile stattfindet.

55. Zu Tarifstelle 25.

I Die Steuerpflicht der Inventare und Vermögensverzeichnisse ist an die Voraussetzung geknüpft, daß sie in Bayern von einer Behörde, einem Beamten oder einem Notar beurkundet sind oder gerichtlichen oder notariellen Urkunden als Beilagen beigereiht werden. Einer gerichtlichen oder notariellen Urkunde wird ein Vermögensverzeichnis oder Inventar als Beilage nur dann als beigereiht gelten können, wenn in der Urkunde auf das Vermögensverzeichnis oder Inventar als Beilage oder in dem Verzeichnis oder Inventar auf die Urkunde Bezug genommen ist.

II Ein stempelpflichtiges Vermögensverzeichnis liegt nicht schon darin, daß in einem Ehevertrag die Gegenstände, auf die sich der Vertrag erstreckt, einzeln aufgeführt werden, wohl aber darin, daß nach § 1372 oder § 1528 BGB. der Bestand des eingebrachten Gutes festgestellt wird.

III Der zur Erlangung der dienstlichen Verehelichungsbewilligung eines Offiziers erforderliche Nachweis über den Besitz eines bestimmten Einkommens gehört nicht zu den Inventaren oder Vermögensverzeichnissen im Sinne der Tarifstelle 25 und unterliegt daher auch im Falle der notariellen Beurkundung nicht dem Stempel dieser Tarifstelle (vgl. Entsch. des Obersten Landesgerichts Bd. 3 S. 417).

56. Zu Tarifstelle 27.

I Die Tarifstelle 27 bestimmt den Stempel für die hauptsächlichsten Veräußerungsgeschäfte, nämlich für die Kaufgeschäfte und die Tauschgeschäfte, sie dehnt diese Regelung aber auch auf sonstige entgeltliche Veräußerungsgeschäfte aus. Die Tarifstelle umfaßt demnach alle Geschäfte, durch die unbewegliche oder bewegliche Sachen oder solchen Sachen gleichgestellte Rechte gegen eine Leistung irgendwelcher Art veräußert werden. Im Falle des Zusammentreffens dieser Tarifstelle mit anderen Tarifstellen, das insbesondere infolge der Einbeziehung der „anderen entgeltlichen Veräußerungsgeschäfte" nicht ausgeschlossen ist, vgl. z. B. Tarifstelle 2, entscheiden die allgemeinen Vorschriften in den Art. 8 Abs. I Satz 2, Art. 9 Abs. I, III, IV des Gesetzes.

II Soweit Geschäfte der in dieser Tarifstelle aufgeführten Art Grundstücke oder diesen gleichstehende Rechte oder Rechte der in der Tarifstelle 23 Abs. II bezeichneten Art betreffen, ist der Stempel nach der Tarifstelle 23 zu bemessen. In den übrigen Fällen, mithin wenn die Geschäfte bewegliche Sachen oder den beweglichen Sachen gleichzuachtende Rechte betreffen, beträgt der Stempel 3 vom Tausend und bei Gegenstandssummen von nicht mehr als 2000 ℳ 2 vom Tausend. Der Stempel ist in diesen Fällen aus der Gegenleistung und nur, wenn es sich um Verträge über eine Leistung an Erfüllungs Statt handelt, aus dem Werte der Gegenstände zu berechnen. Geschäfte über bewegliche Sachen oder den beweglichen Sachen gleichzuachtende Rechte unterliegen nur dann dem Stempel der Tarifstelle 27 Abs. I b, wenn sie von einem bayerischen Notar beurkundet oder beglaubigt sind.

III Bei der Auseinandersetzung von Gesamthandsgemeinschaften ist durch die Tarifstellen 9 Abs. II und 22 Abs. II zugelassen, daß der Anteil des Übernehmers bei der Stempelberechnung außer Ansatz bleibt. Die gleiche Begünstigung läßt der Abs. V für Geschäfte der Tarifstelle 27 zu, wenn das Kauf- usw. -Geschäft zwischen einer Gesamthandsgemeinschaft und einem Anteilsberechtigten abgeschlossen ist.

IV Während beim Kauf ein Gegenstand gegen Zahlung eines Preises (Kaufpreises) überlassen wird, besteht das Wesen des Tausches darin, daß Gegenstände verschiedener Eigentümer unmittelbar gegeneinander so hingegeben werden, daß der hingegebene Gegenstand als solcher die ganze Gegenleistung oder doch wenigstens einen wesentlichen Teil der Gegenleistung für den Empfänger bildet. Die Bezeichnung und die äußere Form der Urkunde sind hiebei nicht maßgebend. Entscheidend für die Eigenschaft des Geschäfts als Kauf oder Tausch ist vielmehr allein, ob nach dem Inhalte des Geschäfts die unmittelbare Leistung und Gegenleistung jedes Teils in der Verschaffung des Gegenstandes besteht oder ob die Hingabe des Gegenstandes gegen andere Leistungen gewollt ist. Die Ausgleichung der Verschiedenheit der Werte durch eine Zuzahlung (Tauschaufgabe) ist mit dem Tausche durchaus vereinbar. Einen Anhaltspunkt dafür, ob in solchen Fällen in Wirklichkeit ein Tausch oder ein Kauf gewollt ist, kann das Verhältnis des Wertes der Gegenstände, die von beiden Seiten gegeben werden, und des als Tauschaufgabe bezeichneten Betrags geben. Werden bei der gegenseitigen Überlassung von Grundstücken die Werte durch die Übernahme von Hypotheken gedeckt, so wird zwar dadurch die Annahme eines Tauschvertrages dann nicht ausgeschlossen, wenn auf jeder Seite nach dem so erfolgten Ausgleiche noch ein Teil des Grundstückswertes übrig bleibt, der unmittelbar durch das von der anderen Seite hingegebene Grundstück abgegolten wird. Ein Tauschvertrag liegt aber nicht vor, wenn nach dem Inhalte der Urkunde keines der Grundstücke bei der Bestimmung der Gegenleistung für das andere irgendwie in Anschlag gebracht, sondern die Gegenleistung ausschließlich in anderen Leistungen wie Barzahlung, Übernahme oder Bestellung von Hypotheken bestimmt wird. In einem solchen Falle handelt es sich um zwei gesondert zu bewertende Grundstücksüberlassungsverträge (Entsch. des Obersten Landesgerichts Bd. 14 n. F. S. 91).

57. Zu den Tarifstellen 28, 29, 35, 36 B, 42 Abs. III.

I Die hier aufgeführten Geschäfte unterliegen dem Stempel nur, wenn sie von einem bayerischen Notar beurkundet oder beglaubigt sind.

II Die Anwendung der Tarifstelle 28 setzt voraus, daß der Erwerb des Rechtes auf die Rente oder die Leistung nach der Absicht der Vertragschließenden den Hauptgegenstand des Vertrags bildet. Wird in einem Vertrage ein Grundstück veräußert und werden dafür zu gewissen Zeiten wiederkehrende Leistungen (Austrag, Verpflegung usw.) zugesagt, so bildet die Zusage dieser Leistungen regelmäßig die Gegenleistung für die Veräußerung des Grundstücks; die Hauptsache für die Beteiligten wird dabei zumeist die Veräußerung des Grundstücks sein. In solchen Fällen ist die Versteuerung nicht nach der Tarifstelle 28, sondern nach der Tarifstelle 27 zu bewirken. Anders wenn die Gewährung wiederkehrender Leistungen (Abnährung, Verpflegung usw.) gegen Geld oder gegen die Überlassung bestimmter beweglicher Sachen versprochen wird. In solchen Fällen wird es sich meist um reine Abnährungs- oder Verpflegungsverträge handeln, die im Falle der notariellen Beurkundung oder Beglaubigung nach der Tarifstelle 28 zu versteuern sind.

III Die Tarifstelle 35 unterwirft dem dort bestimmten Stempel nicht bloß Schuldversprechen, Schuldanerkenntnisse und Schuldbekenntnisse, durch die eine Schuld erst begründet wird, sondern auch Schuldverschreibungen, die über eine bereits bestehende Schuld erteilt werden. Mit Rücksicht auf letzteren Umstand sind, um Doppelversteuerungen zu vermeiden, die Befreiungen im Abs. II unter Ziff. 3 bis 5 vorgesehen. Die Befreiung unter Ziff. 2 hat ihren Grund darin, daß Urkunden über Lombarddarlehen dem Stempel der Tarifstelle 36 A unterliegen. Der Schuldverschreibungsstempel der Tarifstelle 35 ist nur für Schuldverschreibungen zu erheben, die eine Geldsumme zum Gegenstande haben. Die in einer Schuldverschreibung enthaltene Erklärung des Schuldners, daß er sich hinsichtlich der Schuldsumme der sofortigen Zwangsvollstreckung unterwerfe, ist eine nicht selbständig zu versteuernde Nebenverabredung.

IV Die Tarifstelle 36 B betrifft Pfandrechtsbestellungen, Bürgschaftserklärungen, die Übernahme einer Schuld neben dem Hauptschuldner, sofern dadurch nicht eine selbständige neue Verbindlichkeit begründet wird, u. dergl. Erfolgt jedoch die Sicherstellung im Anschluß an die Beurkundung des sichergestellten Rechtes oder der sichergestellten Forderung in der gleichen Urkunde, so findet eine gesonderte Versteuerung der Sicherstellung nicht statt (Art. 9 Abs. IV StG.). Die Tarifstelle 36 B findet nur insoweit Anwendung, als nicht andere Tarifstellen einschlägig sind, so z. B. die Tarifstelle 24, Bestellung von Hypotheken usw.

58. Zu Tarifstelle 30.

Der Tarifstelle ist zu entnehmen, daß für jede Urkunde eines bayerischen Notars der für das beurkundete Geschäft vorgesehene Geschäftsstempel, weiter daß mangels eines besonderen Geschäftsstempels ein Beurkundungsstempel von 2 Mark zu erheben ist, schließlich daß der Mindeststempel für Notariatsurkunden jeder Art 2 Mark beträgt, ausgenommen nur bei Urkunden über die in der Tarifstelle 3 aufgeführten Geschäfte. Der Mindestbetrag des Stempels für eine von einem bayerischen Notar beurkundete Vollmacht beträgt daher 2 Mark.

59. Zu Tarifstelle 31.

Ob der Protest vom Notar, einem Gerichtsvollzieher oder einem Postbeamten aufgenommen wird, begründet für die Stempelpflicht keinen Unterschied. Auf den von einem Notar aufgenommenen Protest findet nur die Tarifstelle 31, nicht auch die Tarifstelle 30 Anwendung.

60. Zu Tarifstelle 34.

I Für Schiedssprüche ist eine Stempelabgabe von $^1/_2$ vom Hundert des Streitgegenstandes, mindestens jedoch 2 Mark und, wenn der Gegenstand nicht schätzbar ist, 10 Mark zu erheben. Wird gegen einen Schiedsspruch ein höheres Schiedsgericht angerufen, so unterliegt auch der Ausspruch dieses Schiedsgerichts dem Stempel. Befreit sind die Schiedssprüche in Streitigkeiten zwischen Arbeitern und Arbeitgebern. Diese Befreiung umfaßt auch die schiedsrichterliche Schlichtung von Tarifstreitigkeiten.

II Der Stempel ist aus dem Werte des Streitgegenstandes, d. h. aus dem Werte des im Streite befangenen Anspruchs zu berechnen, nicht aus dem Betrage, der im Schiedsspruche zuerkannt ist.

III Die Schiedssprüche sind dem Rentamte zur Versteuerung vorzulegen. Das Schiedsgericht hat für die Versteuerung dadurch zu sorgen, daß es die Vorlage an das Rentamt bewirkt. Vorher darf der Schiedsspruch nicht ausgehändigt werden (Art. 17, 39 StG.).

61. Zu Tarifstelle 36 A.

Die Tarifstelle 36 A regelt den Stempel für Lombarddarlehen. Der Stempel ist aus der dargeliehenen Summe zu berechnen. Beim sogenannten kontokorrentähnlichen Lombardverkehre jedoch, bei dem gegen Bestellung einer Sicherheit die Gewährung von Lombarddarlehen bis zu einem bestimmten Höchstbetrag zugestanden wird, ist der Stempel nur einmal aus dem Höchstbetrage zu erheben, die einzelnen abgehobenen Darlehen dagegen sind nicht zu versteuern. Wird der bestimmte Höchstbetrag erhöht, so ist der Stempel aus der Erhöhung nachzuentrichten.

62. Zu Tarifstelle 38.

I Dem Stempel der Tarifstelle 38 unterliegen alle Verfügungen von Todes wegen mit alleiniger Ausnahme der im § 2250 BGB. und im § 44 des Reichsmilitärgesetzes vom 2. Mai 1874 (RGBl. S. 45) bezeichneten Testamente (Testamente in wegen Ausbruchs einer Krankheit oder infolge sonstiger außerordentlicher Umstände abgesperrten Orten, außerordentliche Testamente der Militärpersonen in Kriegszeiten oder während eines Belagerungszustandes). Die Stempelpflicht erstreckt sich sonach nicht bloß auf notariell errichtete Verfügungen von Todes wegen (Testamente, Erbverträge), sondern ebenso auch auf die privatschriftlichen (eigenhändigen) Testamente (§ 2231 Ziff. 2 BGB.) sowie auf die außerordentlichen Testamente nach § 2249 BGB. vor dem Gemeindevorsteher.

II Der Stempel für die Errichtung einer Verfügung von Todes wegen ist nach dem Vermögen oder Vermögensteil zu bemessen, worüber verfügt ist; die auf dem Vermögen oder Vermögensteil lastenden Schulden werden abgezogen. Für die Wertberechnung ist ebenso wie für die Fälligkeit des Stempels der Zeitpunkt der Errichtung der Verfügung von Todes wegen maßgebend. Eigenhändige Testamente (§ 2231 Ziff. 2 BGB.) können jedoch erst nach dem Tode des Erblassers versteuert werden, wenn nicht der Testator vorzieht, den Stempel noch bei Lebzeiten zu entrichten. Bei der Versteuerung nach dem Tode des Erblassers ist für die Berechnung des Wertes der Zeitpunkt des Todes des Erblassers maßgebend.

III Ist die Verfügung von Todes wegen von einem bayerischen Notar beurkundet, so obliegt der Ansatz und die Erhebung des Stempels dem Notar. Der Notar hat den Pflichtigen über den Wert des Gegenstandes zu befragen und den Stempel nach dessen Angaben zu bemessen. Die weitere Nachforschung nach Art. 35, 36 StG. findet erst nach der Eröffnung der Verfügung statt. Letzteres gilt auch dann, wenn der Stempel bei Lebzeiten des Erblassers durch Verwendung von Stempelmarken entrichtet wird.

63. Zu Tarifstelle 41.

I Wenn bei einer Zwangsversteigerung zum Zwecke der Auseinandersetzung unter Miteigentümern (z. B. §§ 731, 1477, 1498, 1546, 2042 BGB.) der Zuschlag einem Miteigentümer erteilt wird, soll bei der Stempelbemessung der Teil des Gegenstandes außer Betracht bleiben, der dem Anteile des Ansteigerers entspricht. Dies gilt auch für die Erbengemeinschaft, für diese jedoch nur mit der aus der Tarifstelle 9 Abs. II Satz 2 sich ergebenden Einschränkung. Der Grundstücksübertragungsstempel für die Beurkundung der Abtretung der Rechte aus dem Meistgebot oder für die Erklärung, für einen Dritten geboten zu haben, wird dann nicht erhoben, wenn der Ansteigerer das Meistgebot erweislich auf Grund eines Auftrags oder einer Geschäftsführung ohne Auftrag für einen Dritten gelegt hat und die Rechte aus dem Meistgebot an den Dritten übertragen werden (Tarifstelle 41 A Abs. IV).

II Freiwillige Versteigerungen müssen stempelrechtlich den Kaufverträgen gleichgestellt werden. Die Tarifstelle 41 B verweist daher wegen der Stempelbemessung, soweit Grundstücke oder grundstücksgleiche Rechte in Frage kommen, auf die Tarifstelle 23, soweit bewegliche Sachen oder diesen gleichzuachtende Rechte in Frage kommen, auf Tarifstelle 27 Abs. I b.

III Nach der Tarifstelle 41 C Abs. II Ziff. 4 sind land- und forstwirtschaftliche Produkte nur dann und insoweit befreit, als sie eigene Erzeugnisse dessen sind, für den die Versteigerung vorgenommen wird. Die Häuteversteigerungen der Metzgergenossenschaften unterliegen dem Stempel nicht.

IV Zu den Versteigerungen im öffentlichen Auftrage gehören auch die Versteigerungen nach den Bestimmungen der Postordnung oder der Verkehrsordnung für Rechnung des Absenders.

64. Zu Tarifstelle 43.

I Unter einer Vollmacht im Sinne der Tarifstelle 43 ist in Übereinstimmung mit § 166 Abs. 2, § 167 Abs. 1 BGB.

eine durch Rechtsgeschäft erteilte Vertretungsmacht zu verstehen. Stempelpflichtig sind aber nur Vollmachten zur Vornahme von Geschäften rechtlicher Natur bei bayerischen oder außerbayerischen Gerichten oder Behörden. Ob die Vollmacht notariell, gerichtlich oder von einer Verwaltungsbehörde beurkundet oder nur privatschriftlich (z. B. brieflich) errichtet ist, begründet keinen Unterschied. Zu den stempelpflichtigen Vollmachten gehören daher Prozeßvollmachten, Vollmachten in Privatklagesachen (§ 418 RStPO.), Vollmachten zur Vertretung in sonstigen gerichtlichen Angelegenheiten oder Verfahren, Vollmachten zur Vertretung vor Verwaltungsbehörden, Steuerbehörden usw. Stempelpflichtig sind insbesondere auch Vollmachten, die gelegentlich der Verhandlungen vor Gerichten in Angelegenheiten, auf die das Reichs-Gerichtskostengesetz keine unmittelbare Anwendung findet, oder vor Verwaltungsbehörden zu Protokoll, z. B. von den in einer Sache Beteiligten einem von ihnen zur alleinigen Weiterverhandlung erteilt werden. Dagegen sind nicht als stempelpflichtige Vollmachten anzusehen die Ermächtigung zur Einsicht des Grundbuchs, die Anzeige über die Wahl eines Verteidigers (§ 218 RStPO.). Als Behörden im Sinne der Tarifstelle 43 gelten nicht die Reichsbank, die K. Bank, die Gerichtsvollzieher, ferner die Notare hinsichtlich der von ihnen vorzunehmenden öffentlichen Beurkundungen und Beglaubigungen und der damit zusammenhängenden Geschäfte. Die für den Verkehr mit der Reichsbank, der K. Bank, mit einem Gerichtsvollzieher oder Notar (hier innerhalb der vorbezeichneten Grenze) ausgestellten Vollmachten unterliegen daher nicht dem Stempel.

II Die Entstehung der Stempelpflicht ist nicht an die Einreichung der Vollmacht bei dem Gericht oder bei der Behörde (an den Gebrauch), sondern an die Ausstellung (an die Errichtung) geknüpft. Bedarf eine Vollmacht einer besonderen Form (notarielle Beurkundung oder Beglaubigung) wie z. B. die Vollmacht zu einer Auflassung oder zu einem Eintragungsantrag, so wird sie erst stempelpflichtig, wenn auch dieser Formvorschrift genügt, d. h. wenn die zunächst nur privatschriftlich errichtete Vollmacht notariell beglaubigt ist. Durch den Gebrauch in Bayern (also durch die Einreichung bei einem bayerischen Gericht oder einer bayerischen Behörde) werden Vollmachten stempelpflichtig, wenn sie außerhalb Bayerns ausgestellt sind (Art. 2 Abs. III Satz 2 StG.), oder wenn sie vor dem 1. Januar 1915 ausgestellt sind, nach diesem Zeitpunkt aber von ihnen Gebrauch gemacht wird (Art. 3 Abs. III des Gesetzes vom 21. August 1914 über Änderungen im Gebührenwesen). Die Stempelpflicht einer Vollmacht durch den Gebrauch (Einreichung) ist jedoch durch § 2 Abs. 2 des Reichs-Gerichtskostengesetzes für alle gerichtlichen Angelegenheiten ausgeschlossen, auf die das Reichs-Gerichtskostengesetz unmittelbare Anwendung findet. Hiernach ist eine Vollmacht der in der Tarifstelle 43 bezeichneten Art stempelpflichtig, wenn sie nach dem 31. Dezember 1914 ausgestellt oder wenn sie zwar vor dem 1. Januar 1915 ausgestellt ist, wenn aber erst nach dem 31. Dezember 1914 bei einem Gericht oder bei einer Behörde von ihr Gebrauch gemacht wird; letzterenfalls ist jedoch Voraussetzung für die Stempelpflicht, daß die Vollmacht nicht eine Angelegenheit der im § 1 des Reichs-Gerichtskostengesetzes bezeichneten Art betrifft. Das gleiche gilt auch von der in der Tarifstelle 43 Abs. V erwähnten Anzeige.

III Anzeigen der in der Tarifstelle 43 Abs. V erwähnten Art unterliegen der Stempelpflicht nur dann, wenn ihnen nicht eine schriftlich ausgestellte Vollmacht zugrunde liegt. Daß ihnen eine schriftlich ausgestellte Vollmacht zugrunde liegt, wird nicht vermutet, sondern ist nachzuweisen. Der Stempel für die Anzeige ist daher zu erheben, wenn nicht die ihr zugrunde liegende schriftliche Vollmacht dem Gericht oder der Behörde bereits vorliegt oder gleichzeitig vorgelegt wird, oder wenn nicht von Bevollmächtigten auf der Anzeige vermerkt ist, daß sich eine schriftliche mit .... Mark .... Pfennig versteuerte Vollmacht seines Auftraggebers in seinen Händen befinde. Die Steuerbehörden sind auf Grund des Art. 61 Abs. II StG. berechtigt, die Vollmacht zur Einsicht sich vorlegen zu lassen.

IV Der Stempelbetrag bemißt sich nach dem Werte des Gegenstandes; nur bei Vollmachten, deren Gegenstand nicht schätzbar ist und bei Vollmachten zur Vertretung in einem Strafverfahren beträgt der Stempel 2 Mark. Bei der Berechnung des Wertes des Gegenstandes werden die Schulden nicht abgezogen (Art. 27 Abs. II StG.); der Gegenstand einer Vollmacht, die beispielsweise zum Verkauf eines Hauses im Werte von 50 000 ℳ ermächtigt, ist daher 50 000 ℳ, auch wenn auf dem Hause Hypotheken lasten. Bei Generalvollmachten gilt als Gegenstandswert das gegenwärtige Vermögen des Vollmachtgebers ohne Abzug der Schulden. Soweit Geldforderungen als Gegenstand einer Vollmacht in Betracht kommen, ist ihr Nennbetrag maßgebend (Art. 29). Zinsen, Kosten und sonstige Nebenleistungen sind außer Betracht zu lassen.

V Nicht schätzbar, d. h. in Geld nicht schätzbar (Tarifstelle 43 Abs. IV), ist der Wert des Gegenstandes einer Vollmacht dann, wenn seine Ermittelung nach den Vorschriften der Art. 27 bis 34 StG. nicht möglich ist Dies trifft insbesondere zu bei Vollmachten in nichtvermögensrechtlichen Gegenständen, z. B. bei Vollmachten in Angelegenheiten des Familienrechts, ferner bei Vollmachten zur Klage auf Herausgabe einer Urkunde, bei Vollmachten zur Erwirkung einer Jagdkarte, einer Fischerkarte, einer Konzession oder sonstigen gewerblichen Erlaubnis u. dergl. Für Vollmachten, deren Gegenstandswert nicht schätzbar ist, beträgt der Stempel, wenn sie einem Angestellten oder Familienangehörigen des Vollmachtgebers erteilt werden, 1.50 Mark (Tarifstelle 43 Abs. III).

VI Auch notariell beurkundete Vollmachten unterliegen dem Vollmachtsstempel nach Maßgabe der Tarifstelle 43, der Mindestbetrag des Stempels hierfür beträgt jedoch 2 Mark (Tarifstelle 30).

VII Der Vollmachtsstempel wird bei Vollmachten, die von einem bayerischen Notar oder Gericht oder von einer bayerischen Behörde, die Verwaltungskosten erhebt, beurkundet sind, vom Notar, vom Gerichtsschreiber oder von dem mit der Stempelerhebung bei der Behörde betrauten Beamten angesetzt und eingehoben. Der Notar hat den Vollmachtsstempel auch anzusetzen und zu erheben, wenn er eine privatschriftlich errichtete Vollmacht beglaubigt, die noch nicht versteuert ist; in diesem Falle ist nur der Vollmachtsstempel, nicht etwa daneben auch noch der Beglaubigungsstempel anzusetzen. Wird eine nicht von einem bayerischen Notar errichtete oder beglaubigte Vollmacht unversteuert bei einem Gericht oder bei einer Behörde, die Verwaltungskosten erhebt (Bezirksamt,

Rentamt, Gemeindebehörde, Regierung, Kammer des Innern und Regierung, Kammer der Finanzen, usw.), eingereicht, so hat der Gerichtsschreiber oder der mit der Stempelerhebung bei der Behörde betraute Beamte den Vollmachtsstempel anzusetzen.

VIII In allen übrigen Fällen ist der Vollmachtsstempel durch Verwendung von Stempelmarken zu entrichten. Ist eine Vollmacht dazu bestimmt, demnächst bei einem Gericht oder bei einer Behörde, die Verwaltungskosten erhebt, eingereicht zu werden, so kann der Pflichtige von der Verwendung von Stempelmarken absehen und die Erhebung des Stempels dem Gerichtsschreiber oder dem mit der Stempelerhebung bei der Behörde betrauten Beamten überlassen. Diese Bestimmung findet auf Vollmachten, die bei Behörden der Verkehrsverwaltung eingereicht werden, keine Anwendung; für solche Vollmachten ist der Stempel stets durch Verwendung von Stempelmarken zu entrichten.

IV. Vorschriften über die Erhebung und Verrechnung.

A. Vorschriften für die Notare.

65. I Dem Notar obliegt die Erhebung des Stempels für die errichteten stempelpflichtigen Urkunden sowie für die vorgenommenen Beglaubigungen, erteilten Ausfertigungen und Abschriften, ausgestellten Zeugnisse, aufgenommenen Protokolle und Proteste Wird einem Notar eine privatschriftlich errichtete stempelpflichtige Urkunde zur Beglaubigung vorgelegt, so hat der Notar außer dem Beglaubigungsstempel auch den für die privatschriftliche Urkunde geschuldeten Geschäftsstempel zu erheben, wenn die Urkunde nicht bereits von den Beteiligten in der vorgeschriebenen Weise (beim Rentamt, durch Verwendung von Stempelmarken) versteuert ist. Wird dem Notar aus Anlaß eines Amtsgeschäfts eine privatschriftliche stempelpflichtige Urkunde vorgelegt, die nicht oder nicht ausreichend versteuert ist, so kann der Notar den Stempel für die Urkunde ansetzen und erheben, auch wenn er die Urkunde nicht zu beglaubigen hat.

II Wenn hiernach dem Notar die Erhebung des Stempels obliegt, hat er nach eingetretener Stempelpflicht den Stempel anzusetzen und im Kosten- und Stempelregister (Ziff. 41 der

Ministerialbekanntmachung vom 20. Juni 1915 zum Vollzuge des Reichs-Gerichtskostengesetzes und des Kostengesetzes vom 21. August 1914) zu Soll zu stellen, dies auch dann, wenn die Frist des Art. 18 StG. noch nicht abgelaufen ist. In den Fällen des Art. 7 Abs. II StG. kann die Sollstellung nicht eher erfolgen, als bis die Genehmigung oder der Beitritt der Behörde oder des Dritten erklärt ist. Ist dies bis zur monatlichen Abrechnung des Notars mit dem Rentamte nicht geschehen, so hat der Notar den Stempelfall in eine Überwachungsliste aufzunehmen, die nach dem anruhenden Muster 1 zu führen ist.

66. I Ist der Stempel vom Werte des Gegenstandes zu erheben oder sind für die Stempelbemessung besondere Umstände maßgebend, so hat der Notar die Beteiligten über den Wert oder über die maßgebenden besonderen Umstände zu befragen und sie dabei auf die gesetzlichen Folgen der Unterlassung der Angabe oder einer allenfallsigen unrichtigen Angabe (Art. 35 Abs. II, Art. 36, 50 StG.) hinzuweisen. Der Aufforderung zur Angabe des Wertes des Gegenstandes bedarf es nicht, wenn angenommen werden kann, daß der Wert in der vereinbarten Gegenleistung entsprechend zum Ausdrucke gekommen ist (vgl. Ziff. 25 Abs. IV oben); dagegen ist der Wert (gemeine Wert, Verkaufswert) angeben zu lassen und in der Urkunde ersichtlich zu machen, wenn die Gegenleistung geringer als der Wert bemessen ist — Ziff. 25 Abs. VI, Ziff. 44 oben. Sind die Beteiligten der Aufforderung nachgekommen, so hat der Notar nach diesen Angaben den Stempel zu bemessen, allenfallsige Bedenken aber gegen die Richtigkeit der Angaben in der Bemerkungsspalte des Kosten- und Stempelregisters niederzulegen. Verweigern die Beteiligten die Angaben, so hat der Notar den Stempel nach den ihm zu Gebote stehenden Unterlagen anzusetzen oder wenn solche Unterlagen nicht zu Gebote stehen, von dem Ansatze des Stempels abzusehen, in beiden Fällen aber vom Sachverhalt in der Bemerkungsspalte des Kosten- und Stempelregisters Vormerkung zu machen. Das weitere Vorgehen nach Art. 35 Abs. II, Art. 36, 50 StG. obliegt dem Rentamte. Von dem Ergebnisse ist der Notar zu verständigen. Bis zum Eintreffen dieser Mitteilung hat der Notar den Fall in der Überwachungsliste festzuhalten. Der nachträg-

liche Ansatz des Stempels oder wenn eine Nachholung veranlaßt ist, die Nachholung obliegt dem Notar; eine allenfallsige Rückerstattung erfolgt durch das Rentamt. Der Stempelvermerk auf der Urkunde ist vom Notar zu berichtigen.

II Das gleiche gilt, wenn der Notar in Fällen des Art. 34 StG. den Stempel aus dem angemessen erscheinenden Werte erhebt.

III Allenfallsige nachträgliche Wertausscheidungen (Art. 10 StG.) müssen auf der stempelpflichtigen Urkunde oder auf einer der Urkunde beizugebenden Anlage unter Beifügung des Datums vorgenommen werden.

IV Der Nachweis nach Tarifstelle 24 Abs. II ist dem Notar zu erbringen, der die stempelpflichtige Hypothekbestellung beurkundet hat. Hat der Notar sowohl die frühere als auch die neuerliche Hypothekbestellung beurkundet oder die Vermittlung der Heimzahlung des früheren Hypothekkapitals unter Verwendung des neuerlich vereinbarten Darlehens übernommen, so gilt der Nachweis als erbracht, wenn der Notar von dem ihm hiernach bekannten Sachverhältnis in der Bemerkungsspalte des Kosten- und Stempelregisters Vormerkung macht. Ist dagegen der Notar mit der Vermittlung der Zurückbezahlung des früheren Hypothekkapitals nicht betraut worden oder ist die neuerliche Hypothekbestellung bei einem anderen Notar beurkundet oder bei dem Grundbuchamt eingetragen worden, so ist die Tatsache, daß das neuerliche Hypothekkapital zur Wegfertigung des früheren Hypothekkapitals Verwendung gefunden hat, durch eine den Belegen des Kosten- und Stempelregisters anzufügende Erklärung des früheren und des neuen Gläubigers, dann des Schuldners oder durch eine (gebührenfreie) Bestätigung des Grundbuchamts glaubhaft zu machen.

V Vereinigen sich infolge der von einem Notar beurkundeten Abtretung des Anteils an einem Nachlasse (Tarifstelle 2 B) oder des Anteils am Vermögen einer Gesellschaft, Genossenschaft, Gewerkschaft oder eines Vereins (Tarifnummer 1 A e Nr. 1 des Reichsstempelgesetzes) alle Anteile in der Hand eines Erwerbers oder vereinigt der überlebende Ehegatte infolge des vor einem Notar beurkundeten Verzichts eines anteilsberechtigten Abkömmlings auf seinen Anteil an der fortgesetzten Gütergemeinschaft das Gesamtgut in seiner Hand

(Tarifstelle 2 B) und hat der Notar von diesem Sachverhalte Kenntnis, so hat er hiervon in der Bemerkungsspalte des Kosten- und Stempelregisters Vormerkung zu machen. Die weiteren Vorkehrungen wegen der Erhebung der Stempelersatzabgabe (Art. 20 StG.) obliegen dem Rentamt.

67. Auf der stempelpflichtigen Urkunde hat der Notar den Betrag des angesetzten Stempels unter Angabe der zur Anwendung gebrachten Tarifstelle und der Nummer des Kosten- und Stempelregisters zu vermerken. Dem Vermerk ist das Amtssiegel beizudrücken, wenn die Urkunde den Beteiligten ausgehändigt wird. Wird von einer stempelpflichtigen Urkunde eine Ausfertigung oder eine für das Registergericht bestimmte Abschrift erteilt, so ist auch auf dieser der für die Haupturkunde angesetzte Stempel in gleicher Weise zu vermerken.

68. Die Führung des Kosten- und Stempelregisters, die Einforderung der zu Soll gestellten Beträge von den Pflichtigen, die Ablieferung der eingehobenen Beträge und die Überweisung der Rückstände an das Rentamt zur Beitreibung, bemessen sich nach den Vorschriften der Ministerialbekanntm. vom 20. Juni 1915 zum Vollzuge des Reichs-Gerichtskostengesetzes und des Kostengesetzes vom 21. August 1914.

B. Vorschriften für die Gerichtsschreiber.

69. I Dem Gerichtsschreiber obliegt die Erhebung der bei den Gerichten anfallenden Stempel nach Eintritt der Stempelpflicht. Er hat den Stempel zu erheben beispielsweise für die beim Grundbuchamt erklärten Auflassungen (Tarifstelle 8) und Eintragungsbewilligungen (Tarifstellen 2 A Abs. II, 3 Abs. II, 13 Abs. II, 14 Abs. II, 24 Abs. VII) für die beim Gerichte beurkundeten Auseinandersetzungsverträge oder bestätigten Auseinandersetzungen (Tarifstelle 9, §§ 86, 99 des Gesetzes über die Angelegenheiten der freiwilligen Gerichtsbarkeit), für den vor dem Nachlaßgericht erklärten Verzicht eines anteilsberechtigten Abkömmlings auf den Anteil an der fortgesetzten Gütergemeinschaft (Tarifstelle 2 B Abs. II). Er hat auch den Stempel zu erheben, wenn dem Gerichte sei es zur Vornahme einer Eintragung im Grundbuch oder zur Erlangung einer gerichtlichen Genehmigung oder Bestätigung oder zum gerichtlichen Gebrauch eine nicht

von einem bayerischen Notar errichtete oder beglaubigte stempelpflichtige Urkunde vorgelegt wird, die nicht oder nicht ausreichend versteuert sind (Art. 16 Abs. II StG.), z. B. wenn dem Gericht eine nichtversteuerte privatschriftliche Vollmacht vorgelegt oder wenn ein nichtversteuertes privatschriftliches Inventar zur Beireihung zu einem gerichtlich beurkundeten Auseinandersetzungsvertrag oder ein nichtversteuerter privatschriftlicher Auseinandersetzungsvertrag zur Einverleibung in die Nachlaßakten eingereicht wird. Er hat ferner den Stempel für die eigenhändigen Testamente (§ 2231 Ziff. 2 BGB.) anzusetzen und zu erheben, wenn diese Testamente nicht bereits bei Lebzeiten des Erblassers versteuert worden sind (Tarifstelle 38 Abs. VI).

II Wenn hiernach dem Gerichtsschreiber die Erhebung des Stempels obliegt, hat er nach eingetretener Stempelpflicht den Stempel anzusetzen und im Kosten- und Stempelregister oder wenn der Stempel in einer Strafsache anfällt (z. B. ein Vollmachtsstempel), im Einzugsregister zu Soll zu stellen. Der Ansatz und die Sollstellung des Stempels für die eigenhändigen Testamente, die nicht bereits bei Lebzeiten des Erblassers versteuert sind, erfolgen anläßlich der Eröffnung dieser Testamente.

70. Die Vorschriften der Ziff. 66, 67 finden auf die Stempelerhebung durch den Gerichtsschreiber entsprechende Anwendung mit der Maßgabe, daß die Befragung der Beteiligten über den Wert des Gegenstandes durch das Gericht oder den Richter, von dem die stempelpflichtige Beurkundung vorgenommen wird, erfolgen soll.

71. Die Führung des Kosten- und Stempelregisters und des Einzugsregisters, die Einforderung der zu Soll gestellten Beträge von den Pflichtigen, die Ablieferung der eingehobenen Beträge an das Rentamt und die Behandlung der Rückstände bemessen sich nach den in der Ministerialbekanntmachung vom 20. Juni 1915 zum Vollzuge des Reichs-Gerichtskostengesetzes und des Kostengesetzes vom 21. August 1914 erlassenen Vorschriften über die Behandlung der bei den Gerichten anfallenden Kosten nach dem Kostengesetze. Die in den Einzugsregistern zu Soll zu stellenden Stempelbeträge sind wie Gebührenvorschüsse in Privatklagesachen zu behandeln.

72. Dem Gerichtsschreiber des Oberlandesgerichts obliegt der Ansatz und die Erhebung des Stempels der Tarifstelle 20 A von den der Aufsicht des Oberlandesgerichts unterstehenden Fideikommissen. Der Gerichtsschreiber des Oberlandesgerichts hat den Stempel nach eingetretener Steuerpflicht zu berechnen und im Kosten- und Stempelregister zu Soll zu stellen. Die weitere Behandlung richtet sich nach den Vorschriften über die Erhebung der Gerichtskosten.

73. Die bei den Gerichtsvollziehern anfallenden Stempel sind vom Gerichtsschreiber (vgl. Ziff. 19 b) anzusetzen, im Gerichtsvollziehergebührenregister unter den ganz der Staatskasse verbleibenden Gebühren zu Soll zu stellen und wie diese Gebühren weiter zu behandeln.

C. Vorschriften für die Verwaltungsbehörden.

74. Stempelpflichtige Urkunden, die bei den Verwaltungsbehörden (Bezirksämtern, exponierten Bezirksamtsassessoren, Gemeindebehörden und zwar kreisunmittelbaren Stadtmagistraten oder unter einem Bezirksamt stehenden Gemeindebehörden, Kreisregierungen, Verwaltungsgerichtshof, Ministerien, sonstigen Behörden, die Verwaltungskosten nach dem Kostengesetze erheben) anfallen, sind: die Beurkundungen über Genehmigungen oder Erlaubniserteilungen (Tarifstelle 19), die Beurkundungen über besondere Verleihungen (Tarifstelle 40), die Beurkundungen (der Distriktsverwaltungsbehörden) über eine gütliche Einigung mit oder ohne Auflassung im Zwangsenteignungsverfahren gemäß Art. 26 des AG. z. RZPO. u. KO. (Tarifstelle 23, 8) die Vollmachten (Tarifstelle 43), die zu Protokoll der Behörde erklärt oder nachdem sie privatschriftlich errichtet sind, unversteuert bei der Behörde eingereicht werden (vgl. jedoch Ziff. 19 e am Schlusse, Ziff. 64 am Schlusse), die in den Tarifstellen 6 und 7 bezeichneten Urkunden, die Fischerkarten (Tarifstelle 21) sowie die Jagdkarten und Jagdwaffenscheine (Tarifstelle 26).

75. I Nach § 2 Ziff. 3 der Verordnung vom 28. Dezember 1914 (GVBl. S. 684) ist der Stempel für Urkunden, die von Behörden, bei denen Verwaltungskosten nach dem Kostengesetze erhoben werden, errichtet sind, nach Maßgabe der für Erhebung der Verwaltungskosten bestehenden Vor-

schriften durch Einzahlung bei der Behörde zu entrichten. Die Erhebung des Stempels für solche Urkunden obliegt daher dem mit der Behandlung des Kostenwesens betrauten Beamten, der bei der Behörde die Verwaltungskosten anzusetzen und einzuheben hat. Dieser hat nach eingetretener Stempelpflicht den Stempel zu berechnen und zu Soll zu stellen.

II In den Fällen, in denen der Tarif für die Bemessung des Stempels einen Spielraum gewährt (Tarifstellen 19, 40), liegt die Bestimmung des anzusetzenden Betrags nicht in der Hand des rechnungsführenden Beamten, sondern in der Hand der mit der Sache selbst befaßten Behörde. Diese hat nach § 12 Abs. II der Verordnung vom 28. Dezember 1914 die Festsetzung ihrer Beurkundung beizufügen. Hat die mit der Sache selbst befaßte Behörde die Festsetzung des Stempels unterlassen, so hat der mit der Behandlung des Kostenwesens betraute Beamte die Festsetzung durch die Behörde herbeizuführen.

III Die Sollstellung wird nicht dadurch behindert, daß die Frist des Art. 18 StG. noch nicht abgelaufen ist. Auf der stempelpflichtigen Urkunde ist bei der Sollstellung der Betrag des angesetzten Stempels unter Angabe der zur Anwendung gebrachten Tarifstelle und der Registernummer, unter der die Sollstellung erfolgt ist, vorzumerken. Dem Vermerk ist das Amtssiegel beizudrücken. Wird von der stempelpflichtigen Urkunde eine Ausfertigung, eine Abschrift, ein Duplikat erteilt, so ist auch hierauf der Vermerk über den zur Haupturkunde angesetzten Stempel anzubringen.

76. I Die Sollstellung erfolgt bei staatlichen Verwaltungsbehörden im Kosten- und Stempelregister, bei Gemeindebehörden (unmittelbaren Stadtmagistraten, einem Bezirksamt unterstehenden Gemeindebehörden) entweder in einem eigens zu führenden Stempelregister oder in dem für die Nachweisung der in die Gemeindekasse fließenden Verwaltungskosten bestimmten gemeindlichen Register. Soweit bei einzelnen Behörden (Ministerien, Verwaltungsgerichtshof usw.) die Verwaltungskosten nicht vom rechnungsführenden Beamten selbst zu Soll gestellt, sondern zur Sollstellung anderen Behörden überwiesen werden, gilt das gleiche hinsichtlich der in diesen Angelegenheiten zum Anfalle gelangenden Stempel.

II Bei den staatlichen Verwaltungsbehörden bemißt sich das weitere Verfahren, insbesondere die Einforderung der zu Soll gestellten Beträge von den Pflichtigen, die Ablieferung der eingehobenen Beträge und die Überweisung der Rückstände zur zwangsweisen Beitreibung an das Rentamt nach den Vorschriften der Ministerial-Bekanntmachung vom 20. Juni 1915 zum Vollzuge des Reichs-Gerichtskostengesetzes und des Kostengesetzes vom 21. August 1914.

III Bei den Gemeindebehörden (unmittelbaren Stadtmagistraten, einem Bezirksamt unterstehenden Gemeinden) obliegt der Gemeindebehörde sowohl die Einhebung als auch die zwangsweise Beitreibung der zu Soll gestellten Beträge. Die zur Einzahlung gelangten oder beigetriebenen Beträge werden an das Rentamt des Bezirkes, in München an das Stadtrentamt I, in Nürnberg an das Rentamt I abgeliefert. Die Ablieferung erfolgt spätestens am Schlusse eines jeden Monats unter Benutzung des anruhenden Verzeichnisses Muster 2. Fehlanzeigen sind nicht zu erstatten. Das Rentamt bestätigt den Empfang und überträgt die erhaltenen Beträge summarisch in die entsprechenden Spalten des rentamtlichen Kosten- und Stempelregisters. Die Gemeindebehörden sind berechtigt, in Fällen besonderen Bedarfs Stundungen oder Teilzahlungen bis zum Ablaufe von drei Monaten nach Eintritt der Fälligkeit der Abgabe zu gewähren. Darüber hinaus sind zur Stundung oder Gewährung von Teilzahlungen die Finanzbehörden zuständig. Stempel dürfen die Gemeindebehörden nur auf Grund Uneinbringlichkeitsnachweises abschreiben. Ist die Gesamtschuldigkeit eines Pflichtigen an Kosten und Stempeln teilweise uneinbringlich geblieben, so wird der eingegangene Teilbetrag zunächst zur Deckung der Kosten, dann der Stempel verwendet.

77. Die vorstehenden Bestimmungen finden auch auf die Erhebung des Stempels für Fischerkarten (Tarifstelle 21) und für Jagdkarten (Tarifstelle 26) Anwendung. Die Aushändigung der Karten darf erst erfolgen, wenn der Stempel eingezahlt ist. Die erforderlichen Vorräte an Fischerkarten und Jagdkarten (Jagdwaffenscheinen) werden vom Staatsministerium des Innern an die Regierungen, Kammern des Innern, zur Übermittlung an die Distriktsverwaltungs-

behörden abgegeben. Die Distriktsverwaltungsbehörden führen über die ausgestellten oder zu Duplikaten verwendeten Karten ein Verzeichnis, in dem die Stempel unter Angabe der Sollstelle vorzutragen sind. Das Verzeichnis ist am Schlusse des Jahres abzuschließen und mit den unverwendet gebliebenen Vorratsstücken an die Regierung, Kammer des Innern, einzusenden. Die Regierung, Kammer des Innern, teilt das Verzeichnis samt Anlagen der Regierungsfinanzkammer zur Prüfung mit. Die unverwendet gebliebenen Vorratsstücke werden bei der Regierung, Kammer des Innern, vernichtet.

D. Vorschriften für die Rentämter.

78. I Den Rentämtern obliegt die Erhebung des Stempels in den Fällen, in denen der Stempel durch Einzahlung bei einer Steuerstelle (Rentamt) unter Vorlage der stempelpflichtigen Urkunde zu entrichten ist. Dies ist der Fall bei privatschriftlich beurkundeten oder von einem nichtbayerischen Notar beurkundeten oder beglaubigten, in Bayern stempelpflichtigen Verträgen oder Geschäften nach den Tarifstellen 2 A, 2 B, 3, 9, 12, 13, 14, 24, wenn diese Urkunden nicht demnächst bei Gericht eingereicht und dort versteuert werden, dann bei Schiedssprüchen (Tarifstelle 34). Den Rentämtern obliegt auch die Erhebung des Auflassungsstempels in den Fällen der Übertragung des Eigentums an einem in Bayern gelegenen Grundstücke, das im Grundbuche nicht eingetragen ist und nach den Vorschriften der Grundbuchordnung nicht eingetragen zu werden braucht, wenn die Erklärungen des Erwerbers und des Veräußerers nicht von einem bayerischen Notar beurkundet sind (Tarifstelle 8 Abs. V), ferner die Erhebung des Stempels für Automaten und Musikwerke (Tarifstelle 11), die Erhebung der jährlichen Abgabe der Tarifstelle 20 B, die Erhebung des Stempels der Tarifstelle 20 A, soweit dieser von Familienstiftungen, von Lehen oder von anderen gebundenen Gütern als der Aufsicht der Oberlandesgerichte unterstehenden Fideikommissen zu entrichten ist, die Erhebung des Stempels von nicht notariell beurkundeten öffentlichen Mobiliarversteigerungen (Tarifstelle 41 C), die Erhebung des Vollmachtsstempels (Tarifstelle 43), soweit es sich um Vollmachten handelt, die zu Protokoll des Rentamts

erklärt oder, nachdem sie privatschriftlich errichtet sind, unversteuert beim Rentamt eingereicht werden, ferner die Erhebung der Stempelersatzabgaben (Art. 19 bis 21 StG.).

II Zur Erhebung des Stempels in den Fällen, in denen die Stempelpflicht durch Einzahlung des geschuldeten Betrags bei einer Steuerstelle unter Vorlage der stempelpflichtigen Urkunde zu erfüllen ist, sind alle Rentämter zuständig, in München jedoch nur das Stadtrentamt I, in Nürnberg nur das Rentamt I. Die einkommenden Anmeldungen sind in das Anmelderegister einzutragen, das nach dem anliegenden Muster 3 zu führen ist. Eine Abschrift der Urkunde oder, wenn eine solche nicht vorgelegt wird, eine Vormerkung über den wesentlichen Inhalt der Urkunde ist dem Anmelderegister als Beilage beizureihen. Steht der sofortigen Stempelberechnung ein Hindernis nicht im Wege, so ist der Stempel vom Rentamt sogleich anzusetzen und im Kosten- und Stempelregister zu Soll zu stellen. Kann die Stempelberechnung noch nicht erfolgen (vgl. Art. 7 Abs. II StG.), so ist der Stempelfall in eine nach Muster 1 zu führende Überwachungsliste einzutragen und darin bis zur Erledigung festzuhalten. Der angesetzte Stempel ist auf der Urkunde unter Angabe des Betrags, der angewendeten Tarifstelle und der Nummer des Kosten- und Stempelregisters zu vermerken; dem Vermerk ist das Amtssiegel beizudrücken. Die abgestempelte Urkunde ist zurückzugeben.

III Die Bestimmungen des vorhergehenden Absatzes finden auf die Erhebung des Auflassungsstempels bei den Rentämtern (Tarifstelle 8 Abs. V) entsprechende Anwendung. Zuständig zur Erhebung dieses Stempels ist jedoch nur das Rentamt, in dessen Bezirk das Grundstück liegt, für den Stadtbezirk München das Stadtrentamt München I, in Nürnberg das Rentamt I.

79. I Die Jahreskarten für Automaten und Musikwerke (Tarifstelle 11) werden durch das Rentamt, in dessen Bezirk der Automat oder das Musikwerk aufgestellt ist, im Stadtbezirke München durch das Stadtrentamt I, in Nürnberg durch das Rentamt I ausgestellt. Der nach Abs. IV der Tarifstelle 11 zur Versteuerung Verpflichtete hat den steuerpflichtigen Automaten, das Klavier oder Musikwerk innerhalb eines Monats nach der Inbetriebsetzung beim zu-

ständigen Rentamt nach dem anruhenden Muster 4 zur Versteuerung anzumelden; bis spätestens Ende Januar eines jeden folgenden Kalenderjahres ist die erteilte Steuerkarte durch Wiedervorlage an das zuständige Rentamt zu erneuern. Die Anmeldung ist vom Anmeldenden zu unterschreiben und mit der Bestätigung der Richtigkeit zu versehen. Ist die Angabe der Herstellungsfirma oder der Fabrikmarke mit Schwierigkeiten verbunden, so kann sie unterbleiben, wenn die Identität des Apparats durch Ausfüllung der sonstigen Spalten genügend festgestellt ist. Die Anmeldungsvordrucke sind von den Rentämtern zu beschaffen und können dort von den Pflichtigen unentgeltlich bezogen werden. Das Rentamt trägt die bei ihm angemeldeten Automaten, Klaviere und sonstigen Musikwerke unter fortlaufender Nummer in ein nach dem Muster 5 zu führendes Verzeichnis ein, erhebt die geschuldete Abgabe und erteilt dem Anmeldenden die mit dem Amtsstempelaufdrucke zu versehende Jahreskarte. In den folgenden Jahren bedarf es einer erneuten Anmeldung nicht; es genügt vielmehr, gegen Einlieferung der bisherigen Karte und erneute Zahlung der Abgabe eine neue Karte zu lösen. Sind jedoch Umstände eingetreten, welche die Anwendung eines höheren Steuersatzes bedingen, oder ist der Automat usw. an einem anderen Orte aufgestellt, so ist dies dem Rentamt anzuzeigen. Derartige Änderungen sind im Verzeichnisse zu vermerken. Für jeden Automaten, für jedes Klavier und sonstige Musikwerk wird eine eigene Karte erteilt, welche die Nummer des Verzeichnisses enthält, unter der die Eintragung erfolgt ist. Die Ausstellung von Gesamtkarten ist unzulässig und zwar auch dann, wenn sich mehrere Automaten usw. desselben Pflichtigen an demselben Standorte befinden.

II Das Staatsministerium der Finanzen behält sich vor, zu gestatten, daß Unternehmer oder Fabrikanten, die in einer größeren Anzahl von bayerischen Orten Automaten aufstellen oder selbst ausnützen, die sämtlichen Apparate bei einem Rentamte versteuern. Diese Art der Versteuerung empfiehlt sich insbesondere für Unternehmer, die in bayerischen Bahnhöfen Automaten unterhalten; sie kann aber auch für Unternehmer erwünscht sein, die in zahlreichen Orten außerhalb von Bahnhöfen, auf öffentlichen Plätzen in Gastwirtschaften oder in öffentlichen Verkaufsräumen, Läden u. dgl. Automaten aufstellen und ausnützen. Gesuche um Gestattung der Versteuerung bei einem Rentamte sind an das Staatsministerium der Finanzen zu richten und diesem entweder direkt oder durch Vermittlung eines Rentamts in Vorlage zu bringen. In dem Gesuch ist das Rentamt zu bezeichnen, bei dem die Versteuerung erfolgen soll. Dem Gesuch ist ein Verzeichnis beizufügen, in dem die sämtlichen in Bayern aufgestellten Automaten usw. des Unternehmers, für welche Versteuerung bei einem Rentamt verlangt wird, ausgeschieden nach Bahnhof-Automaten und anderen Automaten, die letzteren geordnet nach Regierungsbezirken, Rentamtsbezirken und Orten vorzutragen sind. Dabei sind die Art der einzelnen Apparate (Warenautomat, Scherzautomat, Musikautomat) und die für die Steuerbemessung maßgebenden Umstände (Zahl der Warenbehälter bei Warenautomaten, Anschaffungspreis, Wert bei Musikautomaten) anzugeben. Wenn das Staatsministerium der Finanzen die Versteuerung bei einem Rentamte genehmigt, berechnet das Rentamt, dem die Versteuerung übertragen wird, auf Grund des Verzeichnisses den Stempel. In das Verzeichnis der zu versteuernden Automaten usw. — Muster 5 — werden diese Fälle nicht eingetragen. Auch werden dem Unternehmer Jahreskarten für die einzelnen Automaten nicht ausgestellt; der Unternehmer erhält vielmehr über die Versteuerung der im Verzeichnis aufgeführten Automaten usw. einen Versteuerungsausweis nach dem anruhenden Muster 6. In den folgenden Jahren ist der Stempel vom Rentamt auf Grund eines ihm vom Pflichtigen vorzulegenden neuen Verzeichnisses zu erheben. Soweit Bahnhofautomaten in Betracht kommen, wird das Staatsministerium der Finanzen bei der Genehmigung durch Ausschreibung im Finanzministerialblatte bekanntgeben, daß die in Bayern aufgestellten Bahnhofautomaten der Firma N. beim Rentamt X. versteuert werden. Hinsichtlich der anderen Automaten usw. hat das Rentamt alljährlich von der bei ihm erfolgten Versteuerung den einschlägigen Regierungsfinanzkammern unter Vorlage eines Auszuges aus dem Verzeichnisse des Pflichtigen behufs Verständigung der beteiligten anderen Rentämter Kenntnis zu geben.

III Der Stempel für die Automaten und Musikwerke ist im rentamtlichen Kosten- und Stempelregister zu Soll zu stellen. Die erforderlichen Vorräte an Jahreskarten werden vom Staatsministerium der Finanzen an die Regierungsfinanzkammern behufs Übermittlung an die Rentämter abgegeben.

IV Das rentamtliche Botenpersonal hat bei seinen Gängen die Versteuerung der an öffentlichen Plätzen oder in Bahnhöfen oder öffentlichen Gastlokalen u. dgl. aufgestellten Automaten zu überwachen. Es ist nach Art. 61 Abs. II StG. berechtigt, sich die Jahreskarten zur Einsicht vorzeigen zu lassen.

80. Die Erhebung des Stempels der Tarifstelle 20 A für die Genehmigung der Errichtung oder Vermehrung einer Familienstiftung obliegt dem Rentamt, in dessen Bezirk die Stiftung ihren Sitz hat, für den Stadtbezirk München dem Stadtrentamt I, in Nürnberg dem Rentamt I. Die Rentämter erhalten von der Errichtung oder Vermehrung von Familienstiftungen durch die Ausschreibungen in den amtlichen Blättern (Finanzministerialblatt) Kenntnis. Sie haben die zu ihrer Kenntnis gelangten Fälle von Amts wegen in das Anmelderegister aufzunehmen und sodann das Weitere vorzukehren. Die Sollstellung des Stempels erfolgt im rentamtlichen Kosten- und Stempelregister.

81. I Zur Erhebung des Stempels der Tarifstelle 20 A, soweit dieser von anderen gebundenen Gütern als der Aufsicht der Oberlandesgerichte unterstehenden Fideikommissen zu entrichten ist, dann zur Erhebung der jährlichen Abgabe der Tarifstelle 20 B von solchen Gütern ist das Rentamt zuständig, in dessen Bezirk die Gutsverwaltung ihren Sitz hat, oder wenn der Sitz der Gutsverwaltung sich nicht in Bayern befindet, das Rentamt, in dessen Bezirk die in Betracht kommenden Grundstücke oder grundstücksgleichen Rechte liegen, für den Stadtbezirk München das Stadtrentamt I, in Nürnberg das Rentamt I.

II Die jährliche Abgabe der Tarifstelle 20 B von gebundenen Gütern, die der Aufsicht der Oberlandesgerichte unterstehen, wird von dem Rentamt erhoben, mit dem der

Gerichtsschreiber des Oberlandesgerichts über die Gerichtskosten abrechnet.

III Die Lehen unterliegen der Beaufsichtigung der Regierungsfinanzkammern. Von der Wiederverleihung eines heimgefallenen Lehens oder von der Einverleibung von Grundstücken oder grundstücksgleichen Rechten in ein Lehen (Tarifstelle 20 A Abs IV) wird dem Rentamte durch die zuständige Regierungsfinanzkammer Mitteilung gemacht werden.

IV Von der Einverleibung von Grundstücken oder grundstücksgleichen Rechten in andere nach Art. 58 des Einführungsgesetzes zum Bürgerlichen Gesetzbuche gebundene Güter werden die Rentämter durch die Ausschreibungen in den amtlichen Blättern (GVBl.) Kenntnis erhalten.

V Die Rentämter haben die ihnen nach Abs. I, III, IV) bekanntgewordenen Fälle von Amts wegen in das Anmelderegister einzutragen und sodann das Weitere vorzukehren. Die Sollstellung des Stempels erfolgt im rentamtlichen Kosten- und Stempelregister.

82. Die jährliche Abgabe der Tarifstelle 20 B wird in der Form eines Landeszuschlags zu der jährlichen Reichsabgabe nach § 95 des Reichsstempelgesetzes vom 3. Juli 1913 erhoben. Auf die Erhebung finden die Bestimmungen des § 187 der Ausführungsbestimmungen des Bundesrats zum Reichsstempelgesetze vom 3. Juli 1913 (GVBl. 1913 S. 523) entsprechende Anwendung. Die Abgabe ist aus dem nach § 95 des Reichsstempelgesetzes ermittelten Werte zu berechnen, in der Überwachungsliste, betreffend die Zahlung der Reichsstempelabgabe für gebundenen Grundbesitz (Muster 33 zu den Ausf.Best. des Bundesrats zum Reichsstempelgesetze), in der Spalte 5 vorzumerken und jeweils gleichzeitig mit der Reichsabgabe zu erheben. Die eingehobenen Beträge sind in das rentamtliche Kosten- und Stempelregister einzustellen. In der Überwachungsliste für die Reichsabgabe ist die einschlägige Nummer des Kosten- und Stempelregisters zu vermerken.

83. Zur Erhebung des Stempels der Tarifstelle 41 C von nicht notariell beurkundeten öffentlichen Mobiliarversteigerungen ist das Rentamt zuständig, in dessen Bezirk die Versteigerung stattgefunden hat, für den Stadtbezirk München

das Stadtrentamt I, in Nürnberg das Rentamt I. Die Rentämter haben die nicht notariell beurkundeten öffentlichen Mobiliarversteigerungen, die bei ihnen angemeldet werden (Abs. III der Tarifstelle 41 C) oder von denen sie auf sonstige Weise, z. B. durch Ausschreibungen in der Presse Kenntnis erhalten, in das Anmelderegister einzutragen. Auf der Grundlage dieses Eintrags ist wegen der Berechnung und Erhebung des Stempels das weiter Erforderliche vorzukehren. Der angesetzte Stempel ist im Kosten- und Stempelregister zu Soll zu stellen und auf der Versteigerungsurkunde unter Angabe der Registernummer und der Tarifstelle zu vermerken. Der Vermerk ist mit dem Aufdrucke des Amtssiegels zu versehen. Die abgestempelten Versteigerungsurkunden sind zurückzugeben.

84. Der Stempel für Vollmachten, die bei einem Rentamte zu Protokoll erklärt oder nachdem sie privatschriftlich errichtet sind, bei einem Rentamt unversteuert eingereicht werden (z. B. in Steuersachen u. dgl.), ist vom Rentamt zu berechnen und im Kosten- und Stempelregister zu Soll zu stellen. Die Stempelerhebung ist auf der Vollmachtsurkunde unter Angabe des Betrags, der Registernummer und der Tarifstelle zu vermerken. Dem Vermerk ist das Amtssiegel beizudrücken.

85. I Zur Erhebung der Stempelersatzabgaben der Art. 19 bis 21 StG. ist das Rentamt zuständig, in dessen Bezirk das Grundstück oder den Grundstücken gleichstehende Recht gelegen ist, für den Stadtbezirk München das Stadtrentamt I, in Nürnberg das Rentamt I. Die Rentämter tragen die ihnen auf Grund des Art. 22 StG. zugegangenen Anmeldungen, ebenso die zur Erhebung einer Stempelersatzabgabe nach den Art. 19, 20 führenden Veränderungen, von denen sie auf andere Weise, insbesondere aus Anlaß der Katasterumschreibungen oder durch Bemerkungen der Notare oder der Gerichtsschreiber in den Kosten- und Stempelregistern (vgl. Ziff. 66 Abs. I, II, V Ziff. 70 oben) Kenntnis erhalten, in das Anmelderegister ein und treffen auf Grund dieses Eintrags die zum Zweck der Abgabenberechnung und Abgabenerhebung erforderlichen weiteren Vorkehrungen.

II Die Stempelersatzabgaben sind im Kosten- und Stempelregister zu Soll zu stellen.

86. I Zur Überwachung der Entrichtung der Stempelersatzabgabe des Art. 21 StG. führen die Rentämter ein Verzeichnis der dieser Stempelersatzabgabe unterliegenden Grundstücke oder grundstücksgleichen Rechte nach dem anruhenden Muster 7. In dem Verzeichnisse sind für jede juristische Person usw. die ihr gehörenden im Amtsbezirke gelegenen Grundstücke und grundstücksgleichen Rechte vorzutragen. Der Vortrag hat für jede juristische Person usw. unter einer eigenen Nummer und steuergemeindeweise zu erfolgen; der Hauptbesitz ist voranzustellen, die in anderen Steuergemeinden des Amtsbezirkes gelegenen Grundstücke und Rechte sind daran anzureihen. Zugänge neuer juristischer Personen usw., dann Zugänge zum Besitze bereits vorgetragener juristischer Personen usw. sind unter einer neuen Nummer im Verzeichnisse vorzutragen. Dagegen sind Minderungen am vorgetragenen Besitz einer juristischen Person, gänzliche Abgänge (z. B. beim Verkaufe des Gesamtbesitzes einer juristischen Person an eine Privatperson) und Änderungen in der Person des Besitzers (z. B. Verkauf des Gesamtbesitzes einer juristischen Person an eine andere juristische Person) beim bisherigen Vortrage (Abgangführung des abgehenden Teiles des Besitzes, Löschung des Gesamtvortrags, Namensumschreibung) nachzutragen; reicht im Falle von Minderungen der Raum beim bisherigen Vortrage nicht aus, so ist der bisherige Vortrag unter einer neuen Nummer fortzusetzen. Derartige Nachträge sowie Zugänge zum Besitze bereits vorgetragener juristischer Personen sind mit den ursprünglichen Vorträgen durch Anführung der treffenden Nummern des Verzeichnisses in Wechselbeziehung zu setzen.

II Das Verzeichnis ist jeweils auf 20 Jahre anzulegen und mit einem Namensregister zu versehen. Bis zum Ablaufe des Jahres 1919 können an Stelle des Verzeichnisses die bisherigen Gebührenäquivalentskataster (Fin.Min.Bekanntmachung vom 13. Oktober 1879 — FMBl. S. 403 —) fortgeführt werden.

87. Die Stempel und die Stempelersatzabgaben sind von den Rentämtern einzuheben und erforderlichenfalls

zwangsweise beizutreiben. Das Verfahren bemißt sich nach den Vorschriften der Ministerialbekanntmachung vom 20. Juni 1915 zum Vollzuge des Reichs-Gerichtskostengesetzes und des Kostengesetzes vom 21. August 1914.

88. Ist der Stempel für eine Notariatsurkunde, die des grundbuchamtlichen Vollzugs bedarf, oder der Stempel für eine von einem Notar errichtete oder beglaubigte Urkunde oder für eine notarielle Ausfertigung oder Abschrift, deren Aushändigung der Notar gemäß Art. 39 Abs. I StG. verweigert hat, vom Notar dem Rentamt als Rückstand zur Beitreibung überwiesen worden und ist der Stempel beim Rentamte zur Einzahlung gelangt, so hat das Rentamt den Notar von der Einzahlung zu verständigen. Der Notar hat jene Stempel, deren Einzahlung ihm hiernach mitgeteilt werden soll, durch eine geeignete Bemerkung in der Bemerkungsspalte des Kosten- und Stempelregisters ersichtlich zu machen. Die Mitteilung hat entweder von Fall zu Fall oder in angemessenen Zwischenräumen, spätestens am Schlusse eines jeden Monats zu erfolgen. Schiedssprüche der Schiedsgerichte, die dem Rentamt zur Versteuerung vorgelegt worden sind, werden dem Schiedsgericht erst nach erfolgter Einzahlung des Stempels zurückgegeben (vgl. Art. 17 StG.).

89. Die Rentämter sind auch zuständig, die in Art. 35 Abs. II, Art. 36, 38, 55, Art. 61 Abs. III StG. den Steuerstellen zugewiesenen Obliegenheiten wahrzunehmen. Zum Vollzuge des Art. 36 StG. haben die Rentämter die ihnen abgelieferten Kosten- und Stempelregister und Überweisungsverzeichnisse der Gemeinden einer Durchsicht zu unterziehen und zu prüfen, ob in den Fällen, in denen verhältnismäßige Stempel, insbesondere solche nach den Tarifstellen 19 Abs. II, V, 23 Abs. I A angesetzt sind, die der Stempelberechnung zugrunde gelegten Erträge oder Werte entsprechen (vgl. die Bemerkungen zu Art. 35, 36 StG.). Von kleinlichen Beanstandungen ist jedoch unter allen Umständen Abstand zu nehmen.

E. Verwendung von Stempelmarken.

90. Durch Verwendung von Stempelmarken ist zu entrichten der Stempel der Tarifstelle 15 (Diplome der Doktoren

und Lizentiaten), der Tarifstelle 33 (Prüfungszeugnisse), der Tarifstelle 36 A (Lombarddarlehen), der Tarifstelle 44 b (Zeugnisse der Amtsärzte), der Tarifstelle 44 c (Zeugnisse der Pfarrämter), der Tarifstelle 31 (Proteste), wenn der Protest von einem Postbeamten errichtet ist, der Stempel der Tarifstelle 43 (Vollmachten), wenn die Vollmacht privatschriftlich (nicht von einem bayerischen Notar, einem bayerischen Gericht oder einer bayerischen Behörde, bei der Verwaltungskosten erhoben werden) errichtet ist. Durch Verwendung von Stempelmarken ist ferner zu entrichten der Stempel der Tarifstelle 38 (Verfügungen von Todes wegen) für eigenhändige Testamente (§ 2231 Nr. 2 BGB.), die bei Lebzeiten des Erblassers versteuert werden, sowie für Verfügungen von Todes wegen, die nach § 2249 BGB. vor dem Gemeindevorsteher errichtet sind.

91. I Die Stempelmarken lauten auf Wertbeträge von 10, 20, 30, 40 und 50 Pfennig und von 1, 2, 3, 4, 5, 10 und 20 Mark.

II Der tarifmäßige Stempelbetrag ist durch Verwendung einer möglichst geringen Anzahl von Marken zu entrichten.

III Die Verwendung der Stempelmarken geschieht durch Aufkleben an einer in die Augen fallenden Stelle der Urkunde, am zweckmäßigsten auf der ersten Seite und wenn diese nicht genügenden Raum gewährt, auf den nächstfolgenden Seiten. Bei Testamenten (§ 2231 Nr. 2, § 2249 BGB.), die in einen Umschlag gebracht werden, können die Marken auch auf den Umschlag neben der Aufschrift verwendet werden.

IV Die Stempelmarken müssen bei der Verwendung entwertet werden. Die Entwertung geschieht in der Weise, daß die Marken mit dem Namen (Familiennamen) oder der Firma des Entwertenden und dem Datum der Verwendung dergestalt überschrieben werden, daß der Vermerk zu beiden Seiten der Marke auf das Papier übergreift. Die Überschreibung ist mit Tinte vorzunehmen. Der Name oder die Firma kann auch durch Stempelaufdruck angebracht werden. Bei der Angabe des Datums sind übliche Abkürzungen, z. B. 10. III. 15, zulässig. Im Falle der Verwendung mehrerer Marken ist jede einzelne von ihnen gesondert zu entwerten; um dies zu ermöglichen, ist zwischen den einzelnen Marken ein Zwischenraum zu lassen, damit die Entwertungsvermerke seitwärts auf das Papier übergreifen können. Die Durchkreuzung oder Durchstreichung der Marken mit Strichen ist unzulässig.

V Die Stempelmarken werden von den Postanstalten verkauft. Den Postanstalten obliegt die Abgabe der Marken, nicht aber die Erteilung von Aufschlüssen über deren Verwendung und Entwertung.

F. Erstattungen.

92. I In den Fällen des Art. 8 Abs. II, Art 32 Abs. II StG. obliegt die Erstattung den Notaren oder den Behörden, bei denen der Stempel angesetzt worden ist. Der Notar oder die Behörde hat, wenn über den Stempel noch nicht mit dem Rentamt abgerechnet ist, die Erstattung und Sollberichtigung selbst vorzunehmen, andernfalls aber das Rentamt um die Erstattung zu ersuchen.

II In den Fällen des Art. 48 Abs. I Ziff. 1, 2, Abs. II StG., dann in den Fällen der Tarifstellen 2 A Abs. II, 3 Abs. V, 13 Abs. II, 14 Abs. II, 22 Abs. III und 24 Abs. VII entscheidet über den Erstattungsantrag die Regierungsfinanzkammer, in deren Bezirk der Stempel angesetzt und erhoben worden ist. Der Antrag kann unmittelbar bei der Regierungsfinanzkammer gestellt oder beim Rentamt eingereicht oder zu Protokoll erklärt werden. Im Falle des Art. 48 Abs. I Ziff. 3 StG. entscheidet über die Erstattung der beurkundende Notar. Er hat die Erstattung selbst vorzunehmen, wenn er mit dem Rentamte noch nicht abgerechnet hat, andernfalls hat er das Rentamt um die Erstattung zu ersuchen.

III Die Erstattung ist auf der stempelpflichtigen Urkunde unter Angabe des Betrags und der Registernummer zu vermerken. Zu diesem Zweck ist von den durch das Rentamt bewirkten Erstattungen dem beurkundenden Notar, Gericht oder der beurkundenden Behörde Mitteilung zu machen.

93. Über Anträge auf Erstattung nach Art. 47 StG. entscheidet die Regierungsfinanzkammer, die im Falle der Genehmigung des Gesuchs das Erforderliche durch die einschlägige Oberpostdirektion veranlaßt. Das Gesuch ist bei

der Regierungsfinanzkammer oder beim Rentamt des Wohnorts des Antragstellers einzureichen. Dem Gesuche sind die verdorbenen Stempelmarken beizufügen. Die verdorbenen Stempelmarken werden im Falle der Genehmigung des Gesuchs eingezogen und vernichtet.

G. Verrechnung.

Prüfung des Stempelansatzes und der Verrechnung.

94. Die weitere rechnerische Behandlung der in den Kosten- und Stempelregistern der Notare, der Gerichte, der Verwaltungsbehörden und der Rentämter ausgewiesenen Stempel richtet sich nach den Vorschriften der Ministerialbekanntmachung vom 20. Juni 1915 zum Vollzuge des Reichs-Gerichtskostengesetzes und des Kostengesetzes vom 21. August 1914. Für die Verrechnungseinweisung ist das jeweilige Rechnungsschema maßgebend. Auf die rechnerische Behandlung der bei den Gerichtsvollziehern anfallenden Stempel finden die Vorschriften über die Gerichtsvollziehergebühren, die der Staatskasse ganz verbleiben, Anwendung. Eine Ausscheidung der Stempel von diesen Gebühren bedarf es nicht.

95. I Die Vorschriften der Ministerialbekanntmachung vom 20. Juni 1915 zum Vollzuge des Reichs-Gerichtskostengesetzes und des Kostengesetzes vom 21. August 1914 über die Prüfung des Kostenansatzes (innere Prüfungen, örtliche Prüfungen, Inspektionen), dann über die Rückerstattung zu Unrecht und die Nachforderung zu wenig entrichteter Kostenbeträge finden auch auf den Stempel Anwendung.

II Örtliche Prüfungen und Inspektionen finden demnach nur bei den Notaren, den Gerichten, den Behörden der inneren und der Finanzverwaltung und den Gerichtsvollziehern statt. Die Regierungsfinanzkammern werden jedoch hiermit ermächtigt, bei Aktiengesellschaften, Genossenschaften und Gesellschaften mit beschränkter Haftung, die gewerbsmäßig Lombarddarlehensgeschäfte abschließen, durch abgeordnete Prüfungsbeamte die Erhebung des Stempels für Lombarddarlehen (Tarifstelle 36 A) prüfen zu lassen, wenn hierzu ein Bedürfnis besteht.

III Zur Nachforderung bei einem Gericht zu wenig entrichteter Stempelbeträge ist die Zustimmung des Gerichtsschreibers nicht erforderlich.

IV Zu Unrecht entrichtete Stempelbeträge, die mittels Stempelmarkenverwendung entrichtet worden sind, werden in bar erstattet. Über die Erstattung entscheidet die Regierungsfinanzkammer. Die erstatteten Beträge werden an den Stempeleinnahmen bei den Verwaltungsbehörden gekürzt.

V Im Falle einer Erstattung oder Nachforderung ist der Stempelvermerk auf der Urkunde zu berichtigen.

96 Die Vorschriften für die Postanstalten über die Behandlung und Ausweisung der Markenvorräte und über die Nachweisung der aus dem Markenverkauf erzielten Einnahmen werden von der Postverwaltung erlassen. Die aus dem Markenverkauf erzielten Einnahmen sind nach Umfluß eines jeden Vierteljahrs bis zum 15. des darauffolgenden Monats an die Zentralstaatskasse abzuliefern. Gleichzeitig ist dem Staatsministerium der Finanzen eine Nachweisung über diese Einnahmen in zweifacher Ausfertigung in Vorlage zu bringen. Der letzten Nachweisung für das Rechnungsjahr ist eine Aufstellung über den Bestand an Marken und über die Zu- und Abgänge an diesem beizufügen.

V. Kosten.

97. I Die Ausgaben für die bei den Notaren und den Gemeindebehörden erforderlichen Register und Formulare sind von den Notaren und den Gemeinden aus der ihnen für die Besorgung des Stempelwesens gewährten Vergütung zu bestreiten. Die übrigen Kosten des Vollzugs des Stempelgesetzes, die nicht gemäß Art. 36 Abs. III, Art. 57 des Stempelgesetzes einem Beteiligten zu überbürden sind, fallen der Staatskasse zur Last.

II Die Kosten für die Herstellung der Stempelmarken werden der Postverwaltung von der Zentralstaatskasse ersetzt. Sie sind bei der Einreichung der dem Staatsministerium der Finanzen vorzulegenden Nachweisung der Einnahmen aus dem Markenverkaufe für das letzte Viertel eines jeden Jahres zum Ersatz anzumelden.

98. I Die den Notaren für die Besorgung des Stempelwesens zukommende Vergütung wird nach Maßgabe der Vor-

schriften in den Ministerialbekanntmachungen vom 20. Juni 1915 Nr. 20772, 20773 berechnet und verabfolgt.

II Die den Gemeinden gewährte Vergütung für die Besorgung des Stempelwesens wird bei der Übersendung der unter Ziff. 76 Abs. III oben vorgeschriebenen Verzeichnisse berechnet und an der abzuliefernden Gesamteinnahme in Abzug gebracht. Das Rentamt hat die in den Verzeichnissen ausgewiesenen Stempel unverkürzt in Einnahme zu stellen und die Vergütung ausgablich zu verrechnen. Wird ein an die Staatskasse abgelieferter Stempelbetrag erstattet, so ist die hierauf treffende Vergütung zurückzuersetzen.

III Die Vergütung der Postverwaltung für den Verkauf der Stempelmarken wird in den vierteljährlichen Nachweisungen der Einnahmen aus dem Verkaufe der Stempelmarken berechnet und vom Staatsministerium der Finanzen zur Zahlung angewiesen.

VI. Schluß- und Übergangsbestimmungen.

99. I Nach Ziff. 102 der Ministerialbekanntmachung vom 20. Juni 1915 zum Vollzuge des Reichs-Gerichtskostengesetzes und des Kostengesetzes vom 21. August 1914 sind im Rechnungsjahre 1915 an Stelle der in dieser Ministerialbekanntmachung vorgeschriebenen Kosten- und Stempelregister und Einzugsregister noch die bisherigen Gebührenregister und Einzugsregister zu führen. Dabei können die bisherigen Gebührenregister der Notare und der Gerichte ebenso auch die bisherigen Einzugsregister der Gerichte unverändert weiter benutzt werden. Stempel, die an die Stelle von Gebühren getreten sind, für die in den früheren Registern besondere Spalten vorgesehen sind, sind in diesen Spalten zu Soll zu stellen (so z. B. ist bei den Notaren der Stempel der Tarifstelle 23 Abs. I A in die Spalten 6, 7, der Stempel der Tarifstelle 2 B, 2 C, 27 Abs. I b, 28, 29, 35, 36 B I in die Spalte 8, der Stempel der Tarifstelle 24 in die Spalte 10 des notariellen Gebührenregisters, bei den Grundbuchämtern der Stempel der Tarifstellen 2 A Abs. I a, 24 Abs. I in die Spalte 9 des grundbuchamtlichen Gebührenregisters einzutragen). Andere Stempel sind wie Gebühren in der treffenden Gebührenspalte zu Soll zu stellen (so z. B. ist der Stempel für einen vom Nachlaßgerichte beurkundeten Aus-

einandersetzungsvertrag in der Spalte 12, der Stempel für eine Vollmacht in einem amtsgerichtlichen Zivilprozeß in der Spalte 6 des amtsgerichtlichen Gebührenregisters, der Stempel für eine Vollmacht in einer amtsgerichtlichen Strafsache in der Gebührenspalte des Einzugsregisters vorzutragen).

II Im bezirksamtlichen Gebührenregister sind zwischen den Spalten 5 und 6 zwei neue Spalten 5 a und 5 b für Fischerkarten und für Jagdkarten einzufügen. Die gleichen Spalten sind auch dem Überweisungsverzeichnisse der unmittelbaren Stadtmagistrate, Muster A zur Ministerialbekanntmachung vom 12. August 1910 (FMBl. S. 183, Amtsblatt der Staatsministerien des K. Hauses und des Äußern und des Innern S. 520), einzufügen. Das Überweisungsverzeichnis Muster B dieser Ministerialbekanntmachung fällt fort. Die Stempel der Tarifstelle 19 sind in die für die besonderen Abgaben bestimmten Spalten einzutragen, die übrigen Stempel, z. B. die Stempel für Vollmachten, der Stempel der Tarifstelle 23 Abs. I A für eine Einigung im Zwangsenteignungsverfahren (Art. 26 des Ausführungsgesetzes zur Reichs-Zivilprozeßordnung und Konkursordnung) sind in die Spalte 6 für die Gebühren einzustellen.

III Im rentamtlichen Gebührenregister erhält die Spalte 6 die Überschrift „Stempelersatzabgaben"; in diese Spalte sind sämtliche Stempelersatzabgaben nach den Art. 19 bis 21 des Stempelgesetzes einzustellen. Die Spalte 7 erhält die Überschrift „Stempel von Automaten und Musikwerken (Tarifstelle 11)." In die Spalten 8 bis 10, dann 12 und 13 sind die Stempel einzustellen, die an Stelle der Gebühren getreten sind, für welche die Spalten bisher bestimmt waren. Der Stempel der Tarifstelle 20 A von Familienstiftungen und anderen gebundenen Gütern als der Aufsicht der Oberlandesgerichte unterstehenden Fideikommissen sowie die jährliche Abgabe der Tarifstelle 20 B von gebundenen Gütern sind in der Spalte 11 unter den Gebühren vorzutragen.

100. Im Etat Nr. 15 Erbschaftssteuern, Gebühren, Stempelabgaben, Strafen u. dgl. für die Jahre 1914 und 1915 sind besondere Etatspositionen für die nach dem Stempelgesetze zu erhebenden Stempel nicht vorgesehen. Die nach dem Stempelgesetze zu erhebenden Stempel sind daher

für das Jahr 1915 unter den Gebühren zu verrechnen und zwar die in bürgerlichen Rechtsstreitigkeiten und Konkursprozessen anfallenden Stempel unter § 1, die in der freiwilligen Gerichtsbarkeit und in der Justizverwaltung anfallenden Stempel unter § 2, die in der Strafrechtspflege anfallenden Stempel unter § 3, die Stempelersatzabgaben, die Stempel für Automaten und Musikwerke und die Stempel für öffentliche Mobiliarversteigerungen unter § 7, die sonstigen in der Verwaltung anfallenden Stempel unter § 6 des Kap. 2 des Etats.

101. An Stelle der Stempelmarken sind bis auf Weiteres die bisherigen bayerischen Gebührenmarken zu verwenden.

München, den 20. Juni 1915.

v. Breunig.

Anhang.

1. Königliche Verordnung, die Notariatsgebührenordnung betreffend.

(Vom 24. Juni 1915.)
(GVBl. S. 127 ff.).

Ludwig III.
von Gottes Gnaden König von Bayern, Pfalzgraf bei Rhein, Herzog von Bayern, Franken und in Schwaben usw. usw.

Wir finden Uns bewogen, aus Anlaß des Inkrafttretens des Kosten- und Stempelgesetzes auf Grund des Art. 5 des Kostengesetzes zu verordnen, was folgt:

Notariatsgebührenordnung.

Erster Abschnitt.

Allgemeine Vorschriften.

Gebühren für Amtshandlungen.

Art. 1. Die Vergütung für die Amtshandlungen der Notare bestimmt sich nach den Vorschriften dieser Gebührenordnung. Auf die Notariatsverweser finden diese Vorschriften, soweit nicht in einzelnen Fällen ein Anderes bestimmt ist, gleichmäßig Anwendung.

Art. 2. Für die Geltendmachung und Beitreibung der Gebühren und Auslagen der Notare und für das Armenrecht sind die Vorschriften des Notariatsgesetzes, für die Verjährung die Vorschriften des Bürgerlichen Gesetzbuchs, für die Buch- und Registerführung die Vorschriften der Geschäftsordnung maßgebend.

Gebühren von Amtshandlungen von Amts wegen.

Art. 3. I Gebühren werden, soweit nicht in besonderen Vorschriften ein Anderes bestimmt ist, nur in Parteisachen erhoben.

II Für Amtshandlungen, welche unabhängig von dem Ansuchen Beteiligter von Amts wegen vorzunehmen sind, wie Eintragungen in die vorgeschriebenen Dienstregister, Anbringung der vorgeschriebenen Vermerke auf den Urschriften, Ausfertigungen und Abschriften, Anzeigen an Behörden, Vorlegung von Urkunden und Akten an solche, dürfen keine Gebühren angesetzt werden.

Gebühren und Auslagen für die Gebührenberechnung.

Art. 4. I Für die Berechnung seiner Gebühren und Auslagen, die Übersendung der Rechnungen, die Aufforderung zur Zahlung sowie für die Quittung kann der Notar keine Gebühr beanspruchen. Die Auslagen für die Übersendung der Rechnung, der Zahlungsaufforderung und der Quittung sind ihm zu ersetzen; die Schriftstücke können auch als portopflichtige Dienstsachen übersendet werden.

II Gebühren und Auslagen können mit Zustimmung des zahlungspflichtigen Beteiligten durch einen Boten eingehoben werden; der Notar kann dafür die Postanweisungsgebühr beanspruchen.

Mehrere Beteiligte.

Art. 5. Für jedes Geschäft ist ohne Rücksicht auf die Zahl der dabei Beteiligten nur eine Gebühr zu erheben.

Bedingte Geschäfte.

Art. 6. Geschäfte, deren Wirksamkeit an eine Bedingung geknüpft ist, sind wie unbedingte zu behandeln.

Geschäftsgebühr.

Art. 7. Die Geschäftsgebühr bildet die Vergütung für die gesamte, zur Erledigung des Geschäfts erforderliche Tätigkeit des Notars. Für einzelne zur Abwicklung eines Geschäfts gehörende Handlungen, wie Ladung von Beteiligten zu Amt, Bestellung von Zeugen und Sachverständigen, vorbereitende Besprechungen und Korrespondenzen, Prüfung von Büchern, Registern, Akten, Urkunden und Rechnungen, Einsicht von Grundbüchern, Erholung von Aufschlüssen über den Inhalt des Grundbuchs oder von Grundbuchauszügen, Benachrichtigung von Beteiligten von den Bekanntmachungen des Grundbuchamts oder anderer Behörden dürfen besondere Gebühren nicht verrechnet werden.

Zusatzgebühr.

Art. 8. I Wird ein Amtsgeschäft am Krankenlager vorgenommen, so erhöht sich die Geschäftsgebühr des Notars um drei Zehnteile (Zusatzgebühr).

II Wird ein Amtsgeschäft an Sonn- und Feiertagen (§ 15 NotGeschO.) oder in der Zeit von acht Uhr abends bis acht

Uhr morgens vorgenommen, so erhöht sich die Geschäftsgebühr des Notars um fünf Zehnteile. Wird ein am Tage begonnenes Geschäft auf Wunsch der Beteiligten über acht Uhr abends hinaus fortgesetzt, so wird die Zusatzgebühr erst dann erhoben, wenn es mehr als eine Stunde über acht Uhr hinaus in Anspruch genommen hat.

III Beim Zusammentreffen mehrerer Erhöhungsgründe (Abs. 1, 2) tritt nur eine Erhöhung der Geschäftsgebühr um fünf Zehnteile ein.

IV Wenn sich bei einem Amtsgeschäft ein Beteiligter in fremder Sprache erklärt, so erhöht sich die Geschäftsgebühr um drei Zehnteile. Die Vorschrift gilt auch bei der Beglaubigung von Unterschriften unter Schriftstücken, die in fremder Sprache abgefaßt sind.

Arten der Gebühren.

Art. 9. Die Notariatsgebühren werden entweder nach festen Sätzen oder nach dem Werte des Gegenstands, des Geschäfts oder nach Maßgabe der von dem Notar auf die Erledigung des Geschäfts verwendeten Zeit bemessen (feste Gebühren, Wertgebühren, Zeitgebühren).

Gegenstandswert.

Art. 10. I Der zum Zwecke der Erhebung der Staatsgebühr oder des Reichs- oder Staatsstempels festgestellte Gegenstandswert ist auch für die Notariatsgebühren maßgebend, wenn gleichzeitig Staatsgebühren oder Stempel und Notariatsgebühren nach dem Werte des Gegenstandes erhoben werden.

II Andernfalls erfolgt die Bestimmung des Gegenstandswertes nach den besonderen Vorschriften dieser Verordnung und in Ermangelung von solchen besonderen Vorschriften nach vernünftigem Ermessen.

Wertgebühren.

Art. 11. I Bei der Berechnung der Gebühren nach dem Werte bleiben Bruchteile eines Pfennigs außer Ansatz. Pfennigbeträge, die nicht durch zehn teilbar sind, werden auf zehn aufgerundet.

II Die Mindestgebühr beträgt eine Mark.

Art. 12. Die volle Wertgebühr beträgt

1. bei einem Gegenstandswerte bis zu 1000 Mark einschließlich Eins vom Hundert,
2. bei einem Gegenstandswerte von mehr als 1000 Mark für den Teilbetrag bis zu 1000 Mark Eins vom Hundert,

über 1000 Mark bis zu 2000 Mark fünf Zehnteile vom Hundert, über 2000 Mark bis zu 10 000 Mark zwei Zehnteile vom Hundert, über 10 000 Mark bis zu 50 000 Mark ein Zehnteil vom Hundert, über 50 000 Mark bis zu 100 000 Mark ein Zwanzigteil vom Hundert,

3. bei einem Gegenstandswerte von mehr als 100 000 Mark für den Betrag bis zu 200 000 Mark Eins vom Tausend, über 200 000 Mark bis zu 500 000 Mark fünf Zehnteile vom Tausend, über 500 000 Mark ein Zehnteil vom Tausend.

Zeitgebühren.

Art. 13. Für die Berechnung der Zeitgebühr kommt nicht bloß die auf die Vornahme des Geschäfts selbst, sondern auch die auf die Abwicklung des Geschäfts (Besprechungen, Akteneinsicht, Prüfung von Rechnungen usw.) verwendete Zeit in Anschlag, mit Ausnahme der Zeit für die nach Art. 30, 35 des Notariatsgesetzes erforderliche Einsicht des Grundbuchs.

Art. 14. Die Zeitgebühr wird nach Stunden bemessen. Ist die insgesamt für ein Geschäft aufgewendete Zeit geringer als eine Stunde oder ergibt sich bei der Zusammenrechnung außer vollen Stunden noch ein Bruchteil, so wird zur vollen Stunde aufgerundet.

Art. 15. Die Zeitgebühr beträgt drei Mark für jede Stunde.

Art. 16. I Nimmt ein Geschäft, für das eine Wertgebühr anzusetzen wäre, soviel Zeit in Anspruch, daß die Zeitgebühr dafür sich höher berechnen würde als die Wertgebühr, so kann der Notar die Zeitgebühr beanspruchen.

II Diese Bestimmung findet keine Anwendung, wenn der Gegenstandswert nicht mehr beträgt als 300 Mark.

Art. 17. So oft der Notar die Zeitgebühr verrechnet, soll er beim Gebührenvermerk auf der Urkunde und, wenn diese an die Beteiligten in Urschrift hinausgegeben wird, auch im Gebührenregister angeben, wieviel Zeit das Geschäft in Anspruch genommen hat.

Mehrere Rechtsgeschäfte in einer Urkunde.
Ein Vertrag in mehreren Urkunden.

Art. 18. I Enthält eine Urkunde mehrere der Wertgebühr unterliegende Rechtsgeschäfte, welche von einander unabhängig sind und von denen nicht notwendig eines aus dem anderen fließt, so wird für jedes dieser Rechtsgeschäfte eine besondere Gebühr geschuldet. Stellen sich jedoch die einzelnen, in einer Urkunde enthaltenen Geschäfte als Bestandteile eines einheitlichen Rechtsgeschäfts dar, so ist nur die für dieses Geschäft bestimmte Gebühr zu erheben.

II Erklärungen, welche nur Bestimmungen des Hauptvertrags sind oder zur Erfüllung der Leistung oder Gegenleistung bedungen oder übernommen werden, insbesondere auch Hypotheken- und Bürgschaftsbestellungen und andere Erklärungen, die zur Sicherstellung der im Hauptgeschäft übernommenen Verpflichtungen dienen, gelten, sofern sie in der gleichen Urkunde wie das Hauptgeschäft enthalten sind, nicht als selbständige Rechtsgeschäfte.

III Werden beim Abschluß eines der Wertgebühr unterliegenden Vertrags der Vertragsantrag und die Annahmeerklärung in verschiedenen Schriftstücken beurkundet, so wird für die Beurkundung des Vertragsantrags die volle Geschäftsgebühr, für die Beurkundung der Annahmeerklärung die Zeitgebühr geschuldet. Ist die Zeitgebühr höher als die volle Geschäftsgebühr, so kann für die Beurkundung der Annahmeerklärung nur die Geschäftsgebühr beansprucht werden. Sofern der Antrag und die Annahme von demselben Notariat beurkundet werden, kann für die Beurkundung der Annahme eine Gebühr nur erhoben werden, wenn sie an einem anderen Tage als die des Antrags erfolgt.

Nicht vollendete Geschäfte.

Art. 19. I Für Geschäfte, welche zwar begonnen, aber ohne Schuld des Notars nicht vollendet worden sind, erhält der Notar die Zeitgebühr.

II Bei Geschäften, die im Falle ihrer Erledigung nicht mit der Zeitgebühr hätten bewertet werden können, darf die Zeitgebühr des Abs. 1 nur bis zur Höhe von acht Zehnteilen der für die Erledigung zustehenden Gebühr gefordert werden. Ist die Zeitgebühr geringer als die Hälfte der Wertgebühr, so kommen dem Notar, wenn die Urkunde im Entwurf im wesentlichsten fertiggestellt ist, fünf Zehnteile der Wertgebühr zu.

Geschäfte ohne Gebührenbestimmung.

Art. 20. Für alle Amtsgeschäfte, über welche in dieser Verordnung keine Bestimmung getroffen ist, erhält der Notar die Zeitgebühr.

Nutzlose oder unwirksame Geschäfte.

Art. 21. I Ist ein von einem Notar vorgenommenes Amtsgeschäft nutzlos oder unwirksam, so hat der Notar keine Gebühren zu beanspruchen, wenn er die Nutzlosigkeit oder Unwirksamkeit verschuldet hat.

II Das gleiche gilt von der Erstattung nutzloser Auslagen und Schreibgebühren.

Zweiter Abschnitt.

Beurkundung von Rechtsgeschäften, von sonstigen Erklärungen, von Vorgängen und von Tatsachen.

Kauf-, Tausch-, Übergabs-, Teilungs- u. Gesellschaftsverträge. Miet-, Pacht- u. Werkverträge.

Art. 22. I Für die Beurkundung von Kauf-, Tausch-, Übergabs- und Teilungsverträgen, Gesellschaftsverträgen, Miet-, Pacht- und Werkverträgen wird die volle Wertgebühr erhoben.

II Verträge, durch welche sich jemand verpflichtet, das Eigentum an einem Grundstück oder an einer beweglichen Sache zu übertragen oder ein den Grundstücken gleichstehendes Recht zu bestellen oder zu übertragen, ferner Verträge, durch welche sich jemand verpflichtet, sein gegenwärtiges Vermögen oder einen Bruchteil seines gegenwärtigen Vermögens oder sonst eine Vermögensmasse oder einen Bruchteil davon zu übertragen, sind mit der Gebühr des Abs. 1 zu belegen, wenn nicht in den nachfolgenden Artikeln etwas anderes bestimmt ist.

Versteigerungen.

Art. 23. I Für die Vornahme von öffentlichen Versteigerungen, einschließlich der zugehörigen Beurkundung, werden fünfzehn Zehnteile der vollen Wertgebühr erhoben.

II Wird bei einer öffentlichen Versteigerung von Grundstücken der Zuschlag auf die für die einzelnen Grundstücke gelegten Gebote erteilt, so ist die Gebühr nach den Einzelpreisen zu berechnen.

III Bei der öffentlichen Versteigerung von beweglichen Sachen und von Nutzungen, für welche nicht die sich auf Grundstücke beziehenden Vorschriften gelten, ist die Gebühr stets aus dem Gesamterlöse zu berechnen.

IV Die Gebühr des Abs. 1, 2 wird bei der öffentlichen Versteigerung von Grundstücken auch dann erhoben, wenn dem Notar nicht die Versteigerung selbst, sondern lediglich die Beurkundung des Ergebnisses der Versteigerung übertragen ist und die Gesamtsumme der Kaufpreise wenigstens 300 Mark beträgt.

Schuldversprechen, Schuldanerkenntnis, Bürgschaftsversprechen, Schuldübernahme, Forderungsabtretung.

Art. 24. I Für die Beurkundung eines Schuldversprechens oder Schuldanerkenntnisses, eines Bürgschaftsversprechens, einer Schuldübernahme oder einer Forderungsabtretung werden bis zu einem Gegenstandswerte von 2000 Mark fünf Zehnteile, bei höherem Gegenstandswerte sieben Zehnteile der vollen Wertgebühr erhoben.

II Die gleiche Gebühr wird erhoben für die Beurkundung des Versprechens,

1. ein Grundstück oder ein den Grundstücken gleichstehendes Recht mit einem Rechte zu belasten, soweit nicht Art. 22 zutrifft,
2. ein solches Recht zu belasten oder zu übertragen,
3. ein Pfandrecht an einer beweglichen Sache zu bestellen.

III Für die Beurkundung des Versprechens, ein Recht an einem Grundstück aufzuheben oder den Inhalt oder den Rang eines Rechtes an einem Grundstücke zu ändern, wird, wenn der Wert des Gegenstands nicht mehr als 300 Mark beträgt, eine Gebühr von einer Mark, andernfalls die Zeitgebühr, jedoch nicht mehr als die Gebühr des Abs. 2 erhoben.

IV Als Änderung des Inhalts oder Ranges im Sinne dieser Vorschrift ist es auch anzusehen, wenn

1. an die Stelle der Forderung, für die eine Hypothek besteht, eine andere Forderung desselben Gläubigers gesetzt wird,
2. die Erteilung des Briefes über eine Hypothek, Grundschuld oder Rentenschuld nachträglich ausgeschlossen oder die Ausschließung des Briefes nachträglich aufgehoben wird.

Steht im Falle der Ersetzung der durch eine Hypothek gesicherten Forderung durch eine andere Forderung (Abs. 4 Nr. 1) die neue Forderung einem anderen Gläubiger zu, so wird die Gebühr des Abs. 1 erhoben.

V Wird die Annahmeerklärung des Gläubigers oder sonstiger Beteiligter oder das der Erklärung zugrunde liegende

Rechtsgeschäft mitbeurkundet, so wird hiefür neben der Gebühr der Abs. 1—4 eine Gebühr nicht erhoben.

Eheverträge.

Art. 25. I Für die Beurkundung von Eheverträgen werden fünf Zehnteile der Wertgebühr nach dem Reinwerte des Gegenstands erhoben, jedoch nicht mehr als einhundert Mark und nicht weniger als fünf Mark.

II Zuwendungen von beweglichem Vermögen, die in Eheverträgen einem der Vertragsteile von seinen Eltern oder Stiefeltern gemacht werden, sind nicht als selbständige Rechtsgeschäfte zu betrachten.

Religiöse Kindererziehung.

Art. 26. I Für die Beurkundung eines Vertrags zwischen Brautleuten oder Ehegatten, durch den lediglich über die religiöse Erziehung der Kinder verfügt wird, steht dem Notar eine Gebühr von zwei Mark zu.

II Wird in einem vom Notar beurkundeten Ehevertrag außer anderen Vertragsbestimmungen auch über die religiöse Erziehung der Kinder eine Verfügung getroffen, so steht hiefür dem Notar keine besondere Gebühr zu.

Verfügungen von Todes wegen. Erbverzichte.

Art. 27. I Für die Beurkundung von Testamenten und Erbverträgen sowie der in § 2301 Abs. 1 des Bürgerlichen Gesetzbuchs bezeichneten Schenkungsversprechen, Schuldversprechen und Schuldanerkenntnisse werden fünf Zehnteile der Wertgebühr nach dem Reinwerte des Gegenstands erhoben, über den verfügt wird, jedoch nicht weniger als fünf Mark.

II Die Gebühr des Abs. 1 wird auch dann erhoben, wenn ein Testament nach § 2238 des Bürgerlichen Gesetzbuchs durch Übergabe einer Schrift errichtet wird, jedoch nicht dann, wenn ein nach § 2231 Nr. 2 des Bürgerlichen Gesetzbuchs schon errichtetes Testament lediglich zur Übernahme in die amtliche Verwahrung übergeben wird.

III Enthält die Verfügung von Todes wegen lediglich Anordnungen nicht vermögensrechtlicher Art, so steht dem Notar eine Gebühr von drei Mark zu.

IV Enthält die Verfügung von Todes wegen Nachträge, Ergänzungen oder Erläuterungen zu einer letztwilligen Verfügung, so erhält der Notar, wenn die letztwillige Verfügung von ihm beurkundet worden ist, eine Gebühr von drei Mark, andernfalls drei Zehnteile der vollen Wertgebühr, jedoch nicht weniger als fünf Mark.

V Ist ein Ehevertrag mit einem Erbvertrage verbunden, so wird nur eine Gebühr, und zwar die höhere, erhoben.

VI Für die Beurkundung eines Erbverzichtsvertrags oder eines Vertrags, durch den ein Erbverzicht aufgehoben wird, wird die Zeitgebühr, jedoch nicht weniger als fünf Mark erhoben. Die gleiche Gebühr wird erhoben für die Beurkundung des Verzichts eines anteilsberechtigten Abkömmlings vor dem Eintritte der fortgesetzten Gütergemeinschaft auf den Anteil an dieser und für die Beurkundung eines Vertrags, durch den ein solcher Verzicht aufgehoben wird.

Unterhaltsverträge.

Art. 28. Für die Beurkundung von Unterhaltsverträgen zwischen dem Vater eines unehelichen Kindes und diesem oder von Verträgen über eine an Stelle des Unterhalts zu gewährende Abfindung, sowie für die Beurkundung einer Vereinbarung zwischen dem Vater eines unehelichen Kindes und der Mutter über die der Mutter aus der Beiwohnung und der Entbindung entstandenen Ansprüche wird die Zeitgebühr erhoben.

Leibrentenverträge, Versicherungsverträge.

Art. 29. I Für die Beurkundung von Leibrenten-, Renten- und sonstigen Verträgen, durch die das Recht auf zu gewissen Zeiten wiederkehrende Leistungen für eine oder mehrere bestimmte Personen während der Lebensdauer der Berechtigten oder auf bestimmte oder unbestimmte Zeit gegen Entgelt erworben wird, dann für die Beurkundung von Versicherungsverträgen werden fünf Zehnteile der vollen Wertgebühr erhoben. Vorausgesetzt wird, daß der Erwerb des Rechtes auf die Rente oder die Leistung nach der Absicht der Vertragsschließenden den Hauptgegenstand des Vertrags bildet.

II Als Wertgegenstand gilt bei Versicherungsverträgen die versicherte Summe; im übrigen bemißt sich die Berechnung des Gegenstandswerts nach den Vorschriften des Stempelgesetzes.

Schenkungen, Familienfideikommisse, Stiftungen.

Art. 30. I Für die Beurkundung von Schenkungen und Schenkungsversprechen werden, wenn der Gegenstandswert nicht mehr als 2000 Mark beträgt, fünf Zehnteile, im übrigen sieben Zehnteile der vollen Wertgebühr erhoben.

II Für die Beurkundung der Errichtung von Familienfideikommissen und für die Beurkundung von Stiftungsgeschäften kommt dem Notar die volle Wertgebühr zu.

Vergleiche.

Art. 31. Vergleiche unterliegen als Verträge bei ihrer notariellen Beurkundung der Gebührenbewertung nach Maßgabe ihres Inhalts.

Einwilligungs- und Genehmigungserklärungen, Vollmachten.

Art. 32. I Für die Beurkundung von Einwilligungs- und Genehmigungserklärungen wird eine Gebühr von einer Mark oder, wenn die Vornahme des Geschäfts mehr als eine Stunde in Anspruch nimmt, die Zeitgebühr erhoben.

II Für die Beurkundung einer Vollmacht, die zur Vornahme aller Geschäfte oder gewisser Gattungen von Geschäften für den Vollmachtgeber ermächtigt (Generalvollmacht), wird eine Gebühr von drei Mark, für die Beurkundung einer Vollmacht, die nur zur Vornahme eines bestimmten Geschäfts ermächtigt, eine Gebühr von zwei Mark erhoben.

Einseitige Erklärungen für Dritte.

Art. 33. I Für die Beurkundung von einseitigen Erklärungen, die zur Mitteilung an Dritte bestimmt sind, wie Anzeigen und Androhungen, Aufforderungen, Anfechtungen, Zurückweisungen, Kündigungen, Widerrufs- und Rücktrittserklärungen wird die Zeitgebühr erhoben.

II Für die Übergabe der Erklärung an den Gerichtsvollzieher zum Zwecke der Zustellung nach § 132 des Bürgerlichen Gesetzbuchs hat der Notar keine Gebühr zu beanspruchen.

Quittungen, Stundungen, Schulderlasse, Verzichte.

Art. 34. Für die Beurkundung von Empfangsbekenntnissen (Quittungen), ferner für die Beurkundung von Stundungen, Schulderlassen oder Verzichten wird eine Gebühr von einer Mark oder, wenn der Gegenstandswert mehr als 300 Mark beträgt, die Zeitgebühr erhoben.

Erklärungen den Behörden gegenüber.

Art. 35. Für die Beurkundung von Erklärungen, welche dem Vormundschaftsgerichte, dem Nachlaßgericht oder einer anderen Behörde gegenüber abzugeben sind, wird, soweit nicht besondere Vorschriften bestehen, die Zeitgebühr erhoben.

Aussagen von Zeugen und Sachverständigen, Schätzungen. Eidliche Erklärungen.

Art. 36. Für die Beurkundung der Aussagen von Zeugen und Sachverständigen und für die Beurkundung von Schätzungen wird die Zeitgebühr erhoben, ebenso für die Beurkundung von Erklärungen, die unter Eid oder Versicherung an Eides Statt abgegeben werden.

Tatsächliche Vorgänge, Zustände.

Art. 37. Für die Beurkundung von tatsächlichen Vorgängen wie Besitzergreifung, Übergabe oder Vorzeigung von Gegenständen, Anbieten der Erfüllung einer Verbindlichkeit oder der Annahme einer Leistung, Geldvorzählung u. dgl., ferner für die Beurkundung von Zuständen, z. B. Vorhandensein und Beschaffenheit einer Sache, Leben und Gesundheitszustand einer Person, wird die Zeitgebühr erhoben, soweit nicht in besonderen Vorschriften für einzelne Fälle anders bestimmt ist.

Vermögensverzeichnisse.

Art. 38. I Für die Aufnahme von Vermögensverzeichnissen und Inventaren wird die Zeitgebühr erhoben.

II Beträgt jedoch bei Vermögensverzeichnissen der Wert des ausgewiesenen Vermögens unter Abzug der Schulden mehr als 50000 Mark und die Zahl der aufgezählten Vermögens- und Schuldposten mehr als hundert, so hat der Notar die Hälfte der vollen Wertgebühr nach dem reinen Werte des ausgewiesenen Vermögens zu beanspruchen.

Siegelungen.

Art. 39. Für die Vornahme von Siegelungen und Entsiegelungen wird die Zeitgebühr erhoben.

Verlosungen, Auslosungen.

Art. 40. I Für die Beurkundung des Hergangs bei Verlosungen und Auslosungen wird die volle Wertgebühr nach dem Gesamtwerte der verlosten oder ausgelosten Gegenstände, jedoch nicht mehr als 300 Mark erhoben.

II Werden Serien und Nummern in getrennten Verhandlungen gezogen, so steht, wenn beide Verhandlungen von demselben Notariate beurkundet werden, für die erste Beurkundung die Wertgebühr nach Abs. 1, für die zweite die Zeitgebühr zu.

Generalversammlungen, Aufsichtsratssitzungen.

Art. 41. Für die Aufnahme des Protokolls über die Sitzungen der Generalversammlungen oder der Aufsichtsräte von Aktiengesellschaften oder Kommanditgesellschaften auf Aktien, sowie für die Aufnahme des Protokolls über die Sitzungen der Mitgliederversammlungen sonstiger Gesellschaften und Vereinigungen oder ihrer Organe werden Gebühren, wie folgt erhoben:

1. Betrifft die Beratung und die Beschlußfassung die Verteilung des Geschäftsgewinns oder die Verteilung von Gesellschaftsvermögen, so wird nach dem Betrage der zur Verteilung gelangenden Werte, betrifft die Beratung und die Beschlußfassung die Erhöhung oder die Herabsetzung des Grund- oder Aktienkapitals, so wird nach dem Betrage der beschlossenen Erhöhung oder Herabsetzung die Wertgebühr, jedoch nicht mehr als fünfhundert Mark und nicht weniger als vierundzwanzig Mark erhoben.
2. Betrifft die Beratung und Beschlußfassung Satzungsänderungen, Wahl von Gesellschaftsorganen, Abhör und Genehmigung von Rechnungen, Aufstellung von Voranschlägen oder sonstige in Nr. 1 nicht erwähnte Gegenstände, so beträgt die Gebühr vierundzwanzig Mark.
3. Treffen Gegenstände, die unter die Vorschrift der Nr. 2 fallen, in derselben Sitzung mit solchen Gegenständen zusammen, welche die Erhebung der Gebühr nach Nr. 1 rechtfertigen, so wird nur die letztere Gebühr erhoben.

Wechsel- und Scheckproteste.

Art. 42. Für die Aufnahme eines Wechselprotestes oder Scheckprotestes, einschließlich der Abschrift des Protestes, kommt dem Notar eine Gebühr von fünf Mark zu. Die Gebühr wird auch dann erhoben, wenn nach dem Beginne des Protestakts der Schuldner freiwillig Zahlung leistet oder eine Quittung über die erfolgte Zahlung der Wechsel- oder Schecksumme vorlegt.

Feststellung des Datums von Privaturkunden.

Art. 43. I Für die zum Zwecke der Feststellung des Datums einer Privaturkunde (AGzZPO. Art. 33) erteilte Bescheinigung über die Vorlage einer Urkunde wird eine Gebühr von einer Mark erhoben.

II Die Gebühr umfaßt auch die Vergütung für die Eintragung in das vorgeschriebene Buch.

Zeugnisse und Feststellungen über Gegenstände amtlicher Wirksamkeit.

Art. 44. I Für Zeugnisse über Gegenstände der amtlichen Wirksamkeit des Notars, z. B. über das Vorhandensein einer Notariatsurkunde, ferner für Lebensbescheinigungen und ähnliche einfache Zeugnisse, die nicht in Protokollform niedergelegt werden und nicht mehr als eine Seite zu zwanzig Zeilen mit durchschnittlich zwölf Silben in Anspruch nehmen, wird eine Gebühr von einer Mark erhoben.

II Für umfangreichere Zeugnisse und Bescheinigungen und für solche, die in Protokollform gebracht sind, wird die Zeitgebühr erhoben.

III Für die Feststellung der Vertretungsmacht auf Grund einer dem Notar vorliegenden Urkunde oder eines von ihm eingesehenen Registers wird in jedem Falle die Gebühr des Abs. 1 erhoben, auch dann, wenn sie bei der Beurkundung eines Geschäfts oder im unmittelbaren Anschluß an die Beglaubigung einer Unterschrift vorgenommen wird.

Dritter Abschnitt.

Beglaubigung von Unterschriften und Handzeichen.

Beglaubigung.

Art. 45. I Für die Beglaubigung einer Unterschrift oder eines Handzeichens erhält der Notar eine Gebühr von einer Mark.

II Sind gleichzeitig die Unterschriften oder Handzeichen mehrerer Personen unter einer und derselben Urkunde zu beglaubigen, so ist für die erste und zweite eine Gebühr von je einer Mark, für jede weitere Person eine solche von fünfzig Pfennigen anzusetzen. Die Summe dieser Gebühren darf jedoch bei der Beglaubigung von Unterschriften unter einem Schriftstücke den Betrag der Gebühr nicht übersteigen, die der Notar für die Beurkundung des Geschäfts zu erhalten hätte.

III Für die Beglaubigung von Unterschriften und Handzeichen unter Schriftstücken, welche Rechtsgeschäfte der in Art. 22, 24 bezeichneten Art enthalten, erhält der Notar vier Zehnteile der Gebühr, welche ihm für die Beurkundung dieser Rechtsgeschäfte zustünde, mindestens aber die in Abs. 1, 2 bezeichnete Gebühr.

Beglaubigung auf den vom Notar entworfenen Urkunden.
Art. 46. Beglaubigt der Notar Unterschrift oder Handzeichen von Beteiligten unter einer von ihm selbst entworfenen Urkunde, so kann er neben der Gebühr für den Entwurf eine Gebühr für die Beglaubigung nicht beanspruchen.

Vierter Abschnitt.

Vermittlung der Auseinandersetzung. Erbteilung. Zwangsversteigerung.

Vermittlung der Nachlaßauseinandersetzung.
Art. 47. I Für die Vermittlung der Auseinandersetzung in Ansehung eines Nachlasses in dem Verfahren nach §§ 86 bis 98 des Gesetzes über die Angelegenheiten der freiwilligen Gerichtsbarkeit erhält der Notar die Gebühr des Art. 22. Die Berechnung der Gebühr erfolgt aus dem Werte des Nachlasses ohne Abzug der Schulden.

II Die Gebühr umfaßt die Vergütung für die Anfertigung des Auseinandersetzungsplans, für die Beurkundung und die Bestätigung der Auseinandersetzung und für alle vorausgegangenen Verhandlungen und Verfügungen.

Vermittlung der Gesamtgutsauseinandersetzung.
Art. 48. Auf die Vermittlung der Auseinandersetzung in Ansehung des Gesamtguts einer ehelichen Gütergemeinschaft oder einer fortgesetzten Gütergemeinschaft im Verfahren nach § 99 des Gesetzes über die Angelegenheiten der freiwilligen Gerichtsbarkeit finden die Vorschriften über die Gebühren für die Vermittlung der Auseinandersetzung in Ansehung eines Nachlasses entsprechende Anwendung. Wird die Auseinandersetzung mit der Teilung des Nachlasses eines Ehegatten verbunden, so wird der Wert des Gesamtguts nur zu dem Bruchteil in Ansatz gebracht, welcher den Anteil des überlebenden Ehegatten bildet.

Zurücknahme des Antrags auf Vermittlung.
Art. 49. I Wird der Antrag auf Vermittlung zurückgenommen oder endigt das Verfahren, weil ein Beteiligter im Termine der Vermittlung widerspricht, so werden vier Zehnteile, wenn aber der Notar bereits den Verteilungsplan aufgestellt hat, sieben Zehnteile der im Art. 47 bestimmten Gebühr erhoben. Das gleiche gilt, wenn das Verfahren für beruhend erklärt wird, weil im Termine kein Beteiligter er-

schienen und das Verfahren seitdem mehr als sechs Monate lang nicht betrieben worden ist.

II Wird innerhalb eines Monats nach der Zurücknahme des Antrags auf Vermittlung oder der Erledigung des Verfahrens durch Widerspruch eines Beteiligten im Termine von den sämtlichen Beteiligten zu Urkunde desjenigen Notariats, bei dem die Vermittlung anhängig war, eine freiwillige Vereinbarung über die Auseinandersetzung geschlossen, so ist die im Abs. 1 bestimmte Gebühr auf die Gebühr für die Beurkundung der Vereinbarung anzurechnen.

Teilung.

Art. 50. Die Vorschriften der Art. 47 bis 49 finden auch auf den Erbteilungsvertrag und auf den Vertrag über die Auseinandersetzung des Gesamtguts einer ehelichen oder einer fortgesetzten Gütergemeinschaft Anwendung.

Testamentsvollstreckung.

Art. 51. Die Gebühr des Notars für die Führung des Testamentsvollstreckeramts bemißt sich nach den Vorschriften des § 2221 des Bürgerlichen Gesetzbuchs.

Zwangsversteigerung.

Art. 52. I Wird dem Notar auf Grund des Art. 25 des Ausführungsgesetzes zu der Grundbuchordnung und zu dem Gesetz über die Zwangsversteigerung und die Zwangsverwaltung die Ausführung einer Versteigerung übertragen, so erhält er für die gesamte Tätigkeit im Verfahren bis zum Versteigerungstermine mit Einschluß der Beurkundung von Anträgen, Erklärungen und Vereinbarungen der Beteiligten eine Gebühr von fünfzehn Mark.

II Für die Versteigerung selbst einschließlich der Beurkundung derselben und der Erteilung des Zuschlags erhält der Notar die im Art. 23 bestimmte Gebühr.

III Die Gebühr des Abs. 1 fällt an mit der Bestimmung des Versteigerungstermins. Wird das Verfahren vor der Bestimmung des Versteigerungstermins eingestellt oder aufgehoben, so erhält der Notar eine Gebühr von fünf Mark.

Art. 53. Für die auf Antrag vorgenommene Bestimmung eines zweiten und jeden folgenden Versteigerungstermins in demselben Verfahren erhält der Notar eine Gebühr von fünf Mark.

Fünfter Abschnitt.

Verwahrung von Privaturkunden und Testamenten.

Verwahrung von Privaturkunden.

Art. 54. I Für die Verwahrung einer Urkunde, die nicht ein Testament oder einen Erbvertrag enthält, und für die Rückgabe einer solchen zur Verwahrung übernommenen Urkunde an den Beteiligten wird je eine Gebühr von zwei Mark erhoben.

II Die Gebühr für die Übernahme umfaßt die Vergütung für die Beurkundung der Übernahme, die Erteilung des Hinterlegungsscheins und die Verwahrung, die Gebühr für die Rückgabe, die Vergütung für das Aufsuchen, die Rückgabe und die über die Rückgabe aufgenommene Urkunde.

III Für die vorübergehende Verwahrung von Urkunden, die dem Notar zum Zwecke der Vorbereitung eines Amtsgeschäfts übergeben sind, wird keine Gebühr erhoben.

Übernahme von Testamenten.

Art. 55. I Für die Übernahme eines Testaments in die besondere amtliche Verwahrung wird eine Gebühr von fünf Mark erhoben.

II Die Gebühr umfaßt die Vergütung für die Übernahme, für deren Beurkundung und für die Verwahrung selbst.

III Die Übernahme der von dem Notar selbst beurkundeten und im Anschlusse daran in die besondere amtliche Verwahrung übernommenen Testamente und Erbverträge erfolgt gebührenfrei. Ebenso die neuerliche Übernahme solcher gemeinschaftlicher Testamente und gegenseitiger Erbverträge, die nach dem Tode des einen Erblassers zum Zwecke der Eröffnung aus der besonderen amtlichen Verwahrung des Notariats genommen worden sind und nach der Eröffnung gemäß den §§ 2273, 2300 des Bürgerlichen Gesetzbuchs wieder dorthin zurückgebracht werden. Das gleiche gilt von der Übernahme und der neuerlichen Übernahme solcher eigenhändig errichteten Testamente, die von dem Notar gegen Entrichtung der in den Art. 27, 82 bestimmten Gebühr entworfen sind und alsbald demselben Notar in die besondere amtliche Verwahrung übergeben werden.

IV Die Übernahme der nach § 41 Abs. 2 der Nachlaßordnung eingehenden Mitteilungen erfolgt stets gebührenfrei.

V Für die Erteilung eines Hinterlegungsscheins wird in keinem Falle eine Gebühr berechnet.

Zurückgabe oder Übersendung eines Testaments.

Art. 56. I Für die Zurückgabe eines in die besondere amtliche Verwahrung übernommenen Testaments und deren Beurkundung kommt dem Notar eine Gebühr von drei Mark und fünfzig Pfennigen zu.

II Für die Übersendung eines bei ihm errichteten oder verwahrten Testaments an eine andere Verwahrungsbehörde zum Zwecke der Übernahme in die besondere amtliche Verwahrung erhält der Notar eine Gebühr von einer Mark.

Ablieferung an das Nachlaßgericht.

Art. 57. Für die nach dem Tode des Erblassers erfolgende Ablieferung der Verfügungen von Todes wegen an das Nachlaßgericht erhält der Notar keine Gebühr. Er hat jedoch Anspruch auf Schreibgebühren für die etwa zurückzubehaltende beglaubigte Abschrift.

Eröffnung einer Verfügung von Todes wegen.

Art. 58. I Für die Eröffnung eines Testaments oder Erbvertrags erhält der Notar eine Gebühr von drei Mark und fünfzig Pfennigen.

II Die Gebühr umfaßt die Vergütung für die Vorbereitung und die Anberaumung des Termins, die Ladungen, die Eröffnungsverhandlung und das darüber aufgenommene Protokoll.

III Sind gleichzeitig mehrere Verfügungen desselben Erblassers von demselben Notar zu eröffnen, so steht die Gebühr nur einmal zu.

IV Für die Abgabe der Akten an das Nachlaßgericht erhält der Notar keine Gebühr; für die etwa erforderliche Zurückbehaltung einer Abschrift der Verfügung von Todes wegen erhält er die Schreibgebühr.

Sechster Abschnitt.

Grundbuchsachen.

Erwerb des Eigentums an Grundstücken und von grundstücksgleichen Rechten.

Art. 59. I Für die Beurkundung der Auflassung eines Grundstücks (BGB. § 925) erhält der Notar dann, wenn die

Erklärungen im unmittelbaren Anschluß an den Vertrag, durch den sich der eine Teil verpflichtet, das Eigentum zu übertragen, in ein und derselben Urkunde beurkundet werden, keine besondere Gebühr.

II Für die Beurkundung der Auflassung erhält der Notar die Zeitgebühr:

1. wenn die Urkunde über den der Auflassung zugrunde liegenden Vertrag zwar von dem Notar selbst aufgenommen ist, die Beteiligten aber die Aufnahme einer besonderen Urkunde über die Auflassung verlangen;
2. wenn die Urkunde über den der Auflassung zugrunde liegenden Vertrag von einer anderen bayerischen Behörde aufgenommen ist.

III In allen übrigen Fällen erhält der Notar für die Beurkundung der Auflassung die volle Wertgebühr.

IV Wie die Beurkundung der Auflassung (Abs. 1—3) ist auch die Beurkundung der zur Übertragung des Eigentums an einem nicht gebuchten buchungsfreien Grundstück erforderlichen Erklärungen zu bewerten.

V Die Vorschriften der Abs. 1—3 finden entsprechende Anwendung auf die Beurkundung der Erklärungen, die zur Belastung eines Grundstücks mit einem den Grundstücken gleichstehenden Rechte oder zur Übertragung eines solchen Rechtes erforderlich sind.

Begründung, Übertragung und Belastung von Rechten an Grundstücken und an grundstücksgleichen Rechten.

Art. 60. I Für die Beurkundung der Erklärungen, die erforderlich sind (BGB. § 873)

1. zur Belastung eines Grundstücks mit einem den Grundstücken nicht gleichstehenden Rechte,
2. zur Übertragung oder Belastung eines solchen Rechts,

erhält der Notar keine besondere Gebühr, wenn die Erklärungen im unmittelbaren Anschluß an das Rechtsgeschäft, auf dem sie beruhen, in ein und derselben Urkunde beurkundet werden.

II Werden die Erklärungen nicht im unmittelbaren Anschluß an das Rechtsgeschäft, auf dem sie beruhen, beurkundet, so steht dem Notar für die Beurkundung der Erklärungen die Gebühr des Art. 24 Abs. 2 zu.

III Die Vorschriften der Abs. 1, 2 finden auf die Beurkundung der zur Belastung eines den Grundstücken gleichstehenden Rechtes mit einem Rechte und der zur Übertragung oder Belastung eines solchen Rechtes erforderlichen Erklärungen entsprechende Anwendung.

Aufhebung von Rechten an Grundstücken.

Art. 61. I Die Vorschrift in Art. 60 Abs. 1 gilt auch für die Beurkundung der Erklärungen über die Aufhebung eines Rechtes an einem Grundstücke (BGB. § 875) einschließlich der Löschungsbewilligung (GBO. § 19). Werden die Erklärungen nicht im Anschluß an das Rechtsgeschäft, auf dem sie beruhen, beurkundet, so wird die Gebühr des Art. 24 Abs. 3 erhoben.

II Die Gebühr des Abs. 1 hat der Notar auch zu beanspruchen für die Beurkundung eines Verzichts auf eine Hypothek, Grundschuld oder Rentenschuld (BGB. § 1168), sowie für die Beurkundung eines Empfangsbekenntnisses über eine durch Hypothek gesicherte Forderung.

III Für die Beurkundung der Erklärung der Zustimmung des Eigentümers zur Löschung einer Hypothek, Grundschuld oder Rentenschuld wird, wenn der Gegenstandswert mehr als 2000 Mark beträgt, eine Gebühr von zwei Mark, andernfalls eine Gebühr von einer Mark erhoben.

Änderung des Inhalts oder Ranges von Rechten an Grundstücken.

Art. 62. Die Vorschrift des Art. 60 Abs. 1 gilt auch für die Beurkundung der Erklärungen über die Änderung des Inhalts oder des Ranges eines Rechtes an einem Grundstücke. Werden die Erklärungen nicht im Anschluß an das Rechtsgeschäft, auf dem sie beruhen, beurkundet, so wird die Gebühr des Art. 24 Abs. 3 erhoben.

Eintragungsanträge. Sonstige Beurkundungen in Grundbuchsachen.

Art. 63. I Für die Beurkundung von Eintragungsanträgen, welche im Zusammenhange mit den zugrunde liegenden Rechtsgeschäften oder den Eintragungsbewilligungen in ein und derselben Urkunde stattfindet, werden keine besonderen Gebühren erhoben. Das gleiche gilt für die Eintragungsanträge, welche der Notar im Anschluß an eine von ihm vorgenommene Beurkundung oder Beglaubigung auf Grund besonderer Ermächtigung seitens der Beteiligten oder auf Grund des § 15 der Grundbuchordnung stellt.

II Für die aus Anlaß der Beurkundung eines Ehevertrags erfolgende Beurkundung des Antrags auf Eintragung des Güterstands in das Grundbuch und für die Vermittlung der Eintragung erhält der Notar eine Gebühr von zwei Mark, gleichviel ob die Beurkundung des Antrags im unmittelbaren Anschluß an die Beurkundung des Ehevertrags oder in gesonderter Urkunde erfolgt.

III Für die selbständige Beurkundung von sonstigen Eintragungsanträgen erhält der Notar, wenn der Wert des Gegenstands nicht mehr als 300 Mark beträgt, eine Gebühr von einer Mark, andernfalls die Zeitgebühr, jedoch nicht mehr als die Gebühr des Art. 24 Abs. 1.

IV Für die Beurkundung aller derjenigen Geschäfte in Grundbuchsachen, für welche in der Notariatsgebührenordnung besondere Bestimmungen nicht getroffen sind, wird die Gebühr des Abs. 3 erhoben.

Beglaubigung.

Art. 64. I Für die Beglaubigung der zur Belastung eines Grundstücks mit einem Rechte oder zur Übertragung oder Belastung eines solchen Rechtes erforderlichen Erklärungen erhält der Notar acht Zehnteile der Gebühr, die ihm für die Beurkundung dieser Erklärungen zusteht, mindestens aber die im Art. 45 Abs. 1, 2 vorgesehene Gebühr.

II Für sonstige Beglaubigungen in Grundbuchsachen erhält der Notar ausschließlich die Gebühr des Art. 45 Abs. 1, 2.

Teilhypothekenbrief.

Art. 65. Für die Erteilung eines Teilhypothekenbriefs, Teilgrundschuldbriefs, Teilrentenschuldbriefs erhält der Notar die für die Erteilung einer Abschrift (Art. 76) bestimmte Schreibgebühr als Geschäftsgebühr.

Vermessungsanträge.

Art. 66. I Für die Vermittlung von Anträgen auf Vermessung von Grundstücken erhält der Notar eine Gebühr von zwei Mark. Wird die Vermessung mehrerer Grundstücke beantragt, so darf die Gebühr für die miteinander zusammenhängenden Messungen nur einmal verrechnet werden.

II Bei umfangreichen Anträgen gebührt dem Notar die Zeitgebühr.

Benachrichtigung der Hypothekengläubiger.

Art. 67. Übernimmt der Notar die Benachrichtigung der Hypothekengläubiger nach Maßgabe des § 416 des Bürgerlichen Gesetzbuchs, so erhält er dafür eine Gebühr von drei Mark.

Beschwerdeeinlegung.

Art. 68. Für die Einlegung der Beschwerde oder der weiteren Beschwerde in Grundbuchsachen erhält der Notar keine Gebühr, wenn er den Eintragungsantrag gestellt oder die ihn enthaltende Urkunde vorgelegt hat.

Siebenter Abschnitt.

Zustellung, Behändigung, Vorlegung von Urkunden.

Zustellung von Amts wegen.

Art. 69. Soweit der Notar nach den dafür bestehenden Vorschriften Zustellungen von Amts wegen vorzunehmen hat, stehen ihm dafür keine Gebühren zu.

Aushändigung von Urkunden an Beteiligte.

Art. 70. Für die Übersendung und Aushändigung der an die Beteiligten zu verabfolgenden Urkunden (Urschriften, Ausfertigungen und Abschriften) erhält der Notar keine Gebühr.

Persönliche Zustellungen an Dritte.

Art. 71. Für die Vornahme und Beurkundung von Zustellungen und mündlichen Eröffnungen, die der Notar persönlich auf Ersuchen Beteiligter an Dritte macht, wird die Zeitgebühr erhoben.

Vorlegung von Urkunden an Behörden.

Art. 72. I Legt der Notar auf Ersuchen der Beteiligten eine von ihm beurkundete oder beglaubigte Erklärung einer anderen Behörde vor, so hat er für die Vorlegung eine Gebühr von einer Mark zu beanspruchen. Die Gebühr entfällt, wenn der Notar die Urkunde von Amts wegen vorzulegen hat.

II Für die Vorlegung einer von ihm errichteten oder beglaubigten Urkunde an das Grundbuchamt erhält der Notar keine Gebühr; das gleiche gilt von der Vorlegung von Urkunden über buchungsfreie Grundstücke.

Achter Abschnitt.

Gestattung der Einsicht, Erteilung und Beglaubigung von Abschriften und Ausfertigungen. Vollstreckungsklausel. Schreibgebühren.

Einsicht der Urkunden.

Art. 73. I Für die Gestattung der Einsicht einer in der Urkundensammlung des Notariats verwahrten Urkunde erhält der Notar eine Gebühr von einer Mark.

II Kann bei dem Ersuchen um Gestattung der Einsicht der Jahrgang der Errichtung der Urkunde nicht angegeben werden, so erhöht sich die Gebühr des Notars auf eine Mark und fünfzig Pfennige.

III Ersucht bei oder unmittelbar nach der Einsichtnahme der Einsichtnehmende um die Erteilung einer Abschrift oder einer Ausfertigung der eingesehenen Urkunde, so ist die Gebühr für die Einsichtnahme auf die für die Abschrift oder Ausfertigung zu erteilende Gebühr anzurechnen.

Einsicht der besonders verwahrten Verfügungen von Todes wegen.

Art. 74. Wird vom Erblasser die Einsicht eines verschlossen in der Verwahrung des Notariats befindlichen Testaments oder Erbvertrags begehrt, so steht dem Notar für die gesamte Verhandlung (Aufsuchung, Eröffnung, Vorlegung zur Einsicht, neuerlicher Verschluß und Protokoll) die Zeitgebühr zu.

Einsicht der Akten.

Art. 75. Für die Gestattung der Einsicht in die Verlassenschaftsakten des älteren Rechtes der Landesteile r. d. Rh., für die Gestattung der Einsicht in die Akten über die Vermittlung der Auseinandersetzung in Ansehung eines Nachlasses oder des Gesamtguts einer ehelichen oder fortgesetzten Gütergemeinschaft, in die Testamentseröffnungs- und Zwangsversteigerungsakten, sowie in die Wechsel- und Scheckprotest-Sammlung und in das Buch für die Eintragungen zur Feststellung des Datums van Privaturkunden kann eine Gebühr nicht beansprucht werden.

Schreibgebühr für Abschriften.

Art. 76. I Erteilt der Notar eine beglaubigte oder unbeglaubigte Abschrift, so erhält er eine Gebühr von einer Mark und zwanzig Pfennigen (Grundgebühr) und, wenn die Abschrift mehr als vier Seiten umfaßt, für jede weitere Seite eine Gebühr von zwanzig Pfennigen (Seitengebühr). Die Seite muß mindestens zwanzig Zeilen, die Zeile durchschnittlich zwölf Silben enthalten. Eine angefangene Seite wird für voll gerechnet. Die Schreibgebühren werden auch dann erhoben, wenn die Abschrift auf mechanischem Wege hergestellt ist.

II Die Vorschriften des Abs. 1 finden auch Anwendung, wenn die Abschrift mit der Schreibmaschine oder mittels

Buchdrucks hergestellt wird. Enthält jedoch die Seite einer solchen Abschrift mindestens dreißig Zeilen von durchschnittlich zwölf Silben, so erhält der Notar für die vierte und jede weitere Seite eine Seitengebühr von dreißig Pfennigen.

III Für Schriftstücke, die in fremden Sprachen abgefaßt sind, für Schriftstücke in tabellarischer Form, sowie für Verzeichnisse, Listen, Rechnungen, Handzeichnungen erhält der Notar als Schreibgebühr eine Zeitgebühr in der Höhe von einer Mark für die Stunde.

IV Für die Erteilung der dem Grundbuchamte zur Verwahrung bei den Grundbuchanlagen vorzulegenden Abschriften und Auszüge wird eine Grundgebühr nicht erhoben; der Notar hat jedoch für jede Seite eine Seitengebühr von zwanzig Pfennigen, im Falle des Abs. 2 Satz 2 eine solche von dreißig Pfennigen und im Falle des Abs. 3 die dort vorgesehene Gebühr zu beanspruchen. Diese Vorschrift gilt auch für die Erteilung sogenannter Notizen über den Inhalt einer Urkunde.

Art. 77. I Für die Erteilung einer beglaubigten Abschrift von einer Urkunde, die dem Notar zum Zwecke der Beglaubigung der Abschrift vorgelegt worden ist, wird die gleiche Gebühr erhoben, wie für die Erteilung einer Abschrift einer Urkunde aus der Urkundensammlung des Notars.

II Wird außer der Hauptschrift auch die Abschrift dem Notar vorgelegt und nur um die Beglaubigung der Übereinstimmung ersucht, so steht dem Notar die gleiche Gebühr zu, wie wenn die Abschrift von ihm angefertigt worden wäre.

III Die Vorschriften in Abs. 1, 2 finden entsprechende Anwendung auf die Auszüge.

Schreibgebühr für Ausfertigungen.

Art. 78. I Für die Erteilung einer Ausfertigung steht dem Notar die gleiche Gebühr zu wie für die Erteilung einer Abschrift.

II Für die Erteilung der Vollstreckungsklausel erhält der Notar eine Gebühr von einer Mark. War die Prüfung des Eintritts einer Tatsache oder einer Rechtsnachfolge notwendig (ZPO. §§ 726—729), so beträgt die Gebühr zwei Mark.

Schreibgebühr für Urschriften.

Art 79. Für die Herstellung der Urschrift der Urkunden erhält der Notar keine Schreibgebühr.

Schreibgebühr in Zwangsversteigerungssachen.

Art. 80. Für die Erhebung von Schreibgebühren im Zwangsversteigerungsverfahren ist Art. 7 Abs. 2 Satz 2 des Kostengesetzes maßgebend.

Neunter Abschnitt.

Nebengeschäfte.

Erteilung von Rat und Gutachten.

Art. 81. I Für die Erteilung eines mündlichen Rates steht dem Notar keine Gebühr zu, wenn der Rat von Eingesessenen des Amtsgerichtsbezirks, in dem der Notar seinen Amtssitz hat, in ihrem eigenen Interesse oder im Interesse ihrer Angehörigen erbeten wird und sich auf Gegenstände bezieht, die zur Zuständigkeit der Notare gehören. Im übrigen gebührt dem Notar die Zeitgebühr, doch entfällt diese, wenn es auf Grund der Erteilung des Rates zur Beurkundung eines Geschäfts kommt.

II Die Gebühr für die Erteilung eines von einem Beteiligten verlangten schriftlichen Gutachtens richtet sich nach der Vereinbarung mit dem Beteiligten, mangels einer solchen nach billigem Ermessen. Für Gutachten über Gegenstände, die nicht zur Zuständigkeit der Notare gehören, haben die Notare nach dieser Verordnung keine Gebühren zu beanspruchen.

Entwerfen von Privaturkunden.

Art. 82. I Für das Entwerfen von Privaturkunden steht dem Notar dieselbe Gebühr zu, welche er für die notarielle Beurkundung zu erhalten hätte.

II Errichtet der Notar späterhin auf Grund des Entwurfs eine öffentliche Urkunde, so hat er für diese Beurkundung nur die Zeitgebühr zu beanspruchen, wenn diese geringer ist als die sonst anzusetzende Gebühr.

Liquidationen und Berechnungen.

Art. 83. Für die Bearbeitung von Liquidationen und Berechnungen hat der Notar die Zeitgebühr zu beanspruchen.

Bekanntmachungen.

Art. 84. Für die Abfassung öffentlicher Bekanntmachungen wird eine Gebühr von einer Mark erhoben. Umfaßt jedoch die öffentliche Bekanntmachung mehr als eine Seite von zwanzig Zeilen mit durchschnittlich zwölf Silben, so wird für jede weitere ganz oder teilweise in Anspruch genommene Seite gleichfalls eine Mark vergütet.

Zehnter Abschnitt.

Auslagen.

Ersatz barer Auslagen.

Art. 85. An baren Auslagen dürfen nur erhoben werden:

1. Die Postgebühren und Botenlöhne, welche nicht durch den Pauschsatz (Art. 86) gedeckt sind, sowie die Telegraphengebühren und die im Fernsprechverkehre zu entrichtenden Einzelgebühren (Gesprächsgebühr);
2. die durch Einrückung einer Bekanntmachung in öffentliche Blätter entstehenden Kosten;
3. die an Zeugen, Sachverständige, Auskunftspersonen, Dolmetscher, Ausrufer, Ausscheller und sonstige notwendige Hilfspersonen zu zahlenden Beträge;
4. die an andere Behörden oder Beamte, insbesondere an den zugezogenen zweiten Notar oder an Rechtsanwälte für deren Tätigkeit zu zahlenden Beträge;
5. die zur Entrichtung der dem Staate, dem Reiche und den Gemeinden anfallenden Gebühren und Stempel gemachten Vorschüsse sowie die aus Anlaß eines Amtsgeschäfts für einen Beteiligten an Privatpersonen ausgelegten Beträge;
6. die bei Versteigerungen außerhalb der Amtsräume für die Benützung eines Geschäftszimmers gezahlten Beträge;
7. die auf die Einsicht des Grundbuchs eines nicht am Sitze des Notariats befindlichen Amtsgerichts erwachsenden Kosten, soweit diese die Kosten eines Grundbuchauszugs nicht übersteigen.

Pauschsatz.

Art. 86. I Für die Herstellung des Schreibwerks bei dem Schriftwechsel mit Beteiligten oder Behörden aus Anlaß eines Amtsgeschäfts sowie zur Deckung der bis zur Aufnahme der Urkunde (NotGes. Art. 24 ff.) erwachsenden Postgebühren und Botenlöhne und der sonstigen nicht zu ersetzenden baren Auslagen erhält der Notar einen Pauschsatz in der Höhe von zehn vom Hundert der zum Ansatze gelangenden Geschäftsgebühr, jedoch mindestens fünfzig Pfennige und höchstens zwanzig Mark für je eine Urkunde. Fallen für eine Urkunde mehrere Geschäftsgebühren an, so wird der Pauschsatz aus der Summe der Geschäftsgebühren berechnet. Bei unvollendeten Geschäften (Art. 19) wird er nur dann geschuldet, wenn der Entwurf zur Urkunde im wesentlichen fertiggestellt ist.

II Für Urkunden über Ergänzungs- und Berichtigungserklärungen sowie für Urkunden im Zwangsversteigerungsverfahren wird der Pauschsatz nicht erhoben.

Auslagen für besondere Ausstattung der Urkunde.

Art. 87. Die Kosten einer besonderen Ausstattung der Urkunde, insbesondere die Kosten, welche durch Verwendung von Pergamentpapier oder Pergament entstehen, können in Ansatz gebracht werden, ebenso die Auslagen für die zum Schutze der Ausfertigungen wichtigerer Urkunden gebräuchlichen Decken (Mäntel).

Auslagen für die Bestellung von Schriftstücken.

Art. 88. I Für die Bestellung von Schriftstücken an die Beteiligten dürfen in der Regel höhere Auslagen als die gewöhnlichen Postgebühren nicht angesetzt werden. Posteinschreibe- oder Versicherungsgebühren können nur angesetzt werden, wenn die Einschreibung oder Versicherung von den Beteiligten verlangt oder nach den Umständen erforderlich war. Höhere Botenlöhne können nur angesetzt werden, wenn besondere, vom Notar nicht zu vertretende Umstände, wie Dringlichkeit der Sache, Notwendigkeit erhöhter Sicherheitsmaßregeln wegen außergewöhnlicher Wichtigkeit u. dgl., die Besorgung durch einen besonderen Lohnboten erfordern.

II Für die persönliche Besorgung der Bestellung einer Urkunde durch den Notar kann, sofern es sich nicht um einen förmlichen Zustellungsakt handelt, nichts verrechnet werden.

Auslagen für den zweiten Notar.

Art. 89. Wird ein Notar als zweiter Notar zu einer Beurkundung zugezogen, so hat er für seine Mitwirkung die Zeitgebühr und daneben gegebenenfalls die Reisekosten zu beanspruchen.

Auslagen für Zeugen und Auskunftspersonen.

Art. 90. I Für jeden bei einer notariellen Beurkundung zugezogenen Zeugen kann die ihm gezahlte Gebühr bis zum Betrage von einer Mark für jede angefangene Stunde berechnet werden.

II Das gleiche gilt für die zugezogenen Vertrauenspersonen und Auskunftspersonen.

III Den Beteiligten bleibt es unbenommen, sich mit Zeugen, Vertrauenspersonen und Auskunftspersonen über die Vergütung selbst zu vereinbaren. Für die Auskunftserteilung einer beim Notariat angestellten Person darf eine Gebühr nicht verrechnet werden.

Auslagen für Dolmetscher und Sachverständige.

Art. 91. I Für Dolmetscher und Sachverständige kann die ihnen unter Einhaltung der in den §§ 3 bis 11 der Gebührenordnung für Zeugen und Sachverständige enthaltenen Grundsätze gezahlte Entschädigung verrechnet werden.

II Den Beteiligten bleibt anderweitige Vereinbarung über die Vergütung vorbehalten.

Auslagen für Ausrufer oder Ausscheller.

Art. 92. Ergibt sich bei Versteigerungen das Bedürfnis, einen Ausscheller oder einen Ausrufer beizuziehen und wird dieser nicht von den Beteiligten selbst gestellt, so kann für die beigezogene Person eine Gebühr bis zum Betrage von einer Mark für jede angefangene Stunde angesetzt werden.

Elfter Abschnitt.

Entfernungsgebühren, Reisekosten.

Entfernungsgebühren bei Entfernungen von weniger als 3 Kilometern.

Art. 93. I Nimmt der Notar ein Amtsgeschäft an einem Orte vor, der außerhalb der Amtsräume, jedoch weniger als drei Kilometer von seinem Amtssitz entfernt liegt, so hat er eine Vergütung für die daraus entstehende Zeitversäumnis und Ersatz der etwa aufgewendeten Fahrtkosten zu beanspruchen.

II Unterliegt das auswärts vorgenommene Geschäft ohnehin der Zeitgebühr, so ist die Zeit für den Hin- und Rückweg der Zeit der Vornahme des Geschäfts hinzuzurechnen. Andernfalls kommt dem Notar für die auf Hin- und Rückweg verwendete Gesamtzeit die Zeitgebühr besonders zu. Hat der Notar auf seinem Gange mehrere Geschäfte erledigt, so sind die Ganggebühren entsprechend zu verteilen.

III Die Ansprüche nach Abs. 1 stehen dem Notar auch dann zu, wenn es sich lediglich um vorbereitende Besprechungen handelt.

Entfernungsgebühren bei Entfernungen von nicht weniger als 3 Kilometern.

Art. 94. I Bei der Vornahme von Dienstgeschäften an Orten, die außerhalb des Amtssitzes gelegen und von diesem nicht weniger als drei Kilometer entfernt sind, hat der Notar neben den Notariatsgebühren Entschädigung durch Tagegelder und Ersatz der Reisekosten zu beanspruchen.

II Für die Zuziehung von Gehilfen zum Niederschreiben der Urkunden dürfen nur ein erhöhtes Tagegeld (Art. 96) und Reisekosten, aber keine sonstigen Auslagen und keine Gebühren verrechnet werden.

Tagegelder.

Art. 95. I Die Tagegelder können auf so lange beansprucht werden, als das vorzunehmende Geschäft, die Reisezeit mit eingerechnet, auswärts dauert.

II Erfolgt die Hin- und Rückreise an demselben Tage und erstreckt sich die notwendige Abwesenheit zur Geschäftsvornahme auf nicht länger als sechs Stunden, so kann nur die Hälfte des Tagegelds beansprucht werden.

Art. 96. Das Tagegeld beträgt für den ganzen Tag elf Mark oder, wenn der Notar notwendigerweise einen Gehilfen zuzieht, fünfzehn Mark.

Reisekosten.

Art. 97. Als Reisekosten dürfen, vorbehaltlich der Bestimmungen der Art. 100, 101 nur die wirklich entrichteten Auslagen einschließlich der Reisekosten eines etwa zugezogenen Gehilfen aufgerechnet werden.

Dienstreisen mit Eisenbahn oder Dampfschiff.

Art. 98. Bei allen Dienstreisen, welche ohne Nachteil für den Reisezweck durch Benützung von Eisenbahnen oder Dampfschiffen zurückgelegt werden können, haben die Notare nur auf Vergütung der Kosten dieser Beförderungsgelegenheit Anspruch. Auf Eisenbahnen gebührt ihnen ein Platz in der zweiten Klasse, auf Dampfschiffen in der ersten Klasse.

Dienstreisen mit Gefährte.

Art. 99. Soweit die Benützung der Eisenbahnen oder Dampfschiffe nicht möglich oder nicht tunlich erscheint, kann der Notar sich in gleicher Weise wie der Richter des Amtsgerichts eines Gefährtes bedienen. Er soll sich, wenn möglich, den Verträgen anschließen, die für auswärtige Dienstgeschäfte der Richterbeamten des Amtsgerichts abgeschlossen werden.

Art. 100. Ein Notar, der mit eigenem Wagen und eigenen Pferden oder mit einem eigenen Kraftwagen versehen ist, darf, wenn er sich dieses Gefährtes zu Dienstreisen bedient, die Kosten aufrechnen, welche nach den Vorschriften der vorhergehenden Artikel erwachsen wären, wenn er sich eines gemieteten Beförderungsmittels bedient hätte.

Dienstreisen zu Fuß oder mit Fahr- oder Kraftrad.

Art. 101. I Legt ein Notar bei einer Dienstreise den Weg zu Fuß oder unter Benützung eines Fahrrads oder Kraftrads zurück, so hat er Anspruch auf eine Reisekostenvergütung von zwanzig Pfennigen oder, wenn er einen Gehilfen zuzieht, auf eine solche von dreißig Pfennigen für jeden vollen Kilometer des Hin- und Rückwegs. Bruchteile von Kilometern werden für voll gerechnet.

II War die Benützung von Eisenbahn, Dampfschiff oder Gefährt den Umständen nach möglich, so darf die Gebühr des Abs. 1 den Betrag nicht übersteigen, der bei Benützung dieser Beförderungsmittel entstanden wäre.

Mehrere Geschäfte auf einer Dienstreise.

Art. 102. Nimmt der Notar bei einer und derselben Dienstreise mehrere Geschäfte mit verschiedenen Beteiligten vor, so hat er die Reisegebühren nur einmal zu beanspruchen.

Verteilung der Reisekosten.

Art. 103. I Haben mehrere Personen, die bei verschiedenen Geschäften beteiligt sind, eine und dieselbe Dienstreise veranlaßt, so sind die Reisegebühren unter sie nach Verhältnis der ihnen zur Last fallenden Notariatsgebühren zu verteilen; kleinere Geschäfte können dabei unberücksichtigt bleiben.

II Das gleiche gilt, wenn auf der Reise erst andere Geschäfte hinzukommen.

Auslagen für Reisegepäck.

Art. 104. Für die Beförderung des notwendigen Reisegepäcks werden dem Notar die tatsächlich erwachsenden Auslagen vergütet.

Tagegelder und Reisekosten der Verweser.

Art. 105. Die Richter und Gerichtsschreiber der Amtsgerichte erhalten für auswärtige Geschäfte, die sie als Notariatsverweser vornehmen, Tagegelder und Reisekosten ausschließlich nach denjenigen Vorschriften vergütet, welche für die Vornahme auswärtiger Geschäfte im Richteramt oder Gerichtsschreiberamt gelten.

Dienstreisen zur Einsicht des Grundbuchs.

Art. 106. Dienstreisen zum Zwecke der nach Art. 30 des Notariatsgesetzes vorgeschriebenen Einsicht des Grundbuchs sind nur dann zulässig, wenn die Beteiligten schriftlich erklärt haben, daß sie die persönliche Einsichtnahme durch den Notar der Erholung und Einsichtnahme eines Auszugs vorziehen und bereit sind, die erwachsenden Reisekosten zu tragen. Die Höhe der erwachsenden Reisekosten ist den Beteiligten vorher bekannt zu geben.

Zwölfter Abschnitt.

Hinterlegungsgebühren.

Hinterlegungsgebühren.

Art. 107. Für die Übernahme, Verwahrung und Ablieferung von Geldern, Wertpapieren und Kostbarkeiten nach Art. 4 des Notariatsgesetzes erhalten die Notare Hinterlegungsgebühren nach Maßgabe der folgenden Bestimmungen.

Art. 108. Die Gebühr enthält die Vergütung für die gesamte Tätigkeit des Notars. Für den Schriftwechsel über die Übernahme, die Bescheinigung über den Empfang, die Verzeichnung und Verrechnung, die verzinsliche oder unverzinsliche Hinterlegung bei öffentlichen Banken und die Wiedereinziehung der Werte von diesen, für die wegen der Ablieferung gepflogenen schriftlichen oder mündlichen Verhandlungen mit den Beteiligten, mit Behörden oder Dritten, sowie für die Verhandlung bei der Ablieferung selbst darf keine besondere Gebühr angesetzt werden. Die bei der Versendung erwachsenen Postgebühren und die allenfallsigen Versicherungskosten dürfen aufgerechnet werden.

Gegenstandswert für die Berechnung.

Art. 109. I Die Gebühr wird nach dem Werte des hinterlegten Betrags oder Gegenstands berechnet.

II Als Gegenstandswert gilt auch für die Gebühr des Notars die zum Zwecke der Bemessung der staatlichen Hinterlegungsgebühr ermittelte Summe.

Höhe der Gebühr im allgemeinen.

Art. 110. I Die Gebühr beträgt in der Regel:

für den Betrag bis zu 2000 Mark ein Viertel vom Hundert, darüber hinaus

für den Mehrbetrag ein Achtel vom Hundert.

II Beträgt die hinterlegte Summe mehr als 400 000 Mark, so ist für den Mehrbetrag nur ein Zehnteil vom Tausend zu entrichten.

bei Versteigerungen.

Art. 111. Die Gebühr beträgt, wenn dem Notar die Einnahme, Aufbewahrung und Ablieferung der Strichgelder aus einer Versteigerung obliegt,

1. bei Versteigerung von unbeweglichen Gegenständen:
   für den Betrag bis zu 2000 Mark Eins vom Hundert,
   darüber hinaus
   für den Mehrbetrag fünf Zehnteile vom Hundert;
2. bei Versteigerung von beweglichen Gegenständen:
   für den Betrag bis zu 2000 Mark Zwei vom Hundert,
   darüber hinaus
   für den Mehrbetrag Eins vom Hundert.

Aufrundung der Pfennigbeträge.

Art. 112. Auch bei der Berechnung der Gebühr in den Fällen der Art. 110, 111 werden Pfennigbeträge, die nicht durch zehn teilbar sind, auf zehn aufgerundet.

Gebührenfreie Hinterlegung.

Art. 113. Für die Übernahme, Aufbewahrung und Ablieferung von Werten unter zwanzig Mark werden Gebühren nicht erhoben.

Hinterlegung von Stempeln und Abgaben. Vorschußgebühr.

Art. 114. I Soweit bestimmt ist, daß die Notare bei der Berechnung und Erhebung der aus Anlaß ihrer Amtsgeschäfte dem Staate, dem Reiche und den Gemeinden anfallenden Gebühren, Stempel und Abgaben mitzuwirken haben, haben die Notare von den Beteiligten für die Einnahme, Aufbewahrung und Ablieferung dieser Beträge Hinterlegungsgebühren nicht zu beanspruchen.

II Werden auf Wunsch der Beteiligten die Staatsgebühren, Stempel und gemeindlichen Besitzveränderungsabgaben vom Notar vorgeschossen, so haben die Beteiligten dafür eine Gebühr von Eins vom Hundert der vorgeschossenen Summe zu entrichten; sonstige Vergütung oder Verzinsung der vorgeschossenen Summen darf nicht beansprucht werden.

Dreizehnter Abschnitt.
Schlußbestimmungen.

Aufgehobene Vorschriften.

Art. 115. Aufgehoben sind:
1. die Verordnung vom 28. Dezember 1899, die Notariatsgebührenordnung betreffend,
2. die Verordnung vom 28. Juli 1900, die Gebühren der Notare in Grundbuchsachen betreffend,
3. die Verordnung vom 4. Juli 1903, die Revision der Notariatsgebührenordnung betreffend,
4. die Verordnung vom 25. Februar 1905, die Gebühren der Notare in Grundbuchsachen betreffend.

Hebelisten in der Pfalz.

Art. 116. Im Regierungsbezirke der Pfalz können die für die Anfertigung von Hebelisten bei Versteigerungen üblichen Gebühren weiter bezogen werden.

Zwangsversteigerungen nach altem Rechte.

Art. 117. Für das Verfahren, welches gemäß § 15 des Einführungsgesetzes zu dem Gesetz über die Zwangsversteigerung und die Zwangsverwaltung noch nach den Landesgesetzen zu erledigen ist, bleiben die bisherigen Vorschriften in Kraft.

Verlassenschaftskommissär nach altem Rechte.

Art. 118. Ist ein Notar in den Landesteilen r. d. Rh. nach dem Inkrafttreten dieser Verordnung noch auf Grund des bisherigen Landesrechts als Verlassenschaftskommissär tätig, so gebührt ihm für den Schriftwechsel und die Berichte, welche ihm als Verlassenschaftskommissär obliegen, dann für die von ihm in dieser Eigenschaft auszustellenden Zeugnisse wie bisher eine Vergütung von eins bis vier Mark.

Zeit des Inkrafttretens.

Art. 119. Gegenwärtige Verordnung tritt mit dem 15. Juli 1915 in Kraft.

Änderungsbefugnis des Justizministeriums.

Art. 120. Das Staatsministerium der Justiz ist mit der Ausführung dieser Verordnung beauftragt. Es ist ermächtigt, deren Vorschriften im Falle des Bedürfnisses durch Bestimmungen nicht grundsätzlicher Art zu ändern und zu ergänzen.

München, den 24. Juni 1915.

Ludwig. **v. Thelemann.**

Auf Allerhöchsten Befehl:
Der Generalsekretär: Ministerialrat Dr. Nüßlein.

2. Bekanntmachung, die Vergütung der Notare für die Besorgung des Kosten- und Stempelwesens betreffend.

(Vom 20. Juni 1915.)

(GVBl. S. 405 ff.).

K. Staatsministerium der Justiz. K. Staatsministerium der Finanzen.

I.

Die Notare erhalten

1. auf Grund des § 13 der K. Verordnung vom 28. Dezember 1914 zum Vollzuge des Stempelgesetzes (GVBl. S. 684)
für die Besorgung des Stempelwesens und zur Bestreitung der damit verbundenen Auslagen eine Vergütung und zwar zwei vom Hundert von den ersten 80 000 ℳ, Eins vom Hundert von dem diese Summe übersteigenden Betrage der im Laufe des Jahres von ihnen eingehobenen und an die Staatskasse abgelieferten Stempel,

2. auf Grund des § 16 der K. Verordnung vom 28. Dezember 1914 zum Vollzuge des Reichs-Gerichtskostengesetzes und des Kostengesetzes (GVBl. S. 677)
für die Besorgung des Kostenwesens und zur Bestreitung der damit verbundenen Auslagen eine Vergütung von zwei vom Hundert der von ihnen eingehobenen und an die Staatskasse abgelieferten Beträge,

3. auf Grund des Art. 7 des Besitzveränderungsabgabengesetzes und der Nr. 38 der Bekanntmachung der K. Staatsministerien der Justiz, des Innern und der Finanzen vom 15. August 1910 zum Vollzuge dieses Gesetzes (GVBl. S. 436)
für die Tätigkeit bei der Erhebung der gemeindlichen Besitzveränderungsabgaben eine Vergütung von Eins vom Hundert der eingehobenen Beträge,

4. auf Grund der K. Verordnung vom 19. Oktober 1910, die Reichsstempelabgaben von Grundstücksübertragungen betreffend (GVBl. S. 1019),

für die Mitwirkung bei der Berechnung und Einhebung der nach §§ 178 ff. und der Tarif-Nr. 11 des Reichsstempelgesetzes zu entrichtenden Abgaben und für die hiermit verbundenen Auslagen eine Vergütung von Eins vom Hundert der von ihnen vereinnahmten und an die Rentämter abgelieferten Beträge,

5. auf Grund der K. Verordnung vom 15. Oktober 1914, die Reichsstempelabgaben für Gesellschaftsverträge betreffend (GVBl. S. 637),

für die Mitwirkung bei der Berechnung und Erhebung der Reichsstempelabgaben für die in der Tarif-Nr. 1 A des Reichsstempelgesetzes bezeichneten Rechtsvorgänge und für die hiermit verbundenen Auslagen eine Vergütung von Eins vom Hundert der von ihnen vereinnahmten und an die Rentämter abgelieferten Beträge.

II.

Wird ein vom Notar eingehobener und an das Rentamt abgelieferter Betrag an den Kostenpflichtigen oder Stempelpflichtigen zurückerstattet, so ist die hierauf treffende Vergütung zurückzuersetzen.

III.

Die Vergütungen für die Mitwirkung bei der Berechnung und Einhebung der unter I, 4, 5 bezeichneten Reichsstempelabgaben fallen ausschließlich dem Pensionsvereine für die Witwen und Waisen der bayerischen Notare, die übrigen Vergütungen dem Pensionsvereine für die bayerischen Notare und dem Pensionsvereine für die Witwen und Waisen der bayerischen Notare zu.

Dies gilt auch dann, wenn die Vergütung einem Notariatsverweser anfällt, gleichviel ob dieser das Notariat auf eigene Rechnung oder vorübergehend oder dauernd auf Rechnung des Staates führt. Auch begründet es keinen Unterschied, ob der Verweser Notar, Gerichtsbeamter oder sonst zur Übernahme von Notariatsverwesungen zugelassen ist, sofern ihm nur nach den bestehenden Vorschriften die Einhebung der Kosten und Stempel zukommt.

IV.

Auf Grund des § 3 Abs. 2 der K. Verordnung vom 1. Februar 1902, den Vollzug der Art. 127, 128 des Notariatsgesetzes betreffend (GVBl. S. 27), des § 16 Abs. 3 der K. Verordnung zum Vollzuge des Reichs-Gerichtskostengesetzes und des Kostengesetzes sowie des § 13 Abs. 3 der K. Verordnung zum Vollzuge des Stempelgesetzes wird der Gesamtbetrag der für die Vereinnahmung der Besitzveränderungsabgaben und für die Besorgung des Kosten- und Stempelwesens nach Ziffer I, 1, 2, 3 anfallenden Vergütungen auf die beiden Vereine in der Weise verteilt, daß vom 1. Januar 1915 an bis auf weiteres

a) dem Pensionsvereine für die Witwen und Waisen der bayerischen Notare vorweg jährlich der Betrag von 80 000 ℳ,
b) dem Pensionsvereine für die bayerischen Notare derjenige Betrag, welcher an Vergütungen über 80 000 ℳ eingeht, bis zum Höchstbetrage von 210 000 ℳ im Jahre

zugewiesen wird.

Sollte der Gesamtanfall der vorbezeichneten Vergütungen den Betrag von 290 000 ℳ im Jahre überschreiten, so kommt vom Überschuß

ein Drittel dem Rücklagenstocke des Pensionsvereins für die Witwen und Waisen,
zwei Drittel dem Rücklagenstocke des Pensionsvereins für die Notare

zu.

V.

Die Notare und Notariatsverweser sollen möglichst dafür sorgen, daß die Stempel, Abgaben und Kosten eingehen.

VI.

Aufgehoben werden die Bekanntmachungen

a) vom 2. Februar 1902, den Vollzug der Art. 127, 128 des Notariatsgesetzes betr. (GVBl. S. 57, JMBl. S. 292, FMBl. S. 26),

b) vom 3. November 1910, die Vergütung für die Erhebung der Reichsstempelabgabe von Grundstücksübertragungen betr. (JMBl. S. 980, FMBl. S. 323),
c) vom 2. November 1914, die Vergütung für die Erhebung der Reichsstempelabgabe für Gesellschaftsverträge betr. (JMBl. S. 231, FMBl. S. 312).

Über die künftige rechnerische Behandlung der Vergütungen ergehen besondere Vorschriften.

München, den 20. Juni 1915.

v. Thelemann. v. Breunig.

3. Bekanntmachung, die rechnerische Behandlung der Vergütung der Notare für die Besorgung des Kosten- und Stempelwesens betreffend.

(Vom 20. Juni 1915.)

(GVBl. S. 407 ff.).

K. Staatsministerium der Justiz. K. Staatsministerium der Finanzen.

Für die rechnerische Behandlung der Vergütung der Notare für die Besorgung des Kosten- und Stempelwesens wird unter Aufhebung der Bekanntmachung vom 2. Februar 1902 (JMBl. S. 295, FMBl. S. 28) folgendes vorgeschrieben:

1.

Die Notare (Notariatsverweser) liefern die von ihnen eingehobenen Stempel, Staatsgebühren, gemeindlichen Besitzveränderungsabgaben und Reichsstempel im vollen Betrag an die Rentämter ab.

2.

Die Rentämter legen mit der in Nr. 62 der Bekanntmachung vom 20. Juni 1915 zum Vollzuge des Reichs-

Gerichtskostengesetzes und des Kostengesetzes vorgeschriebenen Hauptübersicht der Regierungsfinanzkammer eine Übersicht nach dem beigefügten Muster vor, welche die zu Soll gestellten und die an das Rentamt abgelieferten Beträge, sowie die den Notaren zukommenden Vergütungen ersehen läßt.

3.

Die Vergütungen werden nach den in Ziffer I der Bekanntmachung vom 20. Juni 1915, die Vergütung der Notare für die Besorgung des Kosten- und Stempelwesens betreffend, zusammengestellten Vorschriften berechnet. Ein Wechsel in der Besetzung des Notariats beeinflußt die Berechnung der Vergütungen nicht.

4.

Die Übersicht wird nach Maßgabe der dem Muster beigegebenen Anleitung gefertigt. Etwaige Rückvergütungen werden in Spalte 18 der Übersicht vermerkt und von der zutreffenden Spaltensumme am Schlusse der Übersicht abgezogen.

5.

Die Regierungsfinanzkammern lassen nach Eingang der Hauptübersicht die Übersicht über die Vergütungen der Notare prüfen, über den Anfall der Vergütungen bei den Notariaten des Regierungsbezirks im einzelnen nach dem für die Rentämter vorgeschriebenen Muster eine Gesamtübersicht fertigen und legen diese spätestens bis zum Ablaufe des auf das Vierteljahr folgenden Monats dem Staatsministerium der Justiz vor.

6.

Die Vergütungen aus den gemeindlichen Besitzveränderungsabgaben werden an der Ablieferungssumme für die Gemeinden gekürzt und nach der Prüfung und Anweisung durch die Regierung der Kreiskasse zugerechnet, die vierteljährlich mit der Zentralstaatskasse abrechnet. Der Empfang der Vergütungen aus den Besitzveränderungsabgaben wird vom Rentamt bei der Abrechnung mit den Gemeinden bestätigt.

7.

Die Staatsministerien der Justiz und der Finanzen werden nach dem Eingange der Gesamtübersichten der Regierungsfinanzkammern wegen der Abführung der Vergütungsbeträge an die Pensionsvereine Verfügung an die Zentralstaatskasse erlassen.

8.

Die Formblätter für die Übersichten werden den Regierungsfinanzkammern und den Rentämtern von Amts wegen zur Verfügung gestellt.

München, den 20. Juni 1915.

v. Thelemann. **v. Breunig.**

Alphabetisches Register.

Die Zahlen bezeichnen die Artikel, Tarifnummern oder Paragraphen.

Abkürzungen:

BVK = Bekanntmachung vom 20. Juni 1915 zum Vollzuge des Reichs-Gerichtskostengesetzes und des Kostengesetzes.
BVSt = Bekanntmachung vom 20. Juni 1915 zum Vollzuge des Stempelgesetzes.
K = Kostengesetz.
M = Einführungsgesetz (Mantelgesetz) vom 21. August 1914.
N = Notariatsgebührenordnung vom 24. Juni 1915.
St = Stempelgesetz.
T = Stempeltarif.
VB = Bek. vom 28. Dezember 1914 zum Kosten- und Stempelgesetz.
VK = VO. vom 28. Dezember 1914 zum Vollzug des Reichsgerichtskostengesetzes und des Kostengesetzes.
VSt = VO. vom 28. Dezember 1914 zum Vollzug des Stempelgesetzes.

A.

B.

D.

H.

J.

FSC
www.fsc.org
MIX
Papier | Fördert gute Waldnutzung
FSC® C083411

Kolibri 360 GmbH
Ferdinand-Jühlke-Straße 7
99095 Erfurt, Deutschland
produktsicherheit@kolibri360.de